弗布克工厂精细化管理手册系列

工厂质量控制
精细化管理手册
（第2版）

姚小风　编著

人民邮电出版社

北　京

图书在版编目（CIP）数据

工厂质量控制精细化管理手册／姚小风编著．—2
版．—北京：人民邮电出版社，2014.1
（弗布克工厂精细化管理手册系列）
ISBN 978-7-115-33875-4

Ⅰ．①工…　Ⅱ．①姚…　Ⅲ．①工业企业管理—质量管
理—手册　Ⅳ．F406.3 – 62

中国版本图书馆 CIP 数据核字（2013）第 282670 号

内 容 提 要

这是一本细化工厂质量管理的指导性图书，作者从职责、要点、制度、流程、方案、工具
六大维度出发，详细介绍了工厂质量管理组织设计与质量责任、质量目标与计划、产品设计质
量控制、采购质量控制、制程质量控制、仓储质量控制、设备质量控制、外协质量控制、质量
检验控制、品管圈活动控制、质量改善控制、质量成本控制、质量管理体系等多个方面的内容，
形成了一整套切实可行的工厂质量控制精细化管理体系。本书所提供的内容可以帮助读者有效
提升工厂质量管理的水平。

本书适合在工厂中从事质量控制工作的管理人员以及企业培训师、咨询师和高校相关专业
的师生阅读。

◆ 编　著　姚小风
　　责任编辑　王莹舟
　　执行编辑　陈　宏
　　责任印制　杨林杰

◆ 人民邮电出版社出版发行　　北京市丰台区成寿寺路 11 号
　　邮编 100164　电子邮件 315@ ptpress. com. cn
　　网址 https://www. ptpress. com. cn
　　涿州市殷润文化传播有限公司印刷

◆ 开本：787×1092　1/16
　　印张：23　　　　　　　　　　2014 年 1 月第 2 版
　　字数：170 千字　　　　　　　2025 年 3 月河北第 50 次印刷

定　价：55.00 元

读者服务热线：（010）81055656　印装质量热线：（010）81055316
反盗版热线：（010）81055315

"弗布克工厂精细化管理手册系列" 再版序

工厂是制造型企业的中心，工厂管理水平的高低直接影响企业的经济效益。随着微利时代的到来，精细化管理在企业中将扮演更加重要的角色，这就要求工厂管理者必须对加工制造的各个环节进行更为**细致、规范**的管理和控制。

为方便读者"拿来即用"、"改了能用"，我们对工厂管理 10 大模块的职能事项都进行了"模板化"设计，以便读者根据本企业的实际需求进行修改或套用。

"弗布克工厂精细化管理手册系列"于三年前应此需求而面世。本系列图书自上市以来，赢得了广大读者的关注，特别是在工厂工作的读者朋友们对本系列图书内容的全面性、精细性、实操性给了高度评价，同时针对书中存在的问题也提出了有益的改进建议。在本次改版的过程中，我们对这些问题进行了修正，对第 1 版图书的部分内容做了相应的修改、删除和增补。希望通过本次改版，这套图书能够为广大读者带来更多工作上的便利。

改版后的"弗布克工厂精细化管理手册系列"图书旨在通过对岗位职责、事项要点、管理制度、管理流程、执行方案、操作工具的重新整合，以及书中所提供的大量具体的操作方案和执行流程，帮助企业将执行工作落实到具体岗位和具体人员，进一步提高执行效率。

同时，改版后的"弗布克工厂精细化管理手册系列"图书的特色更加鲜明，大量实用性、指导性的内容将进一步帮助企业把"**工作事项精细化、管理工作规范化、执行作业流程化、操作方法工具化**"。

1. 精细化

本系列图书涵盖了工厂生产计划、采购、物料、技术、现场、安全、设备、质量、成本、人力资源共 10 项内容；针对每个事项内容，作者都给出了细化、可执行的制度、流程、方案，并提供了标准化的模板。

2. 工具化

本系列图书提供的各种参照范本都可以作为企业设计精细化管理体系的参照范例和工具，内容均从工厂的角度出发，针对性强，制造企业可以拿来即用，也可因需而变。

3. 图表化

图表化主要体现在制度、流程、方案、文案的模板设计上。本系列图书给出了具体的业务管理流程图以及表格形式的制度、方案和文案，为工厂推行精细化管理提供了参照范本。

本系列图书可以作为工厂各个部门实施精细化管理的操作手册，也可作为企业各个部门和各岗位人员进行自我管理及自我改善的工具书。

再版前言

《工厂质量控制精细化管理手册（第2版）》是"弗布克工厂精细化管理手册系列"图书中的一本。本书将"精细化、工具化、图表化"的思路贯穿于每章内容的写作过程中，既能帮助读者系统地把握内容，又能针对读者某一方面的阅读需求提供解决方案。

本书以工厂质量控制精细化管理为中心，立足于工厂质量控制部门的管理实践，针对某一岗位、某一类事件的管理问题，提供了规范化运作的系统工具，提出了"职责＋要点＋制度＋流程＋方案＋工具"的六位一体的解决方案，将执行工作落实到具体的岗位和人员，并给出了可操作的方案。

这是一本能够指导具体工作的精细化管理手册，也是一本能够提高工厂各级人员工作效率的实务性工具书。在《工厂质量控制精细化管理手册》第1版的基础上，本书做了如下修订和补充。

1. 进一步完善了工作事项体系

本书详细叙述了工厂质量管理组织设计与质量责任、质量目标与计划、产品设计质量控制、采购质量控制、制程质量控制、仓储质量控制、设备质量控制、外协质量控制、质量检验控制、品管圈活动控制、质量改善控制、质量成本控制、质量管理体系等多个方面的内容，几乎涵盖了工厂质量控制管理的全部工作。

2. 强调了工厂质量管理责任制

本书在建立健全工厂质量管理体系的基础上，强化了质量管理责任制的建设工作，为工厂构建了采购部、仓储部、质量部、设备部、生产部、技术部等部门的质量管理责任制。

3. 完善了工厂设备质量控制管理机制

本书在第1版的基础上，完善了设备质量控制管理机制，从设备的安全操作、维护、磨损及润滑管理出发，详细阐述了设备质量控制需要注意的关键点。

4. 重新设计了工厂质量成本控制方案

本书在讲述总体质量成本控制的基础上，分别从预防成本、鉴定成本、内部损失成本及外部损失成本的角度设计了质量成本控制方案，更加细化了工厂质量成本控制工作。

5. 构建了工厂质量控制精细化管理工具体系

本书共设计了 13 个工厂质量控制过程问题、27 个工厂质量控制实施方案、97 个工厂质量控制管理制度、流程以及若干日常工作所需的文案、文本。通过对这些内容的设计，本书不但构建了工厂质量控制管理的内容框架，而且为工厂质量控制人员的日常工作提供了可参考的模板。

在本书编写的过程中，孙立宏、孙宗坤、程富建、刘井学、刘伟负责资料的收集和整理，王锋锐、郑超荣负责数字图表的编排，冯利伟参与编写了本书的第一章，杨雪参与编写了本书的第二章，毕春月、金虎男参与编写了本书的第三章，李文龙参与编写了本书的第四章，李亚慧、王胜会参与编写了本书的第五章，王琴、刘华参与编写了本书的第六章，毕汪峰参与编写了本书的第七章，李作学、严刘建参与编写了本书的第八章，王淑燕参与编写了本书的第九章，王景峰、王一强参与编写了本书的第十章，宣飞霞参与编写了本书的第十一章，孙晓光参与编写了本书的第十二章，赵红梅参与编写了本书的第十三章，全书由姚小风统撰定稿。

目　录

质量管理组织设计与质量责任

第一章

第一节　质量管理组织设计

一、大型工厂质量管理组织设计

1. 按职能细分的大型工厂质量管理组织结构设计

大型工厂质量管理职能分工较细，其一般的组织结构设计范例如图 1-1 所示。

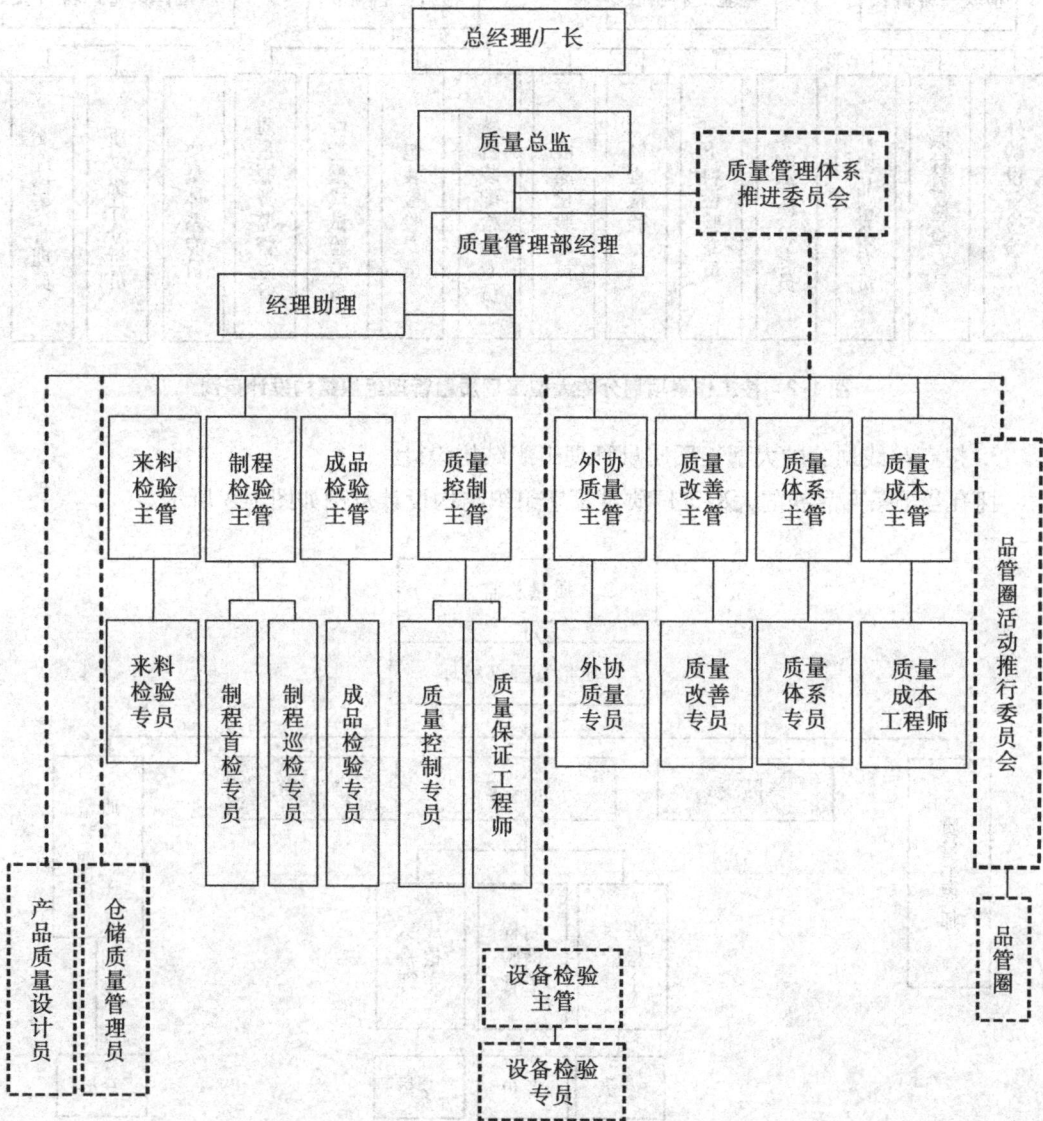

```
                    总经理/厂长
                        │
                     质量总监 ────── 质量管理体系
                        │            推进委员会
                   质量管理部经理
                        │
                     经理助理
                        │
  ┌────┬────┬────┬────┬────┬────┬────┬────┬────┐
来料  制程  成品  质量      外协  质量  质量  质量   品
检验  检验  检验  控制      质量  改善  体系  成本   管
主管  主管  主管  主管      主管  主管  主管  主管   圈
                                                    活
来料  制程  制程  成品  质量  质量  外协  质量  质量  质量  动
检验  首检  巡检  检验  控制  保证  质量  改善  体系  成本  推
专员  专员  专员  专员  专员  工程  专员  专员  专员  工程  行
                        师                          师  委
产品  仓储                                              员
质量  质量                  设备检验                    会
设计  管理                    主管
员    员                                              品
                          设备检验                      管
                            专员                        圈
```

图1-1　按职能细分的大型工厂质量管理组织结构设计范例

2. 按工作事项划分的大型工厂质量管理组织结构设计

按工作事项划分的大型工厂质量管理组织结构设计范例如图1-2所示。

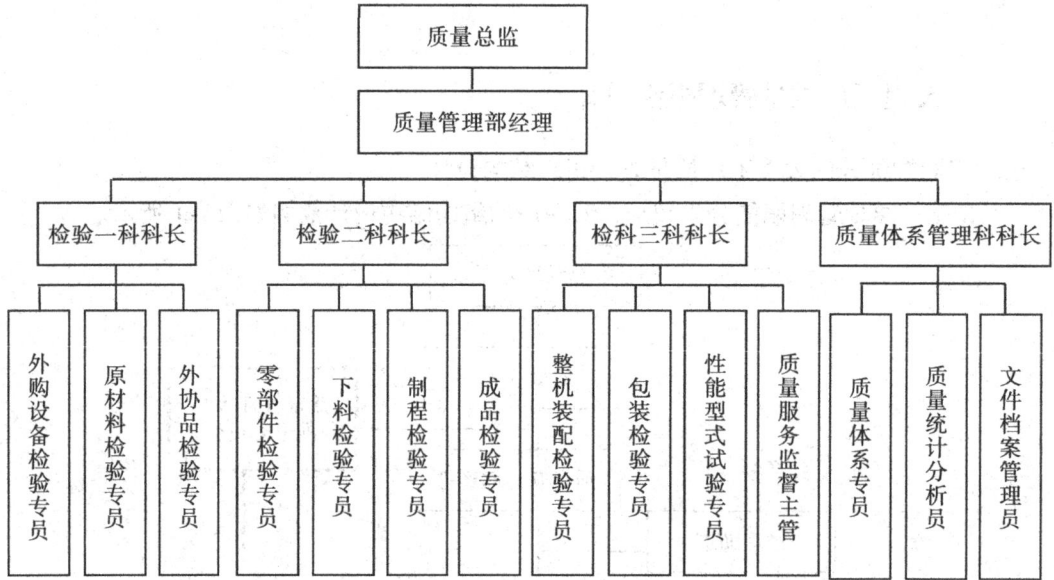

图1-2　按工作事项划分的大型工厂质量管理组织结构设计范例

3. 按产品线划分的大型工厂质量管理组织结构设计

拥有若干条产品线的大型工厂质量管理组织结构设计范例如图1-3所示。

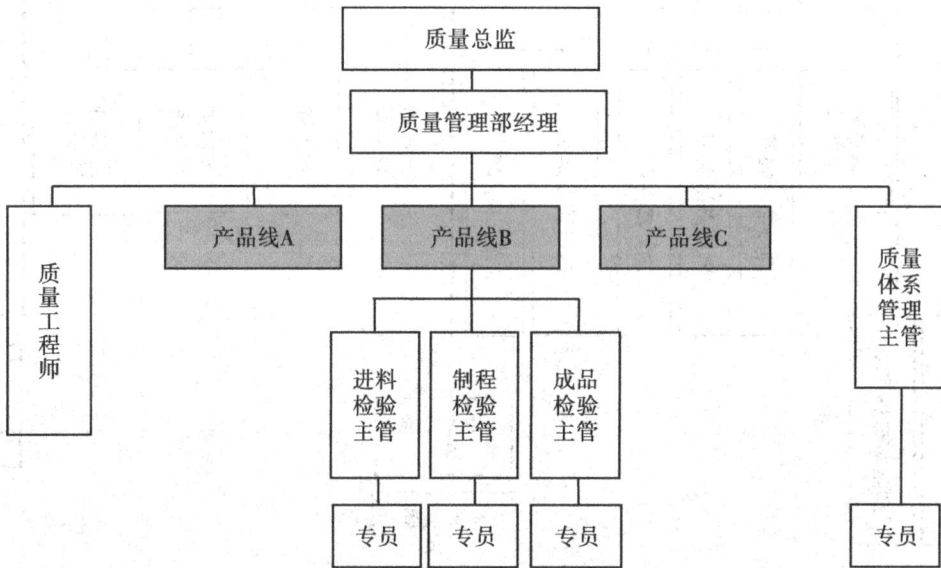

图1-3　按产品线划分的大型生产工厂质量管理组织结构设计范例

二、中型工厂质量管理组织设计

中型工厂质量管理组织结构设计范例如图1-4所示。

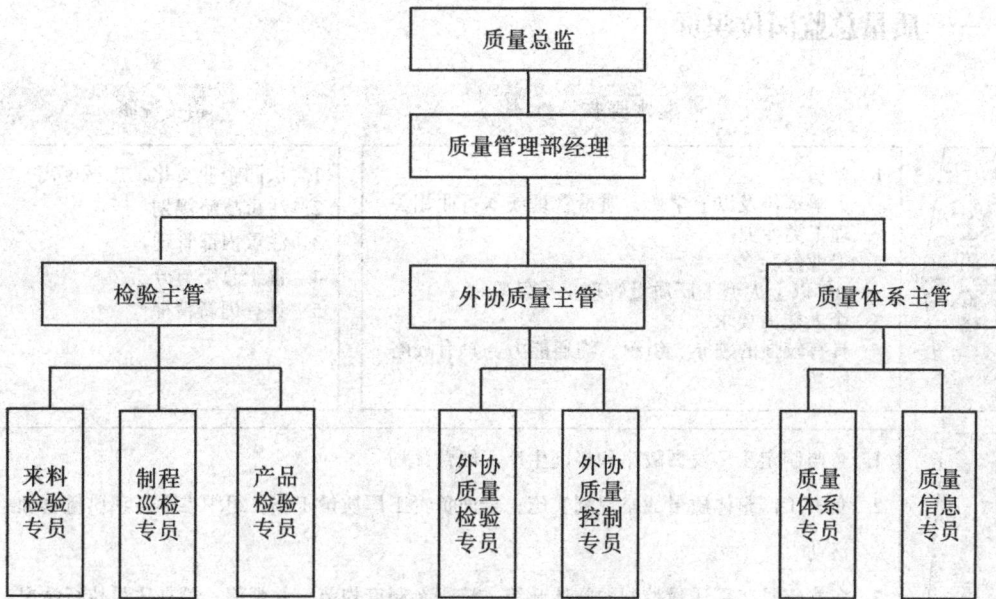

```
                    ┌──────────┐
                    │ 质量总监  │
                    └────┬─────┘
                    ┌────┴───────┐
                    │质量管理部经理│
                    └────┬───────┘
        ┌────────────────┼────────────────┐
   ┌────┴────┐      ┌────┴─────┐      ┌────┴─────┐
   │ 检验主管 │      │外协质量主管│      │质量体系主管│
   └────┬────┘      └────┬─────┘      └────┬─────┘
   ┌────┼────┐      ┌────┴───┐        ┌────┴───┐
 来料  制程  产品   外协质量  外协质量   质量体系  质量信息
 检验  巡检  检验   检验专员  控制专员   专员      专员
 专员  专员  专员
```

图1-4　中型工厂质量管理组织结构设计范例

三、小型工厂质量管理组织设计

小型工厂质量管理组织结构设计范例如图1-5所示。

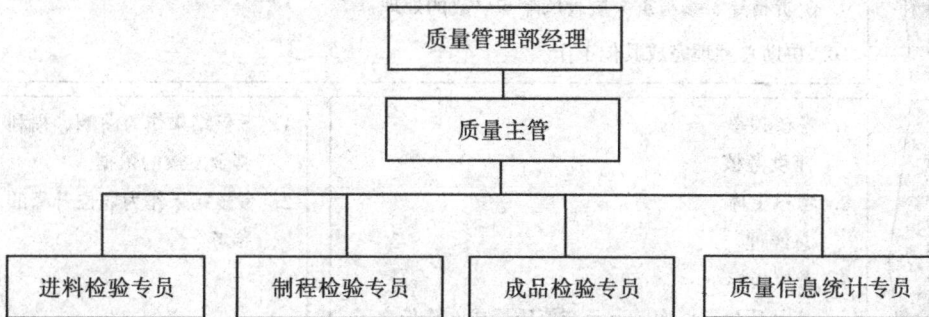

```
              ┌──────────┐
              │质量管理部经理│
              └────┬─────┘
              ┌────┴────┐
              │ 质量主管 │
              └────┬────┘
    ┌──────────┬───┴────┬──────────┐
进料检验专员  制程检验专员  成品检验专员  质量信息统计专员
```

图1-5　小型工厂质量管理组织结构设计范例

第二节　质量管理岗位职责

一、质量总监岗位职责

基本要求	相关说明
任职资格 1. 学历 大学本科及以上学历，质量管理或本行业相关理工类专业 2. 专业经验 8年以上大型工厂质量管理工作经验 3. 个人能力要求 具有较强的领导、组织、沟通能力，具有战略眼光	1. 认同企业文化，忠诚度高 2. 注重战略规划 3. 注重内部管理 4. 善于总结与分析 5. 具有创新精神

职责内容

1. 参与制定工厂发展战略和年度生产、经营计划
2. 负责工厂整体质量战略规划实施，全面负责工厂质量工作，组织推动各项质量管理活动
3. 负责审核工厂质量控制的整体政策、流程及制度规范，并督促、检查质量执行情况
4. 组织制定质量管理方针，建立相应的质量目标
5. 负责指导ISO 9000质量管理体系建设，组织人员对其进行审核并有效控制其运行
6. 负责供应链的质量控制，指导对供应商、外协厂商的供货质量的控制管理
7. 负责主持工厂重要客户的评审工作，行使质量否决权
8. 负责召开重大质量专题会议，协调各部门，开展重大质量改善和成本降低项目
9. 负责指导、参与重大质量风险与事故的处理
10. 协助总经理完成其他工作

考核说明	结果运用
考核指引 1. 考核频率 年度考核 2. 考核主体 总经理 3. 考核指标 产品质量合格率、万元产值质量成本降低率、质量事故处理有效性、年度质量目标达成率、质量事故发生及处理情况	1. 考核结果作为薪酬、福利、奖金发放的依据 2. 考核结果作为职位升降的参考

二、质量经理岗位职责

	基本要求	相关说明
任职资格	1. 学历 大学本科及以上学历，质量管理或本行业相关理工类专业 2. 专业经验 5年以上大型工厂质量管理工作经验 3. 个人能力要求 具有较强的组织、管理、沟通、推动能力	1. 认同企业文化，忠诚度高 2. 注重内部管理，善于通过团队协作达成目标 3. 愿意努力推进质量管理体系建设 4. 具有学习意识和创新精神
职责内容	1. 负责工厂质量方针、质量目标的贯彻落实，参与制定质量管理各项制度并监督执行 2. 负责制订质量管理年度、季度、月度计划，汇总质量信息，编制质量报告 3. 负责建立、实施质量管理体系，组织编写质量文件，并组织内外部审核 4. 根据质量管理体系要求，组织、监督工厂各部门认真执行质量管理体系，提高产品质量 5. 负责质量控制工作，组织对供应商及外协厂商的评估和检验，负责仪器、档案等物品的管理 6. 参与重大质量事故处理，负责一般质量事故的处理，制定纠正、预防措施并组织实施 7. 组织产品质量市场调查分析，提出改进建议或措施，促进内部质量体系持续改进 8. 负责制订年度培训计划及工厂质量培训计划，指导、检查下属的工作 9. 完成上级领导交办的其他工作	
考核指引	1. 考核频率 半年度、年度考核 2. 考核主体 总经理、质量总监 3. 考核指标 产品质量合格率、质量目标达成率、质量管理体系外审一次性通过率、产品因质量原因的退货次数	1. 考核结果作为薪酬发放依据 2. 考核结果作为岗位培训及职位晋升的参考 3. 考核不合格者，予以口头警告处分
	考核说明	结果运用

三、质量主管岗位职责

基本要求	相关说明
任职资格 1. 学历 大专及以上学历，质量管理或本行业相关理工类专业 2. 专业经验 3年以上相关行业质量管理工作经验 3. 个人能力要求 具有较强的管理、组织、协调能力，责任心强	1. 认同企业文化，忠诚度高 2. 注重内部管理与团队协作 3. 能承受工作压力 4. 细心、耐心、谨慎、稳重 5. 具有学习意识和创新精神

职责内容

1. 协助质量经理拟定质量管理各项制度、标准及计划，并组织质量专员执行
2. 协助质量经理进行质量管理体系建设和认证过程的控制管理，策划和实施质量管理体系内审方案
3. 监控质量流程，严格执行质量控制程序，对产品质量的检验过程进行管理和控制
4. 组织质量专员对供应商开展质量控制、原材料检验、制程监督及产品终检等活动
5. 收集、分类、统计、分析、处理、传递及应用质量管理信息，并进行综合管控
6. 协助人力资源部对工厂各部门进行质量培训，检查各部门、车间的质量管理流程、质量管理制度及规定的执行情况
7. 参与重大质量问题、质量事故的处理，同时处理客户投诉，提出相应的处理、改进措施
8. 完成上级领导交办的其他工作

考核说明	结果运用
考核指引 1. 考核频率 月度、半年度、年度 2. 考核主体 质量经理 3. 考核指标 产品质量合格率、质量检验完成率、质量管理体系外审一次性通过率、问题处理及时率、有效质量投诉发生次数	1. 考核结果作为薪酬发放依据 2. 考核结果作为岗位培训及职位晋升的参考 3. 考核不合格者，予以口头警告处分

四、质量专员岗位职责

	基本要求	相关说明
任职资格	1. 学历 　大专及以上学历，质量管理或本行业相关理工类专业 2. 专业经验 　1年以上相关行业质量工作经验 3. 个人能力要求 　具有独立分析、解决问题的能力和沟通能力	1. 认同企业文化，忠诚度高 2. 注重团队协作与沟通 3. 具有良好的质量管理素质 4. 具有学习意识和创新精神
职责内容	1. 参与质量管理体系的认证、内审和体系文件的编写，严格监督其执行情况 2. 根据相关标准与技术文件，在原材料入库前对其进行检验，并出具检验报告 3. 负责制程中半成品、在制品的质量检测工作，监督工序质量，防止不合格品的出现 4. 严格按照成品检验规程进行成品抽验和检验工作，防止不合格成品流入仓库 5. 负责按相关规定对生产制程进行质量控制，分析产品质量问题并提出质量改进措施 6. 负责做好质量记录并对质量记录进行管理，分析和处理通过检验获得的信息、数据 7. 负责检验工具的管理，严格按检验工具的操作规程使用工具，防止出现误差 8. 配合人力资源部定期对各部门、车间的相关人员进行质量管理体系的培训工作 9. 完成上级领导交办的其他工作	
考核指引	1. 考核频率 　月度考核、半年度考核、年度考核 2. 考核主体 　质量主管 3. 考核指标 　检验工作完成率、检验工具完好率、质量记录完好性、有效质量投诉次数	1. 考核结果作为薪酬发放依据 2. 考核结果作为岗位培训及职位晋升的参考 3. 考核不合格者，予以口头警告处分
	考核说明	结果运用

五、质量保证工程师岗位职责

基本要求	相关说明

任职资格

基本要求	相关说明
1. 学历 大学本科及以上学历，质量管理专业及其他相关专业 2. 专业经验 3年以上质量分析、控制等相关工作经验 3. 个人能力要求 具有良好的团队协作和沟通能力，注重细节	1. 认同企业文化，忠诚度高 2. 注重内部协作与沟通 3. 具有学习意识和创新精神

职责内容

1. 根据产品量保证需求编制质量保证大纲、质量计划和程序文件
2. 负责工厂质量保证系统的管理工作，按照质量保证手册的规定对各系统的工作进行监督和检查
3. 监控生产过程，收集与质量相关的各方意见，持续改进产品质量水平
4. 负责新产品质量保证体系的导入
5. 负责质量保证监察、质量见证、过程审计等活动
6. 协助进行质量体系的内审与外审工作
7. 负责对工厂人员进行质量保证要求、质量保证体系知识的培训
8. 及时、有效地解决客户提出的产品质量问题，并对其进行分析，提出有效的改进措施
9. 完成上级领导交办的其他工作

考核指引

考核说明	结果运用
1. 考核频率 季度、半年度、年度 2. 考核主体 质量经理 3. 考核指标 产品质量合格率、质量管理体系审核一次性通过率、客户有效质量投诉发生次数、提交质量改善意见的次数	1. 考核结果作为薪酬发放依据 2. 考核结果作为岗位培训及职位晋升的参考 3. 考核不合格者，予以口头警告处分

六、质量成本工程师岗位职责

	基本要求	相关说明
任职资格	1. 学历 大学本科及以上学历，质量管理、企业管理、统计、会计等相关专业 2. 专业经验 3年以上质量管理工作经验 3. 个人能力要求 具有良好的沟通能力和团队合作精神	1. 认同企业文化，忠诚度高 2. 注重内部管理 3. 良好的语言表达能力及写作能力 4. 具有学习意识和创新精神
职责内容	1. 协助制定质量成本管理的相关制度和规范，并监督其执行情况 2. 负责编制质量管理工作预算，并按时上报 3. 负责明确质量成本的构成及质量成本核算标准等工作 4. 负责质量成本的核算及分析工作，定期编制质量成本管理相关报告 5. 根据质量成本影响因素分析，制定具体的质量成本改进方案 6. 负责对质量成本数据进行汇总分析，发现质量管理改进点，制定质量成本控制方案 7. 及时与一线人员进行沟通，收集相关意见和建议，找出质量成本控制中存在的问题并提出解决方法 8. 指导相关部门及人员贯彻执行质量成本管理相关制度和规定 9. 完成上级领导交办的其他工作	
考核指引	1. 考核频率 季度、半年度、年度 2. 考核主体 质量经理 3. 考核指标 预防成本降低率、鉴定成本降低率、质量成本改进方案提交量、质量成本控制方案提交及时率、质量成本报告提交及时率、重要数据核算出错率	1. 考核结果作为薪酬发放依据 2. 考核结果作为岗位培训及职位晋升的参考 3. 考核不合格者，予以口头警告处分
	考核说明	**结果运用**

七、质量管理体系专员岗位职责

基本要求	相关说明

任职资格

1. 学历
   大学本科及以上学历，质量管理或本行业相关理工类专业
2. 专业经验
   2年以上质量体系推动、审核维护工作经验
3. 个人能力要求
   具有建立、操作与改进质量体系的能力，掌握相关技巧

1. 认同企业文化，忠诚度高
2. 熟练掌握ISO 9000等质量管理体系的操作方法
3. 具有良好的沟通协作能力，能独立分析和解决问题
4. 具有学习意识和创新精神

职责内容

1. 编制、管理、完善质量体系文件并建档，参与制定质量控制流程及相关制度、标准
2. 做好年度内审计划，参与质量管理体系的内审，监督各部门质量体系的实施
3. 组织外审工作，确保质量管理体系通过认证及复审
4. 负责在质量体系认证通过后，将其在工厂范围内推广实施，确保其正常运行
5. 严格监督质量体系的执行情况，及时发现并妥善处理发现的问题，并及时上报领导
6. 监控预防及纠正措施的实施过程并验证效果，以达到质量持续改进和提高的目标
7. 参与供应商质量体系的审核工作，督促供应商做好不符合项的整改，确保来料合格
8. 配合人力资源部开展质量管理培训，提供咨询与帮助，总结先进经验并推广，推动工厂质量管理的标准化，建设质量管理文化
9. 完成上级领导交办的其他工作

考核指引

1. 考核频率
   季度、半年度、年度
2. 考核主体
   质量经理、质量主管
3. 考核指标
   产品质量合格率、外部审核一次性通过率、质量体系推行计划完成率、体系文件完整性、不合格项整改完成率、相关部门协作满意度

1. 考核结果作为薪酬发放依据
2. 考核结果作为岗位培训及职位晋升的参考
3. 考核不合格者，予以口头警告处分

考核说明	结果运用

第三节　质量管理责任制

一、采购部质量管理责任

文书名称	采购部质量管理责任书	编　号	
		受控状态	

甲方：××××工厂

乙方：采购部

一、定员及月定额工资

采购部负质量管理责任的员工定员为____人，月定额工资总计____元。

二、工作目标

采购部负质量管理责任员工的工作目标如下。

1. 主要负责采购部门的质量管理工作，确保采购物料的质量均达标。

2. 定期对供应商进行评估，建立采购认证体系，并对供应商质量进行监控。

3. 负责对采购物资的验证和进货检验工作。

三、双方的权利和义务

1. 甲方要经常检查、指导乙方的工作。

2. 甲方为乙方核定相关费用，并按时足额拨付。

3. 甲方要积极为乙方创造一个良好的工作环境并提供必要的场所、设备。

4. 甲方要从各方面支持乙方的工作，保证其顺利实现工作目标。

5. 乙方在职权范围内要积极主动地开展工作，协调各方面关系，并完成甲方交办的各项事宜。

四、考核方法和计分方法

具体工作目标与考核办法如下表所示。

采购部质量责任目标与计分办法一览表

量化指标	分值	目标值	评分办法	得分
采购物资合格率	50分	采购物资合格率达到____%	每降低____%扣____分，扣完为止	
物料使用不良率	20分	物料使用不良率不高于____%	每增加____%扣____分，扣完为止	
采购抽样质量合格率	30分	采购抽样质量合格率达到____%	每降低____%扣____分，扣完为止	
合计				

（续）

五、考核结果应用

根据上述考核评分标准进行评估，根据工厂制定的薪酬管理制度发放采购部的绩效工资。

六、附则

1. 本协议未尽事宜由乙方本着对甲方负责的态度按程序完成。

2. 本协议自甲乙双方签订之日起生效。

3. 本协议一式两份，甲乙双方各执一份，具有同等效力。

甲方：　　　　　　　　　　　　　　乙方：

代表人：　　　　　　　　　　　　　代表人：

日期：　　　　　　　　　　　　　　日期：

编制人员		审核人员		审批人员	
编制时间		审核时间		审批时间	

二、仓储部质量管理责任

文书名称	仓储部质量管理责任书	编　号	
		受控状态	

甲方：××××工厂

乙方：仓储部

一、定员及月定额工资

仓储部负质量管理责任的员工定员为＿＿人，月定额工资总计为＿＿元。

二、工作目标

仓储部负质量管理责任员工的工作目标如下。

1. 在办理生产所用原材料入库时，一定要查验货物是否附有质量检验部门所出具的化验分析或检测报告单。没有报告单或虽有报告单但未经质量检验的货物，一律不得办理入库手续。

2. 入库货物要分类存放，并根据货物的特性采取必要的防护措施，做到防锈、防腐、防霉变、防变形、防损失等，以确保货物在储存过程中不损坏、不变质、不变形。

三、双方的权利和义务

1. 甲方要积极为乙方创造一个良好的工作环境并提供必要的场所、设备。

2. 甲方要从各方面支持乙方的工作，保证其顺利实现工作目标。

3. 乙方在职权范围内要积极主动地开展工作，协调各方面关系，并完成甲方交办的各项事宜。

四、考核方法和计分方法

具体工作目标与考核方法如下表所示。

（续）

仓储部质量管理责任目标与计分方法一览表

量化指标	分值	目标值	评分办法	得分
物资及时检验率	30 分	物资及时检验率达到＿＿%	每降低＿＿%扣＿＿分，扣完为止	
物资入库差错率	30 分	物资入库差错率不高于＿＿%	每增加＿＿%扣＿＿分，扣完为止	
库存货损率	30 分	库存货损率不高于＿＿%	每增加＿＿%扣＿＿分，扣完为止	
物品仓储整齐率	10 分	物品仓储整齐率达到＿＿%	每降低＿＿%扣＿＿分，扣完为止	
合计				

五、考核结果应用

根据上述考核评分标准进行评估，根据工厂制定的薪酬管理制度发放仓储部的绩效工资。

六、附则

1. 本协议未尽事宜由乙方本着对甲方负责的态度按程序完成。

2. 本协议自甲乙双方签订之日起生效。

3. 本协议一式两份，甲乙双方各执一份，具有同等效力。

甲方：　　　　　　　　　　　　　　　乙方：

代表人：　　　　　　　　　　　　　　代表人：

日期：　　　　　　　　　　　　　　　日期：

编制人员		审核人员		审批人员	
编制时间		审核时间		审批时间	

三、质量部质量管理责任

文书名称	质量部质量管理责任书	编　号	
		受控状态	

甲方：××××工厂

乙方：质量部

一、定员及月定额工资

质量管理部定员为____人，月定额工资总计____元。

1. 质量经理1人，月定额工资____元。

2. 质量主管____人，月定额工资____元。

3. 质量专员____人，月定额工资____元。

二、质量部职能说明

1. 建立、健全质量部门组织结构，建立质量管理工作团队，明确各岗位责任。

2. 制定工厂质量方针，确定质量目标，组织质量控制、质量检验标准等管理制度的拟定、检查、监督、控制及执行。

3. 编制月度、季度、年度质量工作计划，并组织相应的实施、检查、协调和考核。

4. 按照技术文件编制检验标准和检验规范，组织实施全工厂范围内的质量检验工作。

5. 搜集和掌握国内外先进的质量管理经验，向工厂员工传递质量管理信息，配合人力资源部门抓好全员质量教育工作，并配合培训工作的开展。

6. 建立和完善质量保证体系，组织本工厂内部质量管理体系的策划、实施、监督和评审。

7. 负责编制月度、季度、年度质量工作统计报表，建立和完善质量工作原始记录、统计报表。

8. 健全质量管理网络，制定和完善质量管理目标责任制，确保产品质量的稳定提高，及时处理和解决各种质量事故和纠纷。

三、质量部经理责任说明

1. 制定本工厂质量方针，确定本部门质量管理目标，主持编制质量管理规章制度并监督实施，为质量管理规章制度的完善、科学和合理性负责。

2. 主持制定并审核原辅材料、包装材料、中间产品、成品质量标准、内控质量标准及各项检验操作规程，为各项标准的周全性与合理性负责。

3. 领导本部门员工进行生产过程中原材料、半成品、成品的质量监督及出厂检验和产品质量跟踪，如有出厂产品质量不达标，质量管理部经理应接受问责。

4. 对成品放行进行审核与批准，组织审核不合格品、退货的产品和不合格的物料、中间产品、成品的处理意见，对质量问题处理的完善性与合理性负责。

5. 组织下属对现场质量管理进行监控，保证制程质量符合本工厂标准。如有疏漏致使本厂造成损失的，质量管理部经理接受通报批评。

6. 主持质量管理体系的制定和完善，推进并组织实施质量管理体系的审核和认证工作。如果在任期间质量认证不能一次性通过或被收回认证资格，质量管理部经理应接受降职处分。

（续）

7. 主持制订年度质量工作培训计划，对全体员工的质量培训工作进行指导，负责本厂质量管理教育的普及工作。

8. 严格控制质量管理过程程序，防范质量事故的发生。如因管理工作不到位造成质量事故，质量管理部经理应接受问责；情节严重者，准予引咎辞职。

9. 在本厂总经理的直接领导下，对关系到产品质量的一切活动和工作进行必要和有效的监督、协调，保证物料供应、生产、产品销售的全过程符合 GMP 要求。

10. 在日常工作中领导、考核、评价本部门员工，对本部门员工的职位变迁有建议权。

四、质量部质量管理工作目标

质量部质量管理的工作目标如下表所示。

质量管理部工作目标明细表

工作目标	目标细化
质量标准目标	1. 建立、健全质量管理制度，制定质量方针和目标，组织实施质量管理工作 2. 制定进料、制程及成品的质量检验标准，保证质量检验标准合理、符合要求 3. 编制各项检验规程及指导书，开展检验规程培训工作，保证各项检验规程执行
质量检验目标	1. 开展供应商样品、原材料、外协品的质量检验，确保错检率不超过＿＿＿% 2. 跟踪检查各个工序的在制品质量，保证生产过程的工序质量合格率达＿＿＿% 3. 监督不合格品返工，保证返工产品一次交检的准确率达100% 4. 填写各项质量记录及出库质量检验报告，保证质量记录和检验报告准确率达100% 5. 严格按照操作规程使用质量检验仪器，按规定及时校验率达100%，保证仪器测量精度符合要求，按定置管理的规定和要求使用、放置和保存仪器
质量控制目标	1. 对质量工作进行合理的计划、组织、指挥、协调和控制 2. 对质量管理各个环节的数据进行统计和分析，真实反映质量管理水平 3. 不断改进质量管理工作，降低不合格率，力求产品质量零缺陷 4. 严格控制每一道工序，防范质量事故发生，将年内质量事故次数降低到＿＿＿次以内，杜绝特大质量事故发生 5. 通过质量控制不断降低质量成本

（续）

工作目标	目标细化
质量体系目标	1. 推进本厂质量体系实施，保证质量体系认证一次性通过率达____% 2. 在工厂内部推行并实施质量体系相关要求，保证本工厂质量管理水平达标
其他目标	1. 处理好质量管理部门与其他部门之间的协作关系 2. 树立工厂良好的质量形象，处理好与客户单位的关系

五、附则

1. 本协议未尽事宜由乙方本着对甲方负责的态度按程序完成。

2. 本协议自甲乙双方签订之日起生效。

3. 本协议一式两份，甲乙双方各执一份，具有同等效力。

甲方：   乙方：

代表人：   代表人：

日期：   日期：

编制人员		审核人员		审批人员	
编制时间		审核时间		审批时间	

四、设备部质量管理责任

文书名称	设备部质量管理责任书	编　　号	
		受控状态	

甲方：××××工厂

乙方：设备部

一、定员及月定额工资

设备部负质量管理责任的员工定员为____人，月定额工资总计____元。

二、工作目标

设备部负质量管理责任员工的工作目标如下。

1. 在自制备品、备件中的加工过程中，严格按照图纸及加工要求进行加工，保证备品、备件的加工质量，经质量检测合格后方可办理入库。

2. 在提出备品、备件的技术要求时，应做到数量、规格、型号、性能和产地准确、清晰、无误，以保证所购备品、备件符合工厂的技术要求。

3. 及时对所购进的备品备件进行质量检查和验收，并出具检测报告。

三、考核方法和计分方法

具体工作目标与考核方法如下表所示。

（续）

设备部质量管理责任目标与计分办法一览表

量化指标	分值	目标值	评分办法	得分
点检计划及时率	20分	点检计划及时率达到____%	每降低____%扣____分，扣完为止	
设备异常情况发现及时率	30分	设备异常情况发现及时率达到____%	每降低____%扣____分，扣完为止	
点检处理及时率	30分	点检处理及时率达到____%	每降低____%扣____分，扣完为止	
设备诊断结果的准确性	20分	设备诊断结果出错次数控制在____次以内	每增加____次扣____分，扣完为止	
合计				

四、考核结果应用

根据上述考核评分标准进行评估，根据本厂制定的薪酬管理制度发放设备部的绩效工资。

五、附则

1. 本协议未尽事宜由乙方本着对甲方负责的态度按程序完成。

2. 本协议自甲乙双方签订之日起生效。

3. 本协议一式两份，甲乙双方各执一份，具有同等效力。

甲方：　　　　　　　　　　　　　　乙方：

代表人：　　　　　　　　　　　　　代表人：

日期：　　　　　　　　　　　　　　日期：

编制人员		审核人员		审批人员	
编制时间		审核时间		审批时间	

五、生产部质量管理责任

文书名称	生产部质量管理责任书	编　号	
		受控状态	

甲方：×××工厂

乙方：生产部

一、定员及月定额工资

生产部负质量管理责任的员工定员为____人，月定额工资总计____元。

（续）

二、生产部的质量责任

1. 在领料时要严格按照工艺流程进行，保证原材料的质量和技术性能符合要求，不得擅自改变有关技术标准。

2. 在投料时，要按工艺流程规定的原料配比进行。

3. 积极配合技术部对工艺流程进行改进，不断提高工艺流程的合理性和科学性。

4. 配合质量管理部做好工艺质量控制点的设置工作，并做好半成品、生产工序的质量检测分析工作。

5. 随时接受质量管理部的质量监督和技术指导。

6. 积极协助技术部为提高产品质量而进行的技术改造和工艺流程修订工作。

7. 积极协助有关部门向领导汇报生产中所出现的质量问题，不得隐瞒事实和真相。在合理的工艺规程指导下，对整个生产控制和产品质量负责，对用户在使用产品时发生的与生产相关的质量问题负责。

三、生产部管理人员的质量责任

1. 深入进行"质量第一"的思想教育工作，认真执行"预防为主"的方针，组织好自检、互检工作，并支持专职检验人员的工作，把好质量关。

2. 严格贯彻执行工艺和技术操作规程，有组织、有秩序地文明生产，保持环境卫生，提高产品质量。

3. 掌握生产车间或工厂的质量情况，对重视产品质量的好人好事进行表扬，对不重视产品质量的员工进行批评教育。

4. 组织车间员工参加技术学习，针对主要的质量问题提出相关课题，发动员工开展技术革新与合理化建议活动，对产品质量存在的问题和质量事故的发生原因进行分析，积极向有关部门提出解决方案，共同进行研究。

5. 对不合格产品进入其他部门要负主要责任。

四、生产班组长的质量责任

1. 坚持"质量第一"的方针，对本班组员工进行质量教育，认真贯彻执行质量制度和各项技术规定。

2. 尊重专检人员的工作，并组织好自检、互检活动，严禁弄虚作假，开好班组质量分析会，充分发挥班组质量管理的作用。

3. 严格执行工艺和技术操作规程，建立员工质量责任制，重点抓好影响产品质量关键岗位的工作。

4. 组织有序的文明生产，保证质量指标的完成。

5. 组织本班组员工参加技术学习，针对影响质量的关键因素开展革新活动并收集合理化建议，积极推广新工艺、新技术，开展技术交流与协作，帮助员工练好基本功，提高技术水平和质量管理水平。

6. 组织班组员工对质量事故进行分析，找出原因，提出改进方法。

（续）

五、生产部员工的质量责任

1. 要牢固树立"质量第一"的思想，精益求精，做到好中求多、好中求快、好中求省。

2. 要积极参加技术学习，做到"四懂"，即懂产品质量要求、懂工艺要求、懂设备要求、懂检验方法。

3. 严格遵守操作规程，对本单位的设备、仪器、仪表做到合理使用、精心使用、精心维护，保持其良好状态。

4. 认真做好自检与互检，勤检查，发现问题后及时通知下一个岗位，人人把好质量关。

5. 对产品质量要负责，确保表里如一，严禁弄虚作假。

六、生产部质量责任考核方法和计分方法

具体工作目标与考核办法如下表所示。

生产部质量管理责任目标与计分办法一览表

量化指标	分值	目标值	评分办法	得分
产品质量合格率	30分	产品质量合格率达到____%	每降低____%扣____分，扣完为止	
产品质量投诉率	20分	产品质量投诉率不高于____%	每增加____%扣____分，扣完为止	
产品返工率	30分	产品返工率不高于____%	每增加____%扣____分，扣完为止	
废品率	20分	废品率不高于____%	每增加____%扣____分，扣完为止	
合计				

七、考核结果应用

根据上述考核评分标准进行评估，根据工厂制定的薪酬管理制度发放生产部的绩效工资。

八、附则

1. 本协议未尽事宜由乙方本着对甲方负责的态度按程序完成。

2. 本协议自甲乙双方签订之日起生效。

3. 本协议一式两份，甲乙双方各执一份，具有同等效力。

甲方：   乙方：

代表人：   代表人：

日期：   日期：

编制人员		审核人员		审批人员	
编制时间		审核时间		审批时间	

六、技术部质量管理责任

文书名称	技术部质量管理责任书	编　　号	
		受控状态	

甲方：××××工厂

乙方：技术部

一、定员及月定额工资

技术部负质量管理责任的员工定员为＿＿＿人，月定额工资总计＿＿＿元。

二、工作目标

技术部负质量管理责任员工的工作目标如下。

1. 负责制定工艺流程，并根据产品质量要求的不断提高，做好工艺规程的修订和完善工作，对工艺规程的修改、补充必须经过上级的审批；对与工艺规程有关的质量负责。

2. 负责制定主要材料的采购技术标准，做好发放、接收、保管工作，为原材料的质量检验提供技术标准。

3. 负责会同有关部门制定原材料、半成品及生产过程的检验项目和检查方法。

4. 负责制造过程的工艺流程、工艺路线与物流优化的规划和设计，负责产品制造设备的设计审核，组织设备的使用验收，确保设备的使用可以达到控制制造质量的目的，为产品质量创造设备条件。

5. 负责产品标准化的管理和图纸按时发放的管理工作，确保产品按照标准化的方法和程序制造，保证产品质量。

6. 在上级的领导下，组织制定、实施重大技术决策和技术方案，研究、解决有关产品质量的重大技术性问题。

7. 为了提高产品质量，赶超国际先进水平，收集、整理和交流国际技术信息，并建立技术档案。

三、考核目标和计分方法

技术部质量管理的具体工作目标与考核办法如下表所示。

技术部质量责任量化考核内容与评分说明

考核项目	分值	评分细则	得分
新产品开发	30分	新产品投入市场后因为技术问题导致出现不合格产品或因为技术质量问题导致技术更改，每出现一次，减＿＿＿分，扣完为止	
工艺改造	20分	工艺改造项目如期完成，每有1项次未完成，减＿＿＿分；重大技术改造项目未完成，减＿＿＿分	
技术标准管理	30分	不主动根据工作需要及技术发展水平更新工厂的技术标准，或新标准推行不力，导致工厂的技术标准落后于同行业平均水平，减＿＿＿分	
技术资料管理	20分	资料不完整、缺失，每项减＿＿＿分；泄密，减＿＿＿分	

（续）

| 四、考核结果应用 |
| 根据上述考核评分标准进行评估，根据工厂制定的薪酬管理制度发放技术部的绩效工资。 |

五、附则

1. 本协议未尽事宜由乙方本着对甲方负责的态度按程序完成。

2. 本协议自甲乙双方签订之日起生效。

3. 本协议一式两份，甲乙双方各执一份，具有同等效力。

甲方：　　　　　　　　　　　　　　　乙方：

代表人：　　　　　　　　　　　　　　代表人：

日期：　　　　　　　　　　　　　　　日期：

编制人员		审核人员		审批人员	
编制时间		审核时间		审批时间	

七、质量责任制考核办法

制度名称	质量责任制考核办法		受控状态	
			编　号	
执行部门		监督部门	编修部门	

第1章　总则

第1条　目的。

为落实质量职能，确保质量责任制度在本厂内贯彻与执行，保证产品质量和工作质量，从而实现产品满足顾客的要求及潜在需求，特制定本办法。

第2条　适用范围。

本办法适用于工厂内部对各部门质量管理的考核工作。

第3条　职责划分。

1. 由工厂主管副总、质量管理部经理、人力资源部经理组成考核领导小组，负责质量考核工作。

2. 由质量管理部负责质量信息的收集、调查、汇总、分析等工作。

3. 由人力资源部经理负责将考核结果报送工厂总经理，经批准后执行。

第2章　考核原则及依据

第4条　考核原则。

1. 客观性原则。考核过程中要以事实为依据，对被考核者的任何评价都应有事实根据，避免主观臆断。

2. 开放沟通原则。在整个绩效管理过程中，考核者和被考核者要开诚布公地进行沟通与交流，评估结果要及时反馈给被评估者，以肯定成绩、指出不足，并提出今后努力和改进的方向。

（续）

第5条 考核依据。

1. 工厂质量手册（包括程序文件）等管理规范。

2. 工厂内部质量监督管理办法。

3. 工厂发布的有关质量管理工作的指令、决定、会议纪要等书面文件。

第3章 考核时间及范围

第6条 考核时间。

采取以月度考核为主的方法。

第7条 考核范围。

工厂对各职能部门质量管理工作的考核主要包括以下几个方面。

1. 质量目标和指标完成情况。

2. 由于工作质量问题导致出现的不合格品。

3. 顾客投诉。

4. 质量事故的发生。

5. 内、外质量监督和审核结果。

6. 国家、省和行业对产品质量的检查结果。

7. 质量计划和质量管理工作指令的执行结果。

8. 纠正和预防措施执行的有效性。

第4章 考核内容及标准

第8条 质量目标和指标完成情况。

1. 工厂每年根据市场、环境和质量方针及顾客需求，确定可测量的质量目标并分解成可定量考核各部门的质量指标，同时规定其考核要求，将工厂年度质量目标下达各部门执行。

2. 质量指标分别由各职能部门按月进行统计，并以统计报表形式作出月度业绩报告，同时核实其数据的正确性。

3. 按照月度业绩报告和计划中所规定的目标、指标及考核要求，由技术部作出考核，并将考核结果报送质量管理部，经质量管理部审核后对各部门进行考核。

第9条 不合格品。

1. 技术部每月根据不合格品评审记录，统计出工厂内部出现的各种不合格品，显示让步接收、返工、返修和报废的名称、规格、型号、数量；不合格品产生的订单号、生产日期、部门和不合格品缺陷描述等。

2. 质量管理部根据不合格品的处理意见和实施结果以及针对不合格品的纠正与预防措施及其实施效果，对相关责任部门和人员实施考核。

第10条 顾客投诉。

1. 根据营销部、客服部提供的顾客投诉和反馈，及时进行调查、分析、核实，必要时可召开有质量管理部、技术部、生产部等部门参加的专题质量分析会，确定造成顾客投诉的原因和责任，及时制定纠正措施。

（续）

2. 在确定造成顾客投诉原因和责任的基础上，由质量管理部门提出书面质量分析报告，根据投诉所造成的影响和损失大小及责任部门、责任人员的态度，提出处理意见，报总经理批准后，由质量管理部门实施考核。

第 11 条　质量事故。

1. 在产品设计、制造、采购、检验工作中，由于工作质量低劣，造成以下损失时可认定为质量事故。

（1）造成经济损失在____元以下的为一般事故。

（2）造成经济损失____元至____元的为重大质量事故。

（3）造成经济损失在____元以上的为特大质量事故。

当发生上述三等质量事故时，责任部门须查清原因、责任并防止重复发生，在制定、采取纠正措施的基础上，在 3 天内写出书面的质量事故处理报告，包括对责任人员的处理意见，送质量管理部门审查。

2. 尚未构成质量事故，但因产品设计、工艺、定额、检验、采购、外协、生产、管理等出现差错，构成质量隐患或有潜在质量影响的，每发现一项，都要处罚责任人。

第 12 条　内、外部质量监督和审核结果。

1. 外部质量监督和审核。质量管理部根据第三方认证机构出具的不符合项报告，按严重不符合项与一般不符合项分别实施考核。

2. 内部质量监督和审核。质量管理部根据每次内部质量审核或质量监督结果，按严重不符合项与一般不符合项分别实施考核。

第 13 条　国家、省和行业对产品质量的监督检查结果。

国家、省和行业对产品质量的检查结果判为不合格，按照其不合格原因和范围追究相关部门和人员责任，还应对部门领导按责任人处罚，由质量管理部拟出处理意见，报告经总经理批示后，由质量管理部执行并全厂通报。

第 14 条　质量计划和质量管理工作指令的执行。

工厂批准发布的年度质量计划和质量管理工作指令、决定、会议纪要应在规定时间内按要求完成，未按指令要求或完成达不到要求者由质量管理部实施考核。

第 15 条　纠正和预防措施执行的有效性。

根据顾客投诉、管理评审、质量审核、数据分析和产品不合格分析所制定的纠正和预防措施，各相关部门应在规定时间内按要求完成，并经技术部验证有效，未达到上述要求时应实施考核。

第 5 章　奖惩

第 16 条　质量奖励。

在质量方面成绩优异的，应给予记功与奖励，奖励标准可参照各类扣罚标准的一倍奖励。

第 17 条　质量问题处罚。

质量管理工作出现问题的，应追究相关人员责任并给予其一定的处罚。处罚细则如下表所示。

（续）

序号	质量考核类别		考核水平
	质量问题处罚细则说明表		
1	质量目标和指标		一项不完成，扣罚责任人或主管＿＿＿～＿＿＿元
2	不合格品	返工、返修品、让步接收品	每件扣罚＿＿＿～＿＿＿元
		报废品（工废）	按直接原材料损失价值的＿＿＿％赔偿
3	顾客投诉抱怨	书面或口头	按影响、损失大小及责任人员的态度，提出处理
4	质量事故	质量隐患或有潜在质量影响	发现一项，扣罚责任人＿＿＿元
		一般质量事故	应按经济损失的＿＿＿％～＿＿＿％进行扣罚
		重大质量事故	按经济损失的＿＿＿％～＿＿＿％进行扣罚，并追究主管的责任（按一半扣罚）
		特大质量事故	按经济损失的＿＿＿％～＿＿＿％进行扣罚，并追究部门经理和主管的责任（按一半扣罚）
5	外部质量监审	严重不符合	扣除该部门责任人全年奖金，部门经理扣罚一半
		一般不符合	按每个不符合项扣罚＿＿＿元，扣罚部门主管＿＿＿元
	内部质量监审	严重不符合	扣罚责任人一季度奖金，对部门经理扣罚一半
		一般不符合	每项扣罚＿＿＿元，部门主管扣罚＿＿＿元
6	国家、省和行业对产品质量的检查不合格		追究相关人员责任，扣发其半年奖金，对其部门领导按责任人扣罚标准一半进行扣罚
7	质量计划和质量管理工作指令执行不力		每项扣罚＿＿＿元
8	纠正和预防措施执行的有效性		纠正或预防措施执行不力，每项扣罚＿＿＿元

（续）

第6章　附则				
第18条　本办法由人力资源部负责制定、解释及修改，质量管理部配合执行。				
第19条　本办法自发布之日起执行。				

修订记录	修订标记	修订处数	修订日期	修订执行人	审批签字

八、质量责任制追究制度

制度名称	质量责任制追究制度		受控状态	
			编　号	
执行部门		监督部门		编修部门

第1章　总则

第1条　目的。

为强化质量责任，降低质量损失，提高全员质量意识，认真执行工厂质量管理的有关规定，特制定本制度。

第2条　适用范围。

本制度适用于工厂各部门和所有员工、配套供应商、外包物流公司等。

第3条　职责划分。

各部门的职责划分如下：

1. 营销部、客服部负责市场产品质量事故的反馈；

2. 生产部负责生产过程中产品质量事故的反馈；

3. 质量管理部负责质量事故的调查、处理和责任认定；

4. 财务部负责质量事故的损失统计；

5. 各部门负责自身的质量责任追究制度的执行与落实。

第4条　相关释义。

1. 质量事故。本制度中所称的"质量事故"是指设计、工艺、生产制造（运输、储存）、检验等过程中，因某种原因造成成批报废、成批返修、降低等级或降价处理、退货、索赔，对用户造成不良影响或影响生产计划和质量指标的完成的事故。

2. 质量责任追究原则。质量责任追究坚持"三不放过"原则，即事故原因不查清不放过、事故责任人不处理不放过、纠正措施不落实不放过。

第2章　质量责任追究流程及执行细则

第5条　责任追究流程。

质量责任追究流程如下图所示。

（续）

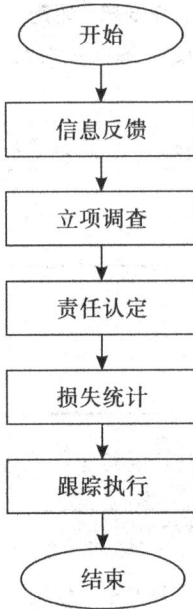

质量责任追究流程图

第6条　执行细则。

1. 事故上报。对于因客观原因（如雨季、沙尘暴）造成的质量问题，由质量管理部与技术部相关人员到现场协商处理，并将结果上报主管领导审核。

2. 责任质量事故的分类。

（1）一般事故。其经济损失在____元以下。

（2）重大质量事故。其经济损失为____ ～ ____元。

（3）特大质量事故。其经济损失在____元以上。

3. 责任主体界定原则。

（1）责任主体界定原则如下表所示。

责任划分一览表

责任类型	说明
主要责任	指造成质量事故的直接责任人员，如产品设计人员、质量检验员、操作工、业务员等
次要责任	指造成质量事故的间接责任人员，如产品设计人员、质量检验员、操作工、业务员等
连带领导责任	指对主要责任人负有直接管理责任的管理者，如研发经理、班组长、主管等

（续）

（2）责任主体界定。

① 主要责任人及连带责任人由各责任主体部门总经理、总监或部长界定。

② 配套供应商、外包物流公司的主要责任人及连带责任人由采购部或营销部界定。

4. 责任追究。

（1）工厂内部个人赔偿及处罚金额确定方式。

① 市场反馈质量事故。根据质量事故中责任界定的不同确定处罚金额，各责任人承担的比例如下表所示。

市场反馈质量事故处罚比例表

损失金额	处罚基数（A）	处罚金额		
		主要责任	次要责任	连带领导责任
一般损失（＿＿元以下）	＿＿%以下			
重大损失（＿＿~＿＿元）	＿＿%以下	A的＿＿%以下	A的＿＿%以下	A的＿＿%以下
特大损失（＿＿元以上）	＿＿%以下			

② 生产过程质量事故。根据质量事故中责任界定的不同，根据质量事故损失大小确定处罚金额，各责任人承担的比例如下表所示。

生产过程质量事故处罚比例表

质量事故性质描述	处罚总金额（B）	处罚金额		
		主要责任	次要责任	连带领导责任
造成返工、返包、停产等不良后果，损失在＿＿元以下	＿＿元以下			
造成返工、返包、停产等不良后果，损失为＿＿~＿＿元	＿＿元以下	B的＿＿%以下	B的＿＿%以下	B的＿＿%以下
造成返工、返包、停产等不良后果，损失在＿＿元以上	＿＿元以下			

（续）

（2）工厂内部门赔偿/处罚金额确定方式。根据质量事故中责任认定的结果，由财务部负责将损失金额计入责任主体部门费用，并在年终根据各部门实际发生损失费用进行考核。

（3）配套供应商质量责任追究。对供应商的质量责任追究，依据工厂与供应商签订的合作协议相关条款进行，由采购部负责执行。

（4）外包物流公司质量责任追究。对外包物流公司的质量责任追究，依据工厂与物流公司签订的《产品运输合同》相关条款进行，由营销部负责执行。

第7条　其他说明。

1. 在发生质量问题后推卸责任、不积极整改导致事态扩大或延误整改时机的，对责任人加重追究。

2. 对于已出现的质量事故反应迅速，处理及时、妥当，将不良影响降到最小的，责任追究可适当减轻。

3. 对于因质量信息反馈不及时错过整改最佳时机、造成额外损失或导致事态扩大的，依具体情况对信息提供的责任部门及责任人进行追究。

4. 对于因质量信息提供不准确或信息虚假导致无效整改，浪费人力、物力的，对质量信息提供部门及责任人予以追究。

5. 同样性质的质量事故在某部门内短期内（如＿＿月内）出现2次或以上的，对责任部门予以加倍处罚，对屡教不改者予以降级、撤职和辞退等处分。

6. 为增强员工的质量意识，部门可以自行制定部门内部质量责任追究细则，并在内部对质量事故责任进一步分解和处理。

7. 为鼓励创新，对于新技术、新材料、新工艺实施过程中经验证确认属于难以发现、具有一定隐蔽性的质量问题，可适当减轻或免于责任追究，但不包括因对新技术、新材料、新工艺评估不充分或评审不足导致的质量事故。

8. 对及时发现质量问题隐患，使质量事故在发生前得到妥善处理，避免质量事故发生的部门或人员，视具体情况经评审后予以一定奖励。

第3章　附则

第8条　本制度由质量管理部制定，报总经理核准后实施，修改时亦同。

第9条　本制度自公布之日起生效。

	修订标记	修订处数	修订日期	修订执行人	审批签字
修订记录					

质量目标与计划管理

第二章

第一节 质量方针目标管理

一、质量方针管理流程

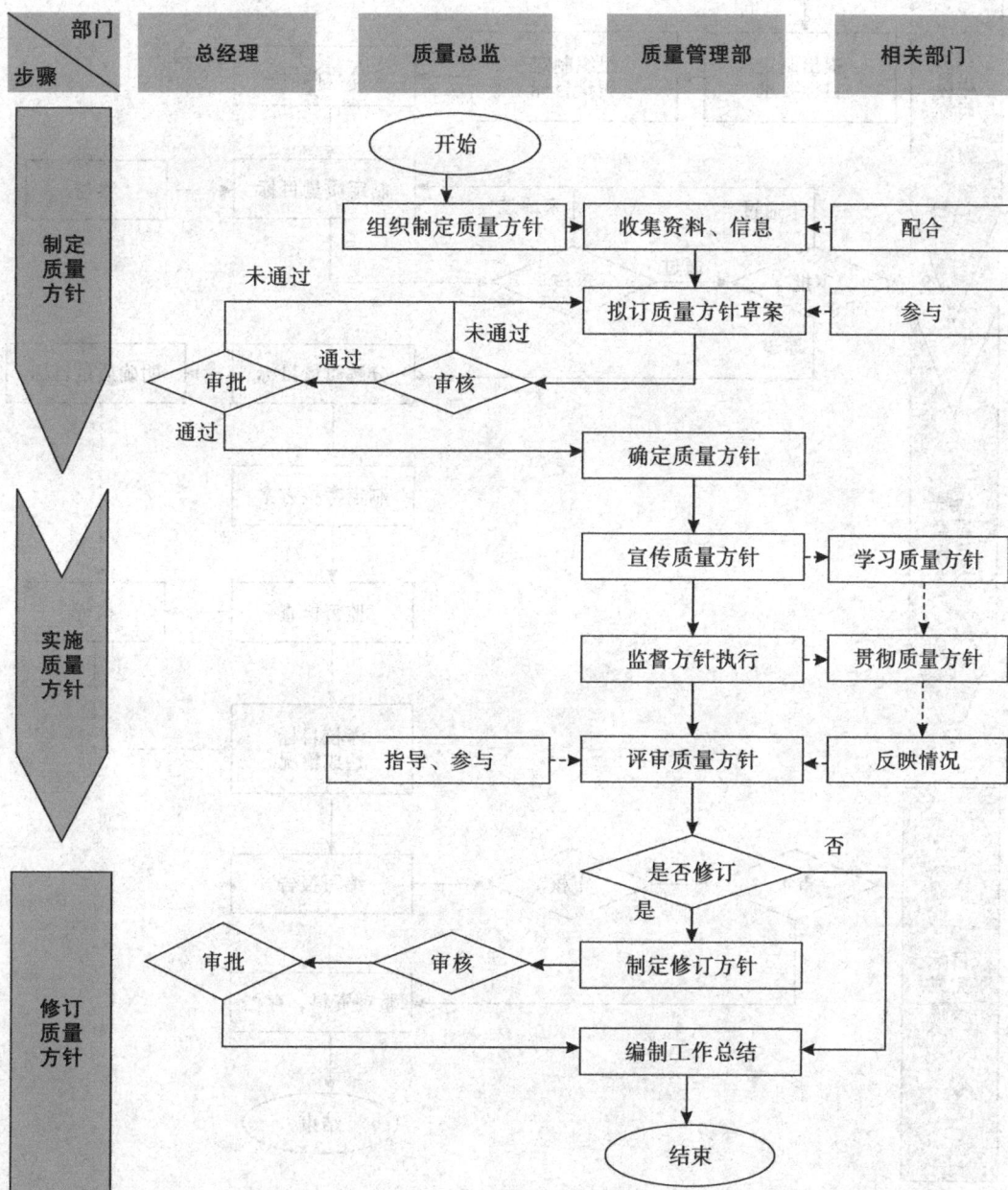

部门 步骤	总经理	质量总监	质量管理部	相关部门

制定质量方针 / 实施质量方针 / 修订质量方针

开始 → 组织制定质量方针 → 收集资料、信息 ← 配合

拟订质量方针草案 ← 参与

审批（未通过/通过） ← 审核（未通过/通过）

确定质量方针 → 宣传质量方针 → 学习质量方针

监督方针执行 → 贯彻质量方针

指导、参与 → 评审质量方针 ← 反映情况

是否修订（是/否）

审批 ← 审核 ← 制定修订方针

编制工作总结 → 结束

二、质量目标管理流程

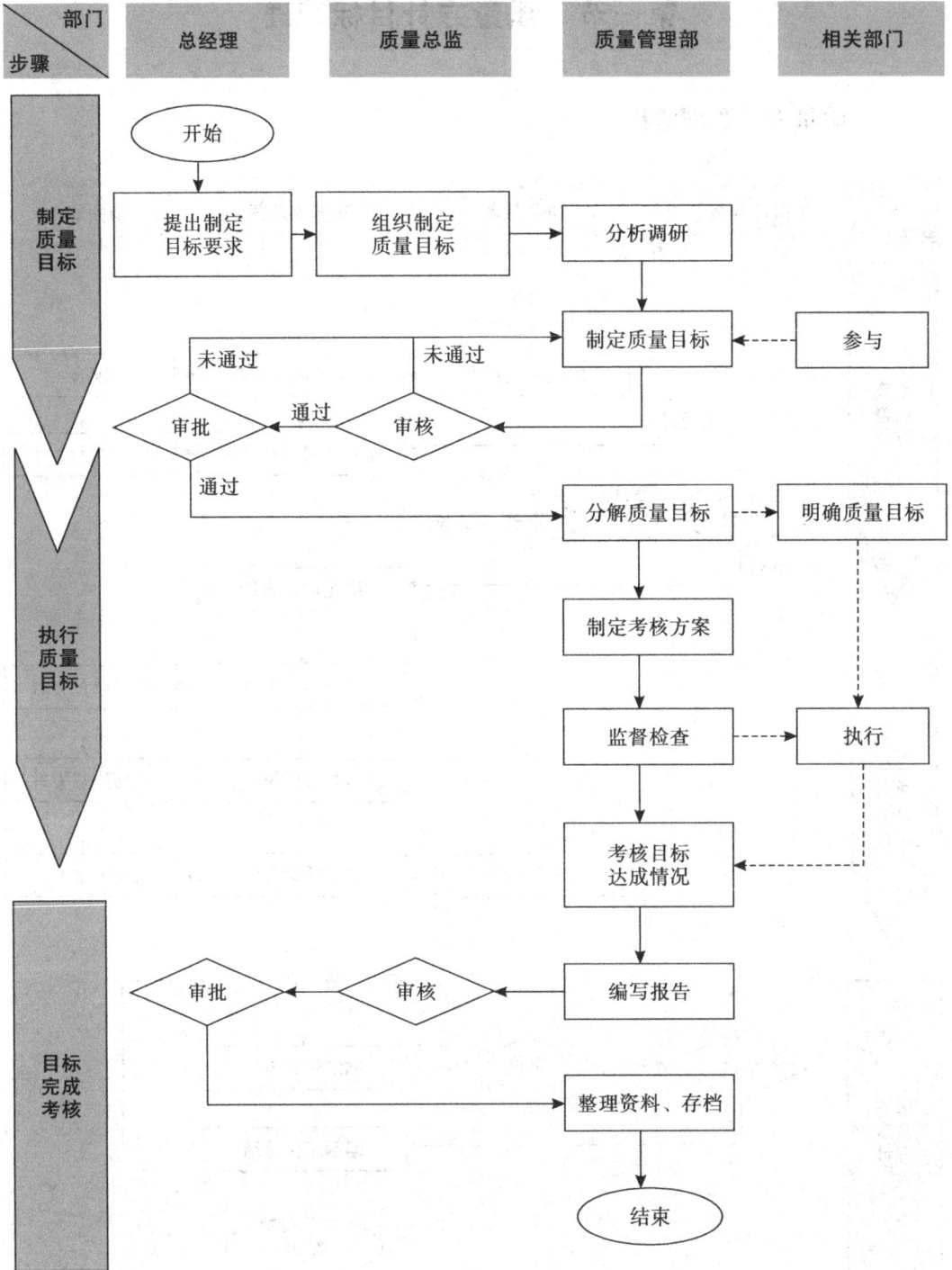

部门 步骤	总经理	质量总监	质量管理部	相关部门

制定质量目标

开始 → 提出制定目标要求 → 组织制定质量目标 → 分析调研 → 制定质量目标 ← 参与

审批 ← 通过/未通过 ← 审核 ← 未通过

执行质量目标

审批（通过）→ 分解质量目标 → 明确质量目标

分解质量目标 → 制定考核方案 → 监督检查 → 执行

监督检查 → 考核目标达成情况 ← 执行

目标完成考核

考核目标达成情况 → 编写报告 → 审核 → 审批

审批 → 整理资料、存档 → 结束

34

三、质量方针管理制度

制度名称	质量方针管理制度		受控状态	
			编　号	
执行部门		监督部门	编修部门	

第1章 总则

第1条 目的。

为加强工厂的质量管理工作，完善工厂质量管理体系，确保"以客户为中心"、"以质量为中心"的理念被充分贯彻，特制定本制度。

第2条 适用范围。

本制度适用于工厂质量方针的制定、实施、评审、修订等相关工作事项。

第3条 相关释义。

质量方针又称质量政策，是工厂各部门和全体员工在执行质量职能和从事质量活动时需要遵守的原则和方针，是统一和协调工厂质量工作的行动指南。

第4条 职责分工。

各部门及人员具体的职责分工如下。

1. 质量总监负责制定、修改工厂质量方针，并指导、监督员工贯彻执行，将新制定出来的质量方针交总经理审批。

2. 质量管理部负责质量方针资料的收集、质量方针的制定、宣传和贯彻实施工作。

3. 其他相关部门负责组织部门内人员认真贯彻落实质量方针，并提出具体的工作目标。

第2章 质量方针的制定

第5条 制定要求。

工厂管理层在制定质量方针时应注意以下四项基本要求。

1. 质量方针应与本厂的战略目标相一致，能够引导工厂持续改进，并向更高的目标前进。

2. 质量方针要与工厂宗旨相契合，不能与本厂的企业文化相冲突。

3. 质量方针要与客户需求相适应，能够指导工厂为客户提供更优质的产品和服务。

4. 质量方针要为质量管理工作提供依据，明确工厂质量管理的方向、目标和要求。

第6条 制定程序。

质量方针的制定程序如下。

1. 质量总监组织各部门负责人召开制定质量方针的启动会议，明确质量方针的制定要求，提出设想。

2. 各相关部门搜集行业内、市场上相关工厂的质量工作情况及相关资料。需要收集的资料主要有如下几方面。

（1）市场动向、竞争焦点、客户需求和期望。

（2）国内外同行业公司的相关水平，包括产品质量水平和管理水平。

（3）行业内赶超目标的质量情况。

（续）

（4）收集员工想法，广泛听取各方面的意见和建议。

3. 质量管理部根据搜集到的资料，确定质量承诺和质量持续改进承诺，经过论证、分析和协调后，起草质量方针草案。

4. 质量总监组织质量管理部、相关部门经理对质量方针草案进行评议，最终确定一个适合工厂经营特点的质量方针。

第3章 质量方针的贯彻实施

第7条 质量方针的宣传方式。

质量方针正式确定后，质量管理部需要在全厂内进行宣传，组织全体员工学习，主要宣传方式如下。

1. 运用报刊、标语、宣传材料等宣传工具，经常性地宣传质量方针。

2. 在质量工作会议和相关培训过程中，向全厂员工明确质量方针的内容，解释质量方针的内涵。

第8条 质量方针的实施。

工厂各部门应认真贯彻并落实质量方针，具体做法如下。

1. 各部门负责人应在其所辖范围内做好工厂质量方针的宣传、解释和贯彻落实工作。

2. 质量管理部和相关领导应做好监督、指导工作，督促各部门认真落实工厂的质量方针。

第9条 效果评估。

质量管理部应在年末对各部门落实质量方针的情况进行评估，并编写《质量方针执行效果评估报告》，将其交给质量总监进行审阅。

第4章 质量方针的评审

第10条 评审时机。

工厂每年都要对质量方针的适用性作出评审，必要时修改或重新制定质量方针。

第11条 评审内容。

对质量方针的评审主要包括以下五方面的内容。

1. 质量目标、质量指标的达成情况。

2. 质量方案的执行情况。

3. 内部质量管理体系的审核结果。

4. 产品特性、过程能力现状。

5. 客户满意度情况。

第12条 评审方法。

质量方针的评审方法主要包括以下四种。

1. 了解高层管理人员对质量方针的态度和承诺。

2. 查阅管理评审记录，评估高层管理人员在建立、实施、监督、修订质量方针时所做承诺及态度。

3. 评估工厂是否将质量方针落实到了工厂的各个部门及岗位。

4. 进行员工访谈，了解员工在工厂质量方针与其自身活动相互关联方面的意识、理解和认知。

（续）

第 5 章 质量方针的修订

第 13 条 修订时机。

在遇到以下五种情况时，工厂可对质量方针进行修订。

1. 在建立、推行质量管理体系前，工厂应对质量方针进行评审与修订。

2. 在对质量方针进行管理评审后，管理层认为有必要修订时。

3. 当工厂内外部环境发生重大变化时，应组织修订质量方针。

4. 当发现质量方针存在缺陷和错误，导致产品或服务质量产生重大问题时，工厂应及时组织人员分析原因并修订质量方针。

5. 工厂管理层认为有需要时，应组织修订质量方针。

第 14 条 修订程序。

工厂在修订质量方针时，应该按照以下步骤进行。

1. 质量管理部经理应及时开展专项管理评审，修订质量方针。

2. 修订后的质量方针需经质量总监审核通过后，交总经理审批。

3. 修订后的质量方针必须重新进行宣传、贯彻、实施和评估。

第 6 章 附则

第 15 条 本制度由质量管理部负责制定、修改和解释。

第 16 条 本制度经总经理审批通过后方可实施。

	修订标记	修订处数	修订日期	修订执行人	审批签字
修订记录					

四、质量方针与质量目标书

文书名称	质量方针与质量目标书	编 号	
		受控状态	

一、目的

为实现客户满意的目标，确保客户的需求和期望得到满足，并转化为工厂产品和服务的要求，特制定本目标书。

二、质量方针

本厂的质量方针为："质量第一，服务优质，持续改进，客户满意！"

三、质量目标

1. 总体质量目标

为实现本质量方针，工厂确定的总体质量目标如下。

（1）产品一次性检验合格率达 98% 以上。

（续）

（2）产品出厂合格率达100%。

（3）新产品开发达3项/年，新产品投放市场达2项/年。

（4）顾客投诉回复率达100%，处理投诉满意率达100%。

2. 质量目标分解

为实现工厂总体的质量目标，需对总目标进行量化分解并转化为各部门的质量工作目标。质量目标分解明细表如下表所示。

质量目标分解明细表

序号	质量目标	目标展开		实施部门	
		项目	目标值	责任部门	相关部门
1	产品一次性检验合格率达98%以上	采购物资合格率	100%	采购部	质量管理部技术部
		产品质量合格率	98%以上	生产部	质量管理部技术部
2	产品出厂合格率达100%	产品出厂合格率	100%	仓储部质量管理部	技术部
3	新产品开发、投入市场	新产品研发成果	3项/年	产品研发部	营销部
4	顾客投诉处理满意率达100%	顾客投诉质量问题的纠正或预防措施	及时、可行	技术部质量管理部	营销部客服部
		顾客对投诉处理结果的满意率	100%	客服部	技术部质量管理部营销部
5	员工培训率和培训合格率100%	质量意识培训，质量目标、方针的培训	考试合格率达100%	人力资源部	所有员工

四、质量目标执行情况审核

为有效执行和实现质量目标，工厂采取自评和检查验证相结合的方式，质量管理部将定期或不定期地对质量目标的执行情况进行考核，并将考核结果作为发放绩效工资的依据。

编制人员		审核人员		审批人员	
编制时间		审核时间		审批时间	

第二节 质量计划管理

一、质量计划管理流程

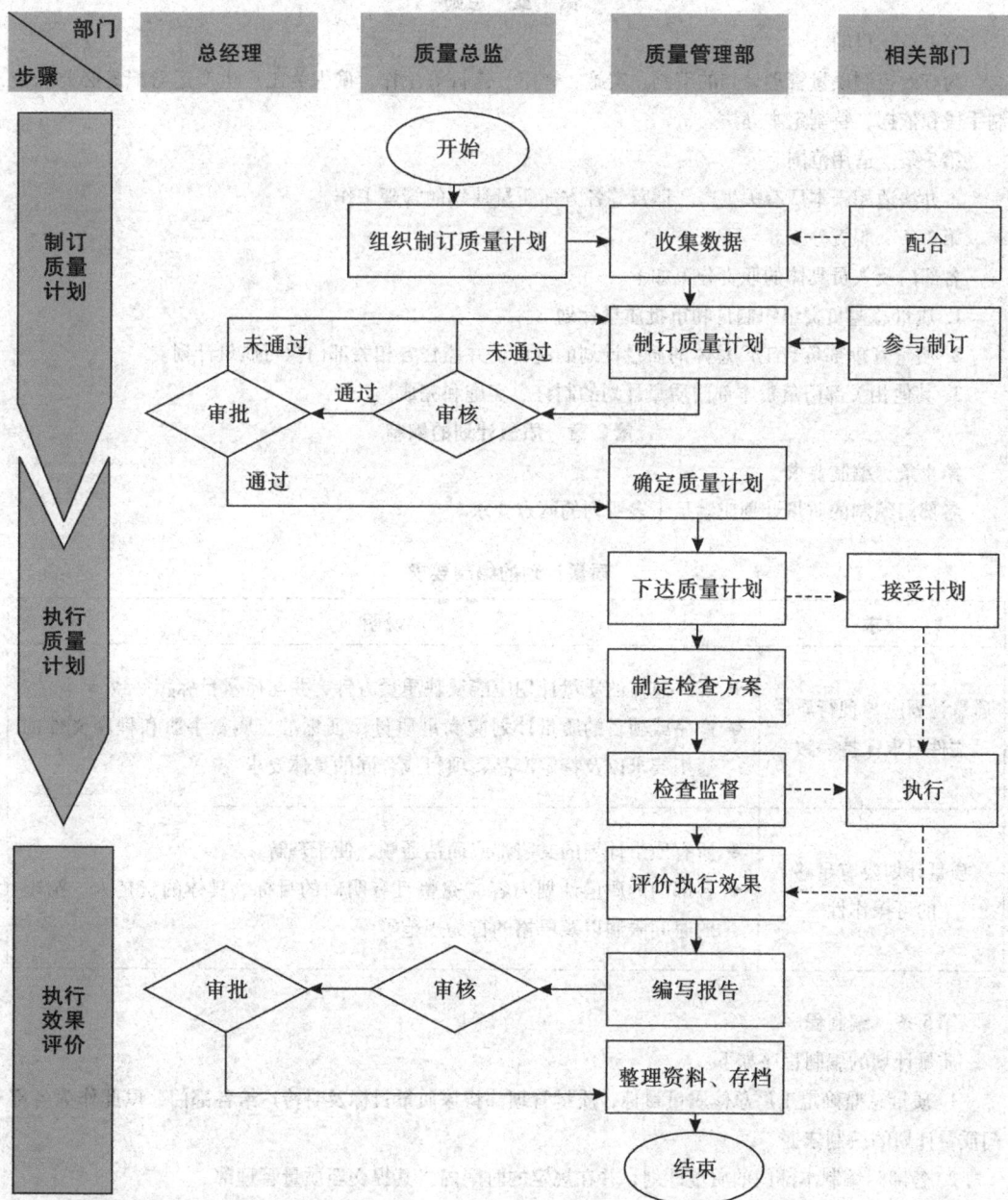

部门 步骤	总经理	质量总监	质量管理部	相关部门

制订质量计划 / 执行质量计划 / 执行效果评价

开始 → 组织制订质量计划 → 收集数据 ← 配合

制订质量计划 ↔ 参与制订

审核（未通过 / 通过）→ 审批（未通过 / 通过）

确定质量计划 → 下达质量计划 → 接受计划

制定检查方案 → 检查监督 → 执行

评价执行效果 → 编写报告 → 审核 → 审批

整理资料、存档 → 结束

二、质量计划管理办法

制度名称	质量计划管理办法			受控状态	
				编　号	
执行部门		监督部门		编修部门	

第1章　总则

第1条　目的。

为有效控制质量管理计划的编制、实施、评审、修订等工作，确保为工厂生产运营配备必要的控制手段和依据，特制定本办法。

第2条　适用范围。

本办法适用于本厂有关生产、运营等各方面质量计划的管理工作。

第3条　职责分工。

各部门及人员具体的职责分工如下。

1. 质量总监负责组织制订和审批质量计划。

2. 质量管理部负责工厂总体的质量计划的制订，并监督各相关部门执行质量计划。

3. 其他相关部门负责本部门质量计划的制订、实施和完成。

第2章　质量计划的编制

第4条　编制要求。

各部门编制的质量计划应满足下表所列的两点要求。

质量计划的编制要求

要求	说明
质量计划应与现行质量文件要求保持一致	◆ 工厂总体的质量计划应能反映质量方针，并与质量目标相一致 ◆ 产品或项目的质量计划应满足质量保证标准、质量手册和程序文件的通用要求以及特定产品、项目或合同的具体要求
质量计划要有足够的可操作性	◆ 所有质量计划的文字都应简洁通顺、便于理解 ◆ 各部门的质量计划内容应完整且有明确的目标、具体的责任人、清晰的时间限制以及严格的行为规范等

第5条　编制程序。

质量计划的编制程序如下。

1. 质量总监确定工厂总体质量目标，质量管理部将该质量目标及时传达给各部门，以此作为各部门质量计划的编制依据。

2. 各部门编制本部门的质量计划，并在规定的时间内将其提交至质量管理部。

（续）

3. 质量管理部汇总各部门的质量计划，并以此作为依据编制工厂总体的质量计划。

4. 质量总监负责审核质量计划，将审核通过的质量计划提交总经理审批。

第6条 质量计划内容。

质量计划至少应包含以下六项内容。

1. 需要达到的质量目标和技术要求。

2. 相关部门和人员应该从事的主要质量活动。

3. 计划各阶段的责任部门或责任人。

4. 质量工作的时间要求。

5. 完成质量计划所需要配置的资源。

6. 计划的考核指标及考核办法。

第3章 质量计划的执行

第7条 质量计划的执行要求。

质量计划审批通过后，各相关部门应认真执行，具体的执行要求如下。

1. 各部门按照质量计划开展各自的质量管理工作。

2. 质量管理部负责质量计划实施工作的统筹安排，并指导和协助其他部门的质量管理工作。

3. 相关部门应对实施过程中发现的问题采取预防、纠正措施，必要时可修改质量计划。

4. 当客户提出合理要求时，可适当修订原计划，经总经理审批通过后，执行新的质量计划。

第8条 质量计划的监督管理。

质量管理部主要负责检查、监督各部门质量计划的实施工作，具体说明如下。

1. 质量管理部按质量计划要求实施日常管理，并对各部门的执行情况进行检查、监督。

2. 质量管理部根据检查结果填写《质量计划实施情况检查表》，并及时反馈给相关责任部门。

3. 质量管理部应对各部门的质量工作提出改进意见，并为其顺利完成计划目标提供尽可能多的帮助。

第4章 质量计划的应用

第9条 质量计划执行总结要求。

对质量计划的执行情况进行总结时，主要做下列两方面工作。

1. 质量计划实施完毕后，责任部门对本部门质量计划的执行情况及在执行过程中遇到的问题进行总结。

2. 质量管理部对工厂整体质量计划的执行情况进行总结并形成具体的报告文件。

第10条 对质量计划执行结果的检查与评价。

质量管理部对质量计划的执行结果进行检查和评价，如果未达成或存在重大问题，则要求责任部门制定纠正措施，直至问题完全解决为止。

第5章 质量计划的评审

第11条 质量计划评审主体。

本厂质量计划评审主体包括质量评审小组和客户，具体说明如下表所示。

（续）

质量计划评审主体说明表

评审主体	说明
质量评审小组	● 组织评审小组对质量计划进行评审，评审小组成员主要由各职能部门的代表组成
客户	● 把质量计划提交给客户进行评审，既可在招标的过程中作为标书的一部分提供，也可在签订正式合同后提交

第12条 质量计划评审内容。

评审小组或客户应对质量计划的合理性、可操作性和相关执行情况予以分析、讨论，并就其中存在的问题提出解决方案。

第6章 质量计划的修订

第13条 质量计划修订条件。

当工厂的发展战略发生转变、市场环境发生重大变化或客户提出特殊要求时，可根据实际情况对质量计划进行修订。

第14条 质量计划修订要求。

质量计划的修订要求主要包括以下两点。

1. 质量计划的修订应按照工厂相关文件的规定执行。

2. 修订后的质量计划需经质量总监和总经理审核通过后方能实施。

第7章 附则

第15条 本办法由质量管理部负责制定和解释。

第16条 本办法经总经理批准、股东大会决议通过后生效并实施。

修订记录	修订标记	修订处数	修订日期	修订执行人	审批签字

三、年度质量工作计划书

文书名称	年度质量工作计划书	编　号	
		受控状态	

一、目的

为加强质量管理工作，保证所有产品质量合格，坚持执行"质量第一、服务优质、持续改进、顾客满意"的质量方针，更好的实现质量目标，特制定本计划书。

（续）

二、质量目标

为实现工厂的质量方针，确定的总体质量目标如下。

1. 产品一次性检验合格率达98%以上。

2. 产品出厂合格率达到100%。

3. 开发3项新产品，向市场投放2项新产品。

4. 顾客投诉回复率达100%，处理投诉满意率达100%。

三、质量目标的分解

为实现工厂总体质量目标，需对总目标进行量化分解，转化为各部门的质量工作目标。质量目标分解明细表如下表所示。

质量目标分解明细表

序号	质量目标	目标展开		实施部门	
		项目	目标值	责任部门	相关部门
1	产品一次性检验合格率达98%以上	采购物资合格率	100%	采购部	质量管理部 技术部
		产品质量合格率	99%以上	生产部	质量管理部 技术部
2	产品出厂合格率达100%	产品出厂合格率	100%	仓储部 质量管理部	技术部
3	新产品开发、投入市场	新产品研发成果	3项/年	技术部	营销部
4	顾客投诉处理满意率达100%	顾客投诉质量问题的纠正或预防措施	及时、可行	技术部 质量管理部	营销部 客服部
		顾客对投诉处理结果的满意率	100%	客服部	技术部 质量管理部 营销部
5	员工培训率和培训合格率达100%	质量意识培训，质量目标、方针培训	考试合格率100%	人力资源部	所有员工

四、质量计划的适用时间

质量计划的适用时间为___年__月__日至___年__月__日。

五、质量工作管理职责

1. 工厂管理层职责

（1）组织制定工厂的质量规划和质量标准。

（续）

（2）针对影响产品质量的技术性难题，制订有关方案及计划，并负责组织和实施。

（3）针对产品质量薄弱环节，发动员工进行质量攻关，切实解决影响产品质量的问题。

（4）协助工厂最高管理者处理重大质量责任事故，并组织有关部门分析原因、提出改进措施。

（5）经常听取质量检查汇报，支持质量管理部工作，努力提高产品质量。

（6）定期组织各部门经理召开质量分析会议，征求大家的意见，采纳合理化建议，抓好质量管理工作。

（7）协调生产部、质量管理部之间的关系，确保产品质量不断提高。

2. 质量管理部职责

（1）组织来料检验与控制，控制与管理来料不合格品。

（2）参与供货商的评价及供应商来料异常追踪改善工作。

（3）组织制造过程检验与控制，对首件产品进行确认，控制及管理不合格产品。

（4）组织成品检验与控制，控制及管理不合格产品。

（5）组织对出库产品的品质检验与控制。

（6）负责对测量仪器和治具进行内校、外校。

（7）对客户满意度调查相关资料进行分析，对顾客投诉资料、品质异常、品质记录进行统计和分析，提出改进建议并提交管理层评审。

（8）了解顾客对产品的要求，回复顾客抱怨及改善退货情况。

（9）参与新产品的订单评审、试产及试模确认、样品测定评审。

（10）参与目标达成后的统计、分析与改善工作。

3. 生产部职责

（1）按生产计划组织生产，适时调整并跟踪生产进度。

（2）按指导文件组织、实施生产，对生产质量问题进行处理和改善。

（3）处理因产品工艺制程导致的质量问题并酌情改进。

（4）对产品实现的全过程使用适当的标识，适时保持可追溯性。

（5）积极协助技术部为提高产品质量而进行的技术改造和工艺流程修订工作。

4. 技术部职责

（1）负责制定工艺流程，根据产品质量要求的不断提高，做好工艺规程的修订和完善工作，对工艺规程的修改、补充必须经过上级的审批；对与工艺规程有关的质量问题负责。

（2）负责制定主要材料的采购技术标准，做好发放、接收、保管工作，为原材料的质量检验提供技术标准。

（3）负责会同有关部门制定原材料、半成品及生产过程的检验项目和检查方法；工厂使用的标准试剂由技术部统一分配，技术部对试剂的适用性负责。

（4）负责制造过程的工艺流程、工艺路线与物流优化的规划和设计，负责产品制造设备的设计审核，组织设备的使用验收，确保设备的使用可以达到控制制造质量的目的，为产品质量创造设备条件。

（5）负责产品标准化的管理和图纸按时发放的工作，确保产品按照标准化的方法和程序制造，保证产品质量。

（续）

（6）组织制定、实施重大技术决策和技术方案，研究、解决有关产品质量的重大技术性问题。

5. 营销部职责

（1）客户抱怨与退货的处理，对有关质量问题进行改善，确保客户满意。

（2）负责行业市场、顾客满意度的调查以及相关资料的搜集并传达给内部相关部门进行分析和处理。

6. 行政部职责

制订有关培训计划，必要时组织实施有关培训，同时督促各部门按计划实施有关培训，并对培训结果进行确认，确保影响产品质量的相关人员能够胜任其岗位。

六、考核工作

1. 每月____日之前，各相关部门对目标实现情况进行统计，将统计结果提交至质量管理部。

2. 质量管理部与各部门负责人就目标达成情况进行分析，对未达成的事项要分析其原因，并研究改善措施。

3. 根据讨论结果进行追踪，直至达成目标。将质量目标完成情况作为各部门绩效工资发放依据。

编制人员		审核人员		审批人员	
编制时间		审核时间		审批时间	

产品设计质量控制
精细化管理

第三章

第一节 产品策划质量控制

一、产品策划质量控制流程

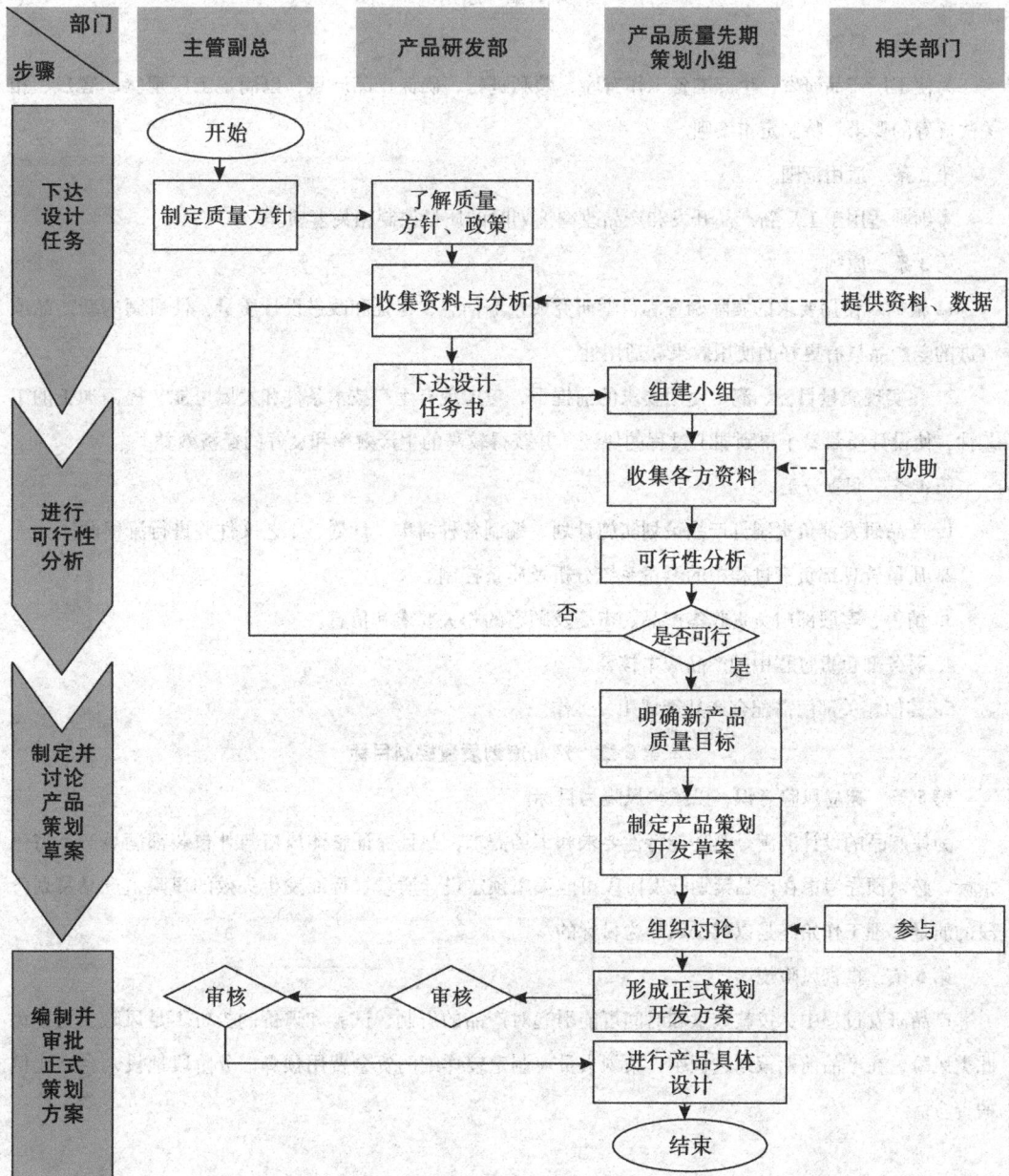

步骤＼部门	主管副总	产品研发部	产品质量先期策划小组	相关部门
下达设计任务	开始 → 制定质量方针	了解质量方针、政策 → 收集资料与分析 → 下达设计任务书	组建小组	提供资料、数据
进行可行性分析			收集各方资料 → 可行性分析 → 是否可行	协助
制定并讨论产品策划草案			明确新产品质量目标 → 制定产品策划开发草案 → 组织讨论	参与
编制并审批正式策划方案	审核	审核	形成正式策划开发方案 → 进行产品具体设计 → 结束	

二、产品策划质量控制细则

制度名称	产品策划质量控制细则		受控状态	
			编　号	
执行部门		监督部门	编修部门	

第1章　总则

第1条　目的。

为使工厂产品研发、生产准备工作有序、顺利进行，确保产品质量，以满足工厂现状、客户、相关法规等的要求，特制定本细则。

第2条　适用范围。

本细则适用于工厂新产品开发和产品改型策划时的质量控制相关事项。

第3条　原则。

1. 根据对使用要求的实际调查和科学研究成果等信息，保证和改进设计质量，使研制的新产品或改进的老产品具有更好的使用效果和适用性。

2. 在实现质量目标、满足使用要求的前提下，考虑现有生产技术条件和发展可能，提高加工的工艺性，使设计质量易于得到加工过程的保证，并获得较高的生产效率和良好的经济效益。

第4条　职责分工。

1. 产品研发部负责制订产品策划实施计划，编制各种清单、计划、工艺文件并进行流程设计。

2. 质量管理部负责过程中的测量系统分析及质量控制。

3. 销售、客服部门负责收集产品、市场及顾客的相关要求和信息。

4. 财务部负责过程中的产品成本核算。

5. 其他相关部门需配合产品策划相关工作。

第2章　产品策划质量控制目标

第5条　树立风险意识，以减少风险为目标。

为使产品的设计能满足其功能特性要求和市场需求，并且保证整体风格与外包装都满足产品特色指标，必须预先考虑在产品策划开发阶段可能偏离预定设计质量目标而发生失效的风险，产品策划阶段的质量管理工作始终是以减少风险为目标的。

第6条　投资风险规避。

产品研发过程中，拨款数量和时间可能引起对产品的研制、试验和评价的投资不足风险，为避免此类风险，在产品前期策划过程中，策划人员应制定较详细的资金费用预算，分阶段地投入合适比例的资金。

（续）

第3章 产品质量先期策划小组工作要求

第7条 小组成员构成。

产品研发部经理组织成立跨部门的产品质量先期策划小组。产品质量先期策划小组成员由产品研发部、工艺技术部门、质量管理部、采购部、市场营销部、人力资源部、行政部等部门的人员组成，客户代表和供应商也可参加，如有必要，可邀请有关专家参加。

第8条 质量先期策划小组会议内容。

1. 选出小组组长。

2. 明确小组各成员的作用和职责。

3. 确定客户的要求与期望。

4. 确定成本、进度和限制条件。

5. 确定需要哪些方面的支持。

6. 制定并执行产品的设计、性能要求和制造过程可行性评估方案。

第9条 产品质量先期策划小组成员对所规划的新产品功能、结构、尺寸、参数等方面的设计要求进行可行性评估，评估包括如下六个方面的内容。

1. 市场预测分析。

2. 产品技术水平。

3. 产品结构的继承性和复杂性。

4. 产品零件的加工工艺性。

5. 新材料、新工艺的可操作性。

6. 生产能力、质量保证能力、时间进度要求。

第10条 产品质量先期策划小组会议应有记录（包括本次会议未能解决的问题），每项措施应明确到责任部门和人员，明确到进度要求。

第4章 策划方案质量控制

第11条 产品策划工作应基于市场调查分析、科技发展分析、客户使用要求分析、工厂现有工艺技术水平和生产能力分析等完成。

第12条 产品策划开发方案需经过严格的审核及审批流程，由主管副总批准并提出开发意见，下达产品的设计指令。

第13条 产品质量先期策划小组可行性评审认为部分策划内容需要修改才能达到客户的要求时，应进行市场调研，做进一步分析，或与客户进一步沟通，分析意见和结果，并重新召开产品质量先期策划小组会议。

第14条 如果产品质量先期策划小组可行性评审认为新产品开发无法达到或满足客户的要求，应由销售或客服部门及时通知客户，放弃该产品的开发。

（续）

第5章　附则				
第15条　本细则由产品研发部负责解释和修改。				
第16条　本细则经总经理审批通过后，自＿＿＿年＿月＿日开始执行。				

	修订标记	修订处数	修订日期	修订执行人	审批签字
修订 记录					

三、FMEA 实施方法

潜在失效模式及后果分析（Failure Mode and Effects Analysis，简称 FMEA）是一种完善设计过程的系统化活动，目的在于找出、评价产品或过程中潜在的失效及其后果，避免或减少潜在失效情况的发生，并总结成文。FMEA 的实施方法及说明如图 3-1 所示。

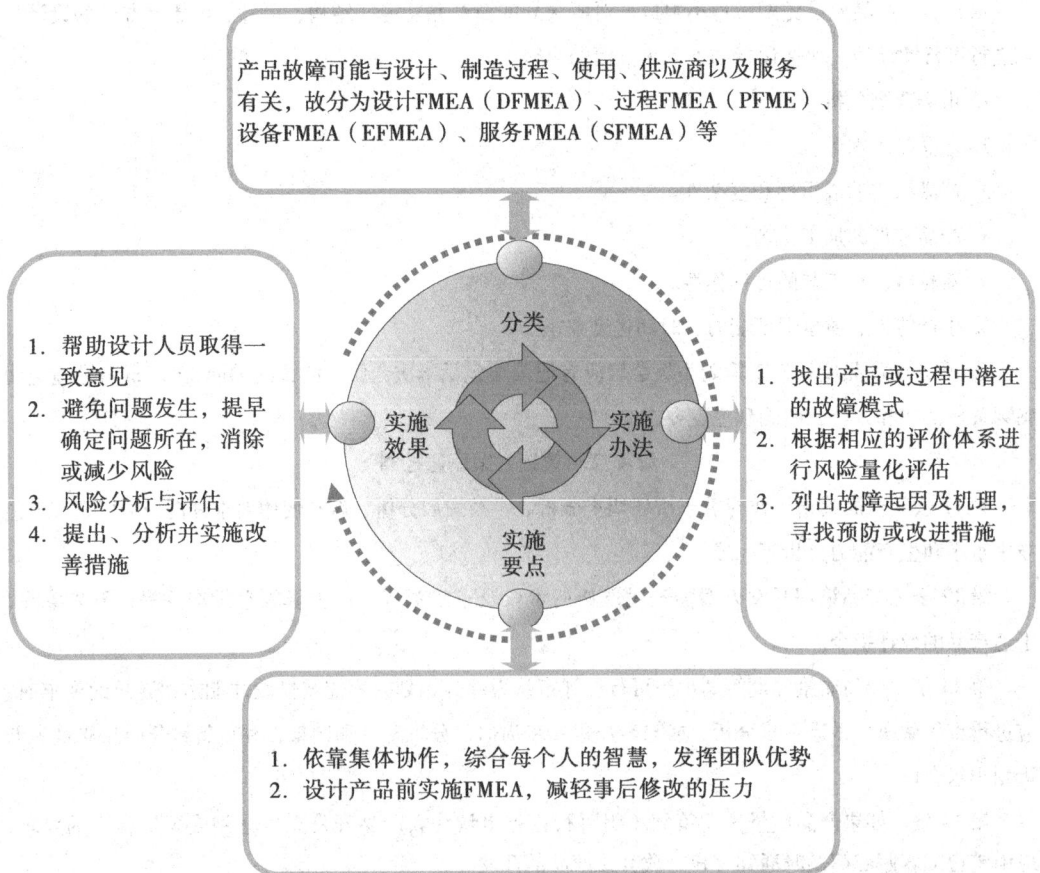

图 3-1　FMEA 的实施操作方法及说明

第二节 产品设计质量评估

一、产品设计质量评估流程

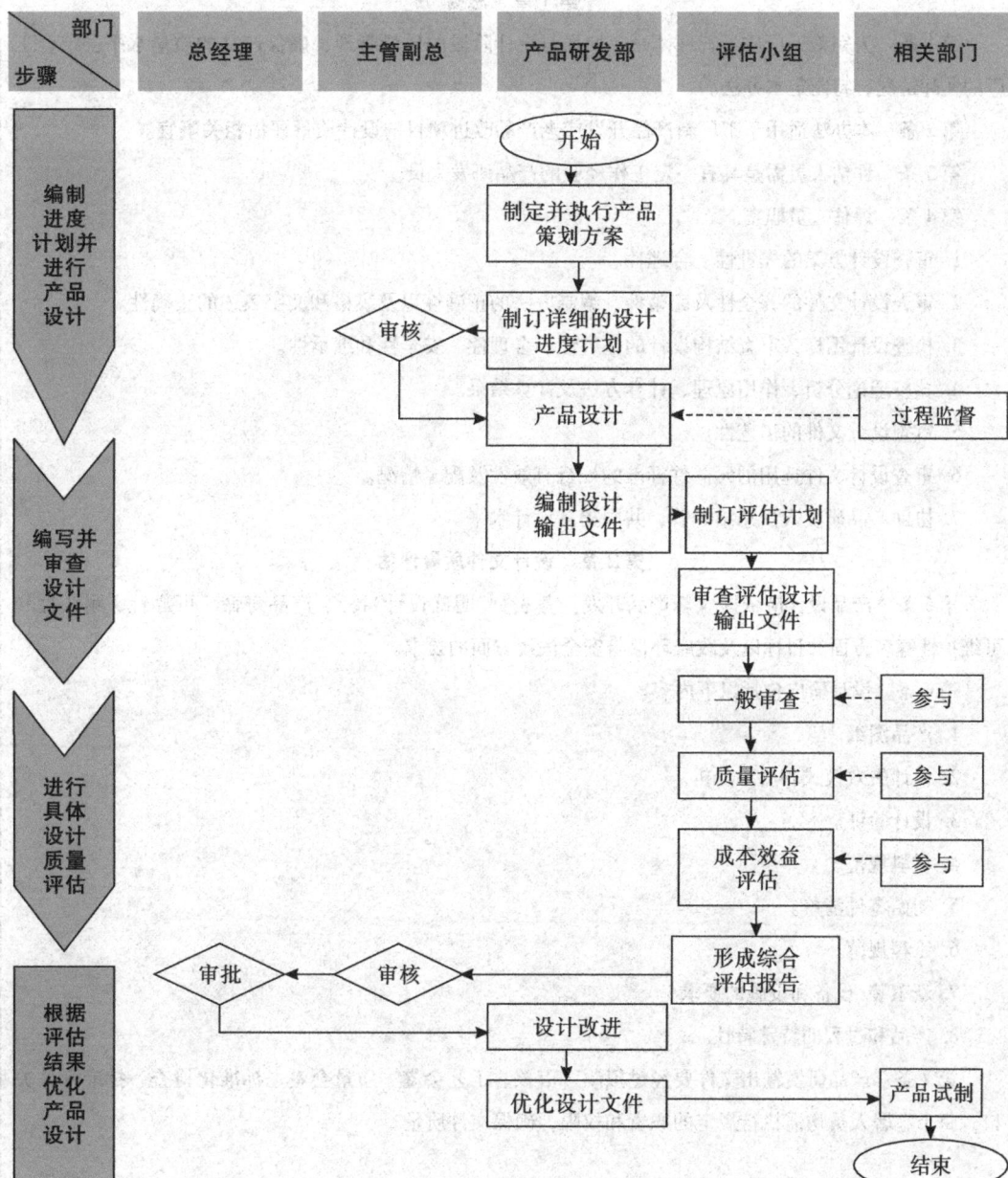

部门\步骤	总经理	主管副总	产品研发部	评估小组	相关部门

编制进度计划并进行产品设计

开始

制定并执行产品策划方案

审核 ← 制订详细的设计进度计划

产品设计 ◄------ 过程监督

编制设计输出文件 → 制订评估计划

编写并审查设计文件

审查评估设计输出文件

一般审查 ◄---- 参与

质量评估 ◄---- 参与

进行具体设计质量评估

成本效益评估 ◄---- 参与

形成综合评估报告

审批 ← 审核 ←

设计改进

根据评估结果优化产品设计

优化设计文件 → 产品试制

结束

二、产品设计质量评估办法

制度名称	产品设计质量评估办法		受控状态	
			编　号	
执行部门		监督部门	编修部门	

第1章　总则

第1条　为完善工厂质量管理体系，加强对设计阶段的质量管理，确保产品的质量水平，结合工厂的实际情况，特制定本办法。

第2条　本办法适用于工厂新产品开发或老产品改进项目的设计质量评估相关事宜。

第3条　评估人员需是具有一定工作经验的产品研发人员。

第4条　评估人员职责。

1. 审查设计方案的先进性、合理性。

2. 审查设计文件的齐全性及完整性、编制方法的正确性以及表格和文字表述的正确性。

3. 检查设计图样，审查结构设计的先进性、合理性、安全性和继承性。

4. 核校理论分析、作用原理、计算方法及计算结果。

5. 审查设计文件的工艺性。

6. 审查设计文件选用的元器件标准的现行有效性及配套情况。

7. 协助产品研发人员总结经验，共同提高设计水平。

第2章　设计文件质量评估

第5条　产品设计应依据《新产品开发任务表》，明确设计目标、产品寿命、可靠性、耐久性和可维护性等多方面的目标以及政府环保与安全法规方面的要求。

第6条　设计输出包括以下内容。

1. 产品图纸。

2. 设计失效模式和后果分析。

3. 设计验证。

4. 材料规范。

5. 初始零件清单。

6. 工程规范。

7. 新工装/设备和设施的要求。

8. 产品和过程的特殊特性。

第7条　产品研发输出文件要经过拟制、审核、工艺会签、质量会签、标准化检查、批准六道关口，每个签署人员均需执行规定的职责和权限，确保文件质量。

（续）

第3章　设计质量评审

第8条　设计评审目的。

设计评审是评价新产品的适用性和增加收益的一个重要手段，其目的在于及早发现并设法弥补设计上的缺陷，把产品缺陷产生的风险降到最低。

第9条　设计初审。

产品质量先期策划小组应评定产品设计的可行性和产品能否按客户接受的价格、标准、时间和数量制造、装配、试验、包装及交货，填写《设计初期评审表》并报产品研发部经理审批。

第10条　设计质量评估内容。

产品设计质量评估包括性能审查、一般审查、计算审查、可检验性审查、可维修性审查、互换性审查和设计更改审查等。

第11条　早期故障分析。

早期故障分析是为预防产品缺陷发生，防止发生影响产品性能、可靠性、安全性的故障，对可能发生的故障和潜在的因素进行系统的分析研究，以便提前预防和消除隐患。故障分析的方法主要有故障模式和影响分析法（FMEA）和失效分析法（FTA）。

第12条　设计评审应由与产品研发没有直接关系的内部各有关领域专家组成的专家小组进行，专家应具有全面的知识和丰富的经验，能从不同角度对设计提出符合实际情况的综合意见。

第13条　为高质量地开好评审会，必须明确会议目的和要求，评审组长按议程主持会议，做出的结论应全面、完整、详细并具有可操作性，相关人员需根据会议通过的各项决策进行落实。

第4章　附则

第14条　本办法由工艺技术部负责解释和修改。

第15条　本办法经总经理审批通过后，自发布之日起执行。

修订记录	修订标记	修订处数	修订日期	修订执行人	审批签字

三、产品设计更改评审规定

制度名称	产品设计更改评审规定		受控状态	
			编　号	
执行部门		监督部门	编修部门	

第1章　总则

第1条　目的。

1. 在产品开发过程中尽早发现缺陷。

2. 有效控制产品质量，提升产品的质量水平。

第2条　设计和开发更改是指设计完成且设计文件存档后，在实施过程中所发生的设计变更。

第3条　重大项目的改进或创新都要在工厂内部组织评审，由项目执行人召集工厂领导和质量部、采购部、市场部、生产部、工艺技术部等部门的相关人员开展评审，做好设计更改工作，解决问题并避免产生新问题。

第2章　一般设计更改评审

第4条　设计文件在发生下述状况时可进行设计和开发更改。

1. 纠正设计错误。

2. 技术人员需根据质量反馈信息（如月度或年度故障统计表、市场反馈信息、客户反馈等），采取纠正或预防措施而需要进行更改。

3. 产品批量投产制造有困难。

4. 客户或供方要求更改。

5. 有关法律法规、标准发生变更。

6. 工艺方法改进。

第5条　一般的设计更改由更改部门负责组织评审，经总经理批准后实施更改，并填写《设计和开发更改申请/评审记录》。

第6条　对已定型产品的特殊合同，在特殊合同评审通过后，如需要进行临时性设计更改，由负责人员经过正确的设计和开发验证后，填写通知单，注明批次号和数量，经部门负责人签署后实施。

第7条　对完全属于文字性纠错性质的设计更改，由文件原设计人员直接填写"设计更改通知单"进行更改，无需组织设计更改评审。

第8条　对由设计更改引发的工艺更改，除非引起重要工艺方法或工艺手段变更，一般不需要另行组织工艺更改评审。

第9条　工艺文件（如专业工艺规程、检验规范）等的更改，由相关工艺设计人员提出更改申请后，经部门领导批准后实施。

（续）

第 10 条　临时性的设计更改（如器件、材料代用等）必须由原设计人员提出，经正确的设计和开发验证后，填写通知单，注明适用的批次号，经部门负责人签署后实施。

第 3 章　重大设计更改评审

第 11 条　凡影响到交货期、重要技术指标、可靠性、安全性等的设计更改均属重大设计更改。

第 12 条　重大设计更改由产品设计负责人组织有关人员进行系统分析、论证或试验后，填写《设计和开发更改申请/评审记录》的相应部分内容。

第 13 条　部门领导审核后，组织有关部门代表进行会议评审并提供相关的《专题实验报告》，评审组填写《设计和开发更改申请/评审记录》的评审意见，参与人员会签。

第 14 条　评审会议结果经总经理批准后实施更改。

第 15 条　操作流程见设计更改流程图，《专题实验报告》、《设计和开发更改申请/评审记录》由工艺技术部档案室存档。

第 4 章　重要工艺更改评审

第 16 条　工艺人员负责组织工艺评审，评审会参加人员应包括设计人员、工艺人员、关键工序和特殊工序操作人员、质量检验人员等。

第 17 条　工艺评审主要包括以下内容。

1. 工艺总方案，如工艺路线、专业工艺、新工艺采用等符合设计要求的程度。

2. 重要工艺文件包括关键件、重要件、关键或特殊工序的工艺规程等工艺文件符合设计要求的程度。

3. 发现和消除工艺文件的缺陷，保证工艺文件的正确性、合理性、可生产性和可检验性。

第 18 条　工艺人员根据评审结果编写《工艺评审报告》，并对评审中提出的改进建议进行跟踪，将跟踪结果记录在《工艺评审报告》中。

第 5 章　附则

第 19 条　本规定由工艺技术部负责解释和修改。

第 20 条　本规定经总经理审批通过后，自发布之日起执行。

修订记录	修订标记	修订处数	修订日期	修订执行人	审批签字

第三节 产品试制质量控制

一、产品试制生产流程

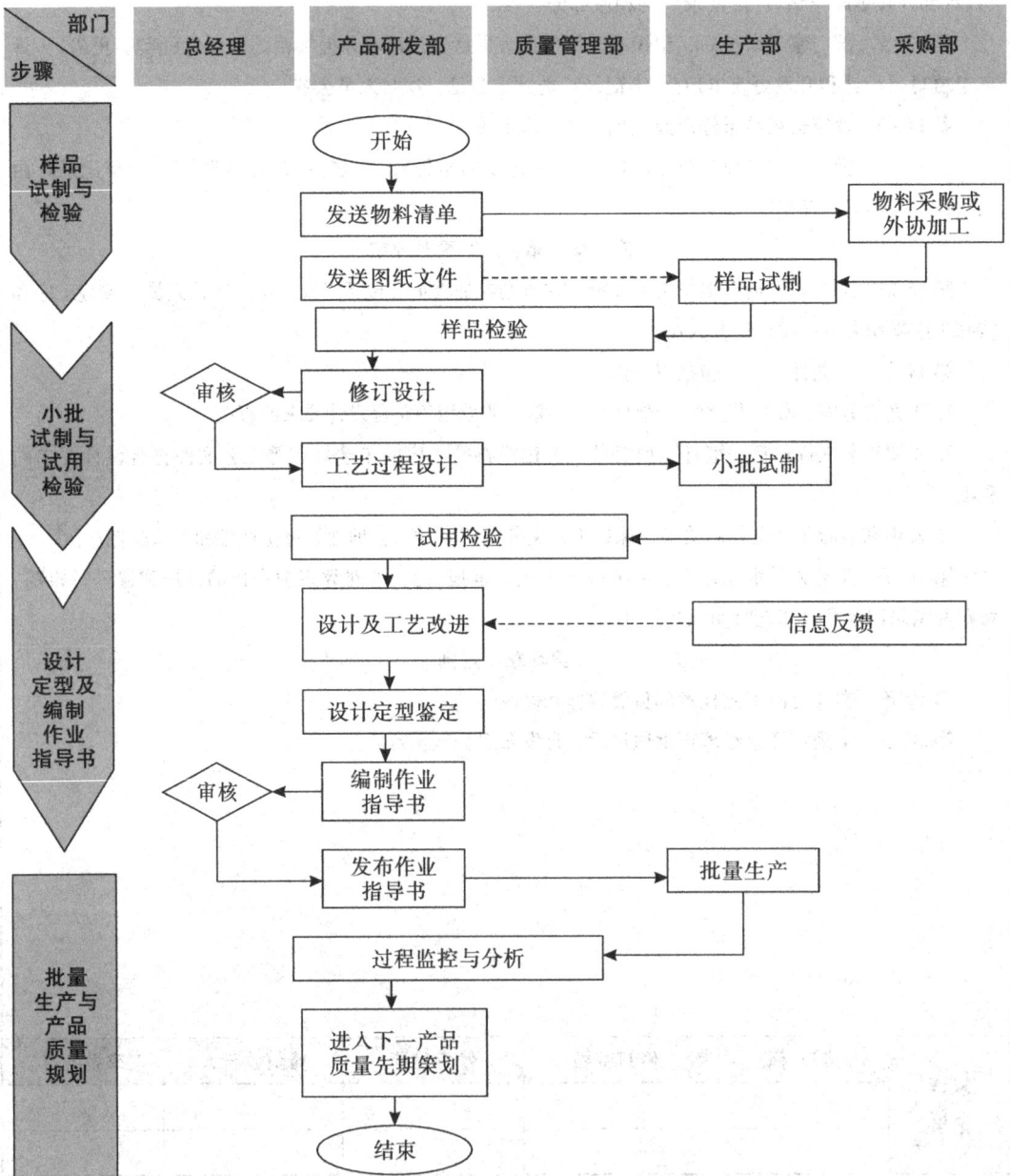

步骤 \ 部门	总经理	产品研发部	质量管理部	生产部	采购部

样品试制与检验

开始 → 发送物料清单 → 物料采购或外协加工

发送图纸文件 ⟶ 样品试制 ← 物料采购或外协加工

样品检验 ← 样品试制

小批试制与试用检验

审核 ← 修订设计

工艺过程设计 → 小批试制

试用检验 ← 小批试制

设计及工艺改进 ⟵ 信息反馈

设计定型及编制作业指导书

设计定型鉴定

审核 ← 编制作业指导书

发布作业指导书 → 批量生产

批量生产与产品质量规划

过程监控与分析 ← 批量生产

进入下一产品质量先期策划

结束

二、产品试制质量控制规范

制度名称	产品试制质量控制规范		受控状态	
			编 号	
执行部门		监督部门	编修部门	

第1章 总则

第1条 目的。

为有效管理、整合客户需求及工厂产品质量政策，健全新产品研发试制程序，确保产品质量水平，特制定本规范。

第2条 管理范围。

工厂所有新产品试制质量管理工作均依照本规范执行。

第3条 管理职责。

1. 质量管理部负责对产品试制的整个过程进行质量监控与检查。

2. 产品研发部负责新产品试制所有技术资料、图纸的准备及对加工人员的指导工作。

3. 生产部负责组织加工人员按照工艺技术部的技术要求，完成新产品试制的加工工作。

4. 采购部负责准备新产品试制所需的各种材料。

第4条 试制分类。

新产品正式投入批量生产前，试制一般分为样品试制和小批试制两个阶段。

1. 样品试制。样品试制是指根据设计图纸、工艺文件和少数必要的工具，由试制车间试制出一件（非标准设备）或数十件样品，按要求进行试验，以考验产品结构、性能和设计图的工艺性，考核图样和设计文件的质量，样品试制完全在研究所内进行。

2. 小批试制。小批试制是在样品试制的基础上进行的，其主要目的是考核产品工艺性，验证全部工艺文件和工艺装备，并进一步校正和审验设计图纸。此阶段以研究所为主进行，由工艺人员负责技术文件和工具设计，试制工作部门转移到生产车间进行。

第2章 样品试制质量控制

第5条 样品试制工作程序控制。

1. 产品研发部将经过评审改进后最终确认的样件试制图纸分发给生产车间。

2. 采购部按《生产设施配置申请表》进行采购或外委加工。

3. 工艺技术部、生产管理部负责样件的试制。

4. 质量管理部负责样件的验收和生产完成后的样机确认。

第6条 试制过程中，图纸和技术资料的更改需经过严格的审批后方可执行。

第7条 产品研发部负责包装规范的编制和相关图纸的设计。

第8条 产品研发部在样件完成之后，需进行试装并跟踪运行情况，然后编制试装报告。

第9条 产品研发部根据需要按相关规定进行图纸和技术资料的变更。

（续）

第3章　小批试制质量控制

第10条　采购部负责小批试制所需物料的采购和外协加工。

第11条　小批试制开始前，工厂召开由产品研发部、技术工艺部、质量管理部、生产部参加的试制会议，明确试制技术、质量、工艺过程要点。

第12条　小批试制中，工厂一律采用《新产品试制报告表》跟踪并解决生产过程中存在的技术、质量问题。

第13条　产品研发部组织产品质量先期策划小组成员对新产品进行产品定型鉴定，评审新产品的设计性能符合性、功能完备性、工艺可行性、安全可靠性、维修方便性和经济性，并编制《新产品鉴定定型报告》。

第14条　零部件制造、总装配应按质量保证计划，加强质量管理和信息反馈，并做好试制记录，编制新产品质量保证要求和文件。

第15条　产品研发部负责设计变更资料的收集和整理。

第16条　在小批试制结束后，工艺技术部编制过程作业指导书，所有对操作负有直接责任的操作人员均应配备易理解、可操作的作业指导书，以有效指导操作和对装配过程进行控制。

第4章　试制工作总结评估

第17条　在样品试制和小批试制结束后，相关人员分别对考核情况进行总结，并按标准要求编制下列文件。

1. 试制总结。

2. 型式试验报告。

3. 试用（运行）报告。

第18条　编写试制总结。

重点总结图样和设计文件验证情况以及在装配和调试中所反映出的有关产品结构、工艺及产品性能的问题及其解决过程，并附上各种反映技术内容的原始记录。

第19条　编写型式试验报告。

型式试验报告是产品经全面性能试验后所编的文件。型式试验所进行的试验项目和方法按产品技术条件、试验程序、步骤和记录表格并参照试制鉴定大纲规定执行，由检验室负责按试制鉴定大纲编制型式试验报告。

第20条　编写试用报告。

试用报告是产品在实际工作条件下进行试用、试验后所编制的文件，试用、试验项目和方法由技术条件规定，试验通常委托用户进行，其试验程序、步骤和记录表格按鉴定大纲规定执行，由工艺技术部负责编制试用报告。

第21条　工艺技术部负责编制特种材料及外购、外部协作零件定点定型报告。

第5章　批量生产

第22条　在批量生产过程中，质量管理部依据批量生产的《过程失效模式与后果分析检查表》进行必要的检验与控制。

（续）

	修订标记	修订处数	修订日期	修订执行人	审批签字
修订 记录					

第23条 相关部门对客户的满意度、产品过程能力进行追踪和评价，进入下一个产品质量先期策划循环，以达到持续改进的目的。

第6章 附则

第24条 本规范由产品研发部负责解释和修改。

第25条 本规范经总经理审批通过后，自发布之日起执行。

三、产品质量标准修订方案

方案名称	产品质量标准修订方案	编 号	
		受控状态	

一、目的

为加强产品质量管理，保证产品符合法定质量标准，不断提高产品质量，特制定本方案。

二、适用范围

本方案适用于工厂所有产品质量标准的修订和归档管理工作。

三、相关定义

1. 产品质量标准。

本方案所称的"产品质量标准"，是指产品质量特性应达到的技术要求，产品质量标准是产品生产、检验、评定质量的技术依据。

2. 产品质量特性。

本方案所称的"产品质量特性"，是指产品与用户需求有关的固有属性，它一般以定量的方式表示，如强度、硬度、化学成分等；对于难以直接用定量表示的，则通过产品或零部件的试验和研究，确定若干技术参数，以间接定量反映产品质量特性。

四、职责划分

1. 质量管理部负责产品质量标准的修订和归档管理工作。

2. 产品研发部、技术生产部负责协助质量管理部修订产品质量标准。

五、产品质量标准修订程序

修订产品质量标准的具体流程如下图所示。

（续）

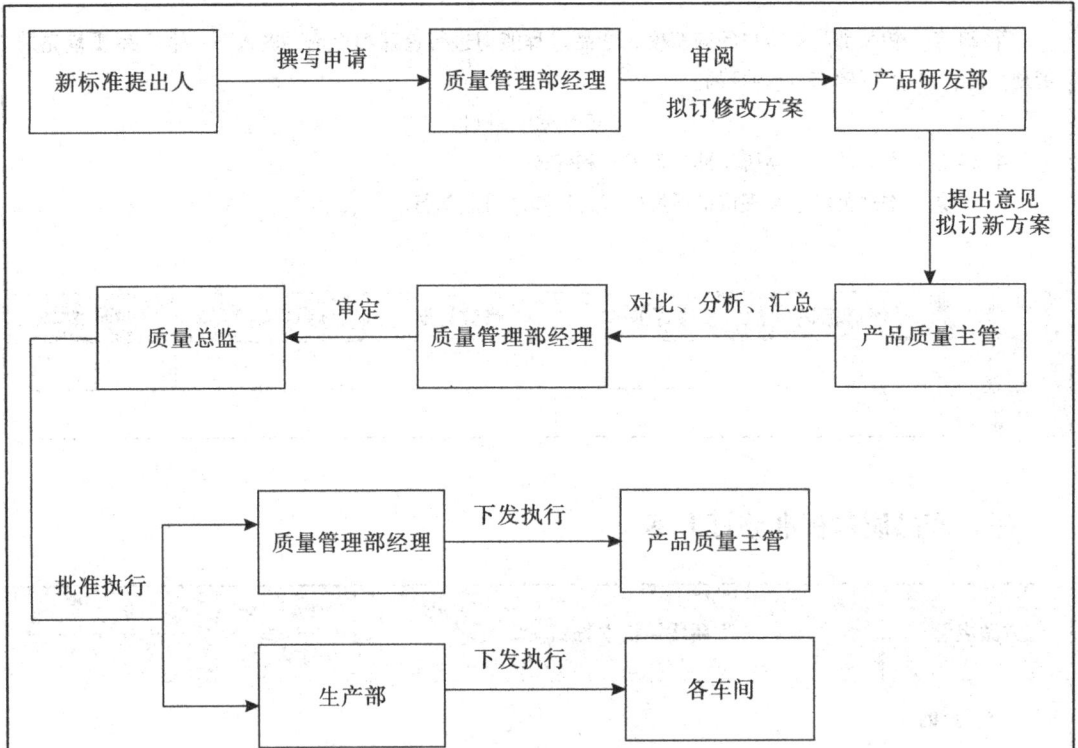

产品质量标准修订流程图

产品质量标准修订流程的具体说明如下。

1. 新标准提出人撰写质量标准修改申请，质量管理部经理审阅并同意后拟订修改方案，由产品研发部组织拟订新参数并移交给该产品质量主管。

2. 产品质量主管对修订方案进行对比、分析，将数据汇总后提出最佳方案并上报质量管理部经理审定，审定通过后上报质量总监批准执行。

3. 质量管理部、生产部正式实施新标准。

六、产品质量标准改进确认程序

产品质量标准改进确认程序如下。

1. 质量检验主管结合质量标准检验结果和生产车间所反映的情况进行综合分析，提出改进意见，报质量管理部经理审核，经审核签字后呈报质量总监。

2. 质量总监签批后，转生产部经理，由其负责组织对修订意见提出意见。

3. 生产部经理汇总各方意见，评估新质量标准的可行性，将意见呈报质量总监，组织会议开展论证工作，会议成员应包括质量总监及生产部、产品研发部、技术工艺部、质量管理部的相关负责人。

（续）

4. 主管副总签发会议决议内容，决定是否执行新的质量标准，决议通过后由质量管理部经理、生产部经理贯彻执行。

5. 经过决议，确认执行新的质量标准后，质量管理部应填写《质量标准修订单》。《质量标准修订单》的格式如下表所示。

质量标准修订单

品名	型号	原执行标准	原指标		修改后指标		修改原因	修改依据	结论
			A	B	A1	B1			
技术工艺经理	签字： 日期：___年__月__日			标准化管理主管		签字： 日期：___年__月__日		实施日期	
质量管理部经理	签字： 日期：___年__月__日			质量总监		签字： 日期：___年__月__日			
备注	本单一式四联，一联交生产部，其余分报质量总监、工艺技术部、质量管理部								

七、产品质量标准修订方案归档管理

产品质量标准修订方案确认后，由质量管理部对修订方案和质量标准修订单进行整理并归档。

编制人员		审核人员		审批人员	
编制时间		审核时间		审批时间	

四、标准检验指导书

文书名称	标准检验指导书		编　　号	
			受控状态	

文件编号：_____

产品名称		型式规格		工序名称/编号		实施日期	
记录表单		版本版次		编制/修订部门		使用部门	

序号	检查项目	额定值/标准	检测用具/精度	检查频率	操作说明	异常处理/反应计划	领班	工人	质量管理	备注
1										
2										
3										
4										
…										

备注	1. 领班、工人、质量管理三栏填写相应符号以确定是否需记录检验情况 2. □——按规定检查，无需记录；■——按规定检查，需要记录 3. 备注栏可标注特殊特性符号，如有需要应附简图

编制/修订人		审核人		批准人	
编制/修订日期		审核日期		批准日期	

编制人员		审核人员		审批人员	
编制时间		审核时间		审批时间	

采购质量控制
精细化管理

第四章

第一节　设备采购质量控制

一、设备采购检验流程

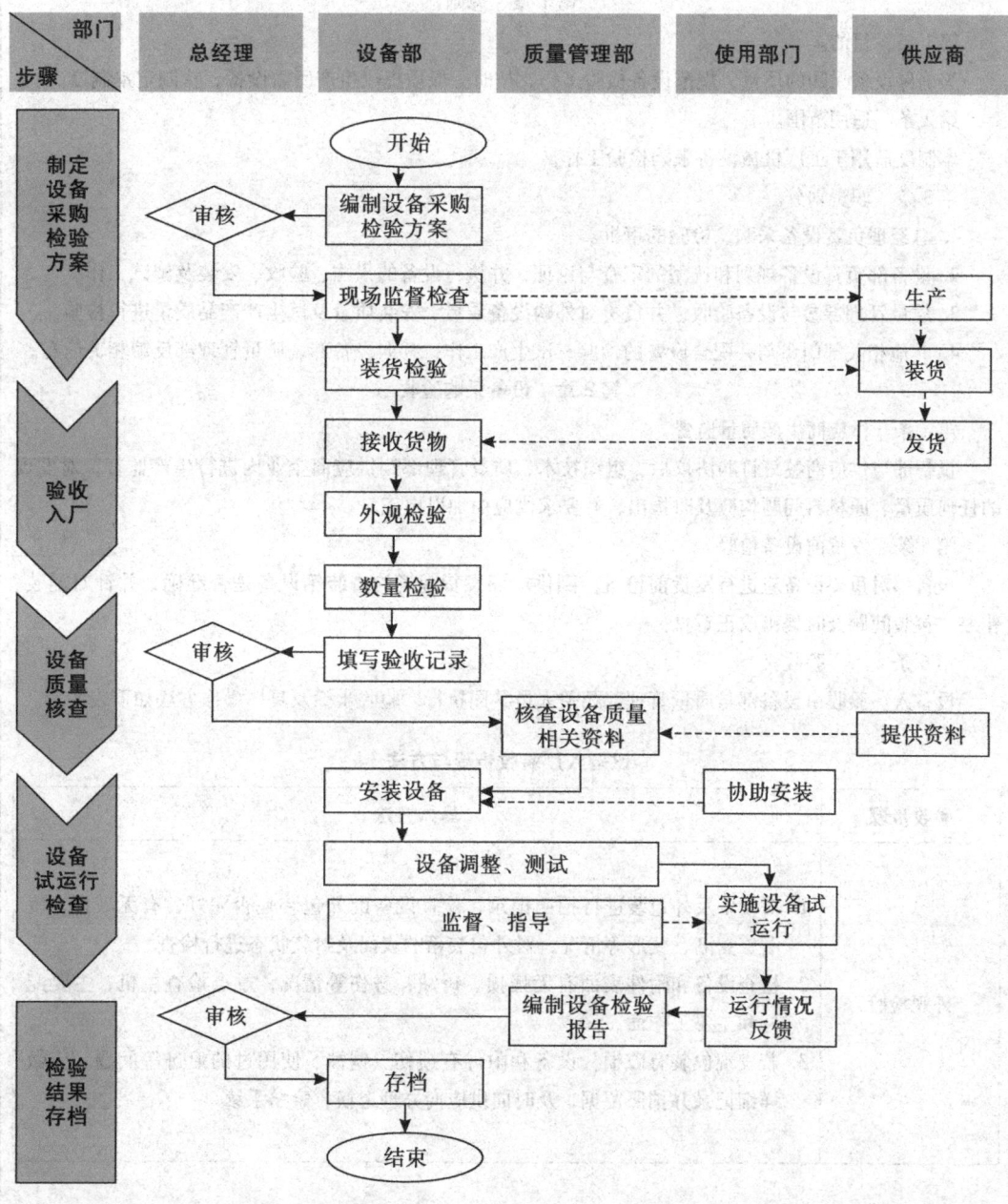

步骤 \ 部门	总经理	设备部	质量管理部	使用部门	供应商

制定设备采购检验方案

开始 → 编制设备采购检验方案 → 审核（总经理）

验收入厂

现场监督检查 ⟶ 生产

装货检验 ⟶ 装货

接收货物 ⟵ 发货

外观检验

数量检验

设备质量核查

填写验收记录 → 审核（总经理）

核查设备质量相关资料 ⟵ 提供资料

安装设备 ⟵ 协助安装

设备试运行检查

设备调整、测试

监督、指导 ⟶ 实施设备试运行

运行情况反馈

检验结果存档

编制设备检验报告 → 审核（总经理） ← 运行情况反馈

存档

结束

二、设备采购检验制度

制度名称	设备采购检验制度		受控状态	
			编　号	
执行部门		监督部门	编修部门	

第1章　总则

第1条　目的。

为确保设备采购的质量，规范设备检验工作，按时、保质提供生产所需设备，特制定本制度。

第2条　适用范围。

本制度适用于工厂机械设备采购检验工作。

第3条　职责划分。

1. 总经理负责设备采购、检验的审批。

2. 设备部负责设备规划和选型的审查与论证，并执行设备的采购、验收、安装及调试工作。

3. 质量管理部参与设备验收，并负责对外购设备质量、安装质量及试生产产品质量进行检验。

4. 其他相关部门参与并配合设备的检验、试生产工作，并向设备部、质量管理部反馈相关信息。

第2章　设备采购验收

第4条　供应商生产质量监督。

设备部与供应商签订订购协议后，组织技术、质量管理部到供应商企业内进行生产监督，对发现的任何质量、原材料问题均应及时指出，并要求供应商加以更正。

第5条　发货前设备检验。

设备部对重要设备应进行发货前检查，到供应商发货现场检查装箱设备是否准确，并针对漏装、错装、包装问题及时提出改正意见。

第6条　入厂验收。

设备入厂验收由设备部与质量管理部相关人员共同执行，验收步骤及具体操作方法如下表所示。

设备入厂验收步骤与方法

验收步骤	具体方法
外观检验	1. 对设备及外包装进行拍照记录，检查设备的外包装是否完好，有无破损、浸湿、受潮、变形等情况，对外包装箱的表面及封装状态进行检查 2. 检查设备和附件表面有无残损、锈蚀、碰伤等情况，重点检查主机、主要配件和主要工作面 3. 若发现包装有破损，设备和附件有损伤、锈蚀、使用过的痕迹等问题，应做详细记录并拍照留据，及时向供应商办理退换、索赔手续

（续）

验收步骤	具体方法
数量检验	1. 数量检验时应以供货合同和装箱单为依据，检查主机和附件等设备的规格、型号、配置及数量，并逐件清查、核对 2. 认真检查随机资料是否齐全，如说明书、产品检验合格证书、保修单等，计算机的相关技术资料应包括驱动程序等软件 3. 注意检查设备的序列号和出厂编号，必要时可上网核对 4. 认真做好开箱清点记录，写明地点、时间、参加人员、箱号、品名、应到和实到数量，如发现短缺、错发等问题，要及时做好记录并保留相关材料
验收记录	1. 填写《验收记录单》，对发现的不符合合同文件要求的项目，征求供应商代表的认可（签字、盖章） 2. 向设备部经理提交《设备开箱清点记录表》、设备序列号及现场照片等资料

第 3 章　设备安装调试

第 7 条　设备安装准备工作的步骤及相关要求。

1. 确定设备安装布置图。

2. 按照设备允许的基础弹性变形量要求，设计设备安装基础图。

3. 清除安装场地障碍，清除旧设备及堆积物，对管道、电缆等进行清查及整理。

4. 编制安装工程流程与作业计划，包括搬运及吊装方式、安装辅助措施及仪器、工具、材料清单等。

5. 编制调试程序、检验方式与标准，并准备好调试使用的各类工艺装备。

6. 根据设备要求，改善设备环境，如温度、适度、粉尘等，并制定相应的环境保护措施及人员安全防护措施。

7. 改善能源、气源供应条件，以满足设备的运行标准。

8. 对设备操作、维护及维修人员进行培训，并安排供应商代表协助调试。

第 8 条　设备安装调试过程的检验内容如下表所示。

设备安装调试过程的检验内容

检验项目	具体内容	操作标准
安装基础检验	1. 安装基础的强度、弹性变量是否符合标准要求 2. 安装基础的尺寸是否与图样相符 3. 地脚孔距离及标高是否准确等	基础检验合格后方可进行设备运行检验，基础检验过程中发现的问题应及时责成相关部门人员返工或补救

（续）

检验项目	具体内容	操作标准
设备空转检验	1. 设备安装精度的保持性 2. 设备的稳固可靠性 3. 设备传动、操纵、控制等系统运转是否正常 4. 设备运转过程中是否出现温度、噪声、动作均匀性等方面的异常	空转试验时间应在4小时以上，调试过程中出现异常情况时，应立即停止运行并检查、排除故障，无法解决的问题立即通知供应商解决
设备负荷检验	1. 设备在一定负荷下的工作能力是否达到标准 2. 设备所属生产系统的工作是否正常、安全、稳定、可靠	设备检验负荷应按照设备公称功率的25%、50%、100%依次进行，起重设备应进行超公称功率检验
设备精度检验	1. 设备的几何精度与主传动精度是否达到要求 2. 设备加工精度是否符合标准	精度检验应在符合检验后进行

第9条 设备安装调试注意事项。

1. 设备运行测试之前，应检查所接电源，确保其和设备电源要求一致。

2. 设备正常启动后，若运行期间无故障报错信息，应对设备进行至少48小时不间断的运行测试。

3. 严格按照合同条款、《设备使用说明书》及《用户手册》的规定和程序进行安装、调试，并对照说明书检查设备的技术指标与硬件配置是否达到标准。

4. 设备安装调试过程中应认真做好记录，若设备出现质量问题，应将详细情况书面通知供应商与设备使用部门。

第4章 设备试运行

第10条 试运行检查项目。

设备安装调试完毕后，应进行3个月试运行，对设备进行磨合，由设备部、质量管理部及相关技术人员负责对设备磨合状况进行检测及维护，主要检测项目及问题处理办法如下表所示。

设备试运行过程检测项目及问题处理办法

检测项目	原因说明	处理办法
紧固不当	设备紧固件上有油脂，摩擦力小，震动后易松动	随时检查异常现象，定期给紧固件做紧固，对设备配合部件做定期间隙、对中、平衡位置调整

（续）

检测项目	原因说明	处理办法
啮合不良	蜗轮、蜗杆、齿轮等啮合机械部分，由于加工尺寸与自然渐开线的差异，易出现啮合不良、震动、咬切等状况	严格执行定点、定人、定质、定量、定周期的润滑管理，及时进行清洗、给脂、加油、更换冷却介质，磨合期后检查是否达到正常状态
装配精度、平衡、对中不良	装配、运输机开始运行后内应力的释放，使设备出现精度不准、变形、平衡和对中的缺陷	重新对设备进行调整、定位、校正以及平衡对中处理
安装精度、水平度不良	由于安装基础、安装质量等原因使设备出现放置不稳、震动等现象	对安装基础进行加固或调整，对设备重新进行校正定位
环境问题	设备环境未达到设备要求而出现加工不良、工艺不顺、产品精度不稳等问题	分析设备缺陷及造成缺陷的原因，对设备环境进行调整
设备缺陷	设备投入运行后出现的各类缺陷	对于设备的小缺陷，应边排除、边调整、边记录，根据需要更换零部件，对于可能造成重大问题的故障应及时通知供应商以寻找解决方案

第11条　试运行评价反馈

试运行过程中，设备部人员应及时将运行评价结果反馈给相关人员，并采取措施予以补救。

1. 如果是设备缺陷问题，书面通知供应商，并责令其限期内给出解决方案。

2. 如果是安装调试问题，向相关技术人员提出设备调整、校正请求，重新进行定位调整。

3. 如果是操作运行问题，向使用部门反馈，及时纠正错误操作方法，制定标准操作规程。

（续）

第5章　附则

第12条　本制度由设备部、质量管理部共同制定、修订与解释。

第13条　本制度自颁布之日起实施。

修订记录	修订标记	修订处数	修订日期	修订执行人	审批签字

三、进口设备检验办法

制度名称	进口设备检验办法		受控状态	
			编　号	
执行部门		监督部门	编修部门	

第1章　总则

第1条　目的。

为了规范本厂进口设备检验工作，控制设备国际采购质量，确保进口设备生产能力符合生产需求，特制定本办法。

第2条　适用范围。

本办法适用于进口设备的检验工作。

第3条　职责划分

1. 总经理负责进口设备检验的决策与监督。

2. 进口设备验收小组负责进口设备的报关、商检、验收、安装、调试、索赔等工作的组织与落实，小组成员包括国际采购部、设备部、质量管理部和使用部门的相关人员。

3. 使用部门负责配合落实进口设备验收小组进行进口设备的验收工作。

第2章　检验准备

第4条　检验准备工作内容。

1. 整理并翻译进口设备有关的各类资料。

2. 实施检验相关人员培训。

3. 落实到货存放地点。

4. 做好国外供应商代表来厂的接待准备。

第5条　进口设备检验方案应主要包括以下五个方面的内容。

1. 进口设备的检验内容或项目。

2. 进口设备检验的有效期限。

3. 进口设备检验执行的检验标准或检验依据。

（续）

4. 进口设备检验地点及检验方法。

5. 检验发现问题时，进行索赔交涉的途径、步骤及注意事项。

第3章　发货口岸检验

第6条　发货口岸检验条件。

在进口设备满足下列条件时，检验小组应到达供应商发货口岸进行检验。

1. 大型成套设备，匹配性要求高，部件多且复杂。

2. 设备零部件众多且包装要求各不相同，容易发生装箱丢失或混乱。

第7条　发货口岸检验工作。

1. 按照合同约定，确认装箱数目、设备规格。

2. 清点设备主件、附件。

3. 检查零件包装质量与包装箱的质量。

4. 核实运输途中的责任方与相关文件、索赔手续及索赔承办方。

第4章　到货口岸检验

第8条　办理商检、报关手续。

设备到达到国内后，检验小组应立即向到达口岸办理出关手续，并会同商检部门对照合同、附件及装箱单对货物进行检查。

第9条　到货口岸检验内容。

到货口岸检验的内容如下表所示。

到货口岸检验内容说明表

检验项目	具体内容
包装箱检验	1. 外观是否完整 2. 有无破损、海水浸蚀或其他货物的污染等
开箱检验	1. 箱内货物是否正确 2. 箱内货物数量是否正确，有无遗漏
设备检查	1. 设备外观是否完好，有无破损或缺失 2. 零部件包装是否脱落，是否有锈蚀或损伤

第10条　到货口岸检验注意事项。

1. 包装箱检验合格后，方可开箱进行下一步检验。

2. 检验过程中应进行详细记录，并进行拍照。

3. 发现包装出现问题或部件有残损时，应立即向商检部门汇报，并向其申请鉴定。

（续）

4. 必要时，应邀请保险公司人员到场共同进行检验。

第5章 设备安装调试及运转检验

第11条 安装调试及运转过程中的检查内容。

1. 设备的各项技术指标、功能。

2. 设备的综合使用效果，包括生产能力、效率、产品质量、三废处理能力、安全性等。

第12条 检验时间限定。

1. 检验时间应根据合同规定的索赔有效期及保证期确定。

2. 具体的检验时间限定如下表所示。

进口设备检验时间限定

时限	需完成的检查内容
索赔有效期内	有关到货的外观质量、化学成分、物理性能、数量和残损等
质量保证期内	有关材质、精度、性能、效能等需经过运转、使用后才能发现的质量问题

第13条 索赔与复检。

1. 在检验中发现质量问题并估计在索赔有效期内不能完成检验、鉴定的，检验小组应及时与供应商取得联系，办理延长索赔期或保留索赔权。

2. 进口设备检验完成后，如在品质保证期内发现非操作、保养、维修不当而造成的质量问题，应由设备部向商检机构申请复检。

第6章 附则

第14条 本办法由设备部负责制定、解释和修订。

第15条 本办法经总经理批准后执行。

修订记录	修订标记	修订处数	修订日期	修订执行人	审批签字

第二节　原料采购质量控制

一、原料采购检验流程

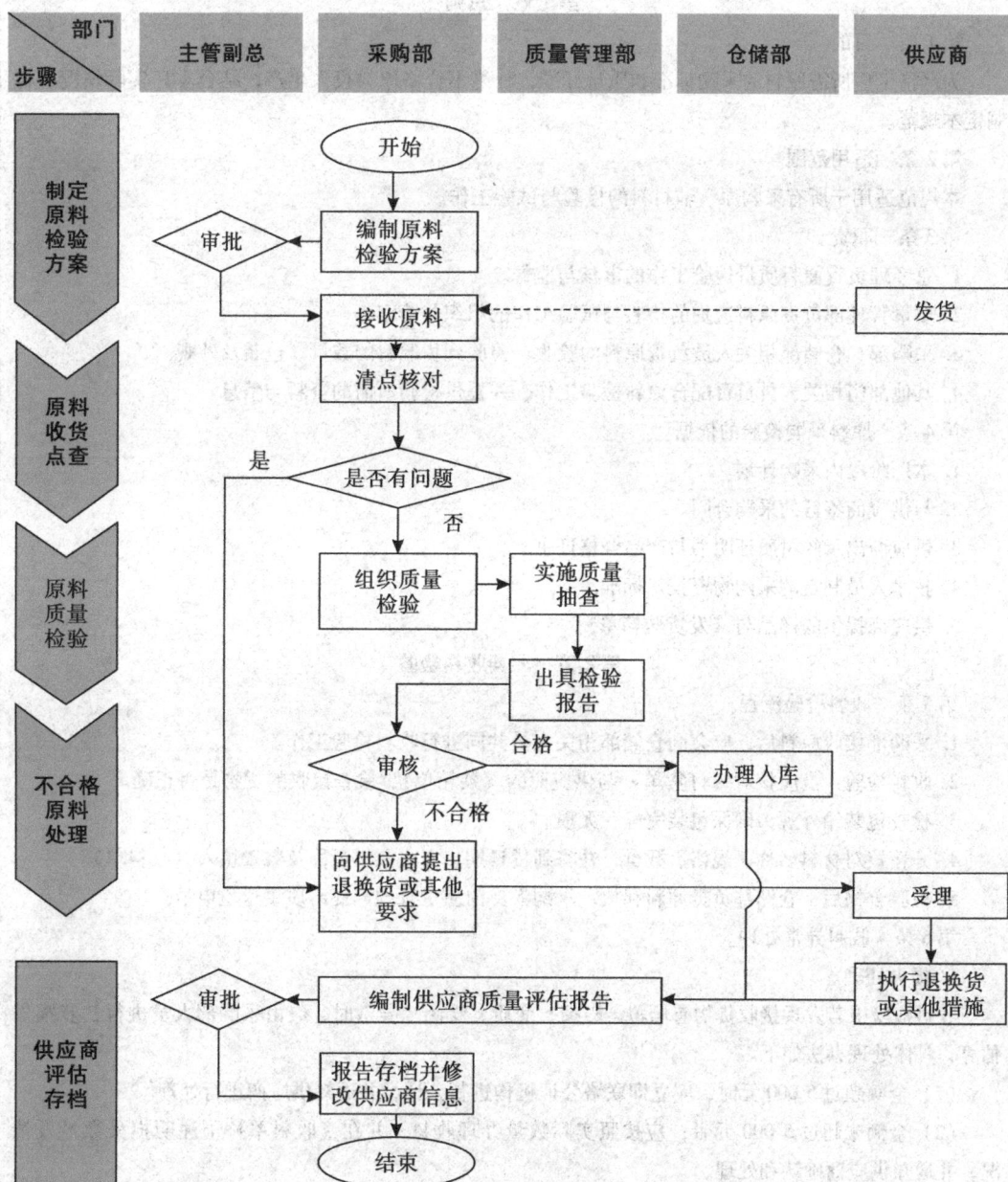

部门 步骤	主管副总	采购部	质量管理部	仓储部	供应商

制定原料检验方案

开始

编制原料检验方案 — 审批

接收原料 ←---- 发货

原料收货点查

清点核对

是否有问题（是 / 否）

原料质量检验

组织质量检验 → 实施质量抽查

出具检验报告

不合格原料处理

审核（合格 → 办理入库 / 不合格）

向供应商提出退换货或其他要求 → 受理 → 执行退换货或其他措施

供应商评估存档

审批 ← 编制供应商质量评估报告

报告存档并修改供应商信息

结束

二、原料采购检验规范

制度名称	原料采购检验规范		受控状态	
			编　号	
执行部门		监督部门	编修部门	

第1章　总则

第1条　目的。

为严格工厂所需原料的采购标准和质量标准，杜绝不合格原料投入生产，结合本厂实际情况，特制定本规范。

第2条　适用范围。

本规范适用于所有采购原、辅材料的检验与试验工作。

第3条　职责。

1. 总经理负责原料质量检验工作的审核与监督。

2. 质量管理部负责原料进货的检验与试验工作的组织与落实。

3. 采购部、仓储部相关人员负责原料的验收，检验到货原料的数量、包装及外观。

4. 其他部门相关人员负责配合原料检验工作，并提供检验所需的资料与信息。

第4条　原料采购检验的依据。

1. 本厂阶段内采购计划。

2. 与供应商签订的采购合同。

3. 供应商出示的材质证明书与产品合格证书。

4. 技术人员制定的采购物资技术标准。

5. 供应商提供的样品与《发货装箱单》。

第2章　原料收料检验

第5条　收料检验流程。

1. 采购部接收原料后，应会同仓储部相关人员共同进行收料检验工作。

2. 收料检验人员应核对《订货单》与供应商的《装箱单》，检查接收的货物是否正确。

3. 检查包装箱外观，确保包装完好、无损。

4. 开箱核对材料名称、规格、数量，并将到货日期、实收原料名称及数量填入《收料单》。

5. 检验合格后，仓储部负责原料存放，采购人员向质量管理部提出质量检验申请。

第6条　收料异常处理。

1. 损失处理。

收料检验中若发现接收货物有倾覆、破损、变质、受潮等异常时，应由采购部人员进行初步损失估算，具体处理办法如下。

（1）金额超过5 000元时，应立即联络公证机构进行公证，并通知供应商进行处理。

（2）金额未超过5 000元者，应按照实际数量办理收料，并在《收料单》上注明损失数量及情况，并通知供应商确认和处理。

（续）

2. 超交处理。

（1）若交货数量超出订货量，采购部人员应及时通知供应商前来确认，并将超出部分办理退货。

（2）若超交情况属于买卖惯例的特殊原料，且超交量在3%以下，应由仓储部经理批准同意后进行正常收料，并在《收料单》上进行备注。

3. 短交处理。

交货数量未达到订货数量时，应以补足为原则，由采购人员通知供应商进行补货处理。

第3章　原料质量检验

第7条　原料质量检验程序。

1. 质量管理部在收到原料检验申请后，应制定相应的检验方案，方案内容应包括原料名称、检验项目、具体方法及操作要求等。

2. 质量检查人员对到货原料实施质量检验，并按照操作标准进行检验。

3. 检验人员对原料检验结果进行整理、汇总，填写《原料检验报告单》并将其交质量管理部经理审核。

4. 检验人员将部门经理审批后的《原料检验报告单》交采购人员。

5. 采购人员持《原料检验报告单》到仓储部办理原料入库手续。

第8条　质量管理部应根据以下四项因素决定采购原料的检验方式。

1. 采购原料对工厂产品质量、经营活动的影响程度。

2. 供应商质量控制能力及以往的信誉。

3. 该类原料以往经常出现的质量异常情况。

4. 采购原料对本厂运营成本的影响。

第9条　原料质量检验方式。

采购原料的检验方式应根据下表所示条件进行确定。

采购原料检验方式适用条件

采购检验方式	适用条件
全数检验	适用于采购数量少、价值高且不允许有不合格品出现的原料
抽样检验	适用于平均数量较多且经常使用的原料
免检	1. 适用于大量低值辅助性原料，且供应商经过免检认定 2. 适用于因生产急用而特批免检的原料

第10条　原料质量检验方法。

原料检验项目与具体方法如下表所示。

（续）

采购原料检验方法说明表

采购检验项目	具体方法
外观检验	使用目视、手感对限度样品进行检验
尺寸检验	使用卡尺、千分尺、塞规等量具验证原料尺寸
结构检验	用拉力器、扭力器、压力器等检测原料物品结构
特性检测	采购专用检测仪器，运用专业方法验证原料的物理、化学、机械、电气等特性

第11条　原料质量检验相关要求。

1. 进场待验的原料必须在外包装上张贴原料标签并详细注明料号、品名规格、数量及入厂日期，且应与库存原料分开存放。

2. 检验结果为不合格的原料不得验收入库，应由仓储部运至"不合格品"区域存放，库管人员不得发放或使用未通过检验的原料。

3. 检验结束后，原料抽样样品由质量管理部负责储存和保管。

4. 若因生产急需进行特殊采购的原料无法实施检验时，应按照《特采物料入库规定》进行入库与生产，但检验人员应跟踪其在生产时的质量状况并进行记录。

第12条　质量检验结果的处理。

外购原料质量检验结果的处理办法如下表所示。

原料质量检验结果处理表

检验结果	处理办法	具体处理程序
合格	入库	仓储人员凭《原料检验报告单》的检验结果对合格原料办理入库手续，并在外包装上贴合格标签，将原料入库定位
不合格	退、换货	由质量管理部检验人员在不合格品上贴不合格标签，并在《原料检验报告单》上注明原因，经部门经理核实后交采购部，并由采购人员联络供应商办理退换货

第4章　附则

第13条　本规范由采购部和质量管理部共同制定、解释与修改。

第14条　本规范经总经理核准后实施，修订时亦同。

修订记录	修订标记	修订处数	修订日期	修订执行人	审批签字

三、特采原料控制办法

制度名称	特采原料控制办法		受控状态	
			编　号	
执行部门		监督部门	编修部门	

第1章　总则

第1条　目的。

为规范特采作业，在不影响产品最终质量或造成客户投诉或退货的原则下，对不合格原料加以特别采用，以便准时完成生产、经营任务，确保生产、经营活动顺利进行，特制定本办法。

第2条　适用范围。

本厂特采作业均需按本办法执行。

第3条　职责。

1. 采购部负责组织特采会审的提出，签署特采结论，与供应商就不合格原料处理方式进行交涉。

2. 质量管理部负责原料检验及不合格报告的提交，参与特采会审会议，进行特采处理后的检验。

3. 使用部门负责参与特采会审、特采不合格原料的加工处理、损耗的估算及呈报。

第2章　特采申请

第4条　进料检验。

进料质量检验人员根据进料检验程序进行抽检、判定，并根据进料检验结果填写《进料检验单》。

第5条　不合格品确认。

进料经质量管理部负责人确认为不合格后，将《进料检验单》交采购部经办人员。

第6条　提出特采申请。

采购部根据生产经营需求决定是否申请特采，使用部门也可根据生产经营情况提出特采申请。

第7条　特采申请条件。

1. 无安全伤害。

2. 不影响产品质量。

3. 生产经营紧急需要，否则影响交期。

4. 事先取得客户同意宽放允收。

5. 检验结果无法立即产生，有停产误期的风险。

第8条　填写特采申请单。

申请特采时，必须详细填写《特采作业申请书》，写明不合格原因及特采原因。

第3章　特采会审

第9条　召开会审会议。

由采购部召集技术部、质量管理部、使用部门相关负责人进行会审会议，针对不合格原因、采购合同、技术工艺进行分析并得出结论，与会人员签署是否同意特采申请的处理意见。

（续）

第10条 会审意见审核。

会审意见交采购部经理、工厂总经理进行审核并由其签署最后意见。

第11条 会审结果处理。

1. 特采未获批准，则采购部安排退货。

2. 特采获得批准，则执行特采工作程序。

第4章 执行特采处理

第12条 特采处理。

经会审后确认实施特采处理后，采购部、质量检验部负责执行，具体处理办法如下表所示。

特采处理办法说明表

处理办法	适用条件	具体措施
偏差接受	特采原料仅影响生产速度，而不造成产品最终品质不合格	由生产部估算并上报超耗工时，报采购部核实，由采购部与供应商交涉，达成协议后执行
全检	批量检验为不合格的原料	经批准特采后进行全数检验，全检合格品办理入库，投入生产使用，全检耗费工时由采购部按程序确认后，送交财务部作扣款处理
返工	检验后判定为整批不合格，但工厂有能力将其进行加工为合格品	生产部需事先向财务部申报费用，采购部就有关费用同供应商达成一致意见后投入生产，加工费用由生产部通知财务部作扣款处理

第13条 特采记录处理。

特采记录由采购部收集、保存并转交质量管理部定期存档。

第5章 附则

第14条 本办法由采购部、质量管理部共同制定。

第15条 本办法经总经理审批后实施，修订、废止时亦同。

修订记录	修订标记	修订处数	修订日期	修订执行人	审批签字

四、原料质量标识实施方案

方案名称	原料质量标识实施方案	编　号	
		受控状态	

一、目的

为实现对不合格原料的规范化管理，避免因使用或混用不合格原料产生不良品，特制定本方案。

二、适用范围

本方案适用于工厂所有外购原料质量状况的标识工作。

三、职责

1. 总经理负责原料质量标识有效性的批准。

2. 质量管理部负责制定原料质量检验标识办法，并执行检验与标识工作。

3. 采购部、仓储部负责根据标识进行相应处理。

四、原料质量标识物

原料质量标识物用途及说明如下表所示。

原料质量标识物说明表

标识物类别	具体说明	具体用途
印章	包括"合格"印章与"不合格"印章	用于"物料标识卡"中质量检验结果的判定
区域标识	质量检验过程中原料存放区域的标识牌，主要分为"待检区"、"合格品区"、"退货区"	用于区别不同检验状态的原料存放区域
检验状态标识牌	包括"待检"、"合格"、"不合格"及"重检"	悬挂在处于检验过程中的原料外包装上，用于标明原料的检验状态

五、质量标识工作程序及要求

1. 采购人员接收供应商送交的原料后，将原料存放于待检区并在待检品上放置"待检"标识牌。

2. 质量管理部检验人员收到采购部人员通知后，对待检区物料进行检验，编制《质量检验报告》。

3. 检验结果合格者，由检验人员将放置在物料上的"待检"标识牌换成"合格"标识牌，并在该原料的《物料标识卡》上加盖"合格"印章。

4. 检验不合格者，由检验人员将"待检"标识牌换为"不合格"标识牌，并在《物料标识卡》上加盖"不合格"印章。

（续）

5. 检验完成后，仓储部人员对具有"合格"标识的原料办理入库手续，并将其移入合格品区。

6. 采购人员对具有"不合格"标识的原料进行确认后，将其移入退货区并联络供应商进行退货处理。

六、特殊质量标识

1. "紧急放行"标识

（1）适用情况：用于标识因生产急需而来不及进行检验的产品。

（2）操作办法如下。

① 对于经过总经理批准的"紧急放行"原料，由检验员在外包装上张贴"紧急放行"标识，并在《物料标识卡》上注明"紧急放行"。物料由仓储部人员负责详细登记，并直接送交生产车间投入使用。

② 生产人员对标为"紧急放行"的物料定期向质量管理部进行质量反馈，并由质量管理部进行跟踪记录，直至相关工序产品质量检验完毕。

2. "特采"标识

（1）适用条件：采购原料经检验不合格，但由于生产原因经总经理批准进行"特别采用"。

（2）操作办法如下。

① 经总经理批准进行特采后，检验人员应在《物料标识卡》上注明"特采"，并在物料外包装上标识"特采"字样。

② 标为"特采"的原料由仓储部按规定程序进行入库处理，在台账上标明"特别采用"并备注原因。

编制人员		审核人员		审批人员	
编制时间		审核时间		审批时间	

第三节　供应商质量控制

一、合格供应商开发流程

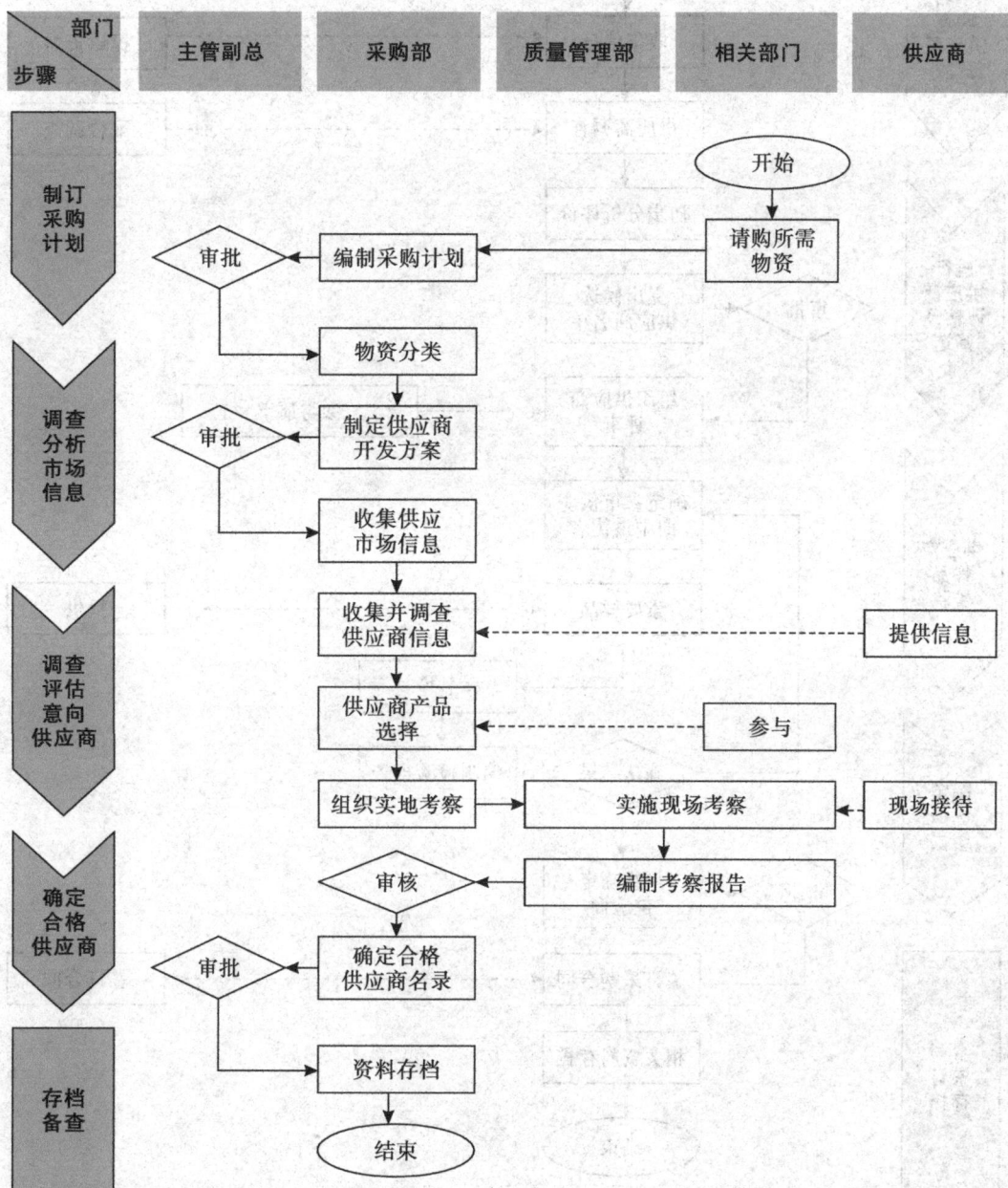

步骤／部门	主管副总	采购部	质量管理部	相关部门	供应商
制订采购计划	审批	编制采购计划			开始 请购所需物资
调查分析市场信息	审批	物资分类 制定供应商开发方案 收集供应市场信息			
调查评估意向供应商		收集并调查供应商信息 供应商产品选择 组织实地考察	实施现场考察 编制考察报告	提供信息 参与	现场接待
确定合格供应商	审核 审批	确定合格供应商名录			
存档备查		资料存档 结束			

二、供应商选择管理流程

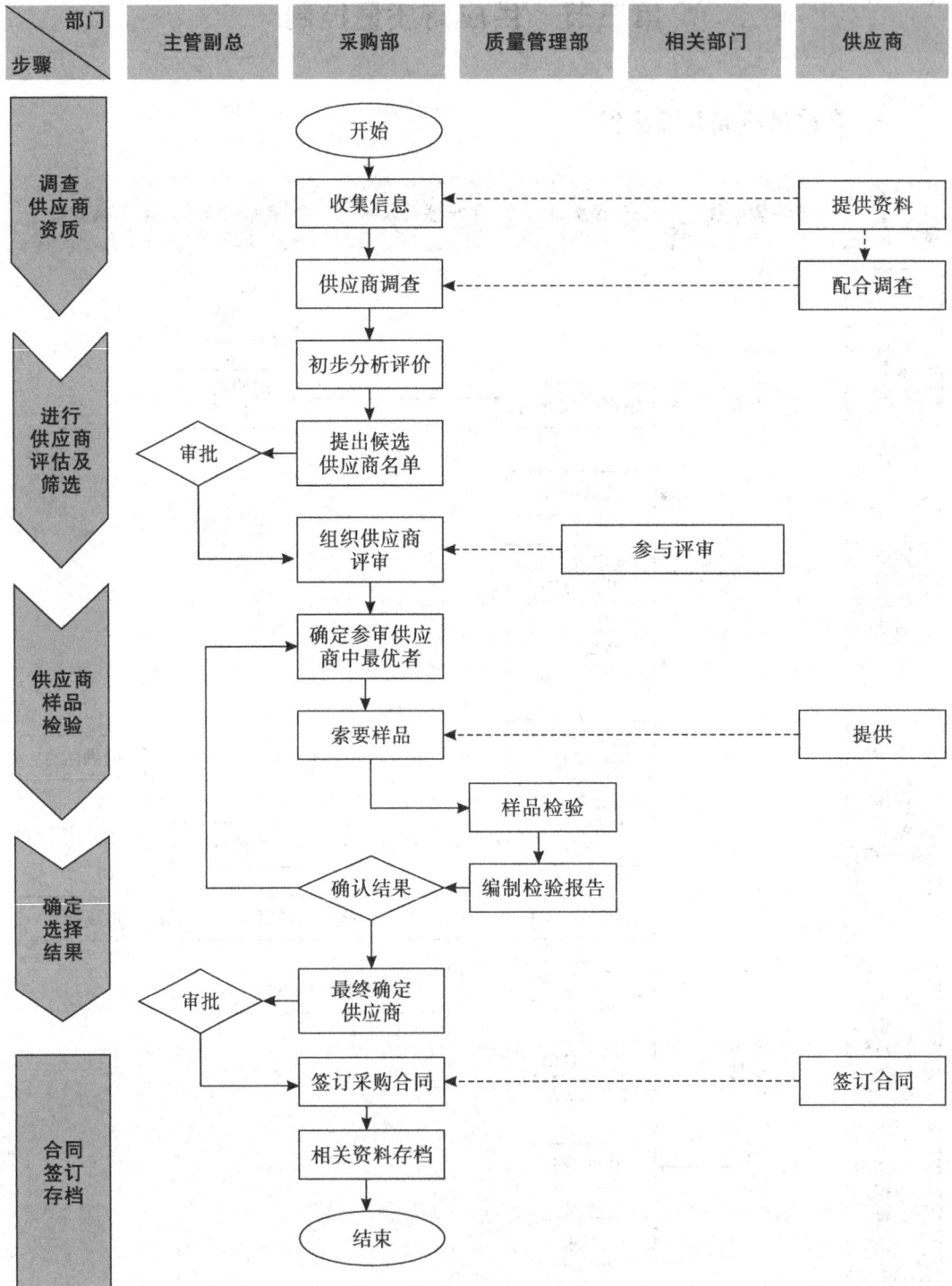

步骤＼部门	主管副总	采购部	质量管理部	相关部门	供应商
调查供应商资质		开始 → 收集信息 → 供应商调查			提供资料 → 配合调查
进行供应商评估及筛选	审批	初步分析评价 → 提出候选供应商名单 → 组织供应商评审		参与评审	
供应商样品检验		确定参审供应商中最优者 → 索要样品	样品检验 → 编制检验报告		提供
确定选择结果	审批	确认结果 → 最终确定供应商			
合同签订存档		签订采购合同 → 相关资料存档 → 结束			签订合同

三、合格供应商管理细则

制度名称	合格供应商管理细则		受控状态	
			编　号	
执行部门		监督部门	编修部门	

第1章　总则

第1条　目的。

为了规范选择合格供应商工作并对合格供应商进行持续监督与管理，确保其提供的货物满足本厂所需物资的质量标准，特制定本细则。

第2条　适用范围。

本细则适用于满足本厂产品与服务要求的合格供应商。

第3条　权责。

1. 总经理负责合格供应商的审批。

2. 采购部负责组织与实施合格供应商的开发与评定工作。

3. 质量管理部负责供应商生产现场评定、样品检测工作，并跟踪合格供应商的质量情况。

4. 财务部负责核查供应商财务、资金能力并提供相关资料。

5. 使用部门参与供应商评定并为供应商考核提供反馈信息。

第2章　供应商评定

第4条　合格供应商选择原则。

1. 同等价格择其优原则。

2. 同等质量择其廉原则。

3. 同价同质择其近原则。

第5条　合格供应商评定时机。

1. 需要增加新的产品供应商时。

2. 原有供应商出现重大质量问题时。

第6条　合格供应商评定标准。

1. 可直接登录为合格供应商的主要包括以下五类。

（1）通过ISO 9000质量管理体系认证的供应商。

（2）在本厂推行ISO 9000质量管理体系前已有合作且在产品、服务方面无重大不良记录的供应商。

（3）由客户指定的供应商。

（4）独占资源市场的供应商。

（5）属于世界500强企业或中国500强企业的供应商。

2. 不满足直接登录条件的供应商应符合以下标准才可评定为合格。

（1）具有合法的生产、经营许可证件。

（2）资金、财务能力满足生产需求。

（续）

（3）生产能力强，满足连续生产的需求及进一步扩大产量的需求。

（4）按国家（国际）标准建立质量体系，且样品检验、试用均合格。

（5）生产现场考察结果可满足采购需求。

（6）可有效处理紧急订单。

（7）具有完善的售后服务制度且有效实施。

第7条　供应商初步评价。

1. 采购部、质量管理部及其他部门应根据本厂实际需求收集供应商资料，并分析市场现状。

2. 要求有合作意向的供应商填写《供应商基本资料表》。

3. 对收集的信息和《供应商基本资料表》进行分析，以能力、质量、服务、交货期、价格等作为筛选依据，列出候选供应商。

第8条　供应商的现场评审。

1. 组织相关人员对供应商进行现场评审，确定采购的物资是否符合相关法律法规的要求和安全要求，对于有毒品、危险品，需要求供应商提供相关证明文件。

2. 根据所采购物资对产品质量的影响程度，将其分为关键、重要、普通三个级别，不同级别实行不同的控制等级。普通级别物资的供应商无需进行现场评审。

3. 现场评审结果应填入《供应商现场评审表》，并由质量管理部、财务部签署意见。

4. 供应商现场评审的合格分数需达70分。

第9条　《供应商质量保证协议》的签订。

1. 采购部应与现场评审合格的供应商签订《供应商质量保证协议》。

2.《供应商质量保证协议》一式两份，双方各执一份，作为供应商提供合格材料的一种契约。

第10条　样品的检验。

1. 对有样品需求的物资，由采购部人员通知供应商送交样品，质量管理部相关人员需对样品提出详细的技术质量要求，如品名、规格、包装方式等。

2. 样品应为供应商正常生产情况下的代表性产品，数量应多于2件。

3. 质量管理部负责对样品材质、性能、尺寸、外观质量等进行检验，并填写《样品检验确认表》。

4. 检验合格的样件至少为2件，一件返还供应商，作为供应商进行生产的依据，一件留在质量管理部作为今后检验的依据。

第11条　确定合格供应商名单。

在《供应商基本资料表》、《供应商现场评审表》、《供应商质量保证协议》和《样件检验确认表》四份资料完成后，采购部将合格供应商列入《合格供应商名单》并交工厂总经理审批。

第3章　供应商考核

第12条　考核对象。

供应商考核的对象为列入《合格供应商名单》的所有供应商。

第13条　考核方法。

工厂对供应商实行评分分级制度，考核项目包括质量、交期、服务、价格水平等方面。

（续）

第14条　考核频率。

关键、重要材料的供应商每月考核一次，普通材料的供应商每季度考核一次。

第15条　考核结果的处理。

供应商考核的结果应按照下表所列办法处理。

供应商考核结果处理办法

考核得分	处理办法
90分（含）以上	优先采购
80～89分	要求供应商对不足部分进行整改，将整改结果以书面形式提交并通过审核确认
70～79分	要求供应商进行限期整改，并将整改结果以书面形式提交，根据相关部门对其整改效果的评价决定对其采购量的调整，整改期间暂停对其采购
70分以下	从《合格供应商名单》中删除并终止对其采购

第4章　供应商监督

第16条　对合格供应商的交期监督。

1. 采购人员应要求供应商准时交货，并准确记录供应物资的到货时间。

2. 采购人员应记录由供应商原因引起分批发运造成的超额费用，每月按时汇总并提交给部门经理作为供应商考核依据。

第17条　对合格供应商的质量监督。

1. 质量管理部和采购部保存合格供货方的供货质量记录，批量产品不合格应及时通知供应商。

2. 产品不合格时，采购部应及时向供应商提出警告；连续两批产品不合格则应暂停对其采购，另选供应商或待其提高产品质量后再进行采购。

3. 对不合格的供应商，应取消其供货资格，并修订《合格供应商名单》。

第5章　附则

第18条　本细则由采购部负责制定、解释和修订。

第19条　本细则报总经理审批后，自颁布之日起执行。

修订记录	修订标记	修订处数	修订日期	修订执行人	审批签字

四、供应商质量评估方案

方案名称	供应商质量评估方案	编　　号	
		受控状态	

一、目的

为保证本厂与供应商的有效合作，鼓励供应商在产品品质方面进行改善，提高采购质量，降低采购风险，特制定本方案。

二、适用范围

1. 列入《合格供应商名单》的供应商。

2. 对产品或服务可以产生直接影响的供应商。

3. 根据采购物资的品质需求与供应商的依附程度选择供应商。

三、责权

1. 总经理负责供应商质量评估结果的审批。

2. 采购部负责计划与组织实施供应商质量评估工作。

3. 质量管理部与使用部门配合执行具体评估工作。

四、评估原则

供应商评估工作应遵照公开、公平、公正的原则进行。

五、评估实施

1. 建立评估小组。由采购部组织建立供应商质量评估小组并对供应商产品质量、服务质量及配合程度进行评价，小组成员包括采购人员、质量管理人员、库管人员及生产技术相关人员。

2. 确定评估时间。

（1）评估实施频度：每季度评估 1 次。

（2）评估进行时间：每季度第一个月 1 日至 10 日进行上季度质量评估。

（3）结果公布时间：评估结果于评估实施当月 15 日前公布。

3. 制定评估标准。供应商质量评估小组负责制定评估标准，具体评估指标如下表所示。

供应商质量评估指标说明

项目	指标	说明
供货质量	批次合格率	$批次合格率 = \dfrac{期内合格批次数量}{期内供货批次总数} \times 100\%$
	数量合格率	$数量合格率 = \dfrac{期内合格检验产品数量}{期内供货总数量} \times 100\%$
	退货率	$退货率 = \dfrac{期内由于供应商原因造成的退货次数}{期内退货总次数} \times 100\%$
	供应达成率	$供应达成率 = \dfrac{期内供应总量}{期内需求总量} \times 100\%$

（续）

项目	指标	说明
服务质量	售后服务情况	1. 售后服务是否及时 2. 服务效率如何
	缺货情况	期内收到订单后，因产量问题无法供应导致缺货的次数
管理质量	经营管理水平	1. 营业状况 2. 财务结构 3. 员工流动情况 4. 内部控制执行情况

六、评估结果运用

1. 划分质量级别。评估小组以供应商供货记录与相关资料为依据，根据评估标准进行质量评估，将结果划分为三个等级，并由采购部、财务部按下表规定进行处理。

供应商质量评估结果处理说明表

级别 处理措施	A 级 90 分（含）以上	B 级 70~89 分	C 级 低于 70 分
关系发展方向	加强合作，互相支持，巩固工序关系	通知供应商讨论整顿方案	提出警告，并通知供应商迅速做出调整
优先等级	优先选择	价格优惠超过 10% 时，备选	无其他等级供应商时，备选
订购量	增加	根据需要确定	降低
检验频度	每月抽检 1 次	不定期随时抽检	每批次均需检验
财务结算	准时结算	3~10 天期票	15 天期票

2. 优质供应商奖励。

（1）采购部对质量评估结果进行分析，整理出质量优秀的供应商名单并交总经理审批。

（2）通过审批后，采购部组织向质量优秀的供应商颁发奖励，具体奖励措施如下表所示。

（续）

优质供应商奖励办法

奖项	说明	奖励办法
优秀材料供应商	原材料类供应商最高分数者	颁发奖状，发放____元奖金
优秀设备供应商	设备类供应商最高分数者	颁发奖状，发放____元奖金
优秀辅料、耗材供应商	辅料、耗材类供应商最高分数者	颁发奖状，发放____元奖金
优质供应商	所有 A 级供应商	颁发奖状

编制人员		审核人员		审批人员	
编制时间		审核时间		审批时间	

制程质量控制
精细化管理

第五章

第一节 制程工序质量控制

一、工序质量控制流程

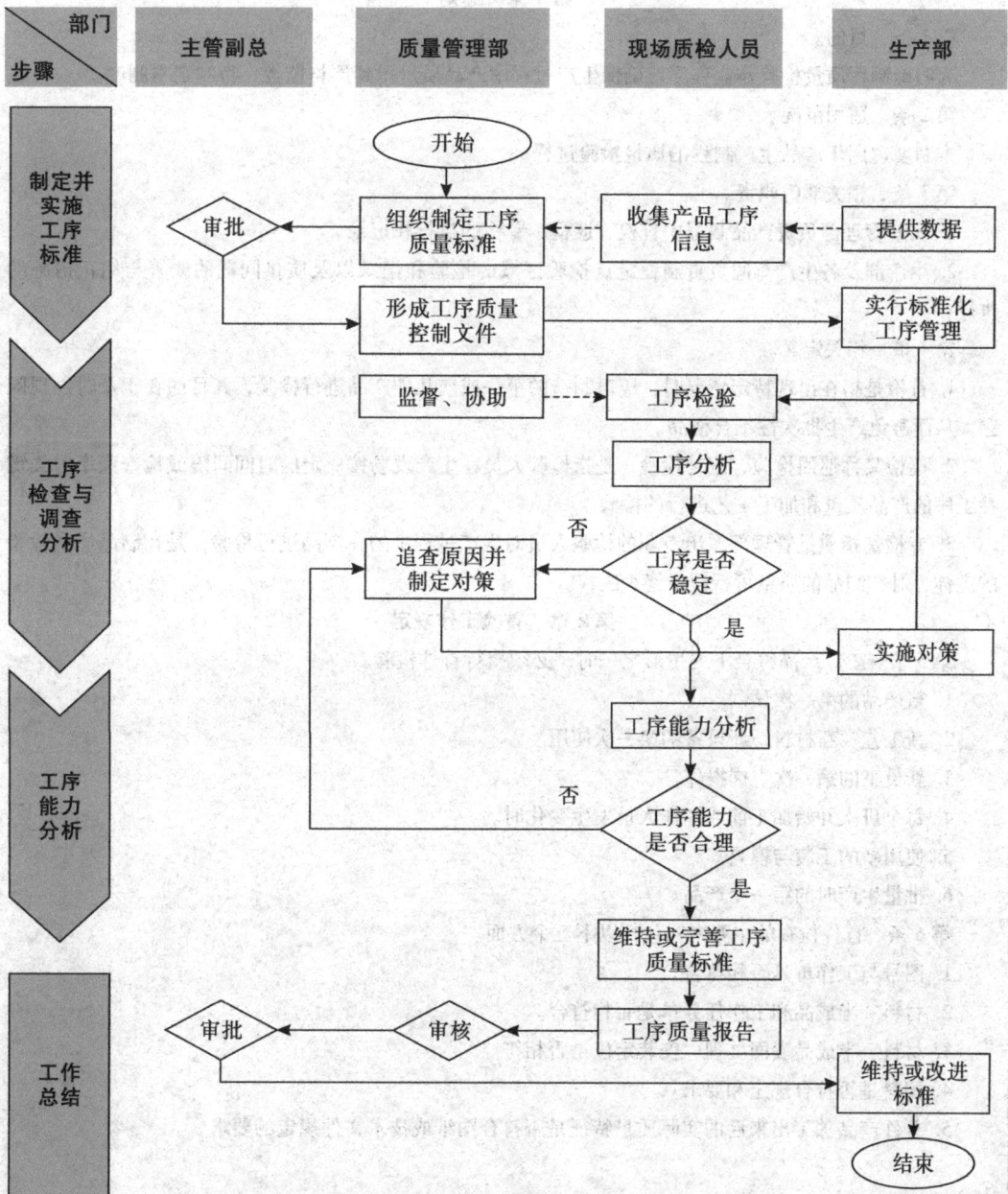

部门 / 步骤	主管副总	质量管理部	现场质检人员	生产部

制定并实施工序标准

开始 → 组织制定工序质量标准 ← 收集产品工序信息 ← 提供数据

审批 ← 组织制定工序质量标准

形成工序质量控制文件 → 实行标准化工序管理

工序检查与调查分析

监督、协助 --→ 工序检验 ←

工序分析

工序是否稳定

否 → 追查原因并制定对策

是 → 实施对策

工序能力分析

工序能力分析

工序能力是否合理

否

是 → 维持或完善工序质量标准

工作总结

工序质量报告 → 审核 → 审批

维持或改进标准 → 结束

二、制程质量检验制度

制度名称	制程质量检验制度		受控状态	
			编　　号	
执行部门		监督部门	编修部门	

第1章　总则

第1条　目的。

为明确制程质量检验作业程序，确保生产过程中产品质量得到严格监控，特制定本制度。

第2条　适用范围。

本制度适用于产品生产制程的质量检验过程。

第3条　相关部门职责。

1. 质量管理部负责产品制程中首检、巡检、专检的执行和记录。

2. 生产部及各生产车间负责制程定点检验区域的检验和记录以及质量问题的改善与纠正措施的执行。

第4条　相关定义。

1. 首检是指在出现特定情况时，应对制造的第一或前几件产品进行检验，其目的在于及时发现问题，从而避免产生批次性不合格品。

2. 巡检又称巡回检验、流动检验，是指检验人员在生产现场按一定的时间间隔或检查频率对关键性工序的产品质量和加工工艺进行的检验。

3. 专检是指质量管理部派出专职的检验人员对生产过程中的在制品进行检验，是在制品质量检验的主体，对在制品的质量可行使最终否决权。

第2章　首检工作规定

第5条　工厂产品符合下列情形之一时，必须执行首件检验。

1. 新产品的第一次试制。

2. 新工艺、新材料、新设备的第一次使用。

3. 新员工的第一次上岗操作。

4. 每个班次开始加工前或操作人员发生变化时。

5. 使用新的工装与模具。

6. 批量生产时的第一个产品。

第6条　首件检查的主要内容包括以下五个方面。

1. 图号与工作单是否相符合。

2. 材料、半成品和工作任务单是否相符合。

3. 材料、半成品表面处理、安装定位是否相符。

4. 配料是否符合规定和要求。

5. 首件产品加工出来后的实际质量特征是否符合图纸或技术文件规定的要求。

（续）

第7条　首检检验一般采用"三检制"的办法，即操作人员实行自检、班组长进行复检、制程质检员进行专检。

第8条　首件样品制造出来后，应执行以下检验程序。

1. 生产人员按工艺流程加工或试制产品并进行自检。

2. 班组长按照产品生产工艺、工序规定及《产品制程检验手册》对首件样品进行全面检查、测量，将检验结果详细记录在《首件检验记录表》上。

3. 制程质检员在生产车间对产品进行加工时，应调出相应的产品检验依据、样品及相关器具，做好检验准备。

4. 制程质检员按照相关的检验文件及规范对首件样品及《首件检验记录表》进行复检，将复检意见记录在《首件检验记录表》相应栏内，并依次转交质量管理部经理、工艺工程师进行复查及批示。

5. 首件检验后，由工艺工程师组织相关班组长、制程质检员开产前生产会，由工艺工程师主持并讲解工艺要求，参与质检人员提出检验中发现的质量问题并协商改善对策。

第9条　只有当首检审核完成后，各班组才可正式生产。

第10条　对于大批量的产品而言，"首件"并不限于一件或几件，而是要检验一定数量的样品，通过这种前期检验，不断改善产品的生产制造状态，以达到作业标准要求。

第11条　在首检检验过程中，若某些品质特性的判定无法在短时间内得出结论，这些特性可在新产品试制时进行检测，首检时可先不检验这些项目。

第12条　首检必须讲究效率，以免影响生产进度。

第13条　执行首检的人员应掌握首检的技术，及时跟进产品的生产进程，避免出现漏检。

第14条　首检结果处理。

1. 合格产品的处理。首检产品的检验结果为合格时，经检验人员签字（盖章）确认后，生产人员继续生产产品。

2. 不合格产品的处理。

（1）不合格产品因生产车间的原因造成时，由生产车间负责改进，直至生产出检验合格的首检产品，方可进行批量生产。

（2）不合格产品因设计原因造成时，检验人员应上报检验主管，由其通知工艺技术部解决，解决问题后仍需执行首件检验。

第15条　检验人员应根据首件检验记录，定期分析产品首检的情况，编制首检报告并上报质量管理部。

第3章　巡检工作规定

第16条　制程巡检人员在上岗前必须进行不低于30课时的制程巡检培训，经考核合格后方可上岗。

第17条　制程巡检专员应协助制定制程质量控制点，并确定相关的检验工具及检验规范。

第18条　制程质检员每日都应对各生产班组执行巡回检验，依据产品生产工艺规定，将检验结果记录于《巡检日报表》并及时反馈给质量主管。

（续）

第19条　巡回检验程序。

1. 制程质检员每日对各班组执行巡回检验，依据产品生产工艺规定等进行判定，将检验结果记录于《巡检日报表》并及时反馈给质量管理部经理。《巡检日报表》的格式如下表所示。

巡检日报表

部门：_____　　　　　　　　　　　　　　　　日期：____年__月__日

项次	工序名称	检验重点	检验结果			不良内容	对策
			上午	下午	加班		
备注	检验结果标识含义：○——好；△——尚可；×——不良需矫正						

2. 制程质检员依据《产品生产工艺单》、样品和巡回检验要求对各道工序每日分上午、下午、加班时段进行巡回检验，并及时将检验情况详细记录在《巡检日报表》相应栏内。

3. 在制的半成品经检验查验合格后，方可转入下一道工序或流程，返工品由制程质检员重检合格后方可放行，制程质检员每日将检查结果记录在《返工返修记录表》中。

第20条　在巡检时，制程检验员应严格按检验标准或作业指导书检验，包括对关键工序的产品质量、工艺、规程、机器运行参数、物料摆放、标识和加工工艺的检验。

第21条　巡检过程中发现生产人员的操作不规范或工艺流程问题时，巡检专员应及时通知车间生产负责人，以免生产出不合格产品。

第22条　质量巡回检验应注意工作效率，以免影响生产进度。

第23条　制程巡检中若发现可能引起重大质量事故的隐患，制程巡检专员有权要求立即停工，并应及时通知生产车间负责人和制程检验主管。

第4章　专检工作规定

第24条　专检工作内容。

1. 专职检查人员在对在制品进行检验时，应严格执行《产品制程检验手册》及相关在制品的检验规范，其检验项目主要包括在制品的外观、尺寸、理化特性等，从而确定在制品是否可转入下一道工序或流程。

2. 在制的半成品经制程检验员查验合格后，方可转入下一道工序或流程。

3. 返工产品经制程检验合格后方可放行，制程检验人员将每日检查结果记录在《返工维修记录表》中。

第25条　制程质检员若在检验过程中发现不良品且无法直接加工改造成良品，按工厂规定的不合格品控制及处理程序处理。

（续）

第5章 附则

第26条 本制度由质量管理部负责制定、修改和解释。

第27条 本制度经总经理审批后，自颁布之日起实施。

修订记录	修订标记	修订处数	修订日期	修订执行人	审批签字

三、工序质量审核办法

制度名称	工序质量审核办法		受控状态	
			编 号	
执行部门		监督部门	编修部门	

第1章 总则

第1条 目的。

为加强对工序质量的控制，完善质量体系，结合工厂实际情况，特制定本办法。

第2条 适用范围。

本办法适用于产品各工序质量审核相关事项。

第3条 职责。

1. 工厂质量管理部是工序质量审核的归口管理部门，负责质量审核、监督及提出改进措施。

2. 生产部有关车间负责执行工序标准作业，对工序质量进行自检与互检工作。

3. 工艺技术部负责协助质量管理部编制工序质量控制图和设置工序质量控制点。

第4条 工序质量审核频率。

本工厂工序质量审核每半年进行1次，时间为6月15日及12月15日。

第2章 工序质量审核程序

第5条 年初由质量管理部编制工序质量审核计划，计划应包括被审核产品工序管理点名称、审核项目（产品和工艺的质量特性）、审核方法、抽样方法、日程安排、审核人员及分工等。

第6条 质量管理部组织审核小组学习有关审核规定，做好审核准备工作。

第7条 审核小组开展对被审核工序随机抽样工作，并记录本工序质量特性值数据。

第8条 检测人员对抽取的样品（包括原料、中间产品及产品）进行检测，并做好记录。

第9条 重点抽检关键的和重要的工序控制点活动资料。

第10条 按照工艺规范、工艺指标、工艺操作规程、使用原材料的有关规定，审核人员对关键设备状况、生产工作环境、操作人员素质状况等进行检查、对比、分析及判断。

第11条 审核小组根据判断结果提出改进建议，编写工序质量审核报告。

（续）

第3章　工序质量审核内容与考核

第12条　工序质量审核的内容如下表所示。

工序质量审核的内容说明

审核对象	具体审核内容
工序能力	1. 由审核组对被审核的工序随机抽取在制品的子样若干，每次在对该工序同类产品进行审核时，所抽取的总量要相对稳定 2. 由审核人员或委托检验人员根据质量特性值或技术标准值的要求进行检测，并把检测结果记录在《工序质量审核记录表》上，审核检测人员应在记录表上签字 3. 审核人员根据检测结果，计算过程（工序）能力指数，判断过程（工序）能力等级，并提出处理意见
设备	1. 工序所用设备的选择、使用是否恰当，设备综合能力如何 2. 设备的维修保养和管理情况如何 3. 现场检查设备、工装的精度如何，是否符合要求
材料	1. 有无防止混料的控制措施 2. 工序用辅助材料对工序制品质量特性的影响 3. 产品标识与检验和试验状态的标识及移植是否符合有关规定
工序方法	1. 审核质量控制文件的正确性与指导作用，评审工艺参数是否合理、优化 2. 文件的质量要求是否明确，有无不可操作的地方，与相邻工序的接口是否清楚 3. 选用控制图的工序应明确控制图的使用方法
环境因素	1. 检测现场是否符合工序对环境的温湿度、清洁度、光照度等的要求 2. 通道、地面、毛坯堆放、位器具是否符合工序控制要求 3. 预防保护措施（如防止磕、碰、划、伤、锈）是否有效
人员素质	1. 根据过程质量控制需要判定相关人员是否具备相应的操作证或培训资格 2. 是否受过岗位质量管理知识培训 3. 质量意识和工作责任心、工作积极性如何
检测工作	1. 检测手段的配置是否符合工序质量的要求 2. 工序所用检验和测量设备的检定、校准是否按规定周期实施 3. 检验、测量和试验工具是否被正确使用、保管

第13条　工序质量审核结果分为优、良、中、差四个等级，具体奖惩措施如下表所示。

（续）

对工序质量审核结果奖惩的措施	
工序质量审核结果	**奖惩措施**
优	团队奖励____元，个人奖励____元
良	团队奖励____元
中	给予团队或个人鼓励，令其总结经验和教训，加大整改力度
差	团队处罚____元，个人处罚____元，立即加以整改

第4章 工序质量控制图运用与管理

第14条 工序质量控制图是用来分析和判断工序是否处于平稳状态并带有控制界限的一种图形工具。

第15条 工序控制图的作用。

1. 控制图的基本功能是用样本数据推断工序状态，以防止工序失控和产生不合格品。

2. 进行工序分析，按照抽样检验理论收集数据并绘制控制图，观察与判断工序状态，用以分析工序是否处于控制状态。

3. 控制工序质量状态，通过工序分析发现异常现象，查找原因并采取相应的控制措施，通过消除工序失控现象，使工序始终处于受控状态，防止产生不良品。

4. 其他作用，如为质量评定、产品和工艺设计积累数据等。

第16条 根据数据的种类不同，控制图基本上可分为计量值控制图和计数值控制图两大类，其应用范围如下表所示。

控制图类型及其应用范围表

控制图类型	控制图名称	应用范围
计量值控制图 （一般适用于长度、强度、纯度等计量值为控制对象的场合）	平均值——极差控制图	计量值数据控制
	中位数——极差控制图	计量值数据控制，检出能力较强
	单值控制图	计量值数据控制，检验时间应短于加工时间
	单值——移动极差控制图	计量值数据控制，用于一定时间里，只能获得一个数据的工序控制
计数值控制图 （以计数值数据的质量特性值为控制对象）	不合格品率控制图	关键件全检
	不合格品数控制图	半成品或零部件在一定样本容量 n 的场合
	单位缺陷数控制图	全数检验单位缺陷数场合
	缺陷数控制图	要求每次检测样本容量为 n 的场合

(续)

第17条　工序质量控制图建立的程序。

1. 确定控制项目和质量特性，根据重点控制项目的质量特性、关键步骤或薄弱环节等因素确定控制点。

2. 由于使用的目的不同，工艺技术人员可对不同控制项目或其他因素选择不同类型控制图。

3. 将产品分成若干样本组，从技术、控制图的类别、需要控制质量特征值的时间间隔及经济性等方面来确定样本组大小。

4. 根据控制图所需反映的质量特征要求来选取合适的抽样方法。

5. 采取近期生产数据或重新采集数据，每组数据多少由控制图的种类和其经济性决定。

6. 判断稳定状态，如果发生异常情况，应调查其原因并采取措施，消除异常。

7. 同标准状态对比，调查产品是否满足标准，应使之控制状态标准化。

第18条　当工序处于稳定状态时应进行日常控制，若发现异常情况应立即调查原因并采取措施，保留记录为分析所用。

第19条　工厂需对控制图进行观察和分析，看工序是否处于受控状态，以判定是否需要采取措施。

工序受控状态判断分析表

项目	说明	判断标准
受控状态的判断	判断工序是否处于统计控制状态或稳定状态	1. 绝大多数点必须落在控制界限内 （1）连续____个点没有一个在控制界限外 （2）连续____个点中最多有一个点在控制界限外 （3）连续____个点中最多有两个点在控制界限外 2. 控制界限内的点排列无缺陷，即无异常排列
失控状态的判断	判断工序为失控状态，即有异常发生	1. 点超出控制界限或恰好落在控制界限上 2. 控制界限内的点排列方式有缺陷，即为非随机性排列

第20条　工艺技术人员、检验人员及班组长等应定期评价控制界限，确保工序处于控制状态。

第21条　当操作者、原材料、机器设备、操作方法等发生变化时，相关人员应对控制图的建立和应用做出相应调整。

第22条　控制图可配合操作者自控、机械装置自动控制和工序诊断调解等多种工序质量控制方法一起使用，全面发挥各种方法的监督作用。

第5章　附则

第23条　本办法由质量管理部负责起草和修订。

第24条　本办法经总经理审批后实施。

修订记录	修订标记	修订处数	修订日期	修订执行人	审批签字

四、工序质量控制点实施方案

方案名称	工序质量控制点实施方案	编　　号	
		受控状态	

一、目的

为正确把握工序中的重点并对其加以控制，达成对工序质量的有效管理，提高工序质量的水平，保证产品的质量稳定，特制定本方案。

二、适用范围

本方案适用于工厂工序控制点的建立及管理等相关事项。

三、相关定义

工序质量控制点是指产品生产过程中必须重点控制的质量特性、关键部位、薄弱环节和主导因素，可以以质量特性值、工序文件、功勋因素等为对象设置工序质量控制点。

四、职责分工

质量管理部负责工序控制点设置、检查及监督指导工作，工艺技术部门协助制定和改进工序控制点，生产部协助其进行工序检查工作，并及时反馈信息。

五、工序质量控制点设置

1. 控制点设置原则

（1）关键原则：对产品的性能、精度、寿命、可靠性和安全性等有直接影响的关键项目和关键部位。

（2）特殊原则：在工艺上有特殊要求，对下道工序加工、装配有重大影响的项目。

（3）纠错原则：在质量信息反馈中发现的不良品较多，需要重点纠正的项目或部位。

2. 设置对象

本工厂工序质量控制点的设置对象主要包括以下两大类。

（1）一道工序加工出来的产品或零件的某一特性，如性能、精度、粗糙度、硬度等。

（2）一道工序的关键特性或重要的工艺条件。

3. 控制点的设置步骤

（1）结合有关质量体系文件，按质量环节明确关键环节和部位需要的特殊的质量特性和主导因素。

（2）质量管理部、工艺技术部门等确定各部门所负责的必须特殊管理的质量控制点，编制《质量控制点明细表》并报主管副总审批。

（3）编制质量控制流程图，并以此为依据设置质量控制点。

（4）编制质量控制点作业指导书，包括工艺操作卡、质检表和操作指导书。

（5）编制各质量控制点的管理办法。

（6）将各控制点正式纳入质量体系并监督其运作。

4. 工序控制点明细表

《工序控制点明细表》的格式如下表所示。

（续）

工序控制点明细表

序号	零件号及名称	工序号	控制点编号	技术要求	检测方式	检测工具	检测频次	质量特性分级 A	B	C	管理方法
备注	质量特性重要性分级定义如下： A——关键特性，如超过规定特性值要求，将直接影响产品安全性或导致产品整体功能失效 B——重要特性，如超过规定特性值要求，将造成产品部分功能丧失 C——次要特性，如超过规定特性值要求，将造成产品功能逐渐丧失										

六、质量控制点实施要求

车间技术负责人负责控制点的日常管理工作，检验员负责监督、抽查。

1. 前期准备工作

（1）在工艺文件中编制关键工序控制点表，列出重要控制参数和控制内容，将关键工序和特殊工序标识清楚。

（2）在生产现场设立标识牌。

（3）编制工艺规程和作业指导书，对人员、工装、设备、操作方法、生产作业环境、过程参数等提出具体技术要求。

（4）工艺文件的重要过程参数和特性值需经工艺评定和工艺验证。

2. 工序控制点对操作者要求

（1）学习并掌握现场品质管理基本知识，了解现场关于工序所用数据记录表和控制表以及其他控制手段的用法及作用，懂得计算数据和打点。

（2）掌握工序控制点的质量要求，遵守工艺纪律。

（3）熟记操作规程和检验规程，严格按作业指导书和工序品质管理表的规定进行操作和检验。

（4）积极开展自检活动，认真贯彻执行自检责任制和工序控制点管理制度。

（5）按工厂要求填写数据记录表、控制图和操作记录，按规定时间抽样检验、记录数据并计算打点，保持图表和记录的整洁、清楚和真实、准确。

（6）在现场发现工序品质有异常波动时，应立即分析原因并采取措施。

（续）

3. 工序控制点对检验员的要求

（1）检验员在现场巡回检验时，应检查控制点的品质特性及该特性的支配性工作要素，如发现问题应帮助操作员及时找出原因并帮助其采取措施解决问题。

（2）检验人员应把控制点列为检验重点，除了检验产品品质外，还应检验、监督操作员对工艺要求及工序控制点规定的执行情况，对违章作业的操作员应做记录并进行相应处理。

（3）检验员应熟悉工序质量要求及检测试验方法，按检验指导书进行检验。

（4）检验员应熟悉质量管理所用的图、表以及其他控制手段的用法和作用，并通过抽检的方式来核对操作员的记录及控制点是否准确。

（5）检验员应按规定参加工序质量控制点的审核。

4. 工作改进

当发现工序质量控制点的控制方法不能满足工序能力要求时，控制点负责人员应及时上报质量经理及工艺技术部，组织相关人员进行分析和改进，确保工序处于受控状态。

七、考核与奖惩

1. 考核时间

考核时间为每月的最后 5 个工作日。

2. 考核内容

（1）建点前后状况。

（2）工序能力指数大小。

3. 考核实施

（1）检验人员每月汇总一次检验数据并编制检验结果。

（2）质量管理部每月汇总一次检验结果并对其进行分析。

4. 奖惩规定

（1）年度考核被授予优秀控制点的，奖金为____元。

（2）月度考核不合格者，对该控制点罚款____元，并监督其整改。

（3）年度考核不合格者，对该控制点罚款____元，取消负责人评优资格。

编制人员		审核人员		审批人员	
编制时间		审核时间		审批时间	

第二节　制程物料质量控制

一、制程物料质量控制流程

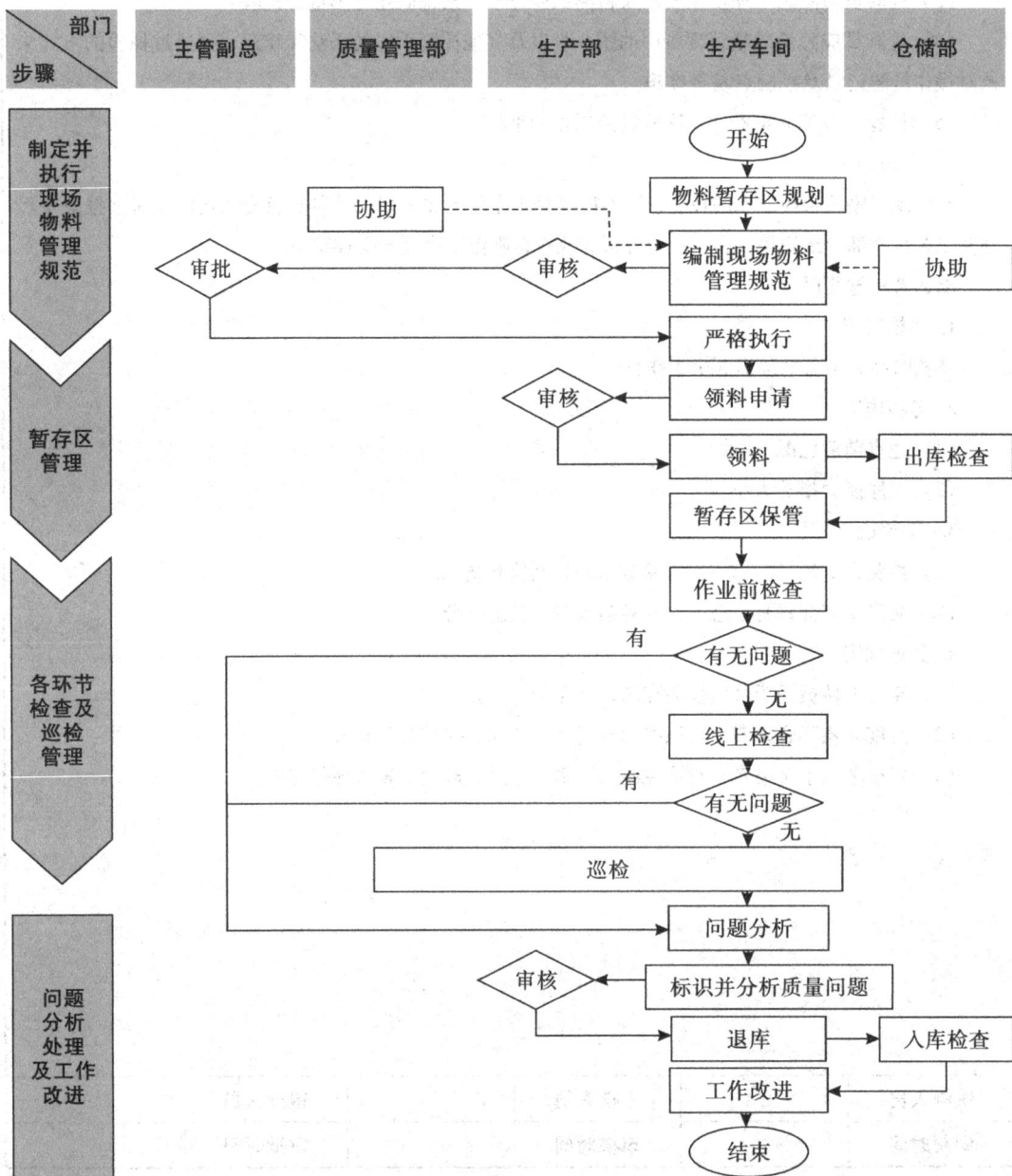

步骤\部门	主管副总	质量管理部	生产部	生产车间	仓储部

制定并执行现场物料管理规范

开始 → 物料暂存区规划

协助 ┄┄ 审核 ← 编制现场物料管理规范 ┄┄ 协助

审批 ← 审核

严格执行

暂存区管理

审核 ← 领料申请

领料 → 出库检查

暂存区保管

作业前检查

各环节检查及巡检管理

有无问题　有→

　　无↓

线上检查

有无问题　有→

　　无↓

巡检

问题分析

问题分析处理及工作改进

审核 ← 标识并分析质量问题

退库 → 入库检查

工作改进 ←

结束

二、物料质量控制操作细则

制度名称	物料质量控制操作细则		受控状态	
			编　　号	
执行部门		监督部门	编修部门	

第1章　总则

第1条　目的。

为做好制程中物料的质量控制工作，及时发现物料的质量问题并积极处理，减少不合格品的产出，确保产品质量情况，特制定本细则。

第2条　适用范围。

本细则适用于制程中物料质量控制相关事项。

第3条　相关定义。

1. 本细则所指物料包括原材料、辅助用品、半成品、成品等。

2. 暂时不用的物料是指由于生产要素制约或突变，本次生产活动结束后无法全部使用完毕的材料。

3. 特采即特殊状态采购进来的物料，一般指来料不符合要求或不知其质量状态下紧急收下物料的过程。

第2章　物料使用与检查控制

第4条　采购部门在明确物料属性的前提下开展采购作业，会同质量管理部、工艺技术部等按来料检验程序对来料进行检验，并会签检验结果。

第5条　操作人员在生产前需对所用物料进行检验，以确保物料合格。

第6条　现场操作人员需严格按照物料使用规范和作业标准进行生产，按要求进行自检、互检工作。

第7条　车间检验人员、质量管理部对制程物料进行质量抽查，以确保物料的合格率。

第8条　物控人员、质量管理部人员开展现场巡检工作，如实做好巡检记录，及时上报异常情况，实现物料监控的目的。

第9条　阶段生产计划结束后，物控人员应回收所有剩下的物料，包括余料、残料、不良品等。

第10条　物控人员将收集好的物料清点数量后，放入指定包装袋中并进行标识，按工厂要求处理。

第11条　为规范物料使用，有效提高物料使用效率，物控人员会同人力资源部组织相关人员进行物料的使用培训工作。

第12条　物料使用培训的关键问题包括以下五点。

1. 针对不同部门、车间、班组选用不同的培训内容。

2. 既讲解物料的使用方法，又培养每个员工的节约意识。

（续）

3. 引入新的物料时，应开展相应的物料使用培训。

4. 要引发有关讲义并制作《物料使用说明书》，将其发放给参加培训的人员。

5. 培训与考核相结合，以提高培训效果。

第3章 物料堆放与储存控制

第13条 现场物料保管要求。

1. 凡领用贵重材料、小材料，必须在生产现场规划出合适的地方放置并加锁保管，按定额发放使用。

2. 凡领用机器设备、钢材、木材等大宗材料，若暂时存放在生产线现场，须堆放整齐，下垫上盖。

3. 上线加工必须做到"工完料净"，并把剩余的材料全部收回，登记入账，归类存放，留作备用。

第14条 物料堆放工作原则。

1. 遵循先进先出的原则。

2. 物料堆放要考虑使用方便。

3. 物料的堆放应容易识别和检查，如良品、不良品、呆料和废料均应分开放置。

4. 不同的物料应依据物料本身形状、性质和价值等因素采用不同的堆放方式。

5. 最大化利用存储空间，尽量采取立体堆放方式，以提高生产现场空间使用率。

6. 车间通道应保留适当宽度以及一定的装卸空间，保持物料搬运的顺畅，同时不影响物料装卸工作的效率。

7. 充分利用机器装卸，可使用加高机以增加物料堆放的空间。

第15条 暂时不用的物料管理要求。

暂时不用的物料应封存后放在"原料区"，具体管理要求如下所示。

1. 只有小日程（每个作业人员或机械从作业开始到结束为止的计划，时间从数日到数星期）生产的物料才可以在该暂时存放区域放置。

2. 虽然属于小日程生产计划需要，但是数量多、体积庞大或保管条件复杂的材料，应退回仓库管理。

3. 中日程（关于制造日程的计划，时间多为一个月或数个月）或是大日程（为期数月或至数年的计划，规定了从产品设计开始到原材料、部件采购直至产品加工制造）生产需要的材料应退回仓库管理。

4. 不管是现场保管还是退回仓库，物控人员都必须保证物料的质量不会有任何劣化。

第4章 物料质量问题处理

第16条 若非紧急情况，工厂尽可能不采取特采措施，即使采用，也需按严格的特采审批程序办理，特采作业范围如下表所示。

(续)

特采作业范围规定

项目	具体说明
可特采的情况	1. 制造或生产过程中容易发现并排除问题 2. 有轻微或次要缺陷且不对产品功能造成影响和不在产品表面位置 3. 有严重缺陷，该缺陷对产品功能有重要影响，但可以通过重新全检或挑选后使用，应与供应商协商好条件，在特采后再安排人员挑选使用 4. 原材料计量值管制特性的 CPK（制程能力指标）值比目标值小一点，不影响产品的关键特性
不可特采的情况	1. 规格完全不符或送错来料 2. 出现严重缺陷且在后工序工作及制程中不易发现的来料 3. 新供应商来料且为关键原料 4. 有一种以上主要缺陷在整批物料中普遍存在的来料

第 17 条　操作人员发现线上来料有质量问题时的处理办法如下表所示。

操作人员发现线上物料质量问题处理

线上物料	处理方法
可拆分部件	1. 由操作人员在发现问题时拆分出来，将其单独存放并标识 2. 由现场主管定期收集并统一退还仓库或送维修部门维修 3. 不能维修的部件由仓库人员提醒采购人员退回给供应商 4. 在物料转移时须标明物料的批号
不可拆分部件	将整个半成品或成品用不同颜色箱子存放，作为废品退回仓库，由仓库统一处理

第 5 章　附则

第 18 条　本细则由质量管理部与生产部共同制定、修订与解释。

第 19 条　本细则经总经理审批后，自颁布之日起实施。

修订记录	修订标记	修订处数	修订日期	修订执行人	审批签字

三、现场物料质量控制方案

方案名称	现场物料质量控制方案	编　号	
		受控状态	

一、目的

为规范对现场物料的管理，确保物料质量稳定，减少不合格品，结合工厂的实际情况，特制定本方案。

二、适用范围

本方案适用于工厂现场所有物料的质量控制管理。

三、职责

1. 生产现场主管和物控人员负责现场物料的巡检等质量控制与物料保管。

2. 操作人员负责对物料进行生产前检查。

3. 质量管理部负责对现场物料进行巡检与抽检工作。

四、现场物料暂存区设置

生产现场应画线隔出作业区与物料区。

1. 作业区设置

作业区内存放生产使用的少量物料，小物料可将每日用量置于作业区，大物料视体积大小以每小时或每半天用量存放于作业区。

2. 物料区设置

物料区应区分为原料区、不良品区、待检区、不合格品暂存区和合格品暂存区，各类物料存放方式如下。

物料区物料存放分类表

物料区分类	物料种类	标识
原料区	已领用但暂时不使用的各种原材料	以绿色油漆区隔并悬挂"原料区"标志
不良品区	制程过程发现的不良待修品、不良退货品、报废品等物料	以红色油漆区隔并悬挂"不良品区"标志
待检区	生产完毕等待检验或正在检验制品	以黄色油漆区隔并悬挂"待检区"标志
不合格品暂存区	经品管检验不合格、待处理的制品	以红色油漆区隔并悬挂"不合格品暂存区"标志
合格品暂存区	经品管检验合格、等待入库的制品	以绿色油漆区隔并悬挂"合格品暂存区"标志

（续）

五、现场物料的存储

1. 物料的存储应遵守相关存储规范，并选择合适的空间、环境、条件。

2. 存储的物料应容易识别和检查，方便使用。

3. 物料存储应遵循先进先出的原则。

六、现场物料巡检

1. 巡检时间和人员

现场主管、物控人员每日上午____点与下午____点开展物料巡检工作。

2. 现场巡检的目标和内容

（1）检查物料到位情况。

① 新产品所需的物料和配件。

② 进口物料和配件。

③ 定做的配件。

④ 特殊要求的物料和配件。

⑤ 采购计划限定数量的物料和配件。

⑥ 贵重的物料和配件。

（2）检查物料的质量。

① 物料是否表里如一。

② 物料的各个部位、各个侧面品质是否一致。

③ 物料品质是否与入库检验时一致。

④ 物料的质量是否与生产的产品所要求的质量一致。

⑤ 该质量等级的物料能否实现产品的使用功能。

⑥ 物料有无人为或自然损坏。

⑦ 该质量等级的物料是否在加工时增加了工作量而造成工时浪费。

⑧ 该质量等级的物料是否利用率不高而使得总物料成本上升。

（3）检查物料的利用情况。

① 员工是否反映或抱怨物料定额偏低。

② 在作业现场是否有较多的报废品或报废物料。

③ 物料耗用的比例是否与完成的零部件比例大致相同。

（4）查看物料有无效耗用现象。物料无效耗用体现在三大方面，如下表所示。

物料无效耗用体现说明

无效耗用分类	具体说明
直接物料浪费	1. 加工错误而导致报废 2. 人为损坏 3. 丢失 4. 变质、过期

（续）

无效耗用分类	具体说明
间接物料浪费	1. 多余功能造成的物料浪费 2. 工序问题造成的物料浪费 3. 设备问题造成的物料浪费 4. 设计或操作不合理造成的物料浪费
使物料成本上升	1. 零散采购物料，使采购成本增加 2. 大量囤积暂时不用的物料，造成资金占用 3. 物料规格与型号不符 4. 既定物料缺乏，采用了替代性物料而造成的浪费

（5）检查有无物料的挪用及替代。

① 所选用的替代物料质量与所需物料有何不同，对产品影响大小如何。

② 有无替代的必要性，替代后对其他产品影响如何。

③ 替代物料规格的利用率如何。

（6）检查新物料的使用情况。

① 新物料的性能是否稳定，是否适合产品生产需要。

② 新物料利用率如何，成本是多少。

③ 新物料的供应情况如何。

④ 新物料是否为最佳选择，有无更好的物料可使用。

编制人员		审核人员		审批人员	
编制时间		审核时间		审批时间	

第三节　产品包装质量控制

一、产品包装质量控制流程

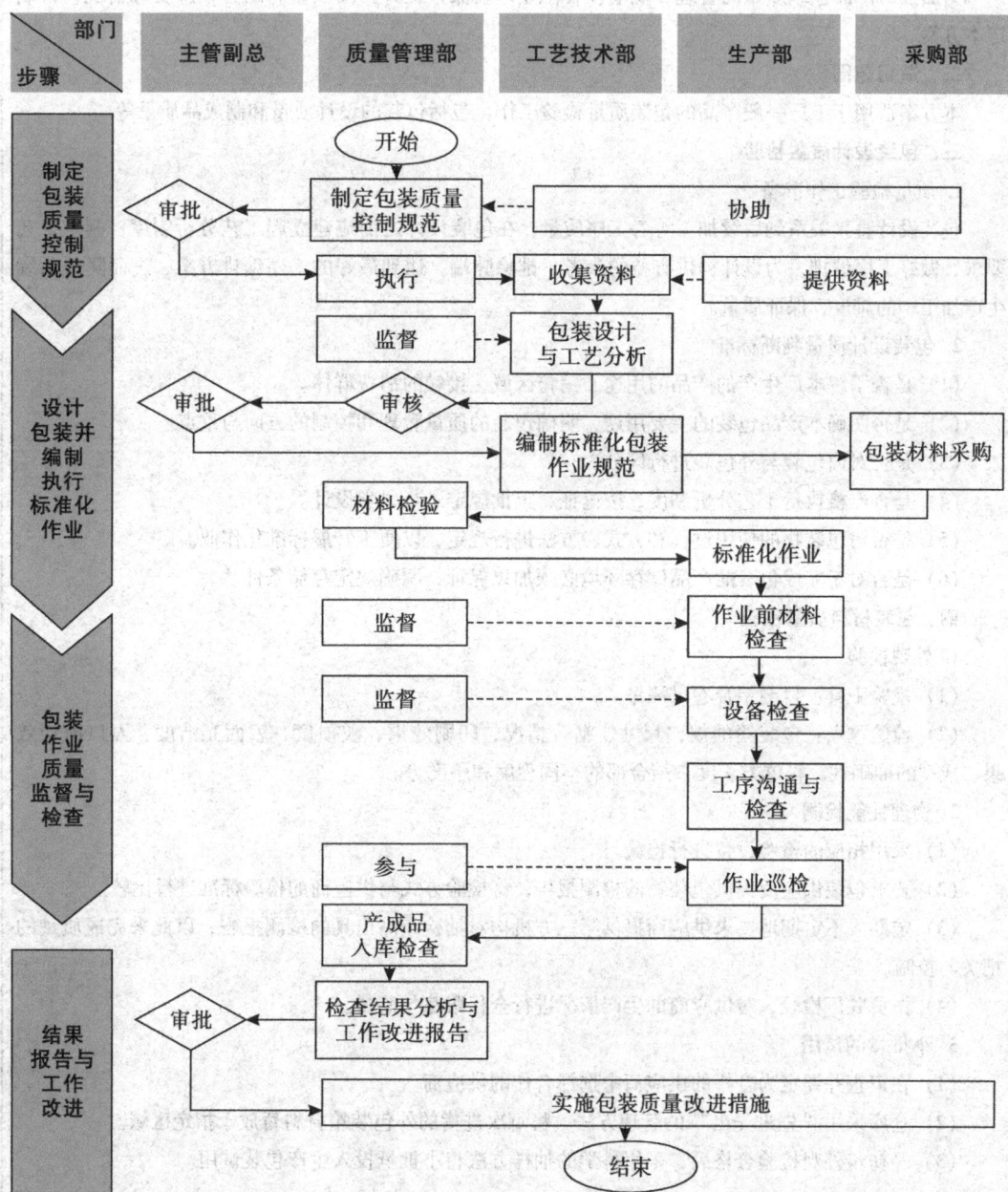

步骤＼部门	主管副总	质量管理部	工艺技术部	生产部	采购部
制定包装质量控制规范	审批	制定包装质量控制规范 执行 监督	收集资料 包装设计与工艺分析	协助 提供资料	
设计包装并编制执行标准化作业	审批	审核 材料检验	编制标准化包装作业规范 标准化作业	包装材料采购	
包装作业质量监督与检查	监督 监督 参与		作业前材料检查 设备检查 工序沟通与检查 作业巡检		
结果报告与工作改进	审批	产成品入库检查 检查结果分析与工作改进报告 实施包装质量改进措施			

开始

结束

二、产品包装质量检验方案

方案名称	产品包装质量检验方案	编　号	
		受控状态	

一、目的

为加强对产品包装质量的管理，规范包装作业，确保并提升产品质量，结合本厂实际情况，特制定本方案。

二、适用范围

本方案适用于工厂一般产品的包装质量检验工作，包括包装的设计质量和制成品质量等。

三、包装设计质量检验

1. 质量检验工作准备

包装设计直接关系到后续加工等各工序质量，在包装设计之前应建立起工艺分析制度，制定工艺要求，做好工序编排，为设计提供有益的参考，排除弊端，达到最好的工序编排方案，进而降低后续生产加工中的难度，保证质量。

2. 包装设计质量判断标准

（1）是否了解本厂生产的产品的用途、销售区域、接触的消费群体。

（2）是否明确本产品包装的主要用途，明确包装的质量管理和控制的方向与重点。

（3）是否对内包装与外包装进行区分。

（4）是否严格执行工艺分析制度，按论证、审批规定进行科学设计。

（5）是否对包装物的使用过程和方式、方法进行规定，以便于开展标准化作业。

（6）是否对于完成包装的产品储存环境必须加以保证，明确规定存储条件。

四、包装材料质量检验

1. 外观检验

（1）检验工具：目测结合卷尺测量。

（2）检验重点：包装箱的规格尺寸、粘合情况、印刷效果、破损度、表面光洁度、刀口剪切效果、成型的准确性、箱体方正度、结合部的牢固程度和厚度等。

2. 物理性能检测

（1）采用相应的检验设备进行检验。

（2）要求包装供应商提供包装物的检测报告，将检验方式与供应商的检验标准进行比较。

（3）定期或不定期地要求供应商提供第三方机构对抽检产品出具的检测报告，以此来完成质量的把关与控制。

（4）派员驻厂检验，对供应商的生产情况进行全程跟踪与监督。

3. 小批量的试用

（1）在审查并评定为合格的供应商中选择合作的供应商。

（2）仓库采用"先进先出"的管理方法，将每次进货的外包装箱材料暂放于指定区域。

（3）经初步外观检验合格后，采用科学的抽样方法将小批量投入生产包装试用。

（续）

（4）通过一定时间的堆码，及时记录质量情况并与以前的记录进行比较，确定包装材料是否合格。

（5）循环比较，判定外包装箱质量的稳定性。

五、包装设备质量检验

包装设备质量检验工作内容如下。

1. 是否加强了对设备的日常保养与维护，以保证设备的正常运转率。

2. 设备出现故障时，修理是否及时，确保设备不带故障工作。

3. 是否有针对性地对设备建立起了预防检修机制，保证设备少出故障。

六、工序质量检验

工序质量判断依据如下。

1. 是否提前对生产进度以及生产工艺进行了妥善、有效的安排，进而保证了产品的质量。

2. 是否对每道工序之间进行了有效的生产指挥以及协调、沟通。

3. 是否分析了每一道工序的质量要求、生产工艺、生产环境等的要求。

4. 是否考虑到了各工序对于环境的依存程度及生产工序之间的衔接，并在此基础上制定出了工序交接制度。

5. 是否在各工序之间建立起了类似于绿色通道的传输机制，以最短、最便捷的方式对生产中的半成品进行交接传递。

编制人员		审核人员		审批人员	
编制时间		审核时间		审批时间	

第四节　制程不合格品处理

一、不合格制品处理规定

制度名称	不合格制品处理规定		受控状态	
			编　号	
执行部门		监督部门	编修部门	

第1章　总则

第1条　目的。

为控制与识别制程中的不合格制品，防止不合格制品流向下一道工序或出厂，确保产品质量，结合工厂实际情况，特制定本规定。

（续）

第2条　适用范围。

本规定适用于生产过程中不合格制品的控制和管理。

第3条　职责。

1. 质量管理部负责对不合格品进行评审并做出决定。

2. 生产部负责对不合格品进行标识、隔离。

第2章　不合格制品的识别

第4条　不合格制品是指对照产品要求、工艺文件、技术标准进行检验和试验，存在一个或多个质量指标不符合规定要求的半成品或产成品。

第5条　不合格制品的分级。

本工厂对不合格制品采用分级处理方法，具体如下表所示。

不合格制品分级处理表

缺点等级	严重程度	判定标准	处理方法
A	致命缺点	1. 有可能导致人身不安全状况的缺点 2. 使产品机能完全丧失并无法使用的缺点	销毁处理 退厂处理
B	重缺点	1. 由于性能不合格会降低产品的实用性，导致难以实现初期目标的缺点 2. 在使用时需改造和交换部件等导致多余麻烦的缺点 3. 尽管在使用初期不会产生大的问题，但能导致产品使用寿命缩短的缺点	退厂处理 维修处理
C	轻缺点	几乎不会对产品的实用性或有效使用、操作等带来影响的轻微缺点	特采处理

第6条　质量管理部负责制定《质量检验规范》和《检验标准书》，以此作为判定不良品的依据，制定依据的来源主要包括以下几方面。

1. 客户提供的检验规范、标准或样品。

2. 国际标准、国家标准、行业标准。

3. 设计指标、技术参数。

4. 工厂品质方针、策略。

5. 同行业或同类型产品样品。

6. 质量管理历史资料。

7. 其他可参考的数据。

第7条　质量管理部检验员按照相关文件要求对产品进行检验，判定其是否合格，对不合格品进行标记并填写《不合格品记录表》，开具《品质异常单》。

第8条　对于不合格品，由质检员及时提出意见，由质量管理部负责人评审并做出最后评定。

（续）

第3章　不合格品暂存管理

第9条　车间应划出固定的不合格品存放区，并加以明显标识，防止出错。

第10条　工厂统一确定红色表示为不合格品专用标识，黄色为轻微质量问题的抽检产品标识，此类标识不得张贴于合格品、待检品及其他产品上。

第11条　工厂统一确定红色容器为严重不合格品和废品专用容器，黄色容器为一般不合格品专用容器，该类容器不得盛装合格品、待检品等非不合格品。

第12条　检验员依据检验标准和检验指引等检验文件进行检验，发现不合格品时应首先做好记录和相关标识。不合格品数量较少时，可将其放入各部门划分的不合格品专区；数量较多时，由车间班组长组织人员将其移至不合格品区。

第4章　不合格品的处理

第13条　工艺技术部、质量管理部、生产部三方共同商榷处理办法，分析不合格品的成因并采取相应防再发措施，评审结果交给相关责任车间，由相关责任车间处置不合格品。

第14条　责任车间根据《品质异常单》内的评审结论和处理意见，对可以修复使用、返工的不合格品制定返工和返修方案，并指定负责返工和返修的班组或个人、返工期限、质量要求等，尽快完成返工和返修工作，对返修后有轻微质量影响的产品做明显区分于正常产品的标识，并通知质量管理部再次检验。

第15条　无法返工、返修的产品或返修成本过高的产品做报废处理，由车间提出报废申请，经质量管理部核实后报废。

第16条　不合格品处理方案的实施由质量管理部负责全程跟进。

第17条　对于不合格品的具体处置方式如下表所示。

不合格品处置方式说明

处置方式	具体说明
返工、修复使用	将不合格品经整形、消边、去污、重组等作业予以修复使用，修复后须经质量管理人员鉴定后方可投入使用
代用	将不符合特定产品标准但符合其他产品标准的不合格品，经技术部、品质管理部鉴定后，用于符合其要求的产品上
拆解使用	将不合格组合品拆解成零组件，取符合使用标准的零组件使用，或取部分零组件修复或代用
报废	无法重新利用的不合格品视为报废品，依报废品管理规定处置

第18条　返工处理。

1. 存在脏污、划伤等外观问题或其他瑕疵，但对产品机能影响不大的不良物料，可通过返工、修理方式处理。

2. 技术人员应对返工、修理等处理后的可用品进行再次检验，确认其达到标准后方可投入使用。

（续）

<table>
<tr><td colspan="6">第19条　报废处理。
1. 对于无法通过特采、返工、维修或退厂的不良物料应进行销毁处理。
2. 拟做销毁处理的物料，应由生产部开具不合格品销毁单，经有核准权限的人员批准后进行销毁处理。
3. 拟销毁不合格品应依照工厂规定集中存放，并按其结构进行解体和利用，剩余物分类销毁。
 第5章　附则 第20条　本规定由质量管理部负责起草和修订。
第21条　本规定经总经理审批后生效。</td></tr>
<tr><td rowspan="3">修订
记录</td><td>修订标记</td><td>修订处数</td><td>修订日期</td><td>修订执行人</td><td>审批签字</td></tr>
<tr><td></td><td></td><td></td><td></td><td></td></tr>
<tr><td></td><td></td><td></td><td></td><td></td></tr>
</table>

二、现场不合格品标识方案

<table>
<tr><td>方案名称</td><td>现场不合格品标识方案</td><td>编　号</td><td></td></tr>
<tr><td></td><td></td><td>受控状态</td><td></td></tr>
</table>

一、目的

为实现对现场不合格品的规范化管理，避免不合格品无用、混用和违规出厂，特制定本方案。

二、标识对象

工厂生产现场所有的不合格的在制品、半成品、成品等。

三、标识的形式

标识的形式包括核准的印章、标签、产品加工工艺卡、检验记录以及试验报告等。

四、标识物分类和适用情况

本工厂的标识物主要分为标识牌、标签或卡片以及色标，具体分类及适用情况如下表所示。

标识物分类和适用情况说明

标识物	介绍说明	适用范围
标识牌	1. 由木板或金属片做成的小方牌，按物品属性或处理类型将相应的标识牌悬挂在货物的外包装上 2. 根据需求，可分为"待验"牌、"暂收"牌、"合格"牌、"不合格"牌、"待处理"牌、"冻结"牌、"退货"牌、"重检"牌、"返工"牌、"返修"牌和"报废"牌等	适用于大型物品或成批产品的标识

（续）

标识物	介绍说明	适用范围
标签或卡片	1. 一般为一张标签纸或卡片，通常也称之为"箱头纸" 2. 在使用时将物品判别类型标注在上面，并注明物品的品名、规格、颜色、材质、来源、工单编号、日期和数量等内容 3. 在标识质量状态时，质量控制员按物品的质量检验结果在标签或卡片的"质量"栏盖相应的质量控制标识印章	适用于装箱产品和堆码管制的产品或材料、配件，一张标签或卡片只能标注同类货物
色标	1. 色标的形状一般为一张正方形（2厘米×2厘米）的有色粘贴纸 2. 可直接贴在表面规定位置，也可贴在外包装或标签纸上 3. 色标颜色分为绿色、黄色、红色三种，其含义如下： （1）绿色代表受检产品合格，贴在物品表面右下角易于看见的地方 （2）黄色代表受检产品品质暂时无法确定，贴在物品表面右上角易于看见的地方 （3）红色代表受检产品不合格，一般贴在物品表面左上角易于看见的地方	1. 量具、刀具、工具、检验器材、生产设备的校验结果的标注 2. 大型产品质量标识 3. 全检产品质量标识 4. 模具状态的标识 5. 大型型材等特殊物品品质的标识

五、制程中不合格品的标识

1. 设置不合格品箱。

（1）生产现场的每台机器旁，每条装配台、包装线或每个工位旁边一般应设置专门的不合格品箱。

（2）员工自检出的或制程质量检验员在巡检中判定的不合格品，员工应主动地放入不合格品箱中。

（3）每只箱内只能装同款、同色、同材质的不合格品，不能混装。

2. 贴箱头纸或标签。

待不合格品箱装满时或该工单产品生产完成时，由专门员工清点数量，并在容器的外包装表面指定的位置贴上箱头纸或标签。

3. 质量检验与摆放。

所管部门的质量检验员经检验后盖"不合格"或"拒收"印章。

（续）

4. 堆放。

将不合格产品搬运到现场划定的不合格区域摆放整齐，所有不合格品表面不能有包装物和标签纸等附属物。

六、注意事项

1. 凡经检验合格的制品，外包装上应有"合格"标识或合格证明文件，不合格品应有"不合格"标识并进行隔离管制。

2. 质量状态不明的产品应有"待检"标识。

3. 未经检验、试验或未经批准的不合格品不得进入下道工序，当生产急需用料时，应按产品的可追溯性程序中的规定，由工厂规定的部门或人员批准后，才能进行例外转序。

编制人员		审核人员		审批人员	
编制时间		审核时间		审批时间	

仓储质量控制
精细化管理

第六章

第一节 入库质量控制

一、物料入库质量控制流程

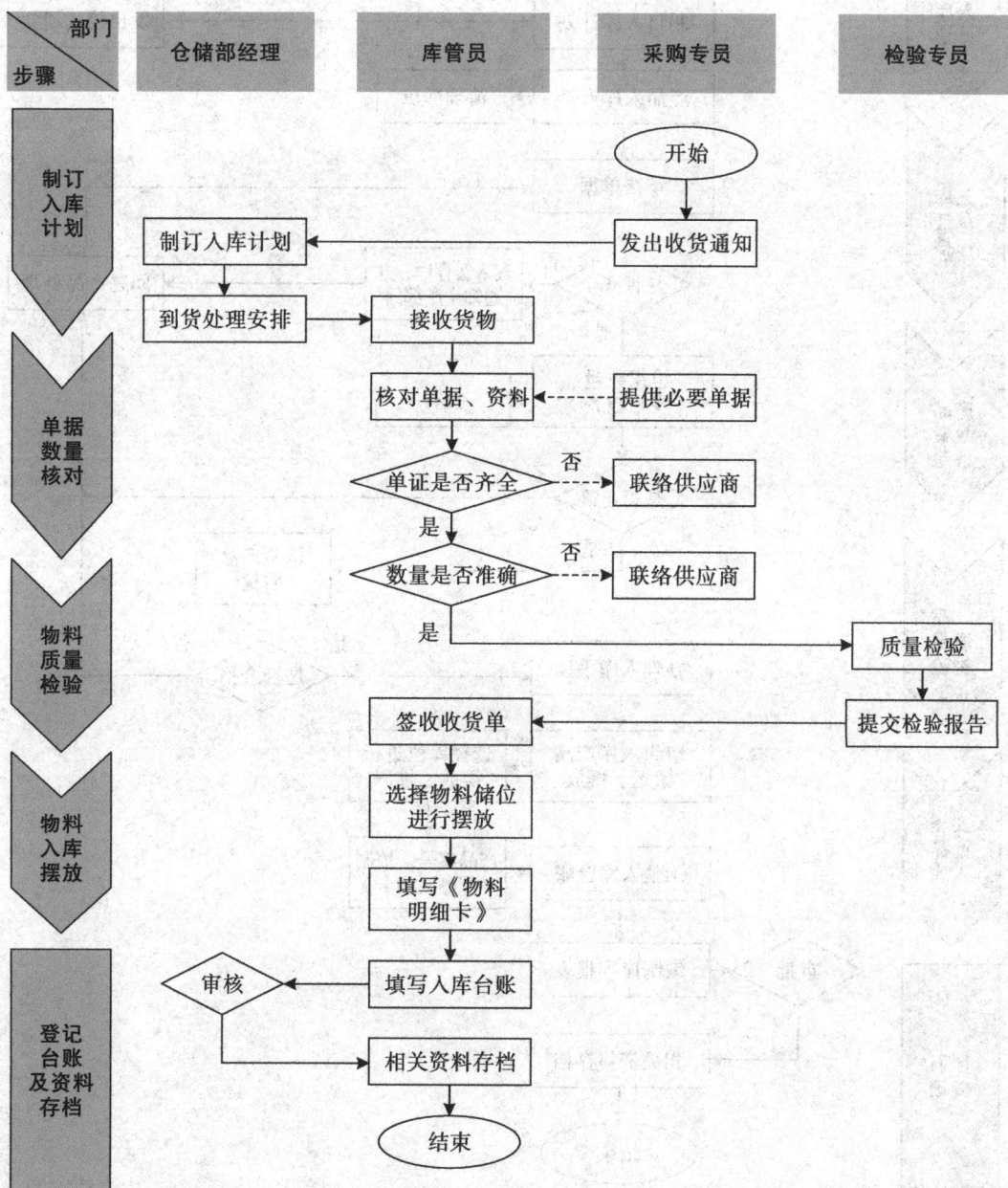

部门 步骤	仓储部经理	库管员	采购专员	检验专员

制订入库计划

开始 → 发出收货通知 → 制订入库计划

到货处理安排 → 接收货物

核对单据、资料 ← 提供必要单据

单证是否齐全 — 否 → 联络供应商
是

数量是否准确 — 否 → 联络供应商
是

质量检验

签收收货单 ← 提交检验报告

选择物料储位进行摆放

填写《物料明细卡》

填写入库台账 → 审核

相关资料存档

结束

单据数量核对

物料质量检验

物料入库摆放

登记台账及资料存档

121

二、产品入库质量控制流程

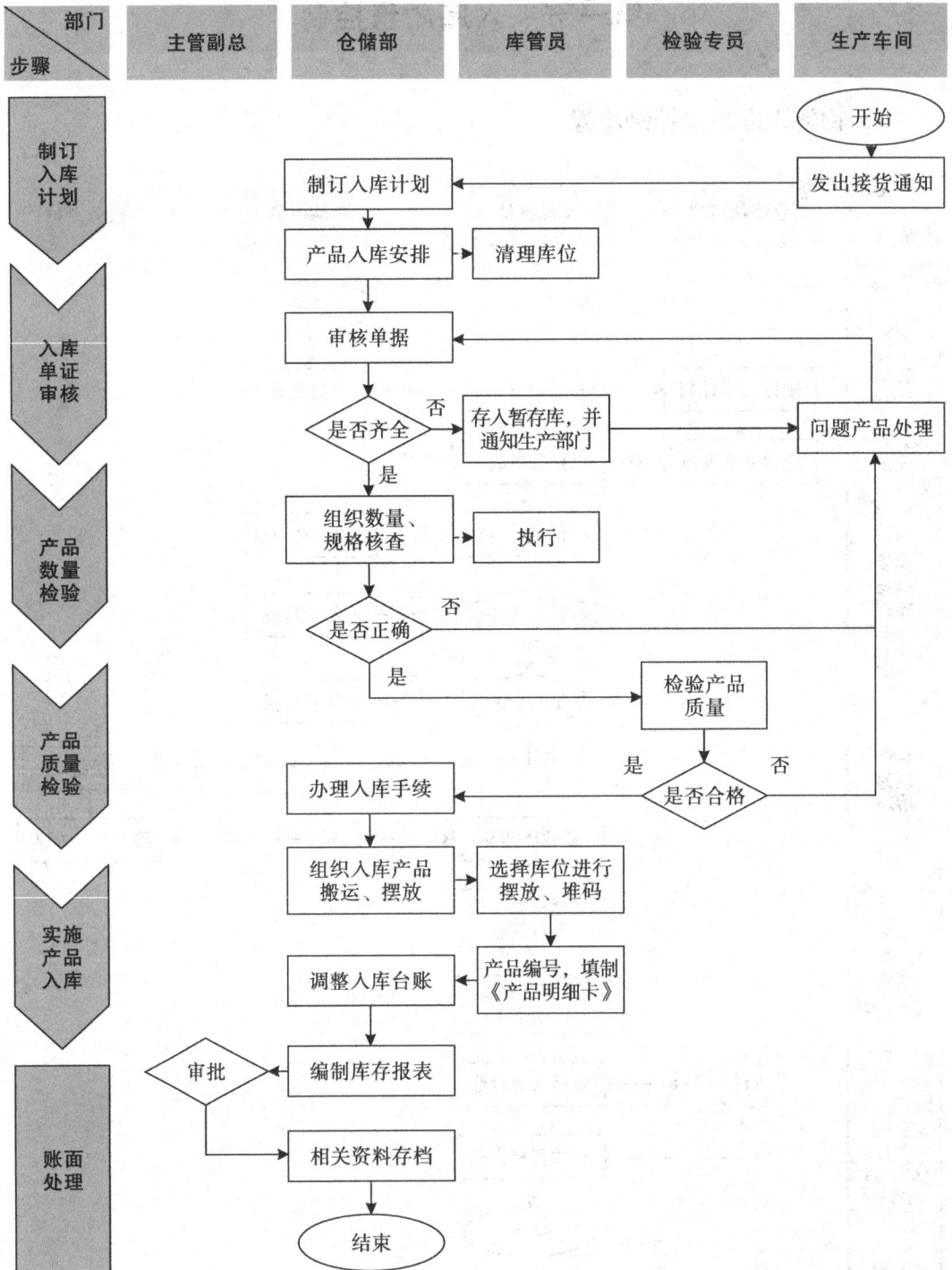

部门 步骤	主管副总	仓储部	库管员	检验专员	生产车间
制订 入库 计划		制订入库计划			开始 发出接货通知
入库 单证 审核		产品入库安排 → 清理库位 审核单据 是否齐全 — 否 → 存入暂存库，并通知生产部门			问题产品处理
产品 数量 检验		是 组织数量、规格核查 → 执行 是否正确			
产品 质量 检验		是 办理入库手续	检验产品质量 是 — 是否合格 — 否		
实施 产品 入库		组织入库产品搬运、摆放 → 选择库位进行摆放、堆码 调整入库台账 ← 产品编号，填制《产品明细卡》			
账面 处理	审批 ← 编制库存报表 相关资料存档 结束				

三、物料入库管理办法

制度名称	物料入库管理办法		受控状态	
			编　号	
执行部门		监督部门	编修部门	

第1章　总则

第1条　目的。

为规范物料入库过程的操作，确保入库物料的质量，特制定本办法。

第2条　适用范围。

本办法适用于所有进厂物料的入库工作。

第3条　职责划分。

1. 仓储部经理负责物料入库工作的审批与监督检验工作。

2. 库管人员负责安排和实施物料入库工作以及办理入库手续和登记台账。

3. 搬运人员负责按照货位规划搬运及堆码物料。

4. 其他部门人员负责进行物料入库时的收验工作。

第2章　入库准备工作

第4条　物料进厂收验。

1. 库管人员应协助采购部门接收入厂物料，并安排暂存地点进行存放。

2. 物料经质量检验人员检验合格后，由库管人员接收并准备入库。

第5条　物料货位安排。

1. 经仓储部经理审批后，由库管人员安排物料货位。

2. 货位安排应本着安全、方便、节约的原则。

3. 安排货位时应考虑物料的自然属性，尽量避免物料因储位不当发生霉腐、锈蚀、熔化、干裂等变化。

4. 尽可能缩短收入库作业时间，以最少的仓容储存最大限量的物料，提高仓容使用效能。

第6条　物料分类搬运。

1. 搬运人员按照库管人员的安排，将相同的物料集中起来，分批送到安排的货位。

2. 物料的搬运要做到进一批、清一批，严防物料互串和数量溢缺。

3. 对于批次多、批量小的入库物料，库管员应在收货核对、清点时对物料进行分类。

4. 搬运过程中，应尽量做到"一次连续搬运到位"，避免入库物料在搬运途中的停顿和重复劳动。

5. 对一些批量大、包装整齐且送货单位又具备机械操作条件的入库物料，要争取送货单位的配合，利用托盘实行定额装载，从而提高计数准确率，缩短卸车时间，加速物料人库。

第3章　物料入库堆码

第7条　物料堆码条件。

物料入库正式堆垛前，应由仓储部经理检验以下五项工作完成情况，确认无误后方可进行堆码。

1. 物料的数量、质量已经彻底查清。

2. 物料包装完好，标志清楚。

（续）

3. 外表的沾污、尘土等都已被清除，不影响物料的质量。

4. 受潮、锈蚀及已经发生某些质量变化或质量不合格的部分，已经加工恢复或已经剔除，与合格品不相混杂。

5. 为便于机械化操作，金属材料等应该打捆的已经打捆，机电产品和仪器仪表等可集中装箱的已经装入合用的包装箱。

第8条　堆码方式选择。

入库物料主要有四种堆码方式，库管人员应根据物料特点选择合适的方式堆码，如下表所示。

物料的堆码方式详表

堆码方式	简介	优点
散堆方式 （适用于大宗散货，如煤炭、矿石、散粮等）	将无包装散货在库场上堆成货堆是目前物料库场堆存的一种趋势	简便，便于采用现代化大型机械设备、节省包装费用、提高仓容的利用率、降低运费
垛堆方式	指对包装物料或长、大件物料进行堆码，其操作方式包括直叠式、压缝式、通风式、缩脚式、交叠式、牵制式和栽桩式等	合理的堆码方式可以增加堆高，提高仓容利用率，有利于保护物料质量
货架方式 （适合于存放小件物料或不宜堆高的物料）	采用通用或者专用的货架进行物料堆码的方式	货架能够提高仓库的利用率，减少物料存取时的差错
成组堆码方式	采用成组工具使物料堆存单元扩大，常用的成组工具有货板、托盘和网络等	成组堆码一般每垛3~4层，这种方式可以提高仓库利用率，实现物料的安全搬运和堆存，提高劳动效率，加快物料流转的速度

第9条　堆垛场地要求。

1. 库内堆垛。库内堆垛时，垛应该在墙基线和柱基线以外，垛底需要垫高。

2. 货棚内堆垛。货棚需要防止雨雪渗透，货棚内的两侧或者四周必须有排水沟或管道，货棚内的地坪应该高于货棚外的地面，最好铺垫沙石并夯实。堆垛时要垫垛，一般应该垫高30~40厘米。

3. 露天堆垛。堆垛场地应该坚实、平坦、干燥、无积水和杂草，场地必须高于四周地面，垛底应垫高40厘米，四周必须排水畅通。

第10条　物料堆垛工作要求。

1. 合理。垛形必须适合物料的性能及特点，不同品种、型号、规格、牌号、等级、批次、产地、单价的物料应分开堆垛，以便合理保管，并要合理地确定堆垛之间的距离和走道宽度，便于装卸、搬运和检查。垛与垛之间的距离一般为0.5~0.8米，主要通道为2.5~4米。

（续）

2. 牢固。货垛必须不偏不斜、不歪不倒、不可压坏底层的物料和地坪，与屋顶、梁柱、墙壁保持一定距离，确保堆垛牢固、安全。

3. 定量。每行每层的数量力求成整数，过秤的物料不成整数时，每层应该明显分隔，标明重量，以便于清点发货。

4. 整齐。垛形有一定的规格，各个垛排列整齐有序，包装标志一律朝外。

5. 节约。堆垛时应考虑节省货位，提高仓库的利用率，还应考虑节省人力的要求，提高搬运人员的工作效率。

第4章　入库手续办理

第11条　系统数据核对。

1. 利用数据采集系统，进行到货入库清点工作，核查物料的状态。

2. 扫描时，如系统不接受，应及时找技术部门查明原因，确认此批物料是否通过验收。

第12条　《物料明细卡》登记。

物料入库后，库管人员应建立相应的《物料明细卡》，注明该垛物料的品名、型号、规格、数量、单位及进出动态和积存数。

第13条　入库物料的登账。

1. 物料入库后，仓储部应建立《库存物料保管明细账》，登记物料进库、出库、结存的详细情况。

2.《库存物料保管明细账》按物料的品名、型号、规格、单价、货主等分别建立账户，账本采用活页式，按物料的种类和编号顺序排列。在账页上要注明货位号和档案号，以便查对。

3.《库存物料保管明细账》必须严格按照物料的出入库凭证及时登记，填写清楚、准确。记账发生错误时，要按照划红线更正法更正。账页记完后，应将结存数结转新账页，旧账页应保存备查。

4. 用来登账的凭证要妥善保管，装订成册，不得遗失。

5. 库管人员要经常核对账目，保证账、卡、物相符。

第5章　入库注意事项

第14条　入库工作相关要求。

1. 物料入库时，必须按规定办理收货，库管人员确认单货相符后应在随货同行联上签字并加盖物料收讫专用印章。

2. 入库过程中，若发现单货不符、差错损失或质量问题，库管人员应立即与相关部门联系，并在随货同行联上加以注明，做好记录。

3. 同种物料不同包装或使用代用品包装，应问明情况并在入库单上注明后，才能办理入库手续。

第15条　特殊物料处理办法。

1. 临时入库的物料，应由库管人员填写《临时入库单》，并由部门经理审批后按照入库程序进行操作。

2. 入库过程中，若发现下列情况，应立即停止入库操作并向上级汇报，然后通知相关部门进行处理。

（1）《物料入库单》字迹模糊、有涂改痕迹等。

（2）单货不符。

（续）

（3）物料严重残损。

（4）质量包装不符合规定。

（5）货品违反国家生产标准。

第6章 附则

第16条 本办法由仓储部负责制定、修改和解释。

第17条 本办法经总经理审批后实施，修改时亦同。

修订记录	修订标记	修订处数	修订日期	修订执行人	审批签字

四、产品入库管理规定

制度名称	产品入库管理规定		受控状态	
			编 号	
执行部门		监督部门	编修部门	

第1章 总则

第1条 目的。

为加强工厂产成品入库管理，保障产品质量与数量，提高产品质量管理水平，根据相关规章制度，特制定本规定。

第2条 适用范围。

本规定适用于本厂产成品入库相关事项。

第3条 职责。

1. 仓储部负责办理产品入库手续以及入库产品的搬运和码放、库存台账的调整工作。

2. 质量管理部负责产品入库检验工作，并且要出具检验报告。

3. 相关部门负责协助产品入库工作的落实。

第2章 产品入库准备

第4条 熟悉入库产品。

仓储主管在收到生产车间开立的《成品入库明细表》后，应首先根据入库产品的规格、数量、包装、体积、到库时间等信息进行入库准备工作。

第5条 库位准备。

仓储主管在了解了将入库产品信息后，组织库管员对仓库进行清理，对于需使用重型设备操作的产品、应事先准备好货位。

（续）

第 6 条　验收准备。

仓储主管根据产品的具体情况准备验收所需的工具，如笔、计算器、计量用具、验收表单等。

第 3 章　产品验收入库程序

第 7 条　实施产品验收。

1. 产品到达仓库后，仓储主管应核对相关单证，并组织进行数量、规格检验，查验产品名称、规格、数量等是否相符。

2. 数量、规格检查完毕后，仓储主管应会同质量管理部检验人员按照产品检验相关规定进行检验，检验合格的产品由入库主管负责办理手续，如发现不合格产品应通知生产车间领回进行返工等处理。

第 8 条　入库凭证处理。

1. 仓储主管签收入库产品并将其存放于指定库位后，将《成品入库明细表》第一联送返生产部门存查，第二联交仓储部入库主管保管，并据以调整、核对产品库存台账。

2. 生产部门依据当日的《成品入库明细表》汇总编制《成品入库单》，送仓储部核对签认后第一联送财务部，第二联送仓储部据以转记《成品库存日（月）表》，第三联送回生产部门。

第 9 条　产品入库搬运。

1. 库管员在仓储主管的安排下将与每批入库单开出的数量相同的成品汇总，分批送到预先安排的货位上，进一批，清一批。

2. 产品码放应做到方便作业与盘点、货号明显、成行成列、文明整齐、满足"先进先出"要求。

第 10 条　入库登记编号。

1. 仓储主管根据产品入库的实际情况与数量进行登记，保证账物相符。

2. 对入库的不同品种的产品应根据规定进行编号处理并置于相应的位置，便于查找、盘点。

3. 每天下班之前，库管人员须将本日的产品入库台账报送统计人员，由统计人员将其录入库管系统。

第 4 章　异常情况处理

第 11 条　数量不符的处理。

入库过程中，仓储部人员发现产品数量不符，应立即上报仓储部经理并通知责任生产车间与生产部门负责人，核实数量不符的原因后，进行补齐或注明数量更改后办理入库。

第 12 条　质量不合格的处理。

仓储部人员在入库过程中发现有质量问题的产品，应立即通知责任生产车间领回返工，经质量检验人员验证作废的，应按照作废流程办理，并上报仓储部经理与生产部门负责人。

第 5 章　附则

第 13 条　本规定由仓储部负责制定和解释。

第 14 条　本规定经总经理审核批准后，自颁布之日起实施。

修订记录	修订标记	修订处数	修订日期	修订执行人	审批签字

第二节　库存质量控制

一、库存物资保养流程

步骤 \ 部门	总经理	仓储部经理	库管员

制定物资保养方案 — 审批 ← 开始 → 拟定物资储存保养方案

实施物资保养 — 组织实施物资储存保养工作 → 执行在库物资保养与维护 → 定期检查物资保养情况 → 是否异常（否／是）

异常情况解决 — 调查异常原因 ← 无法解决 可否解决（可解决 → 实施异常处理）；提出解决方案 → 审批 → 组织执行解决方案 → 实施异常处理

检查并评价物资保养工作 — 填制《物资保养记录单》 → 审核 → 检查并评价物资保养执行情况 ┄┄ 改善物资保养工作

总结汇报资料存档 — 编制《物资维护保养工作报告》 → 审批 → 存档保管 → 结束

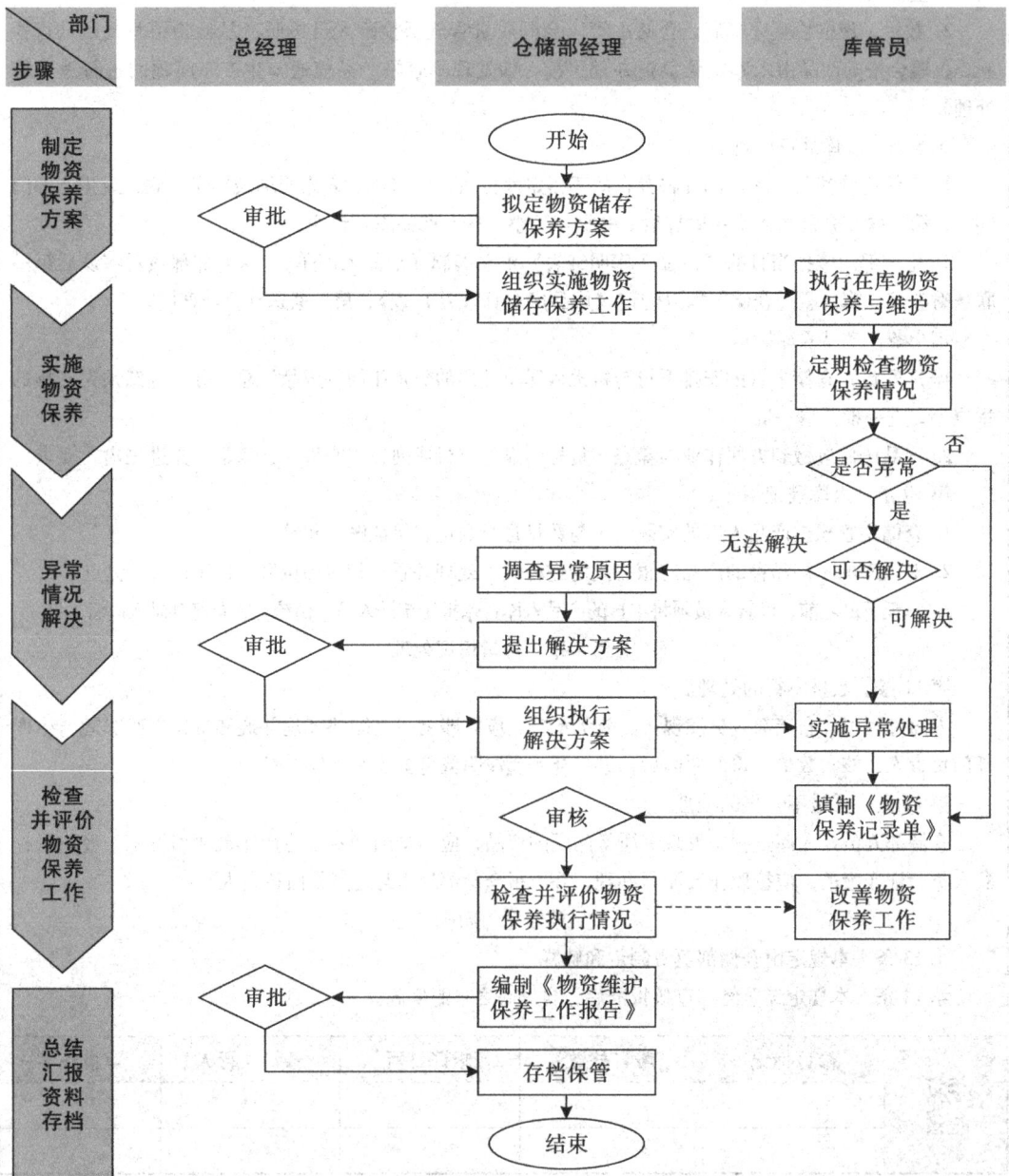

128

二、库存物资质量控制规定

制度名称	库存物资质量控制规定		受控状态	
			编　号	
执行部门		监督部门	编修部门	

第1章　总则

第1条　目的。

为规范库存物资管理工作，确保库存物资的质量，提高物资保管的水平，有效解决物资在仓库保管过程中出现的问题，特制定本规定。

第2条　适用范围。

本规定适用于工厂内所有在库物资的相关事项。

第3条　职责。

1. 仓储部经理负责物资库存质量的整体控制，并对物资的进出库、保管、账目进行全面管理。

2. 仓库主管负责组织实施进出库工作，安排物资堆放方式，检查在库物资的保存状况，处理异常状况。

3. 库管员负责执行物资的进出库操作，实施物资维护与保养，登记物资台账，接受相关稽核与检查。

4. 财务部负责物资账目的核查。

5. 质量管理部负责实施库存物资质量抽查。

6. 其他相关部门负责协助仓储部进行物资库存的质量控制工作。

第2章　物资库存管理质量控制

第4条　物资仓库管理。

1. 以满足存放物资的属性、用途及特点要求作为仓库规划设计的基本原则。

2. 仓库区域划分应合理并尽可能扩大仓库的有效使用面积。

第5条　物资库存标识管理。

1. 建立码放位置图、标记、物资卡并置于明显位置。

2. 物资卡应明确标注物资名称、编号、规格、型号、产地或厂商、有效期限、储备定额。

3. 物资编号规则有以下两点。

（1）落地堆放的物资以分类和规格的次序排列编号。

（2）上架的物资根据分类号定位编号。

第6条　物资堆码原则。

1. 利于先进先出的作业。

2. 吞吐量大的物资采用落地堆放方式储存。

3. 周转量小的物资用货架存放。

第7条　物资堆放管理具体要求。

1. 堆放地点应安全可靠、作业方便、通风良好。

（续）

2. 按照物资品种、规格、型号等分类，按编号顺序进行堆放。

3. 原则上使用五五堆放形式，要做到过目见数、作业和盘点方便、货号明显、成行成列、文明整齐。

4. 仓库内部应严禁烟火，定期实施安全检查。

5. 经常进行盘点，做到日清月结，按规定时间编报库存日报和库存月报。

第8条 物资质量控制检查改进。

1. 库管员应定期对所管区域的物资进行全面检查，发现并排除仓库物资的异常情况，及时消除温度及湿度异常、霉腐、锈蚀、虫害等情况。

2. 仓库主管负责仓库内物资存储状况的巡查工作并记录不合格项，指导库管员纠正不合格项，跟踪其纠正活动。

3. 仓储部经理负责定期抽查物资库存的管理工作实施情况，针对管理效果提出改进方案并组织实施。

第9条 库存物资质量控制工作汇报。

1. 库管员根据实际工作状况填写《物资保养记录单》，每周提交仓库主管。

2. 仓库主管每月总结各类物资的保养记录及效果，向仓储部经理提交工作总结。

3. 仓储部经理每季度编写《物资库存管理工作总结》，评价阶段内的物资库存管理效果并交总经理审批。

第10条 库存物资盘点核查。

1. 仓库每月必须对库存物资进行一次实物盘点，并填报库存盘点表。

（1）发现盈余、短少、残损或变质时，必须查明原因、分清责任、写出书面报告、提出处理建议并呈报上级和有关部门，未经批准不得擅自调账。

（2）积极配合财会部门做好全面盘点和抽点工作，定期与财会部门对账，保证账表、账账、账物相符。

2. 每年年终，仓库部应会同财务部、业务部门等共同进行物资清查，实地查点物资的规格、数量是否与账面的记载相符。

（1）清查后，清查人员应填写《盘存报告表》，如有数量短少、品质不符或损毁情况，应详加注明后由责任库管员签名确认。

（2）清查发现盘盈或不可避免的亏损情形时，应由仓储部经理呈总经理核准调整物资账面；若发现数量短少且为保管责任时，应由仓库经管人员负责赔偿。

第11条 呆、废料处理。

库存物资如有呆废或损毁的，库管员应立即填写《呆/废料处理申请》并报上级主管处理。

第3章 库存物资保管注意事项

第12条 仓库安全卫生管理要求。

1. 仓库要每日清扫并作好保持工作，每次作业完毕要及时清理现场，保证库容整洁。

2. 仓库内应做好各种防患工作，确保物资的安全，预防内容包括防火、防盗、防潮、防锈、防腐、防霉、防鼠、防虫、防尘、防爆、防漏电等。

（续）

3. 除仓库管理员外，其他人员未经允许不得擅自进入仓库。对因工作需要出入库人员、车辆按规定进行盘查和登记，签收《出门证》或填写《出入门证》。夜间定时巡逻，提高警惕。

4. 切实做好防火安全工作，库区内严禁吸烟、携入易燃易爆物资和明火作业。对库区的电灯、电线、电闸、消防器具和设施要经常检查，发现故障应及时维修，不得擅自挪动或挪用消防器具。

第13条　物资库管交接工作。

直接保管产品的仓库管理员变动时，所属仓库主管查对库存物资的移交清册后，再由交接双方会同监交人员实施实物盘点，确认无误后方可进行交接。

第4章　附则

第14条　本规定由仓储部负责制定和解释。

第15条　本规定经总经理审批后执行，修改时亦同。

修订记录	修订标记	修订处数	修订日期	修订执行人	审批签字

三、库存物资保养方案

方案名称	库存物料保养方案	编　号	
		受控状态	

一、目的

为规范库存物资的管理，确保库存物资的质量，提高物资保管水平，特制定本方案。

二、适用范围

本方案适用于工厂仓库内所有物资的保养与维护事项。

三、职责

库存物资保养工作的计划、组织与实施均由其归口管理部门仓储部负责。

四、温、湿度控制

对仓库内的温度、湿度要进行检测和控制，确保仓库内的温度、湿度适宜，主要调节技术及其适用范围如下表所示。

仓库温湿度控制方法说明表

技术	适用范围	实施方法及特点
通风	怕热类物资	利用通风散发仓库内热量
	怕冻类物资	冬季在中午时通风，提高仓库内温度
	怕潮类物资	通风散潮

（续）

技术		适用范围	实施方法及特点
密封	货架密封	出入频繁、怕吵、易锈、易霉的物资	将货架用塑料薄膜等材料密封，防止空气和尘埃的破坏作用
	货垛密封	放在露天火场的易锈物资	用油毡等密封材料将垛上下、四周密封
	库内小室密封	贵重、怕潮的物资	在库房内选择合适的地方，用密封材料围筑成临时性密闭小室
	整库密封	储量大、整进整出或出入不频繁的物资	将库房全部密封起来，在较大范围内隔离库外空气的影响
吸潮	生石灰吸潮	未放物资的空库或窖仓	将生石灰捣成小块以增加其吸湿面积，并及时将吸湿后的生石灰换掉（未变成粉末前）
	氯化钙吸潮	存放贵重、怕潮物资的小型密封室	将无水氯化钙放在竹筛上，下接瓦盆等容器，当其吸水达到饱和状态后会溶化成液体，加热后冷却后还原成晶体，可重复使用
	硅胶吸潮	存放怕潮怕湿类物资的仓库	盛于细长型纱布袋中，悬挂在库房内
	机械吸潮 空气去湿机	存放怕潮、怕湿类物资的大中型仓库	用加温方法降低温度的相对湿度，具有效率高、去湿快、体积小、重量轻、可自由移动的特点
	机械吸潮 氯化锂转轮除湿机	存放怕潮、怕湿物资的大中型仓库	利用嵌固在石棉纸上的氯化锂晶体作为稀释剂，具有持续使用的特点

五、金属物资除锈

1. 仓储部人员应定期检查金属物资保存状况，针对容易出现锈斑的物资进行防锈保养，对出现锈斑的物资应及时进行除锈工作。

2. 金属物资防锈、除锈技术及具体操作方法的说明如下表所示。

金属物资防锈、除锈技术及具体操作方法说明表

技术		具体操作方法
防锈	涂油防锈	在金属物资表面喷涂一层具有缓蚀效果的防锈油脂（如凡士林、硬脂酸铝等），阻止水分和氧气等腐蚀介质接触金属物资表面

（续）

技术			具体操作方法
防锈	涂漆防锈		将酯胶清漆或醛酚清漆加等量稀释剂，用来浸沾或涂刷金属物资，使金属表面附着一层漆膜，干燥后可进行防锈
	气相防锈		在密封严格的金属物资包装内放入易挥发性的防锈药剂，在常温下药剂挥发出的气体将充满包装内所有角落和缝隙，起到防锈功效
	可剥性塑料防锈		以塑料为基体材料或成膜物质，加入矿物油、增塑剂、稳定剂、缓蚀剂、防霉剂等进行加热或溶解后，采用浸、涂、刷、喷灯等方法将其散布在金属物资上，待其冷却后形成塑料薄膜，使用时将薄膜剥掉即可
除锈	人工除锈	麻布、棕刷除锈	用麻布、棕刷进行手工操作，刷净物资表面锈斑
		木屑除锈	将清洁干燥的木屑洒在物资表面，用旧布盖住擦拭除锈
	机械除锈	抛光除锈	用软质棉布、帆布等制成抛光轮，用电机带动，在其高速旋转下除锈
		钢丝轮除锈	由电机带动用金属支撑的轮刷，在其高速旋转下进行除锈
		喷射除锈	将沙粒等强力喷射到金属表面，借其冲击力与摩擦作用除锈
	化学除锈		用酸溶液与金属氧化物发生反应，使其锈溶解到酸溶液中
	电化学除锈		将需要除锈的金属物资浸入电解液中，接上电源，通过电化学作用除锈

六、霉腐防护

1. 仓储部应随时检查库存物资的霉腐防护措施情况，防止物资出现霉腐现象。

2. 库存物资的防霉腐技术及具体操作办法如下表所示。

库存物资霉腐防治技术操作标准

技术		操作方法
霉腐预防	药剂防霉腐	把对霉腐微生物有抑制和灭杀作用的化学药剂放入易霉腐的物资中，常用药剂包括五氯酚钠、酰苯胺、多聚甲醛等
	气体防霉腐	将氮气或二氧化碳充入密封包装内或密封室中，使霉菌失去生存条件
	低温防霉腐	控制物资温度，使其保持在微生物生长的最低温度之下，从而抑制霉菌生长
霉腐救治	摊晾	将出现霉腐的物资在干燥场所进行晾晒，清除水分，利用太阳光杀灭霉菌
	烘烤	通过烘烤高温杀灭霉菌
	药剂熏蒸	使用化学药剂对物资进行熏蒸，去除霉腐
	紫外线杀菌	使用专门的紫外线设备进行杀菌

（续）

七、虫害、鼠害、蚁害防治

1. 仓储部执行虫、鼠、蚁害防治频次。

（1）一般物资仓库每月1次。

（2）粮油、饲料、药材、烟草、皮草、棉麻纺织等物资仓库每周1次。

2. 虫、鼠、蚁害防治方法具体说明如下表所示。

库存物资虫、鼠、蚁害防治方法

技术		操作方法
虫害防治	使用驱虫剂	将具有一定毒性和刺激性的易挥发固体药剂放入物资包装内或货架、货垛附近，使药剂挥发出的气体在物资周围保持一定浓度，以驱赶害虫
	灯光诱杀	利用害虫的趋光性，使用灭虫灯引诱害虫向光源集中，从而集中灭杀
	温控除虫	利用高温或低温破坏害虫生存条件
	熏蒸除虫	在无人的仓库内实施毒气熏蒸，使害虫迅速死亡，但安全保障措施应全面
	密封	将物资严密封存于气体不流通的包装或仓库内，使氧气量降到最低，从而消除害虫
鼠害防治	器械捕鼠	使用鼠笼、鼠夹、吊砖、扣碗等方法捕杀老鼠
	毒饵诱杀	将灭鼠药剂与食物配制成毒饵放置于仓库内，诱杀老鼠
	粘鼠胶	将粘鼠胶放置在诱饵附近，在老鼠前来取食时将其粘住
蚁害防治	密封防蚁	在物资仓库的木质梁柱、门窗、墙面的缝隙处灌注灭蚁药剂，再用水泥或沥青封严，防止蚂蚁进入
	追踪挖巢	使用放射性同位素碘131或金198拌松花粉或新鲜松树枝碎片作为诱饵，放置在蚂蚁活动处，在蚂蚁发现后使用辐射仪探测追踪蚁巢位置，挖巢灭蚁

编制人员		审核人员		审批人员	
编制时间		审核时间		审批时间	

第三节 出库质量控制

一、物料出库质量控制流程

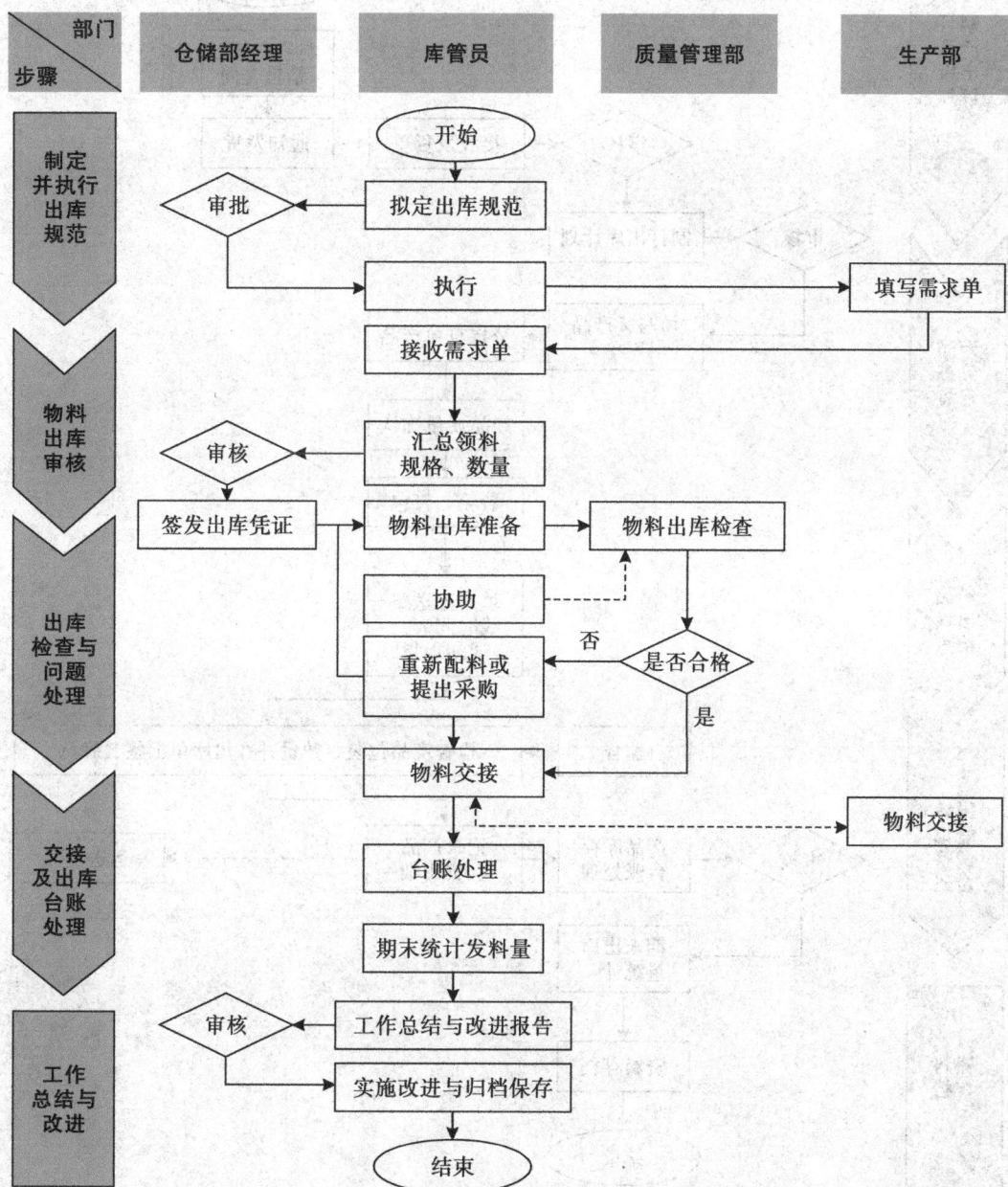

部门 步骤	仓储部经理	库管员	质量管理部	生产部
制定并执行出库规范	审批	开始 → 拟定出库规范 → 执行		填写需求单
物料出库审核	审核 签发出库凭证	接收需求单 → 汇总领料规格、数量 → 物料出库准备	物料出库检查	
出库检查与问题处理	重新配料或提出采购	协助 物料交接	是否合格（否/是）	
交接及出库台账处理		台账处理 → 期末统计发料量		物料交接
工作总结与改进	审核	工作总结与改进报告 → 实施改进与归档保存 → 结束		

135

二、产品出库质量控制流程

部门 步骤	仓储部经理	出库主管	库管员	销售人员	运输人员

制订产品出库计划 → 产品分拣包装 → 产品出库检查 → 出库登记调整台账 → 资料存档

开始

与客户签订销售合同

通知发货

接收发货单 → 审核

审核 ← 制订出库计划

填写《产品出库单》 → 分拣订单产品

产品质量确认

装箱、打包

填写配送路线时间表，通知提货

监督 ⇢ 检查产品包装、数量并在出库单上签名确认

审核 ← 产品库存台账处理 ← 记录产品发货明细 ⇢ 运送货品

期末出库量统计

资料存档

结束

三、物料出库质量控制规范

制度名称	物料出库质量控制规范		受控状态	
			编　号	
执行部门		监督部门	编修部门	

第1章　总则

第1条　目的。

为规范本厂的物料出库工作，保证各类物料快速、准确地出库，及时投入生产，特制定本规范。

第2条　适用范围。

凡本厂仓储物料的出库工作，均按本规范执行。

第3条　职责。

1. 仓储部经理负责物料出库工作的审批与监督。

2. 出库主管负责物料出库工作的安排、组织与实施，并对库存物料台账进行处理。

3. 库管员负责落实物料出库前准备工作，并办理物料的出库手续，向领料人员发放所需物料。

4. 车间主任负责物料领用的审批。

5. 车间作业人员负责提出物料需求申请，并检验物料发放数量与质量情况。

第2章　出库前准备

第4条　物料出库前，库管员应对物料的包装进行加固或改换包装，防止物料经过多次装卸、堆码、翻仓和拆检而不符合运输的要求。

第5条　根据物料的特性及实际使用要求，有些物料需要拆零后出库，因此出库管理员要事先做好准备，备足零散物料，避免因临时拆零而延误发货时间。

第6条　对于需要拼箱的物料，出库管理员应做好挑选、分类、整理和配套准备工作。

第7条　对于需要装箱、拼箱或改装的物料，出库管理员应根据物料的性质和运输的要求，准备各种包装材料、相应的衬垫物以及刷写包装标志的用具、标签、颜料和钉箱、打包等工具。

第8条　物料出库前，应留出必要的理货场地并准备必要的装卸搬运设备，以方便运输人员的提货发运或装箱送箱，加快发送速度。

第9条　出库凭证的准备。

1. 物料的出库，一律凭盖有财务专用章和有关部门签章的《领料表》出库，《领料表》一式四联，一联存领用部门，一联交财务部，一联交仓库作为出库依据，一联交统计。

2. 仓库出库主管在发货时，根据《领料表》填写物料的《出库单》。

第3章　物料出库作业程序

第10条　核对出库凭证。

1. 物料出库，必须有正式的出库凭证，此类凭证应由使用部门主管人员、仓储部经理签章。

2. 出库凭证包括的内容如下。

（1）经物料领用部门主管签名的《物料领用单》。

（2）经仓储部经理签章的《出库单》。

（续）

（3）《物料检验合格报告书》、《合格证》等。

3. 出库管理人员接到《物料领用单》后，要认真核对物料的编号、规格、品名、数量有无差错和涂改，有关部门的签章是否齐全。

4. 审核无误后，出库管理人员按照《出库单》上所列的物料品名、规格、数量与仓库账目，再做全面核对。

第11条 备货。

出库凭证经复核无误后，出库管理人员按其所列的项目内容和凭证上的批注，与编号货位进行对货，核实后核销《物料明细卡》上的存量，按规定的批次备货。

1. 销卡。在物料出库时，应先销卡、后付货。

2. 理单。根据物料的货位，按《物料领用单》的编号顺序排列，以便迅速找对货位，及时出库。

3. 核对。按照货位找到相应的物料后，出库管理人员要"以表对卡，以卡对货"，进行单、卡、货核对。

4. 点数。出库管理人员要仔细点清物料出库的数量，防止差错。

5. 签单。应付物料付讫后，出库管理人员逐笔在出库凭证上签名。

第12条 理货。

1. 核对。出库管理人员、领料员根据物料场地的大小、运输车辆到库的班次，对到场物料按照车辆配载。领料部门编配分堆，然后对场地分堆的物料进行单货核对，核对工作必须逐车、逐批进行，以确保单货数量、品名、规格完全相符。

2. 标识。为方便领料部门的接收，理货员必须在应发物料的外包装上标识收货方的简称，标识应在物料外包装的两头，字迹应清楚，不错、不漏。复用旧包装必须刷除原有标志，如系粘贴标签，必须粘贴牢固，便于领料员的收转。

第13条 复核查对。

1. 出库复核人员按照出库凭证，对出库物料的品名、规格、数量进行再次核对，以保证物料出库的准确性。

2. 复核查对的具体内容如下。

（1）怕震、怕潮的物料，看其衬垫是否稳妥、密封是否严密。

（2）每件包装是否有装箱单，装箱单上所列项目是否和实物、凭证等相符。

（3）领料部门、箱号、危险品或防震、防潮等标志是否正确、明显。

（4）是否便于装卸、搬运作业，能否保证物料在运输、装卸中不致破损。

3. 复核查对的结果处理。

如经反复核对确实不符，应立即进行调换，并将储备物料上所刷的标记除掉，退回原库房。退回后，再次复核结余物料的数量或重量，是否与保管账目、物料保管卡片的结余数目相符，若发现不符应立即查明原因并及时更正。

第14条 交接清点。

1. 出库物料复核无误后，再把物料交给领料人清点，办理交接手续。

（续）

2. 车辆到库装载待运物料时，出库管理人员、领料员要亲自在现场监督装载全过程。实际装车件数必须共同点交清楚。

第15条 经点交清楚的物料发运后，该物料出库工作即告结束，出库管理人员应做好清理工作，及时核销物料明细卡，调整货位上的吊牌，以保持物料的账、卡、物一致，及时准确地反映物料进出、存取的动态。

第4章 特别注意事项

第16条 物料出库必须按出库凭证、物料领用单证办理，不得白条出库。

第17条 物料出库时，出库管理人员要仔细清点出库数量，做到"人不离垛、件件过目、动碰复核、监搬监运"，对不符合要求的搬运动作要及时纠正，防止物料损坏。

第18条 物料出库时要严格执行货票审核、接触限制与收货盖章原则。

第19条 在下列情况下，出库管理人员可以拒付物料。

1. 白条出库，任何人开的白条都不能视同物料出库凭证。

2. 物料出库凭证字迹不清、单货型号不符或有涂改。

3. 领料人与物料出库凭证所列部门不符。

4. 物料领用单盖章不全。

第5章 附则

第20条 本规范由仓储部负责制定、解释和修改。

第21条 本规范自核准颁布之日起执行。

修订记录	修订标记	修订处数	修订日期	修订执行人	审批签字

四、产品出库管理办法

制度名称	产品出库管理办法		受控状态	
			编　号	
执行部门		监督部门	编修部门	

第1章 总则

第1条 目的。

为规范工厂产品的出库与发货工作，防止货物多发、错发、漏发等有损工厂和客户利益的事件发生，特制定本办法。

第2条 适用范围。

本办法适用于本厂产成品的出库与发货作业。

（续）

第3条　职责。

1. 仓储部负责产品的库存管理及办理出库手续，并负责整理、核准、发送合格产品。

2. 销售部负责及时通知发货，并协助仓储部进行产品的出库与发送。

第2章　出库程序

第4条　出库管理程序。

1. 销售部根据销售订单向仓储部发送《订货通知单》，通知仓储部进行出库、发货工作。

2. 仓储部收到《订货通知单》后，出库主管应填写《出库单》，按照订单发货规定时间进行出库准备。

3. 库管人员应依产成品规格及《订货通知单》编号顺序列档，发现内容不明确时应即时向销售部的业务人员确认。

4. 库管员根据《出库单》确认库存产品储存库位，并根据先进先出原则准备相应数量产品并进行包装，确保运输安全。

5. 库管员办理出库手续并对出库产品进行初步检查，确保产品型号、规格、数量准确无误。

第5条　出库装运注意事项。

1. 仓储部应检验《订货通知单》是否经销售主管核签，检查无误后方可办理交运。

2. 若是紧急出货，应由销售主管通知仓储主管予以先行交运，再补办出货通知手续。

第3章　复核检查

第6条　复核工作职责。

产品备好装运前，由出库主管负责根据《订货通知》、《成品交运单》仔细做好出库产品的复核工作。

第7条　出库复核的内容。

出库管理人员对货物进行复核时，应主要关注配备的货物是否与《订货通知单》、《成品交运单》等出库单据相符，确保货物质量满足客户需要，复核的内容如下表所示。

出库复核的内容一览表

复核项目	操作说明	具体检查项目
复核出库单据	主要审查出库凭证有无伪造、是否合乎规定手续、各项目填写是否齐全等	凭证有无涂改、过期
		凭证中各栏项目填写是否正确、完整
		凭证中的字迹是否清楚
		印鉴及签字是否正确、真实、齐全
		出库产品应附的技术证件和各种凭证是否齐全
复核实物	根据出库凭证上所列项目对配备待发产品进行核对	核对产品的品种、规格、牌号、单位、数量是否与凭证相符
		核对货物的包装是否完好，外观质量是否合格

（续）

复核项目	操作说明	具体检查项目
复核账、货结存情况	对配货时取货的货垛、货架上货物的结存数进行核对	检查发货产品的数量、规格等与出库凭证上标明的账面结存数是否相符
		核对货物的货位、货卡有无问题，以便做到账、物、卡相符

第 8 条　账目调整。

复核后，出库主管应该根据实际情况做好复核记录，如实、详细填写《出库复核记录表》并进行库存台账调整。

第 4 章　交运管理

第 9 条　产品装运管理规定。

1. 凡遇下列情况之一者，仓储部应于前一天办妥产品装运并填制《成品交运单》，且应于一天内交运。

（1）计划产品接获客户的《订货通知单》时的交货日期。

（2）内销、合作外销订制品，依客户需要的日期。

2. 仓储部应于每日 16：00 以前备好第二天应交运的《成品交运单》，并通知相关承运组织调派车辆。

3. 仓储部应指定人员负责承运车辆与发货人员的调派。

4. 如果承运车辆可能于营业时间外抵达客户指定的交货地址，在成品交运前仓储部出库管理人员应将预定抵达时间通知销售部的业务人员，由其转告客户准备收货。

5. 交运工作完成后，仓储部出库主管应于《订货通知单》上填写交运日期、《成品交运单》编号及交运数量等，并将其返还销售部进行跟踪服务、收缴货款等工作。

第 10 条　交运工作注意事项。

1. 未办理入库检验手续的成品不得交运，若需紧急交运时需于交运的同时办理入库检验手续。

2. 订制品交运前，仓储部如接到销售部的暂缓出货通知，应立即暂缓交运，等收到销售部的出货通知后再办理交运。

第 5 章　回执处理

第 11 条　《成品交运单》的审核。

仓储部收到客户回执的《成品交运单》，签收回联有下列情况的，应附有关单据送销售部转交客户补签。

1. 未盖"收货章"。

2. "收货章"模糊不清、难以辨认，或收货公司名称非全称。

（续）

3. 以其他用途章（如公文专用章）充当"收货章"。

第 12 条　责任追究。

仓储部于每月 10 日前，就上月份《成品交运单》的签收回联应收但尚未收回的情况，应立即追究责任，并依合同规定罚扣运费，同时应于本月收集齐全，依序装订成册送财务部核对存查。

第 6 章　附则

第 13 条　本办法由仓储部负责制定，并根据实际情况进行修订。

第 14 条　本办法经总经理审批通过后实施。

修订记录	修订标记	修订处数	修订日期	修订执行人	审批签字

设备质量控制
精细化管理

第七章

第一节　设备使用管理

一、设备使用管理流程

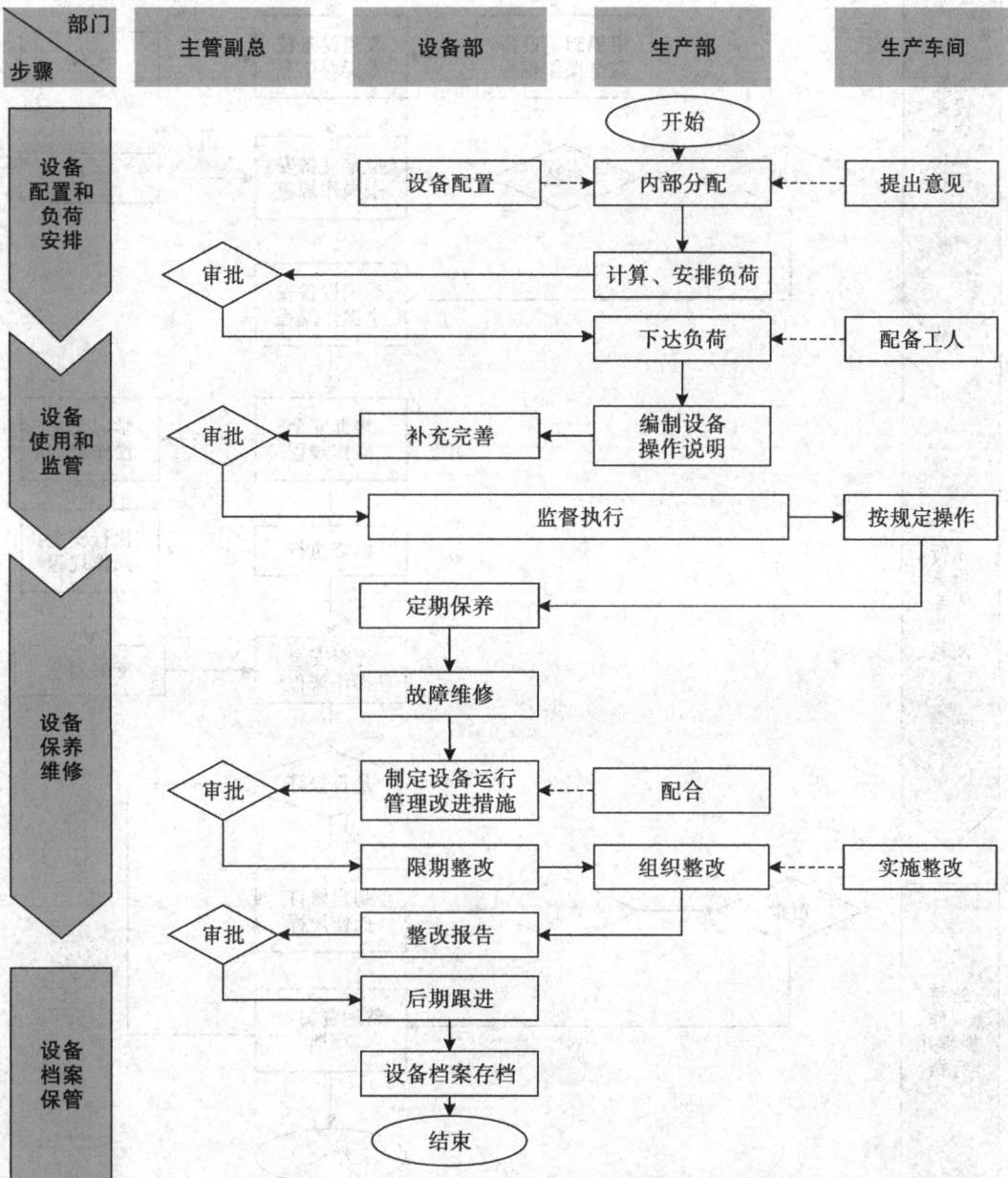

部门\步骤	主管副总	设备部	生产部	生产车间

```
                                          开始
设备配置和负荷安排
          设备配置 ┈┈> 内部分配 <┈┈ 提出意见
          审批 <── 计算、安排负荷
              └──> 下达负荷 <┈┈ 配备工人

设备使用和监管
          审批 <── 补充完善 <── 编制设备操作说明
              └──> 监督执行 ──> 按规定操作
                   定期保养 <──
                   故障维修
设备保养维修
          审批 <── 制定设备运行管理改进措施 <┈┈ 配合
              └──> 限期整改 ──> 组织整改 <┈┈ 实施整改
          审批 <── 整改报告 <──
              └──> 后期跟进

设备档案保管
                   设备档案存档
                   结束
```

145

二、设备安全管理流程

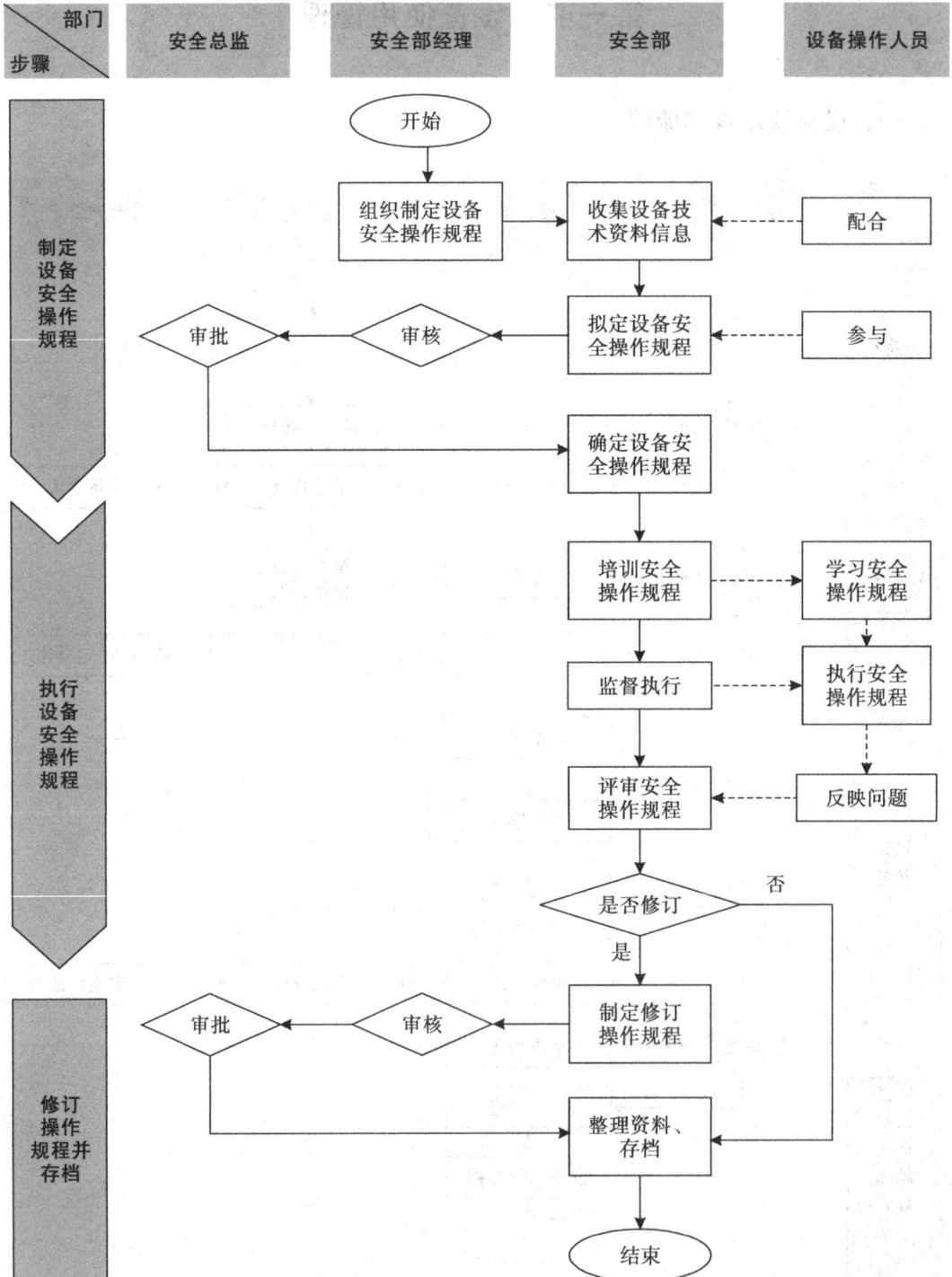

部门 步骤	安全总监	安全部经理	安全部	设备操作人员

开始

| | | 组织制定设备安全操作规程 | 收集设备技术资料信息 | 配合 |

| 制定设备安全操作规程 | 审批 | 审核 | 拟定设备安全操作规程 | 参与 |

| | | | 确定设备安全操作规程 | |

执行设备安全操作规程			培训安全操作规程	学习安全操作规程
			监督执行	执行安全操作规程
			评审安全操作规程	反映问题

是否修订 否 是

| 修订操作规程并存档 | 审批 | 审核 | 制定修订操作规程 | |
| | | | 整理资料、存档 | |

结束

三、设备标准化操作规范

制度名称	设备标准化操作规范		受控状态	
			编　号	
执行部门		监督部门	编修部门	

第1章　总则

第1条　目的。

为确保设备正常运行，避免人为损坏设备，防止危害人身安全的事故发生，特制定本规范。

第2条　适用范围。

本规范适用于设备的标准化操作工作。

第3条　人员职责。

1. 设备部和生产部负责制定标准化操作相关文件。

2. 生产部设备使用人员应严格按照使用规程操作设备。

第2章　设备操作前的准备工作

第4条　操作人员必须经过专业培训并持有操作证，凡新上岗的和尚未取得操作证的人员，必须在持有操作证的操作者指导下方可操作设备。

第5条　启动设备前，操作人员应按照设备使用文件的要求进行检查。

第6条　对于生产线上或集体操作的设备，操作人员要熟悉和掌握开机前的确认方法和内容。

第7条　生产前5分钟，设备操作人员必须检查设备运行情况，检查内容包括开关按钮、制动阀、脚踏板等，通电空载运行2~3分钟，检查有无异常现象，并在《设备使用记录表》上做好记录。如有异常情况应立即报告上级主管，由专门人员进行维修。

第3章　设备操作要点

第8条　在启动机器时，操作人员必须先发出启动设备的警告信号，然后按照设备使用规定的动作程序进行操作。

第9条　在设备运转过程中，要注意用眼看、耳听、鼻闻等方法观察是否有异常情况发生。

第10条　在设备在启动或运行过程中发现异常情况时，为保证人身和设备安全，操作人员必须立即切断电源并通知维修人员维修。

第11条　设备在转动时禁止做以下工作。

1. 用布擦拭、清理轴或轴头转动部分。

2. 取下或停用安全装置及设施。

3. 进行安装、拆卸、修理等工作。

4. 向转动轮结合处浇抹润滑油。

（续）

第12条　关键岗位实行两人操作确认制度，即一人操作，一人在旁监护，避免因操作失误导致重大人身和设备事故。

第4章　附则

第13条　本规范由设备管理部负责起草和修订。

第14条　本规范经工厂总经理审批后实施。

修订记录	修订标记	修订处数	修订日期	修订执行人	审批签字

四、设备安全操作规程

文书名称	设备安全操作规程	编　　号	
		受控状态	

一、目的

为了杜绝设备事故的发生，确保设备的正常运行，保证员工生命及财产的安全，特制定本规程。

二、适用范围

本规程适用于车床、铣床、刨床、磨床、钻床、砂轮机、电弧焊、气焊等设备的安全操作工作。

三、车床安全操作规程

1. 开启车床之前，应认真阅读工艺文件及图纸，做好准备工作并穿戴好安全防护用品。

2. 开启车床之前，应先检查车床各手柄位置是否正确，安全防护装置是否可靠，润滑是否良好。

3. 工件和刀具必须装夹牢固、可靠，加工偏心工件时，要加配重装夹使其保持平衡。

4. 装卸卡盘及大工件时，要用木板垫在导轨面上，以防止伤人或碰伤车床导轨。

5. 车床上不准摆放工件、工具、量具、刀具及其他物品，成品、半成品要堆放整齐。

6. 装卸工件后，卡盘扳手不准放在卡盘上，应随时取下，切削过程中禁止用手触摸工件。

7. 不准用脚踏车床的任何部位，车床周围及地面应保持清洁。

8. 车床使用完毕后必须擦净车床并加注润滑油，整理好刀具及工卡量具，然后将大拖板移至床尾。

四、铣床安全操作规程

1. 操作铣床前，必须穿好工作服并扎紧袖口，不得戴手套，女性操作员必须戴工作帽。

2. 工作时，头不能太靠近正在切削的地方，以防切屑飞入眼睛，如果是飞溅铁屑应戴护目镜。

3. 工件、刀具和夹具都应正确安装和夹紧，装卸和测量工件以及调整机床时必须停车。

4. 不可用手触摸或用棉纱擦旋转着的铣刀以及铣床上其他旋转部位，不可直接用手清除切屑。

（续）

5. 用扳手紧固刀杆上的锁紧螺母后，应立即取下，以防开车时甩出伤人。

6. 不得随意拆装电器设备，遇到故障应及时报告指导老师，离开机床时必须停机。

五、刨床安全操作规程

1. 操作刨床前要润滑各部件，并仔细检查各机构（包括电气换向开关）手柄位置是否正确。

2. 工件装夹必须牢靠，所用压板、垫铁应平整。

3. 牛头刨床和插床偏转刀架后，先用手盘车，防止运动时刀架与床身相碰。

4. 机床工作时，禁止正面观看，避免刨刀与铁屑伤人。

5. 机床及其周围应保持清洁，工件堆放要整齐、合理。

六、磨床安全操作规程

1. 操作磨床前，应穿好工作服，女员工应戴好工作帽，仔细检查磨床各部位是否正常并加注润滑油。

2. 注意砂轮的安全使用，正确安装砂轮，待砂轮平衡后方可使用，不可使用有裂纹的砂轮，试车时不准站在砂轮正面。

3. 开车前必须调整好换向撞块的位置并紧固；每次磨削前须检查工件装夹是否正确。

4. 磨削时必须在砂轮和工件开动后再进刀，砂轮退后再停车；测量工件、调整机床和清理、擦拭机床应在停机后进行。

5. 每一零件加工完毕后，必须将砂轮架横向进给手轮（外圆）或垂直进给手轮（外圆）退出一圈。

6. 工作结束或完成一个段落时，应将磨床有关操纵手柄放在"空挡"位置上。

7. 注意安全用电，不准随便打开电器箱和乱动各种电器设备。

七、钻床安全操作规程

1. 使用钻床之前要详细检查钻床各部分是否处于安全良好状态，选择转速要适当，钻床变速时注意防止皮带挤手。

2. 正确使用防护用品，严禁穿长衣宽袖的衣服或围着围巾、露着头发、戴着手套进行操作。

3. 无论大小工件，钻孔时必须用压板、挡板或工卡具定位稳固，严禁只用活扳手夹持操作。

4. 钻床转动未停止前不准换钻头、钻杆、变速、润滑及进行修理工作和传递物件。

5. 不得直接用手清除铁屑，必须用毛刷或其他工具清除。

6. 正确使用防护装置，不得随意触动或修理电器设备。

7. 工作完毕应清理工作场所，将零件、材料和工具放置整齐。

八、砂轮机安全操作规程

1. 砂轮机必须装有完好无损的防护罩，防护罩不可随意拆除，无罩时严禁使用。

2. 新装砂轮须先试车，待无问题时再进行使用。

3. 使用砂轮机时，操作者不得站在砂轮的切线方向，禁止用砂轮侧面磨工作物。

4. 砂轮须平衡后方可使用，砂轮在旋转时不得有偏心振动现象。

5. 磨刀具和零件时，必须顺着砂轮的工作面移动，否则砂轮会磨损进而高低不平。

6. 砂轮紧固螺丝拧得要适当，不得过紧或过松，禁止用重物敲打或撞击砂轮。

（续）

7. 同一砂轮严禁二人同时操作，砂轮不准沾水或油，必须保持干燥。

8. 砂轮托架与砂轮外圆的距离间隙不得小于4毫米，当砂轮磨损时应及时更换。

九、电弧焊安全操作规程

1. 焊接前，先检查电气线路是否完好，外壳接地是否牢固。

2. 操作前必须检查周围是否有易燃、易爆物品，若有则必须将其移开才能开始工作。

3. 焊接操作时必须先戴防护面罩、手套、脚套等，无面罩不准看弧光。

4. 推闸刀开关时，人体应偏斜站立，并要一次推足。在焊接时，禁止调节电流大小，以免烧毁电焊机。

5. 电焊钳不准放于工作台上，以免短路烧毁。

6. 不准用手拿焊过的钢板及焊条夹，在敲打熔渣时要注意保护眼睛。

十、气焊设备安全操作规程

1. 氧气瓶严禁与油污接触，不能强烈振动，以免爆炸。

2. 安装减压表时，人应斜立，缓缓开启瓶上阀门，以免被气流击伤。

3. 乙炔发生器附近严禁烟火，以防引起爆炸。

4. 气焊操作时，先开乙炔然后稍开些氧气点火后调整，如发现火焰突然回缩并发出"嘶"声，这是危险的回火象征，应立即关闭焊炬的氧气和乙炔阀。

5. 已焊工件尚有较高温度，注意防止烫伤。

编制人员		审核人员		审批人员	
编制时间		审核时间		审批时间	

五、设备事故救护办法

制度名称	设备事故救护办法		受控状态	
			编　号	
执行部门		监督部门	编修部门	

第1章　总则

第1条　目的。

为达成以下目的，特制定本办法。

1. 确保设备发生事故时能迅速、准确、有效地组织抢修、救援和事故处理，防止事故进一步蔓延扩大，最大限度地减少经济损失。

2. 加强设备安全管理，规范设备安全事故处理行为，提高安全事故处理的透明度。

第2条　适用范围。

本办法适用于工厂所有设备事故的救护及处理工作。

（续）

第3条　相关定义。

设备事故是指设备因非正常损坏造成停产或效能降低，直接经济损失超过规定限额的行为或事件。

第2章　设备事故组织设置

第4条　组建应急救援指挥组。

工厂在发生设备事故时，应立即成立应急救援指挥组，人员构成如下表所示。

应急救援指挥组成员构成表

职位名称	人员构成
总指挥	设备部经理
副总指挥	生产部经理
应急救援1组	由设备部相关人员组成，由设备部主管担任组长
应急救援2组	由生产部相关人员组成，由生产部主管担任组长
应急救援3组	由安全部相关人员组成，由安全部经理担任组长
应急救援4组	由保安人员组成，由保安主管担任组长
应急救援5组	由仓储部和采购部相关人员组成，由仓储部经理担任组长
应急救援6组	由行政部相关人员组成，由行政部经理担任组长

第5条　相关职责。

应急救援指挥组总指挥、副总指挥及各应急救援小组的职责如下表所示。

应急救援指挥组职责表

职位名称	职责
总指挥	发生设备事故时，由总指挥负责应急救援指挥及全面协调，并及时向上级汇报
副总指挥	负责维持现场救援秩序，协调、指挥事故现场各应急救援小组顺利开展救援工作
应急救援1组	负责对发生事故的设备数量、规格、型号进行确认及准备抢修物资和材料
	负责设备事故现场应急预案的编写工作
	负责事故备品清册的编制
	负责设备事故抢修人员的组织、事故应急预案规定的演练和培训
应急救援2组	负责设备事故抢修过程的技术支持，并协助采购部加强与各设备制造厂家及试验单位的联系和沟通，协调解决抢修过程中遇到的技术难题
	负责对现场应急预案的审核
	负责设备事故的应急指挥
	编制抢修计划，协调各方关系，保证抢修工作的顺利进行

（续）

职位名称	职责
应急救援3组	负责设备事故应急救援现场的安全工作，确保抢修过程中相关人员的人身安全
	负责督促各部门做好设备事故现场应急预案的编写，监督和检查事故抢修过程中的安全措施
	对现场应急预案编写工作进行检查和指导，并监督各车间应急预案的培训和演练
应急救援4组	做好抢修现场应急物资、材料的保卫工作，防止失窃
	防止无关人员进入抢修现场，做好应急救援现场的治安保卫工作
应急救援5组	做好设备事故抢修物资的供应工作，在抢修救援过程中，需要补充设备或物资时，应迅速组织货源，争取在最短时间内将其运送到现场，保证应急救援工作的顺利开展
	做好事故备品的保管和补充，及时检查事故备品储备情况，确保事故备品处于良好的备用状态
	加强车辆维护和保养，确保车辆处于良好的备用状态
	将抢修救援人员或物资、设备迅速运送到指定地点，确保救援工作迅速展开
应急救援6组	负责受伤人员的现场救护，加强与有关医疗机构的联系，做好受伤人员的抢救和治疗，保证受伤人员及时得到救治
	在抢修救援过程中，负责向抢修救援人员提供医疗服务，确保抢修救援人员的身体健康
	在抢修过程中，负责抢修救援人员的食宿安排和生活保障工作，确保抢修救援人员的后勤保障

第3章　设备事故应急救援程序

第6条　报警及接警。

1. 当设备操作人员发现重大设备缺陷时，应立即报告部门负责人，部门负责人应立即向应急指挥部门报警。

2. 应急指挥部门接到突发设备事故报警时，应做好对突发事件的详细情况和联系方式等信息的记录。

第7条　确定设备事故级别。

应急指挥部门接到突发设备事故报警后，应立即根据设备事故报警的详细信息，对警情做出判断，依据本厂设备事故分级标准确定相应的级别。根据工厂设备事故分级标准，可将事故分为以下三个级别。

（续）

1. 一般设备事故，设备直接经济损失为＿＿＿～＿＿＿元，或因损坏造成停工＿＿＿～＿＿＿天。

2. 重大设备事故，设备直接经济损失为＿＿＿～＿＿＿元，或因损坏造成停工＿＿＿～＿＿＿天。

3. 特大设备事故，设备直接经济损失为＿＿＿元以上，或因损坏造成停工＿＿＿～＿＿＿天。

第8条　应急启动。

确定设备事故级别后，应急指挥部门按所确定的设备事故级别启动应急程序，如通知应急指挥部相关人员到位、启动信息与通信网络、调配救援所需的应急资源、派出现场指挥协调人员等。

第9条　应急行动。

应急救援小组进入设备事故现场，积极开展人员救助、抢险等应急救援工作。当事态仍无法得到有效控制时，应立即向上级请求援助。

第10条　应急恢复。

救援行动结束后，进入应急恢复阶段，相关工作包括现场清理、人员清点撤离和受影响区域的连续监测等。

第4章　受伤人员现场医疗救护

第11条　火伤抢救。

轻伤者用酒精涂抹灼伤处，重伤者须用油类，如蓖麻油、橄榄油与苏打水均和，敷于灼伤处，再以软布包扎，如水泡过大，不要切开，已破的皮肤也不可剥去。

第12条　皮肤创伤急救。

先止血，然后清洁伤口，用温水或凉开水清洗伤口周围，轻伤只要涂2%的红汞水。重伤伤口则应用干净纱布盖上，用绷带包扎。

第13条　触电急救。

救人前应以非导体木棒将触电的人推离电线，切不可用手去拉，以免传电。然后解开其衣扣，进行人工呼吸，并请医生诊治。如为局部触电，应先用硼酸水洗净伤处，再贴上纱布。

第14条　手足骨折急救。

为避免受伤部分移动，可先用自制夹板夹住，最好使用软质布棉，托住伤处下部，然后两边卷住手或脚，用布条或绷带绑紧。如为骨折破皮，可用消毒纱布盖住伤处，用软质棉枕夹住，立即送医。如怀疑手或脚折断，不能让伤者用手着力或用脚走路，夹板或绷带不可绑得太紧。

第5章　事故责任调查处理

第15条　事故责任调查。

1. 发生事故后，所在部门要按照"三不放过"（即"事故原因查不清不放过"、"事故责任者和周围群众没有受到教育不放过"、"没有防范措施不放过"）的原则，进行调查、分析、找出原因，查明责任，确定改进措施。

2. 一般事故或重大未遂事故，应在事故发生当天由安全部组织调查和分析。

3. 对于重大事故，安全部应及时组织有关部门进行调查和分析。

4. 伤亡事故的调查处理按国务院《企业职工伤亡事故报告及处理规定》、《工伤保险条例》和《生产安全事故报告和调查处理条例》的规定执行。

5. 轻伤、重伤事故由安全部组织生产、技术、动力、安全等有关人员参与事故调查和分析。

（续）

6. 死亡事故由工厂安全委员会同当地劳动、公安、人民检察院及其他有关部门人员和专家组成事故调查组进行调查。

第16条　事故责任追究。

1. 在事故调查中，要实事求是地分清事故的性质和责任，并提出处理意见。对事故责任人，可根据事故大小、损失多少、情节严重以及影响程度等情况，令其赔偿经济损失或给予其行政警告、记过、降职、降薪、撤职、留厂察看、开除等处分，直至交由相关司法部门追究刑事责任。

2. 对一般事故责任人的处理意见由所在车间提出，经安全部审核报安全委员会批准；对重大事故，应由调查组提出处理意见，经总经理签署意见，根据审批权限报上级机关批准；对重大责任事故、破坏性事故且需追究刑事责任的，应移交司法机关依法处理。

3. 对发生事故隐瞒不报、谎报、故意拖延不报或破坏现场以及无正当理由拒绝调查的单位和个人，要追究其责任，从严处理。对防止和抢救事故有功的部门和个人，应予以表扬和奖励。

第6章　附则

第17条　本办法由安全委员会负责解释和补充。

第18条　本办法经总经理批准后实施。

修订记录	修订标记	修订处数	修订日期	修订执行人	审批签字

第二节 设备维护管理

一、设备维护管理流程

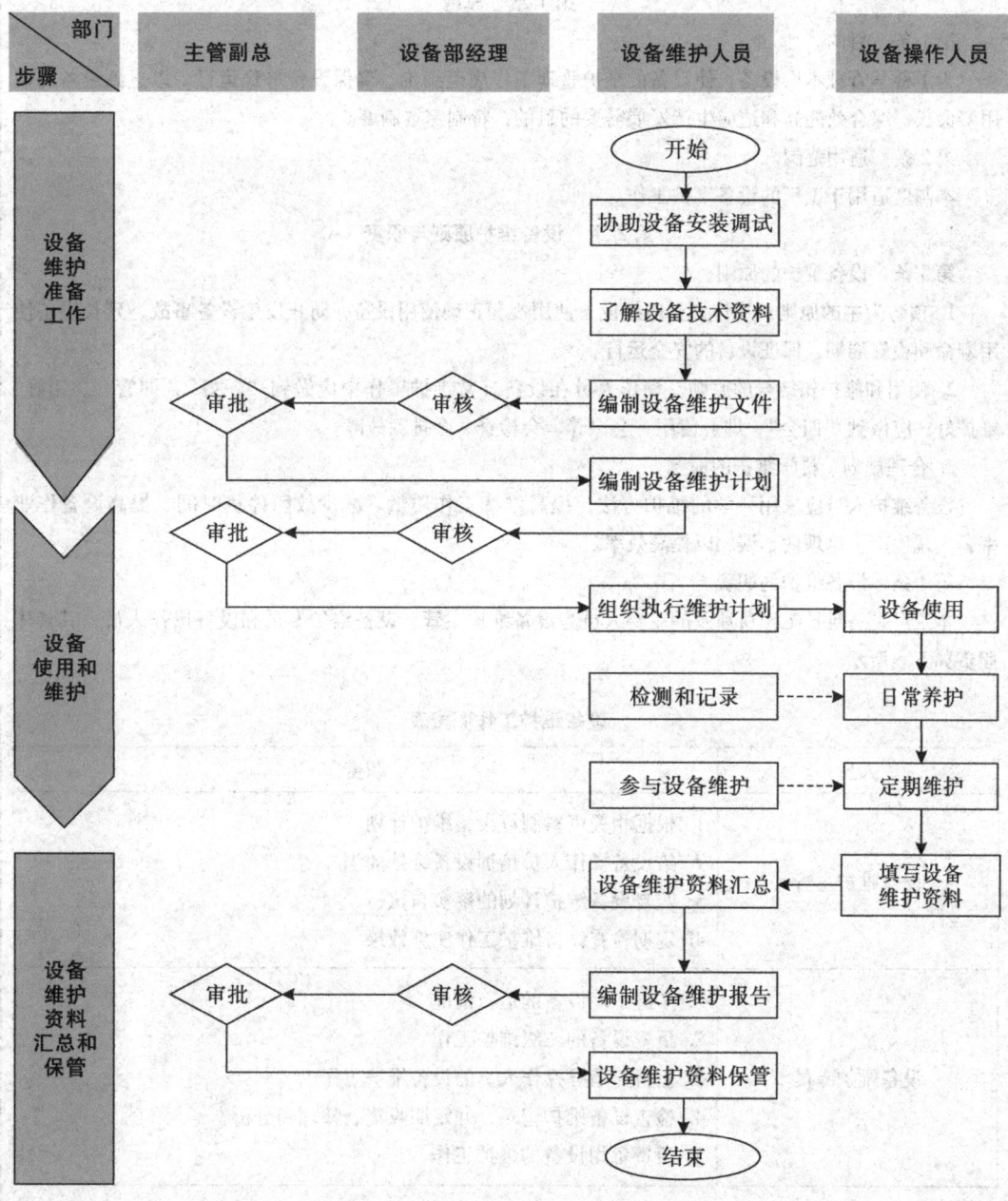

步骤\部门	主管副总	设备部经理	设备维护人员	设备操作人员

设备维护准备工作

开始 → 协助设备安装调试 → 了解设备技术资料 → 编制设备维护文件

审批 ← 审核 ← 编制设备维护文件

编制设备维护计划

审批 ← 审核 ← 编制设备维护计划

设备使用和维护

组织执行维护计划 → 设备使用

检测和记录 ----→ 日常养护

参与设备维护 ----→ 定期维护

填写设备维护资料 → 设备维护资料汇总

设备维护资料汇总和保管

审批 ← 审核 ← 编制设备维护报告

设备维护资料保管 → 结束

二、设备维护管理制度

制度名称	设备维护管理制度		受控状态	
			编　号	
执行部门		监督部门	编修部门	

第1章　总则

第1条　目的。

为了科学管理本厂设备，使设备的维护管理工作规范到位，确保设备平稳运行，以达到设备的使用寿命长、综合效能高和适应生产发展需要的目的，特制定本制度。

第2条　适用范围。

本制度适用于工厂的设备维护工作。

第2章　设备维护原则与职责

第3条　设备维护的原则。

1. 预防为主的原则。操作人员应按设备使用规程正确使用设备，防止发生设备事故，延长设备使用寿命和检修周期，保证设备的安全运行。

2. 使用和维护相结合的原则。操作人员在设备日常维护工作中应做到"三好"，即管好、用好、维护好；应做到"四会"，即会使用、会保养、会检查、会排除故障。

3. 合理规划、科学维护的原则。

设备维护人员应采用科学的维护方法，提高维修工作质量、减少故障停机时间、提高设备作业率，实现生产、修理两不误，以提高效率。

第4条　设备维护的职责。

本工厂设备维护工作所涉及的主要人员为设备维护主管、设备维护专员和设备操作人员，其具体职责如下表所示。

设备维护工作职责表

人员	职责
设备维护主管	1. 根据相关资料制订设备维护计划 2. 给设备操作人员培训设备维护知识 3. 监督设备维护计划的落实与执行 4. 定期检查设备维护工作实施效果
设备维护专员	1. 掌握工厂设备的运行情况 2. 负责设备的二级维护工作 3. 监督、指导操作人员的设备维护工作 4. 检查设备维护记录，并定期收集、整理和分析 5. 负责备用设备的维护工作

（续）

人员	职责
设备操作人员	1. 严格执行设备的操作规程，做好设备维护和保养记录 2. 负责设备的清洁、清扫等日常维护和一级维护工作 3. 监测设备的运行，如发现问题应及时上报相关部门

第3章　设备维护准备工作

第5条　设备维护主管应编制维护方案，将设备的维护工作落实到具体人员，并制定相应考核方案。

第6条　设备维护主管应在操作人员上岗前对其进行技术培训，使其掌握设备的结构、性能、操作、保养等规定，达到"三好"、"四会"的要求。

第7条　设备维护专员应提前编制好各类设备的维护记录用表，并准备好维护用品、用具。

第8条　设备维护专员应在设备周边制作设备维护和保养看板，看板上应有设备维护和保养要点和程序示意图。

第9条　设备操作人员在上岗前应取得上岗证，确定岗位的同时应确定要操作的设备，不得随意调换。

第10条　使用设备前，设备维护人员应会同设备维修人员及技术部相关人员对设备的精度、性能、安全、控制等进行全面的检查和核对，确认无误后方可投入使用。

第4章　设备维护具体实施

第11条　设备日常维护。

设备日常维护工作由设备操作人员负责，设备操作人员必须按照设备使用规程操作，设备日常维护工作要点如下表所示。

设备日常维护工作表

时段	工作要点
班前	1. 启动设备前15分钟要仔细检查设备，如果连接螺栓松动要及时紧固，同时检查按车间规定须维护、检查的必检部位 2. 空负荷试机，检查各控制开关是否失灵，有无异常 3. 如发现问题和异常现象，应立即停机检查，自己能处理的马上处理，超出能力范围的应及时报告检修责任者

（续）

时段	工作要点
班中	1. 严格按设备使用规程的规定，正确使用自己操作的设备，不允许超负荷使用 2. 设备运转过程中观察其是否有异常情况出现，如有，应立即切断电源并进行检查
班后	1. 下班前15分钟停机，将设备和工作场地擦拭和清扫干净，保持设备内外清洁，无油垢、无脏物，做到"漆见本色铁见光" 2. 认真执行设备交接班制度，主要设备每台都应设有《交接班记录本》，如实记录设备信息，交接双方经确认后在《交接班记录本》上签字

第12条　设备一级维护。

1. 设备一级维护工作以设备操作人员为主，维护专员为辅。

2. 设备一级维护的主要工作内容如下。

（1）拆卸指定部件、箱盖及防尘罩等，进行彻底清洗。

（2）疏通油路，清洗过滤器，更换油线、油毡、滤油器、润滑油等。

（3）补齐手柄、手球、螺丝、螺帽、油嘴等机件，保持设备完整。

（4）紧固设备的松动部位，调整设备的配合间隙，更换个别易损件及密封件。

（5）清洗导轨及各滑动面，清除毛刺及划痕。

第13条　设备二级维护。

1. 设备二级维护工作以设备维护专员为主，操作人员为辅。

2. 设备二级维护的主要工作内容如下。

（1）对设备的部分装置进行分解并检查、维修，更换、修复其中的磨损件。

（2）更换设备中的机械油。

（3）清扫、检查、调整电器线路及装置。

第5章　附则

第14条　本制度由设备部负责起草和修订。

第15条　本制度经总经理审批后实施。

	修订标记	修订处数	修订日期	修订执行人	审批签字
修订记录					

三、设备维护操作规程

文书名称	设备维护操作规程	编　　号	
		受控状态	

一、目的

为确保安全、正确使用设备，做好设备维护和保养工作，特制定本规程。

二、适用范围

本规程适用于普通车床、数控车床、板料折弯机和点焊机的安全操作和维护、保养工作。

三、人员职责

设备部负责监督本方案的实施，设备操作人员应严格执行设备维护操作要求。

四、普通车床维护操作规程

操作人员应熟悉机床的性能、结构、传动原理，并严格按照使用说明书规定操作，具体维护操作要点如下表所示。

普通车床维护操作要点表

设备使用阶段	设备维护操作要点
设备开机	1. 按点检卡内容进行点检，做好记录，检查各部位手柄是否在规定的空位上 2. 按机床润滑图表规定加油，检查油路是否畅通，保持润滑系统清洁，油杯、油眼不得敞开 3. 检查马达、电器开关是否好用，防护罩是否牢固，卡盘、车刀、工作物、紧把（中心螺丝）是否紧牢，压板螺丝必须详细检查 4. 戴好防护眼镜，严禁戴手套，整理好着装
设备运转	1. 机器先低速空运转 5～10 分钟，确认滑动部分有油、各部运转正常后方可工作 2. 小刀架、床面上不得放置量具或工件，卡盘扳手不准放在卡盘上 3. 机床开动时，吃刀不能过猛，不准擦拭机床，清理铁屑必须用工具，转小刀架时必须把大刀架退出，自动走刀时，禁止脱离工作岗位 4. 装换刀具、工件、卡具以及测量、找正、变速时均需待机床停稳后，方可进行 5. 装卸花盘、卡盘或较重工件、夹具时，应在床面上垫好木板 6. 加工铸件时，必须将铸件清理干净并将机床导轨擦拭干净 7. 使用顶尖工作时必须注意以下事项 （1）使用顶尖顶重型工件，顶尖伸出部分不得超过其全长的 1/3，一般工件不得超过 1/2 （2）开动前先在顶尖处加油，运转中要保持润滑良好

（续）

设备使用阶段	设备维护操作要点
设备运转	（3）从床头取下顶尖时，不得用锤敲打取下，应从主轴尾部顶出，并防止碰撞落地 8. 加工偏心工件时，要加均衡铁，将配重固定螺丝上紧并用手扳动两三转，确认无碍后方可开车 9. 若机床出现异常现象或故障，应立即停机排除或通知维修人员处理
工作完毕	1. 工作完毕或下班时，应将拖板箱及尾座移到床身尾端，各手柄放在非工作位置上，谨记切断电源 2. 清扫机床，保持清洁，并在导轨及光杆、丝杆上涂油防锈，保持设备整洁、完好 3. 工作场地与通行道路应保持整洁，工件存放要牢稳，不得堆放过高 4. 按规定进行交接班手续，认真填写交接班记录

五、数控车床维护操作规程

为了正确、合理地使用数控机床，降低其故障发生率，操作人员必须熟悉机床使用说明书和机床的一般性能、结构，经机床管理人员同意后方可操作机床，具体操作和维护要点如下表所示。

数控车床维护操作表

设备各使用阶段	设备维护操作要点
设备开机	1. 操作人员应穿戴好工作服、工作鞋，不得穿、戴有危险性的服装饰品 2. 机床通电前，先检查电压、气压、油压是否符合工作要求 3. 开机前检查机床可动部分是否处于正常工作状态，工作台是否有越位，是否超过极限状态，电气元件是否牢固，有无接线脱落 4. 严格按机床说明书中的开机顺序进行操作 5. 开机后让机床空运转 15 分钟以上，使机床达到平衡状态
设备调试	1. 编辑、修改、调试好程序，若首件试切必须进行空运行，确保程序正确无误 2. 按工艺要求安装、调试好夹具，并清除各定位面的铁屑和杂物 3. 安装好所要用的刀具，若是加工中心，则必须使刀具在刀库上的刀位号与程序中的刀号严格一致 4. 按工件上的编程原点进行对刀，建立工件坐标系 5. 确认冷却液输出通畅，流量充足 6. 再次检查所建立的工件坐标系是否正确

（续）

设备各使用阶段	设备维护操作要点
设备运转	1. 设备运转过程中不得调整刀具和测量工件尺寸 2. 自动运转过程中应自始至终监视其运转状态，严禁离开机床，遇到问题应及时解决，防止发生事故 3. 定时对工件进行检验，确定刀具是否磨损
设备维护	1. 定期润滑，定期检查清洗自动润滑系统，添加或更换油脂、油液 2. 定期检查液压、气压系统，对液压系统定期进行油质化检，检查和更换液压油，并定期对各润滑、液压、气压系统的过滤器或过滤网进行清洗或更换，对气压系统还要注意经常放水 3. 定期检查电动机系统，对直流电动机定期进行电刷和换向器检查、清洗和更换，若换向器表面脏，应用白布沾酒精清洗，若表面粗糙，则应用细金相砂纸修整，电刷长度为 10 毫米以下时应更换 4. 适时对各坐标系轴进行超限位试验，要防止限位开关锈蚀后不起作用，防止工作台发生碰撞，否则可能会损坏滚珠丝杠，影响其机械精度 5. 定期检查电器元件，检查插头、插座、电缆、继电器触点是否接触良好，检查各印刷线路板是否干净，保证主变电器、各电机的绝缘电阻在 $1M\Omega$ 以上；定期对电器柜和有关电器的冷却风扇进行清洁、更换其空气过滤网等 6. 定期进行机床水平和机械精度检查，机械精度校正的软方法是通过系统参数补偿，如丝杠反向间隙补偿、各坐标系定位精度定点补偿、机床回参考点位置校正等 7. 经常打扫卫生

六、板料折弯机维护操作规程

板料折弯机的维护操作规程如下表所示。

板料折弯机维护操作表

设备各使用阶段	设备维护操作要点
设备开机	1. 按照润滑图表规定加注润滑油，检查油质、油量是否符合要求 2. 检查设备各操作部位、按钮是否在正确位置 3. 检查上下模的重合度和紧固性，检查各定位装置是否符合加工要求 4. 设备启动空转 3 ~ 5 分钟，上滑板慢性运动 2 ~ 3 次，一切正常后方可工作

（续）

设备各使用阶段	设备维护操作要点
设备运转	1. 工作时由一人统一指挥，使操作人员与送料压制人员密切配合 2. 及时清理磨具上的氧化物及异物，保证磨具精度 3. 经常检查上、下磨具的重合度以及电压表、液压表的指示是否符合要求 4. 发生异常应立即停机，检查原因并及时排除
工作完毕	1. 滑板必须置于上部定点，并切断电源 2. 进行设备的清洁工作
设备维护	1. 外部维护和保养 （1）擦拭机床，无油污 （2）配齐缺损零件 2. 上滑块维护和保养 （1）检查、调整上滑块与工作台的平行度 （2）检查、调整直控平衡阀，防止上滑块下滑 （3）擦洗导轨、丝杆、滑动面 3. 工作台维护和保养 （1）擦拭工作台，修光毛刺 （2）擦洗料架、丝杆、螺母，调整空隙 4. 液压润滑维护和保养 （1）清洗油泵、滤网、阀门，加油润滑 （2）配齐缺料，疏通油路 （3）检查压力表 （4）检查油质、油量，酌情添加新油脂 5. 电器润滑维护和保养 （1）擦拭电动机、电器箱 （2）检查、紧固接零装置

七、点焊机维护操作规程

点焊机的维护操作规程如下表所示。

（续）

点焊机维护操作表

设备各使用阶段	设备维护操作要点
设备开机	1. 检查操作踏板开关是否在正确位置、操纵是否灵活、安全装置是否齐全、电器开关是否安全可靠 2. 冷却水是否畅通 3. 根据焊件厚度与材料的材质，调整好电压分机开关和电极压力
设备运转	1. 应确保加工内容在焊机使用性能范围之内 2. 注意冷却水供应是否符合要求，严禁无冷却水工作 3. 点焊过程中如发生故障，应立即切断电源，停止运作
工作完毕	1. 及时切断电源和水源 2. 按要求清除残留水，防止水管爆裂等事故
设备维护	1. 外部维护和保养 （1）擦洗焊机外表，确保无油污、无氧化皮及锈斑 （2）配齐螺钉、螺母 2. 内部维护和保养 （1）清除内部灰尘、垃圾 （2）检查连杆落实是否松动、磨损，给运动部位加油 3. 电器维护和保养 （1）清扫电器箱，检查接头是否松动 （2）检查接零装置是否可靠 （3）定期修整开关触头，去除积垢

编制人员		审核人员		审批人员	
编制时间		审核时间		审批时间	

四、设备维护绩效评价办法

制度名称	设备维护绩效评价办法		受控状态	
			编　　号	
执行部门		监督部门	编修部门	

第1章　总则

第1条　目的。

为实施对设备维护人员的考核工作，加强对设备维护和保养工作的管理，保证设备的正常运行，延长设备的使用寿命，特制定本办法。

第2条　适用范围。

本办法适用于设备部负责设备维护和保养人员的绩效考核工作。

第3条　考核原则。

1. 公平、公开、公正原则。

2. 结果与过程并重原则。

3. 沟通反馈与绩效提升原则。

第2章　考核办法

第4条　考核频率与考核时间。

考核分为月度考核、年度考核、不定期考核三种，其对应的考核时间如下表所示。

考核频率及时间表

考核频率	时间
月度考核	每月5日前对上月工作进行考核
不定期考核	工厂不定期对设备的保养工作执行情况、工作效果等进行考核
年度考核	次年1月10日前对上一年度的工作进行考核

第5条　考核指标体系。

工厂根据设备维护工作事项制定具体的考核指标，设备维护考核指标体系如下表所示。

设备维护考核指标体系

考核内容	考核指标	指标说明	分值
保养、维护工作执行情况	设备保养计划完成率	设备保养计划完成率 = $\dfrac{\text{完成保养作业规范的设备数}}{\text{计划保养的设备数}} \times 100\%$	15分
	设备维护工作及时性	维护人员按照维护工作标准及时对设备进行维护	15分
	设备检查周期	维护人员按照计划检查设备情况	5分

（续）

考核内容	考核指标	指标说明	分值
保养、维护效果	设备有效利用率	设备有效利用率 = $\dfrac{设备有效利用时间}{设备有效利用时间 + 故障维修停机时间} \times 100\%$	10分
	设备故障停机率	设备故障停机率 = $\dfrac{设备故障停机时间}{设备运行台时 + 设备故障停机时间} \times 100\%$	15分
	设备故障频率	设备故障频率 = $\dfrac{设备故障次数}{设备实际工作时间} \times 100\%$	10分
	设备完好率	设备完好率 = $\dfrac{全部设备完好台数}{全部设备总台数} \times 100\%$	5分
保养、维护成本	设备维护管理费超支率	设备维护管理费超支率 = $\dfrac{实际发生的维护费用 - 维护费用预算}{维护费用预算} \times 100\%$	10分
	维护工具和备品备件费用控制率	维护工具和备品备件费用控制率 = $\dfrac{维护工具和备品备件费用}{维护工具和备品备件预算} \times 100\%$	5分
	故障停机损失	考核因设备故障而产生的损失	10分

第3章 考核程序

第6条 组建考核评估小组。

1. 设备部主管副总组织人员形成考核小组，对设备部设备维护工作进行评估。

2. 小组成员主要包括设备部主管副总、财务部负责设备成本管理的工作人员、生产部主管、人力资源部相关人员、设备部经理及其他相关人员。

第7条 考核前培训。

设备部经理在执行考核前应将设备考核相关制度与考核指标向部门人员进行说明、讲解，并将设备维修与维护工作进行责任分工，将考核落实到每个部门人员身上。

第8条 绩效考核实施。

根据考核频率不同，具体的绩效考核实施办法如下表所示。

（续）

绩效考核实施办法

考核频率	实施办法
月度考核	每月5日，设备部经理组织部门员工对本月设备维护和保养工作进行讨论，总结本月工作中的不足，在月底前两天编写设备部《月度设备维护部门考核报告》并上报设备部主管副总
不定期考核	设备部主管副总对设备维护工作是否及时进行不定期的现场临时检查，根据其维护及时情况给予评分
年度考核	1. 每年年底，设备部经理将本年度设备维护和保养情况进行总结，以报表的形式上报设备部主管副总 2. 总经理、设备部主管副总、财务部等对本考核周期的成本控制情况进行评估，设备部主管副总对本年度设备维护工作进行考核评价，加上不定期考核评分，最终得出年度设备维护工作评分

第4章　考核结果运用

第9条　绩效奖励。

设备部的设备维护和保养工作所得考核分数是设备部维护和保养人员年终奖金的发放依据之一，其影响系数如下表所示。

设备维护和保养工作对年终奖金的影响系数对照表

维护和保养绩效考核得分	90分（含）以上	80~89分	70~79分	60~69分	60分以下
奖金影响系数	1.2	1	0.8	0.5	0.3

第10条　绩效惩罚。

若由于自身原因导致设备停机并给工厂造成了损失，本厂将根据损失金额对相关人员以扣发奖金的形式进行处罚。

第5章　附则

第11条　本办法由人力资源部负责制定、解释及修改，设备部负责配合执行。

第12条　本办法经总经理审批后实施。

修订记录	修订标记	修订处数	修订日期	修订执行人	审批签字

第三节　设备点检管理

一、设备故障管理流程

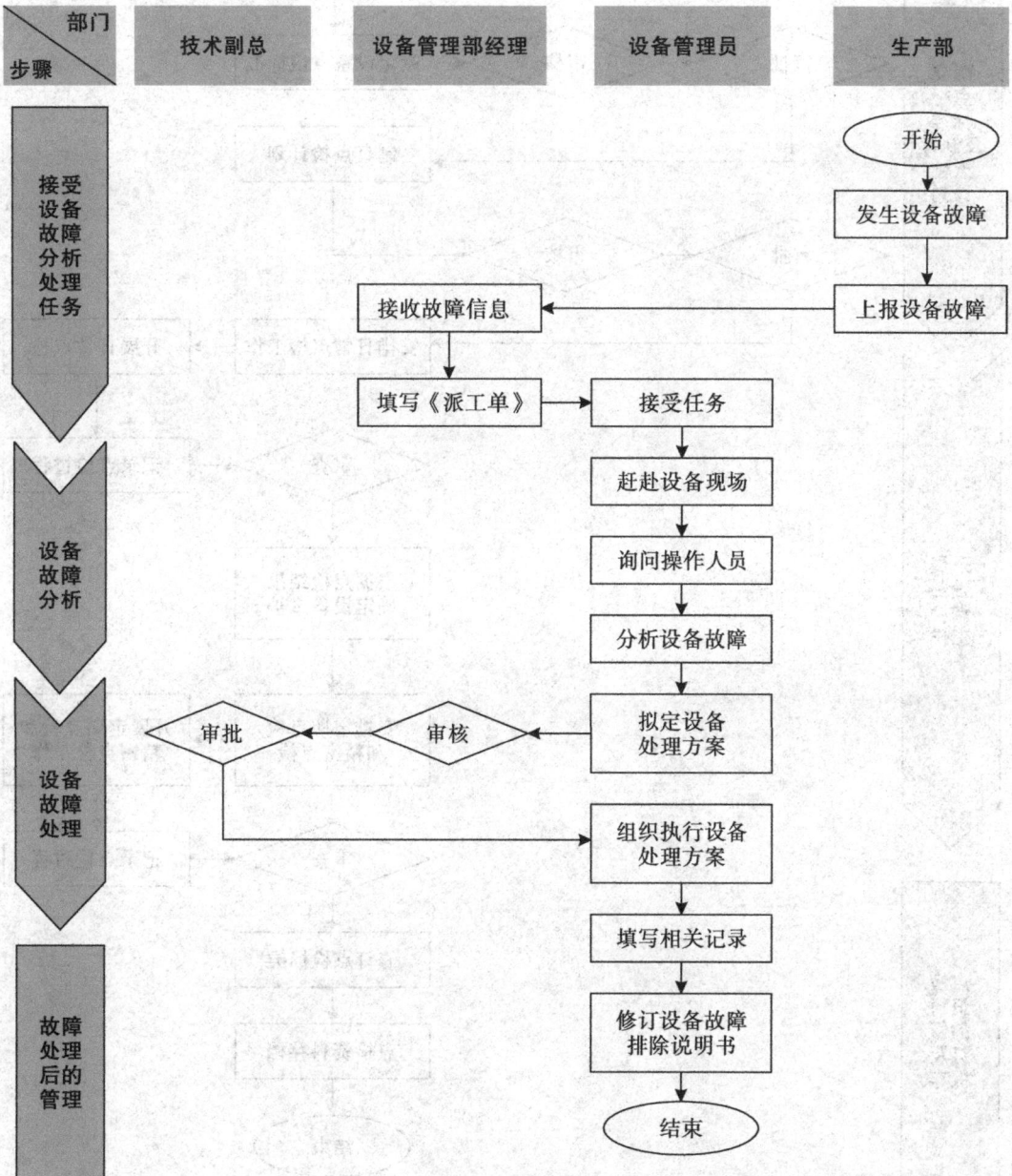

部门 步骤	技术副总	设备管理部经理	设备管理员	生产部
接受设备故障分析处理任务				开始 发生设备故障 上报设备故障
		接收故障信息 填写《派工单》	接受任务 赶赴设备现场	
设备故障分析			询问操作人员 分析设备故障	
设备故障处理	审批	审核	拟定设备处理方案 组织执行设备处理方案	
故障处理后的管理			填写相关记录 修订设备故障排除说明书 结束	

二、设备点检管理流程

部门 步骤	技术副总	设备管理部经理	设备管理员	点检操作人员
确立点检标准及制订点检计划	审批 ← 审核 ←		开始 → 制定设备点检标准 → 审核 → 审批 → 制订点检计划	
开展设备点检工作	审批 ← 审核 ←		安排日常点检工作 → 审查 ← 记录点检过程 ← 开展日常点检 ; 根据点检结果确定设备维护 → 安排定期点检和精密点检	开展日常点检 → 记录点检过程 ; 开展定期点检和精密点检工作 → 记录点检过程
点检资料的修订及保存			修订点检标准 → 点检资料存档 → 结束	

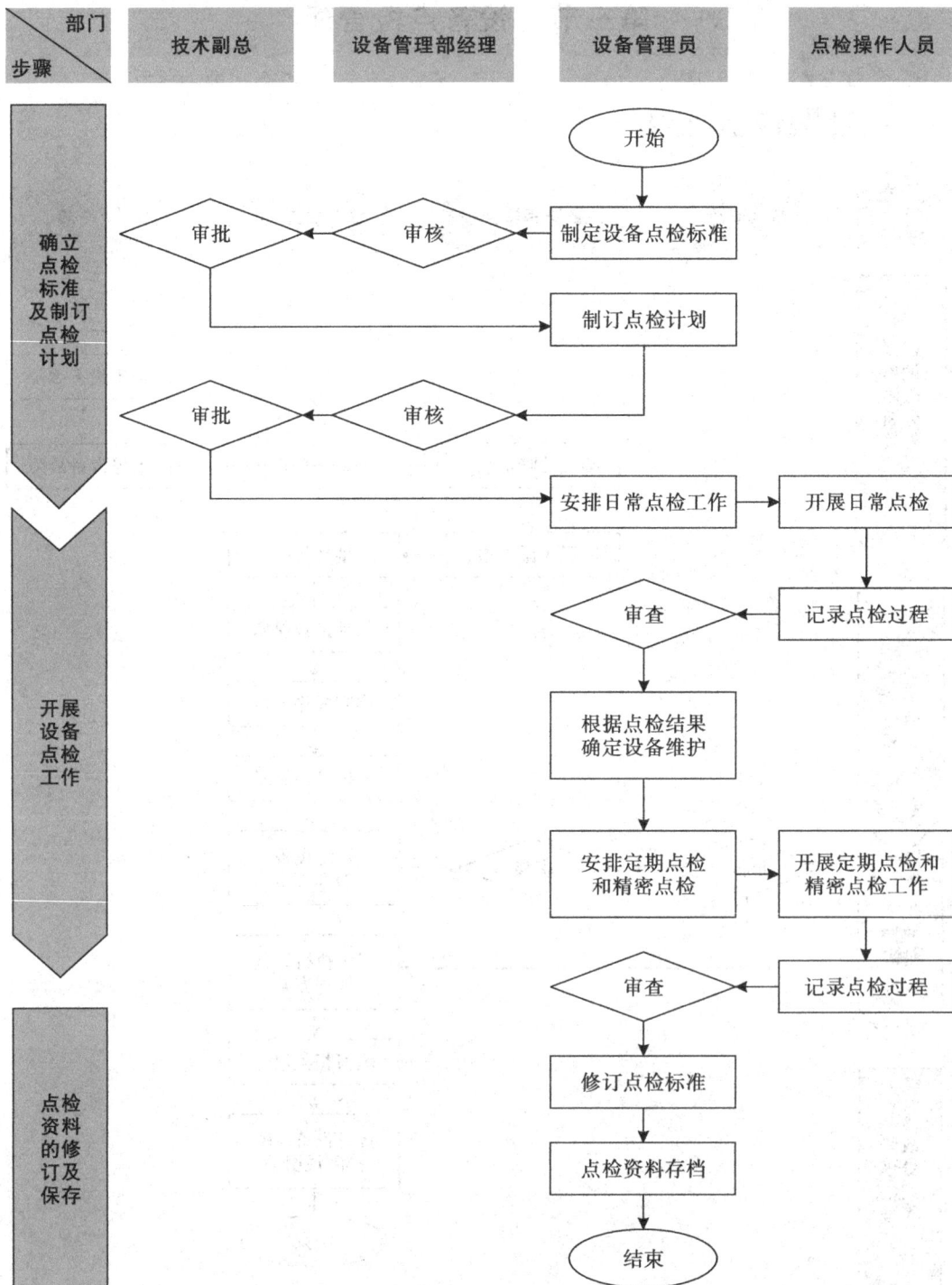

168

三、设备点检计划书

文书名称	设备点检计划书	编　号	
		受控状态	

一、目的

为保证本厂设备点检工作顺利、有序进行，提高设备的完好率，更好地发挥设备作用，特制定本计划书。

二、适用范围

本计划书适用于工厂所有设备点检工作的计划与管理工作。

三、职责分工

设备点检工作的职责分工如下。

1. 设备部负责编制设备点检计划及点检标准，报设备部经理审批后组织实施。

2. 设备年度及月度点检工作由设备点检专员负责，设备日常点检工作由设备操作人员和维修人员负责。

四、点检计划类型

设备点检计划根据点检频率不同可分为三种类型，具体说明如下表所示。

点检计划分类说明表

分类	具体说明
年度点检计划	1. 设备部主管根据设备点检标准和需求制订设备的年度点检计划 2. 计划经设备部经理批准后于每年年初的前 5 个工作日内下达并组织实施
月度点检计划	1. 设备部主管负责根据设备年度点检计划、设备的点检需求以及设备的实际运转情况将设备的年度点检计划分解成月度点检计划 2. 设备的月度点检计划应于前一个月月末的 5 个工作日内下达，以月日历进度的形式体现，由设备部主管负责做好相关人力和资源的部署
日常点检计划	1. 设备日常点检计划是对应于各种临时性需求的点检计划，设备部应及时根据临时需求计划的要求和实际的资源状况下达日常点检计划 2. 若不能满足需求计划的要求，设备部应于收到需求计划当日或第二日以书面形式向提出点检需求的部门进行反馈

五、点检标准

设备部主管应逐点制订点检标准并填写《点检标准表》，点检标准中对温度、压力、振动等都必须有明确的数值标准，以此作为判定该检查点是否劣化的依据。设备部主管应确保点检员熟悉并掌握点检标准。《点检标准表》的格式如下表所示。

（续）

设备点检标准表

设备名称：_____ 　　　　　　　　　　　　设备编号：_____

检查点	点检部位	序号	方法及要点说明	备注

编制人：_____ 　　　　　　　　　　　审核人：_____

六、点检方法

设备点检过程中可采用的点检方法主要包括五感点检法和技术诊断法两种，具体说明如下。

1. 五感点检法。在设备点检时，应首先运用五感点检法进行点检，即运用人的视觉、听觉、触觉、嗅觉、味觉的五感机能来判定设备的状态。

2. 技术诊断法。当对设备的精密度要求较高、五感点检法不能满足点检需要时，则应运用技术诊断法对设备进行点检。

七、点检计划实施

点检计划实施过程中需注意以下两点问题。

1. 由设备点检员根据点检计划确认设定点的状态，并做好相应的记录。

2. 对于在设备点检过程中发现的异常问题，设备点检员应及时向设备部主管报告，由设备部主管及时组织解决，使设备得以尽快恢复运转。

八、点检计划检查

在点检计划实施过程中，设备主管应及时进行检查，确保计划有序进行。

1. 由设备部主管组织对设备点检计划执行情况的检查。

2. 设备点检员负责整理、分析检查信息，编制设备点检检查分析报告，并将其交给设备主管和总经理审核。

九、点检结果处理

点检工作未按计划执行时，可采取如下处理措施。

1. 设备部负责根据检查结果对未完成工作计划或工作质量低下的相关责任人进行处罚。

2. 相关处罚由事件发生部门提出，由设备部负责确认责任人并实施相应的处罚。

3. 在确认责任的过程中，设备部应坚持以实事求是为原则，以吸取教训为主要目的，凡弄虚作假者，一经查实，加倍处罚。

4. 因设备点检工作未开展或工作质量差而影响设备正常运转的，按以下规定进行处罚。

（1）造成产品生产顺序调整的，每次处罚责任人____元。

(续)

（2）造成设备停止运转____小时以上的，每次处罚责任人____元。

（3）造成当日点检计划延期执行的，每次处罚责任人____元。

（4）设备使用部门应及时反馈设备点检计划的完成情况，已下达设备点检计划但未完成的，每次处罚责任人____元。

5. 其他因相关部门的工作质量低下造成点检任务不能按时完成而影响正常生产的，由设备部经理和相关部门领导根据事件的严重性对责任人作出处罚。

十、点检计划反馈

在点检计划实施过程中，设备部应做好以下反馈工作。

1. 设备部主管负责组织根据点检的标准对计划的执行情况进行核对、反馈并提出修订和修改意见，以改善点检作业的工作效率和管理水平。

2. 设备部主管根据反馈信息对设备点检计划进行补充、修订，报设备部经理审批后执行。

编制人员		审核人员		审批人员	
编制时间		审核时间		审批时间	

四、设备日常点检实施方案

方案名称	设备日常点检实施方案	编　　号	
		受控状态	

一、目的

为保证工厂设备日常点检工作的顺利进行，提高设备的完好率，加强设备点检计划的落实，特制定本方案。

二、适用范围

本方案适用于工厂所有设备的日常点检工作。

三、点检前准备

1. 点检员查看《设备点检作业卡》和《点检计划表》，找出点检的"五定"内容。

2. 根据需要点检的部位，点检员准备设备点检所需工具及其备品、备件。

3. 点检员在点检前应穿、戴设备点检工作服和点检防护装备，做到"二穿二戴"，即穿工作服和工作鞋、戴安全帽和防护镜。

四、日常点检工作内容

日常点检工作主要包括清扫、设备点检、加油、紧固、调整、小修理以及点检信息整理等，具体工作内容如下。

1. 清扫。设备点检员根据工作安排清扫所负责的区域。一方面，清扫地面和设备卫生，保持工作区域干净、整洁；另一方面，通过对设备的清扫工作，了解当前设备的温度、声音、裂纹以及潜在缺陷，初步掌握设备的运行情况。

（续）

2. 设备点检。

（1）根据《设备点检作业卡》和设备点检路线图，逐个、仔细点检需要点检的部位，发现并排除设备隐患。

（2）对设备经常发生故障的部位要重点、反复点检。

（3）对前一班次发生过检修或抢修过的设备部位应进行重点检查。

（4）认真做好设备点检及设备故障处理记录，填写《设备点检表》并签字确认。

3. 加油。在设备点检过程中，若发现设备缺乏必要的润滑，导致设备温度升高、磨损增加，甚至出现某部位劣化现象，点检员应及时对设备进行润滑，对需给油装置补油，对需给油部位加油。

4. 紧固、调整。在设备点检过程中，若发现设备紧固件松动、设备固定部位位置发生偏移，设备点检员应及时对设备相应部位进行紧固、调整，防止因设备过分震动而引起连接部件脱落或损坏，维护设备生产精度。

5. 小修。对于设备点检过程中发现的故障或隐患，设备点检员应认真分析，找出设备故障发生原因并进行简单的设备维修，力求排除故障。如无法独自处理，可请点检作业长或设备维修人员协助维修。

6. 点检信息整理、反馈。设备点检员应汇总、整理、总结当日点检信息，书写工作日志，向点检作业长报告当日工作情况，集体商讨、解决当日点检中出现的问题。

五、日常点检工作考核

日常点检工作的考核内容主要包括以下四个方面。

1. 点检人员的工作态度与服务。

2. 点检人员的出勤、遵守纪律、操作规范情况。

3. 点检的工作技巧与方法、点检的能力与水平。

4. 点检的工作效率、效果、失误及差错状况。

编制人员		审核人员		审批人员	
编制时间		审核时间		审批时间	

第四节 设备检修管理

一、设备检修管理流程

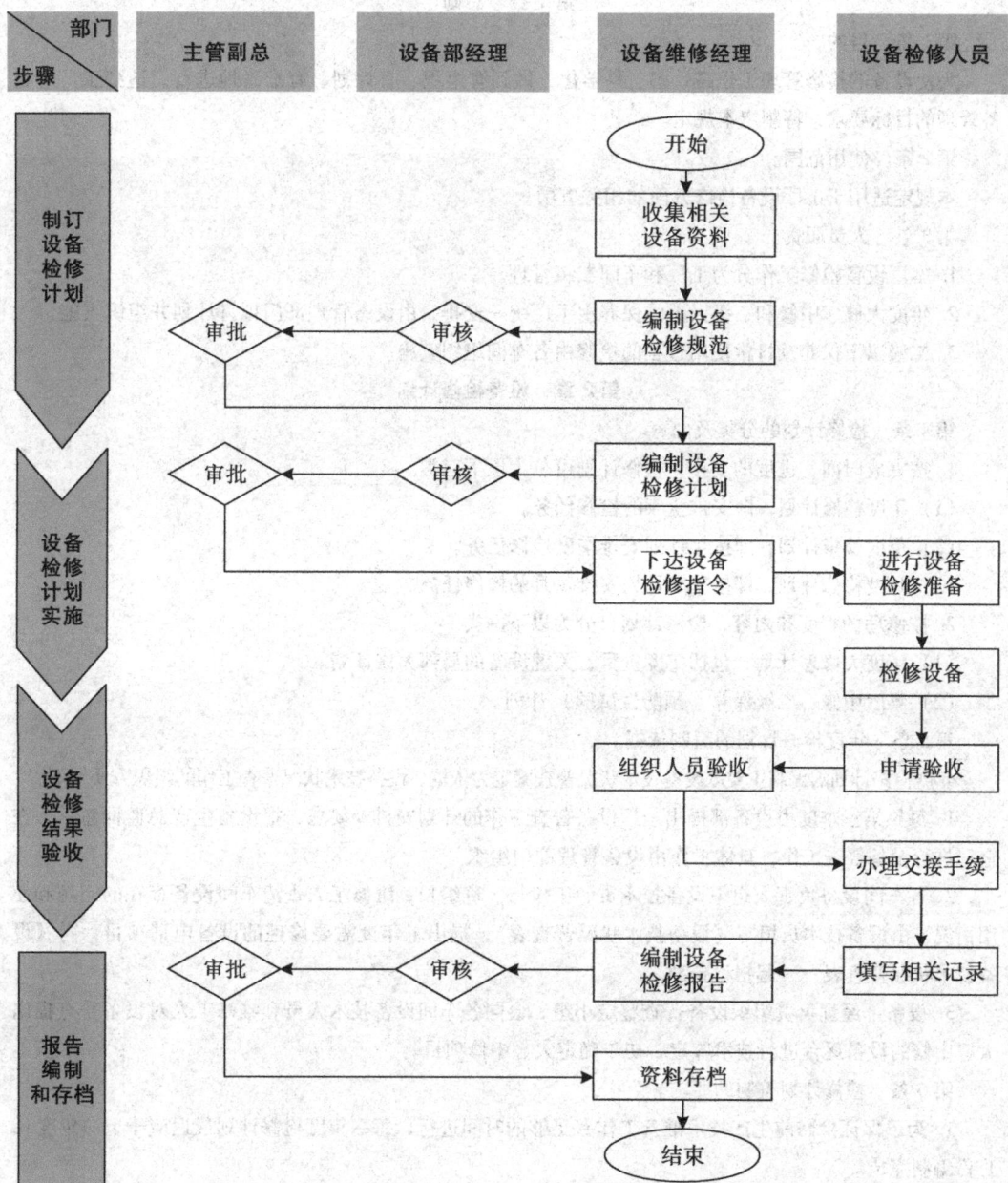

步骤\部门	主管副总	设备部经理	设备维修经理	设备检修人员

制订设备检修计划

开始 → 收集相关设备资料 → 编制设备检修规范 → 审核 → 审批

设备检修计划实施

编制设备检修计划 → 审核 → 审批

下达设备检修指令 → 进行设备检修准备 → 检修设备

设备检修结果验收

组织人员验收 ← 申请验收

办理交接手续

报告编制和存档

审批 ← 审核 ← 编制设备检修报告 ← 填写相关记录

资料存档 → 结束

二、设备检修管理规定

制度名称	设备检修管理规定		受控状态	
			编　　号	
执行部门		监督部门	编修部门	

第1章　总则

第1条　目的。

为使设备的检修管理工作高效率、科学化，做到有组织、有计划、有准备地进行，达到工厂对设备管理的目标要求，特制定本规定。

第2条　使用范围。

本规定适用于工厂设备检修方面的相关事项。

第3条　人员职责。

1. 本厂设备检修工作分为工厂和车间二级管理。

2. 年度大修、中修和二级以上的保养由工厂统一安排，由设备管理部门拟订计划并组织实施。

3. 二级以下保养及日常使用过程的检修由各车间组织实施。

第2章　设备检修计划

第4条　检修计划的分类及内容。

1. 按完成时间、进度的安排，检修计划可分为以下三类。

（1）年度检修计划，即安排全年的检修任务。

（2）季度检修计划，即按年计划安排季度检修任务。

（3）月度检修计划，即按季度计划安排每月的检修任务。

2. 按修理的程度和内容，检修计划可分为以下两类。

（1）年度大修理计划，包括年度贵重、关键设备的局部大修计划。

（2）年度中修、二级保养（预防性试验）计划。

第5条　年度检修计划的编制依据。

年度检修计划的编制主要以设备技术状况普查鉴定为依据，设备技术状况普查工作的组织方式如下。

1. 每年第三季度由设备部提出全厂设备普查工作的计划安排及要求，报设备生产总监同意后，在全厂进行设备普查工作，具体工作由设备管理部门组织。

2. 各车间设备负责人组织设备技术员、工段长、班组长、维修工人查清车间设备存在的问题和使用情况，由设备技术员填写《设备技术状况普查表》，提出下年度需要修理的设备申请项目，同《设备技术状况普查表》一起报设备部。

3. 设备部经理负责组织设备普查鉴定小组，会同各车间设备技术人员和维修工人对设备普查提出大、中修的设备逐台进行技术鉴定，初步确定大、中修项目。

第6条　检修计划编制的要求。

1. 为了保证检修前生产技术准备工作有足够的时间进行，每一年度检修计划最迟应于上一年度10月份编制完成。

（续）

2. 年度检修计划应包括年度大修、中修、二级保养计划。

3. 年度大、中修和二级保养计划草案编制完成后，分发各车间征求意见。各车间应根据下年度的生产任务以及各方面情况对草案提出修改意见。

第7条 检修计划的审批及下达。

1. 年度设备大、中修计划编制完成后，中修报设备生产副总审批，大修需转报总经理批准，计划批准后，由设备部发送各有关部门执行。

2. 车间维修有能力承担中修及二级保养的，则计划下达到车间；如车间维修只能承担二级保养而无能力承担中修的，则中修任务由设备维修部门承担。

第3章 设备检修准备

第8条 设备检修前生产技术准备。

1. 修理图纸来源。

（1）设备大、中修所需图纸由设备部技术人员提供。

（2）设备二级保养所需图纸一般由车间设备技术人提供。

2. 修理图纸的要求。

（1）图纸要有统一的编号。

（2）图纸的大小、绘制方法及符号、标记等要符合国家标准。

（3）图纸要清晰，一律标注公称尺寸。

（4）图纸上的公差、热处理等技术条件要标注齐全。

（5）改进或改装设备后，应及时修改图纸。

3. 修理图纸的管理。

（1）设备修理图纸统一由工厂资料室保管。

（2）图纸如有变更或修改，应在底图上同时修改或注明。

第9条 设备修理的技术准备。

1. 预检。预检在大修前3个月进行，也可结合大修前的二级保养同时进行，其主要内容如下。

（1）设备主要精度及性能的检查。

（2）查清设备存在的主要问题，以便确定修理项目。

（3）电气部分检查。

（4）根据设备磨损情况和资料分析，拆卸分解必要的部件，了解内部情况，确定需更换或修复零件，以便编制缺损明细表。

2. 复检。复检在大修拆机时进行，主要是对预检进行核对和补充。

3. 编制修理技术准备书。修理技术准备书应根据预检、复检结果编制，其主要内容如下。

（1）编制缺损件明细表，绘制修换零件图纸。

（2）编制修理方案，包括改装方案和重要零部件修复方案。

（续）

（3）编订修理后验收精度标准和技术要求。

（4）其他有关的技术文件和资料。

第4章　设备检修实施

第10条　设备检修实施主要以本工厂《设备检修规程》为依据。

第11条　设备检修人员进行设备检修时，应首先与设备使用单位办理好设备的交接手续，确认设备状态，由双方负责人签字确认，防止在检修以后出现推诿的现象。

第12条　设备检修人员在检修过程所使用的材料、零部件以及替换下的零部件必须登记造册，严禁漏记、错记或故意不记，一旦发现，工厂将进行严肃处理。

第13条　设备检修人员在检修中发现检修计划以外的问题时，应立即通知检修管理人员，由其签字确认后方可进行额外检修工作。

第5章　设备检修验收

第14条　设备二级保养后的检查验收。

1. 二级保养后的检查验收由生产车间组织设备技术员、维修工人和操作工人进行，由其填写检修记录并交车间设备管理员存档。

2. 二级保养后应对所修部位进行检查、空运转试验、负荷试验。

3. 精密设备进行二级保养后，对修理后的有关精度必须进行测量和记录，并交车间设备管理员存档。

第15条　设备中修后的检查验收。

1. 设备中修后由设备管理部设备主修技术员、车间设备负责人、设备技术员、检验员、主修工人、操作工人参加验收。验收后，由设备主修技术员填写《设备修理完工验收单》并送相关部门。

2. 设备中修后应进行外部质量检查和空运转试验、负荷试验、技术性能试验。

3. 检修部位应按技术准备书中所规定的内容和项目进行检查，检查部位的精度必须达到最低工艺要求。

第16条　设备大修后的检查验收。

1. 设备大修后由设备管理部设备主修技术员、车间设备负责人、设备技术人员、检验员、主修工人、操作工人参加验收。验收后，由设备主修技术员填写《设备修理完工验收通知单》并送相关部门。

2. 设备大修后，应全面恢复原技术性能，精度应达到大修质量标准，配齐安全装置和必要的附件。

3. 对老旧设备和原制造质量较差的设备，在保证工艺要求的前提下可适当降低精度标准。

4. 设备大修后，应对设备进行外部检查、空运转试验、负荷试验，对动力设备应进行耐温、耐压等必要的技术性能试验。

5. 设备大修验收后，由计划员收集、整理有关的修理资料，包括设备送修移交单、大修技术准备书、缺损件明细表、精度检验记录、技术性能试验记录、设备修理完工验收通知单等，并将资料交设备管理员存档。

第17条　验收投产3个月内，由于修理质量不达标造成故障，则由原承修人员负责返修。

（续）

第6章　附则

第18条　本规定由设备管理部门负责起草和制定。

第19条　本规定经总经理审批后实施。

修订记录	修订标记	修订处数	修订日期	修订执行人	审批签字

三、检修计划实施方案

方案名称	检修计划实施方案	编　号	
		受控状态	

一、目的

为保证本厂设备检修工作顺利进行，提高设备的完好率，更好地发挥其作用，提高投资效益，加强设备检修计划落实工作，特制定本方案。

二、编制依据

本方案依据工厂《设备检修规定》和《设备检修规程》编制。

三、人员职责

1. 设备管理部门负责本方案的起草、编制和监督实施。

2. 相关生产及作业人员依照本方案实施检修工作。

四、检修计划实施控制

1. 检修前期准备

检修实施前检修人员应准备好相关图纸，并将其分类、建立图纸清册，涉及的图纸如下。

（1）设备接线系统图。

（2）设备结构图、易损零件、备品配件加工图。

（3）继电保护、电动装置、测量仪表原理和接线图。

（4）技术革新、设备改进图。

（5）专用工具图。

（6）其他相关图纸。

2. 设备解体控制

（1）做好解体前的各项技术措施，解体后零部件摆放整齐、有序，其上应有明显标记。

（2）检查和分析设备技术状况变化规律，做好原始记录，积累资料，鉴定以往检修与改进效果。

（3）绘制损坏部位加工图，及时提出自制要求或委托加工。

（4）针对设备的缺陷调整检修项目，进一步完善检修工作。

（续）

（5）做好安全措施，封闭好该封闭的设备或部位，应回收的部件指定专人负责。

3. 做好检修记录

（1）指定专人做检修记录，记录内容包括部件情况、测试数据、改进项目、工时消耗等。

（2）及时建立设备检修台账，登记检修设备编号、名称和名牌，设备检修类别和日期，设备缺陷以及改进情况等。

4. 检修工作结束

（1）检修人员要做好现场清洁及工具、仪表的管理，要严防工具、工件及其他物件遗落在设备内，以防造成事故。

（2）检修工作结束后，要认真清洁设备表面并进行试运行，确保检修工作安全到位。

五、检修实施注意事项

1. 注意安全。检修现场负责人和检修人员要注意结合各类设备检修特点，严格执行《设备检修规程》，确保人身和设备安全。

2. 确保质量。检修现场负责人和检修人员要严格执行工艺规程、检修指令标准和工艺措施，保证检修质量。

3. 抓紧进度。检修现场负责人和检修人员应及时掌握和平衡检修进度，确保检修工作按计划进行。

4. 避免浪费。检修计划实施过程中，要注意节约工时和材料，防止浪费。

编制人员		审核人员		审批人员	
编制时间		审核时间		审批时间	

四、设备自修管理办法

制度名称	设备自修管理办法		受控状态	
			编　　号	
执行部门		监督部门		编修部门	

第 1 章　总则

第 1 条　目的。

为规范工厂对设备维修的管理行为，确保工厂的设备修理有章可循，延长设备的使用寿命，保证工厂的持续生产能力，特制定本办法。

第 2 条　适用范围。

本办法适用于工厂自身进行设备维修时的相关事项。

第 3 条　定义。

本办法中的设备维修是指采用技术手段与管理行动，对生产设备进行检查、调整或更换零部件，使生产设备能够恢复其功能或精度的技术活动。

（续）

第4条 自行维修分类。

生产设备的自行维修分为大修、中修与小修，设备维修的管理人员应根据设备的实际使用情况与现状合理选择维修种类。设备自行修理的分类如下表所示。

自行修理分类说明表

类型	主要内容
小修	通常只需修复、更换部分磨损较快或使用期限等于或小于修理间隔期的零件，只调整设备的局部结构
中修	对设备进行部分解体，修理或更换部分主要零件与基准件或修理使用期限等于或小于修理间隔期的零件；同时要检查整个机械系统，紧固所有机件，消除扩大的间隙，校正设备的基准，以保证设备能恢复和达到应有的标准和技术要求
大修	通过更换、修复设备主要零部件，恢复设备原有精度、性能和生产效率

第2章 设备维修计划

第5条 维修计划编制责任人。

设备维修经理负责编制本厂年度、季度及月度设备维修计划并报相关负责人审批。

第6条 维修计划编制依据。

设备维修计划的编制依据主要包括以下四个方面的内容。

1. 设备的技术状况。

2. 工厂产品工艺对设备的要求。

3. 生产安全与环保对设备的要求。

4. 设备的维修周期与维修间隔区。

第7条 设备维修计划编制程序。

设备维修计划的编制程序如下。

1. 收集资料

设备维修人员主要收集以下两方面的资料。

（1）生产设备技术状况方面的资料。

（2）编制维修计划需要了解的信息，如设备修理工时定额资料、需维修设备目录及设备的备件库存状况等。

2. 编制维修计划草案

在编制维修计划草案时需要考虑以下四个方面。

（1）考虑本厂总体生产状况及对设备的要求。

（2）结合生产现状考虑大修与中修的可能性。

（3）确定工厂必须列入维修计划的需修设备。

（4）编制维修进度时，考虑需维修设备的轻重缓急。

3. 维修计划的平衡

设备维修经理应将编制好的设备维修计划管理草案送各部门（如技术部、财务部）征求意见，根据相关部门的意见对设备维修计划进行修订。

4. 维修计划的审核

正式的维修计划应报设备部经理审核、主管副总审批。

第8条 维修计划调整。

对未列入设备维修计划但必须进行维修的设备，设备使用部门应提前通知设备管理单位，以便调整设备维修计划。

第9条 维修计划上报。

年度设备维修计划必须在每年的12月25日之前上报，季度与月度维修计划必须于季度末或月度末的27日之前上报。

第3章 设备维修准备

第10条 了解设备现状。

设备维修人员在进行设备维修前应掌握生产设备的具体劣化程度与设备将要生产产品的技术要求，并准确把握设备的磨损程度及需要的更换件和修复件。

第11条 设备调查。

设备维修人员在维修设备前应对将要维修的设备进行调查，调查的内容可通过以下渠道获得。

1. 设备档案。

2. 向设备操作者了解情况。

3. 按设备的出厂精度标准检验设备的精度并进行记录。

4. 实测设备磨损部位的磨损量及可视部件的磨损。

5. 检查设备的状况，包括油路、润滑、电气等部件。

第12条 编制维修技术文件。

设备维修经理应根据所调查、了解的设备状况编制设备维修技术文件。文件主要包括以下两方面内容。

1. 维修说明书，主要包括维修内容、维修部件明细、所需材料明细及维修质量标准。

2. 维修工艺说明。

第13条 准备材料、工具。

在设备维修之前，设备维修管理人员应核对设备维修时所用到的材料、工具及零部件，并根据维修技术文件中的清单逐项核对。若工厂无库存则应填制申购单并递交采购部，由采购部进行购买。

第14条 维修计划内容。

设备维修经理所编制的设备维修作业计划应详细说明设备维修的具体时间、参与人员、所需时间，维修的主要内容、次序、所使用的场地及仪器等相关内容。

第4章 设备维修作业

第15条 维修设备交接。

设备的使用单位应在规定日期将设备移交给设备维修人员，并填制《设备交修单》，双方确认无误后完成设备的交接。

（续）

第16条 维修场地准备。

如果在生产场地进行自行修理，生产设备的使用部门在移交设备前应将生产现场清理干净，腾出维修所需要的场地，移走占地的成品与半成品。

第17条 准备配件。

设备维修人员在检查设备后，应尽快提出需要进行临时加工的配件清单，并交相关部门准备。

第18条 出具技术文件。

设备检查过程中发现新的问题时，设备维修管理人员应尽量出具设备维修的技术及工艺文件、质量要求，方便维修人员进行修理，保证设备维修的进度。

第19条 生产配件。

对于本厂能够生产的临时配件，生产部应安排专人进行配件的生产，满足维修作业的需要。

第20条 调整生产。

各生产车间的车间主任应根据设备维修作业状况进行生产的调整，并积极配合维修作业，防止发生窝工、怠工现象。

第5章 设备维修验收与费用

第21条 进行维修检测。

设备维修完毕后，维修人员应进行空转试验及精度检验的自测，发现问题后应及时调整。

第22条 验收条件。

负责设备验收的部门应在设备的空运转试验、负荷试验及精度验证后办理验收手续。

第23条 办理验收手续。

设备维修验收通过后，维修人员应与生产车间办理设备交接手续并填写设备维修报告，由生产车间、验收部门签字确认。设备维修报告一式三份，维修人员自留一份，验收部门留一份，设备部留一份。

第24条 财务核算。

设备维修完成后，设备维修管理人员应进行设备维修的财务核算，并报财务部门进行相关的财务处理。

第6章 附则

第25条 本办法由设备部负责制定、修订和解释。

第26条 本办法经总经理办公会议审议后，自颁布之日起执行。

修订记录	修订标记	修订处数	修订日期	修订执行人	审批签字

第五节　设备润滑管理

一、设备润滑流程

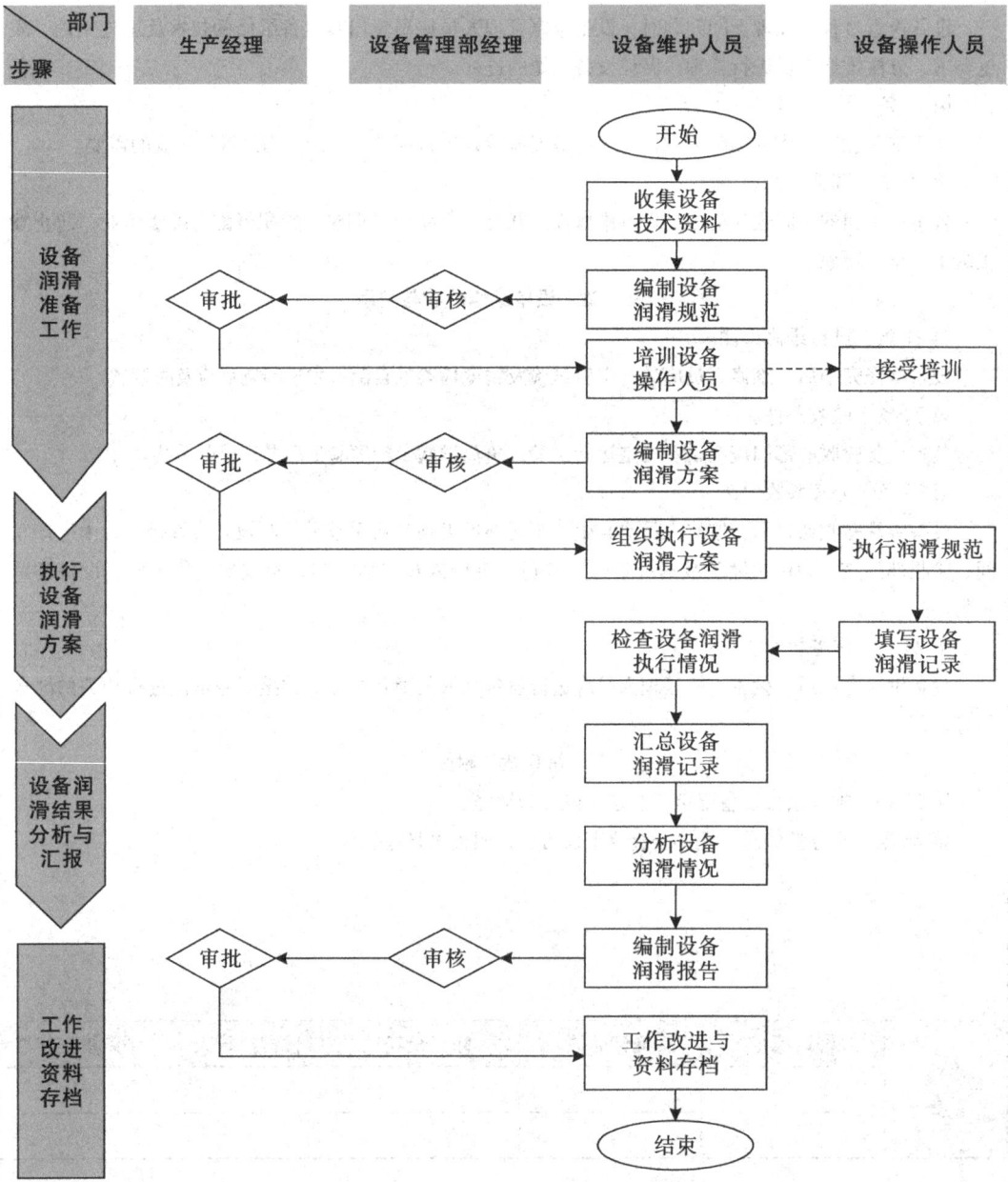

步骤＼部门	生产经理	设备管理部经理	设备维护人员	设备操作人员

设备润滑准备工作

开始

收集设备技术资料

审批 ← 审核 ← 编制设备润滑规范

培训设备操作人员 ----→ 接受培训

审批 ← 审核 ← 编制设备润滑方案

执行设备润滑方案

组织执行设备润滑方案 → 执行润滑规范

检查设备润滑执行情况 ← 填写设备润滑记录

设备润滑结果分析与汇报

汇总设备润滑记录

分析设备润滑情况

审批 ← 审核 ← 编制设备润滑报告

工作改进资料存档

工作改进与资料存档

结束

二、设备磨损管理制度

制度名称	设备磨损管理制度		受控状态	
			编　　号	
执行部门		监督部门	编修部门	

第1章　总则

第1条　目的。

为了科学管理工厂设备，使设备的磨损管理工作规范到位，确保设备平稳运行，以达到延长设备的使用寿命和适应生产发展需要的目的，特制定本制度。

第2条　适用范围。

本制度适用于工厂所有设备的磨损管理工作。

第3条　相关定义。

1. 设备有形磨损：指设备在使用或闲置过程中所发生的实体磨损。

2. 设备无形磨损：指设备由于社会经济环境变化造成的价值贬值，是技术进步的结果。

3. 设备更新：指用技术性能更完善、经济效益更显著的新型设备替换原有技术上不能继续使用或经济上不宜继续使用的设备。

4. 设备技术改造：指运用新技术对原有设备进行改造，以改善或提高设备的性能、精度及生产率，减少能耗及污染。对设备进行技术改造时必须考虑生产上的必要性、技术上的可能性和经济上的合理性。

第2章　设备磨损分类及补偿方式

第4条　设备磨损的分类。

设备在运行或闲置过程中都会产生磨损，磨损主要可分为有形磨损和无形磨损。磨损分类说明如下表所示。

磨损分类说明表

类型	具体说明
有形磨损	1. 设备运转过程中，在外力作用下，其零部件会发生摩擦、震动和疲劳，以致设备的实体发生磨损 2. 在自然力作用下发生的设备磨损，如生锈等
无形磨损	1. 由于设备制造工艺不断改进，成本不断降低，同类设备的再生产价值降低，致使原设备相对贬值但不改变原设备的使用价值，不需要进行磨损补偿 2. 由于技术进步，市场上出现结构更先进、技术更完善、生产效率更高、耗费原材料和能源更少的新型设备，使原设备在技术上显得相对陈旧、落后

（续）

第5条　设备磨损的规律。

设备有形磨损可根据磨损程度的不同分为以下三个阶段，其磨损规律如下图所示。

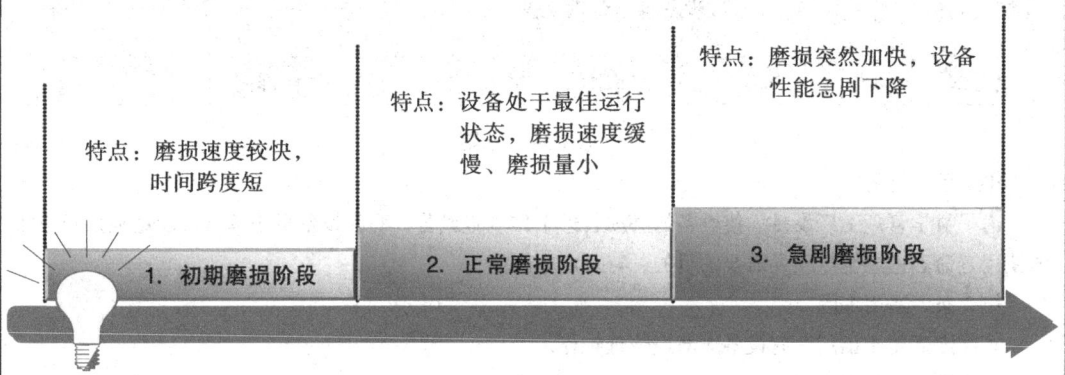

特点：磨损速度较快，时间跨度短

特点：设备处于最佳运行状态，磨损速度缓慢、磨损量小

特点：磨损突然加快，设备性能急剧下降

1. 初期磨损阶段　　2. 正常磨损阶段　　3. 急剧磨损阶段

设备磨损规律

第6条　补偿方式。

为了恢复设备应有的技术性能和生产效率、延长设备的使用寿命，必须对设备的磨损进行补偿，依据磨损形式可采取下图所示的补偿方式进行补偿。

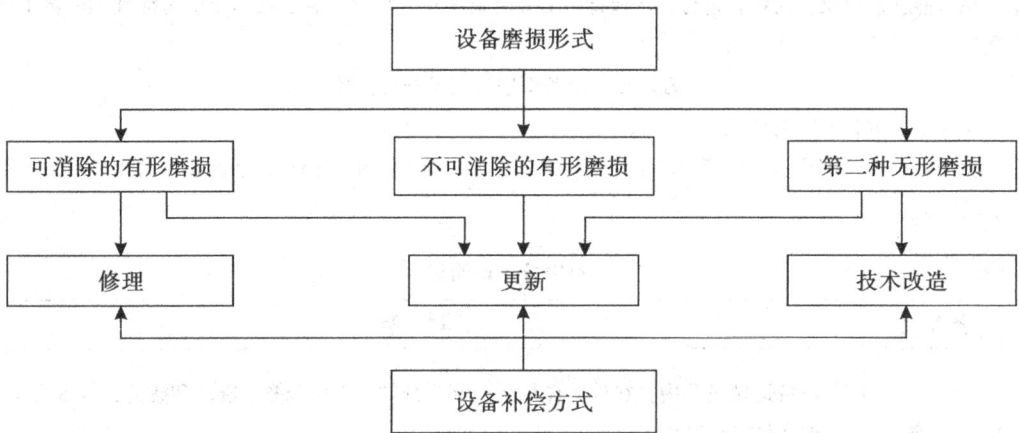

设备磨损形式

可消除的有形磨损　　不可消除的有形磨损　　第二种无形磨损

修理　　更新　　技术改造

设备补偿方式

设备补偿形式

第3章　设备的维护和保养

第7条　一般设备的维护和保养。

设备维护和保养是指保持设备清洁、整齐、润滑良好、运行安全，包括及时紧固松动的零部件、调整活动部分的间隙等。维护和保养依工作量大小和难易程度分为日常保养、一级保养、二级保养等，具体如下表所示。

（续）

设备保养分类表

名称	主要内容
日常保养	进行清洁、润滑、紧固易松动的零件，检查零部件的完整性，保养的项目和部位较少，大多数在设备的外部，一般由设备操作人员负责
一级保养	普遍地进行拧紧、清洁、润滑、紧固，还要部分地进行调整，一般由设备操作人员负责
二级保养	内部清洁、润滑，局部解体检查和调整，一般在设备操作人员的参与下，由保养专员负责

第8条　特殊设备的维护保养。

特殊设备是指工厂中"精密、大型、稀有"的设备，对此类设备的日常维护和保养需要注意以下几点。

1. 日常工作中，设备维护和保养人员需要指导设备操作人员不断整理工厂特殊设备所处的环境，使设备的运行环境满足特殊设备的运行要求。

2. 特殊设备操作人员在设备的日常保养中必须严格遵守设备保养规范，不得随意拆卸设备零部件，特别是精密部件。

3. 特殊设备保养过程中所使用的润滑品、擦拭材料及清洁剂等必须按照设备使用说明书中的规定使用，不得随意更换。

4. 若特殊设备在运行中出现异常现象应立即停机，并向设备保养专员报告。

5. 特殊设备不工作时应将整机或关键部位罩上护罩；如长期停用，也必须定期擦拭、润滑及空运转，防止设备零部件腐蚀受损。

6. 特殊的附件及保养工具应设立专柜，由设备操作人员妥善保管并保持清洁，以防丢失和锈蚀。

7. 保养特殊设备时的"四定"要求如下表所示。

特殊设备保养的"四定"要求

四定要求	说明
定使用人员	特殊设备的使用人员应选取技术好、责任心强的人员担任，并保持人员稳定，无故不得更换
定检修人员	特殊设备的检修人员应固定，使其能熟悉、积累此类设备的检修经验并可以快速、准确地处理问题
定操作维护规定	设备维护主管会同技术部相关人员根据各设备的特点逐台编制维护和保养规范并严格执行
定保养计划及备件	设备维护主管根据每台设备对生产的影响程度分别确定每台的保养计划及方式，保证设备维修时备件的及时供应

（续）

第4章 设备的维修管理

第9条 设备修理分类。

设备修理是指修复由于正常或不正常的原因而造成的设备损坏和精度劣化，使设备性能得到恢复。根据修理范围大小、修理间隔期长短、修理费用多少，设备修理可分为小修、中修和大修三类，具体如下表所示。

设备修理分类表

类型	主要内容
小修	通常只需修复、更换部分磨损较快或使用期限等于或小于修理间隔期的零件，只调整设备的局部结构
中修	对设备进行部分解体，修理或更换部分主要零件与基准件或修理使用期限等于或小于修理间隔期的零件；同时要检查整个机械系统，紧固所有机件，消除扩大的间隙，校正设备的基准，以保证设备能恢复和达到应有的标准和技术要求
大修	通过更换，修复其主要零部件，恢复设备原有精度、性能和生产效率

第10条 设备修理程序。

1. 设备发生故障时，使用部门须填写《维修申请单》，部门主管签字后交设备管理部。

2. 设备管理部接到通知，随即在《日常维修工作记录簿》上登记接单时间，根据事故的轻重缓急及时安排有关人员处理，并在记录簿中登记派工时间。

3. 设备维修人员的设备故障处理程序如下。

（1）分析设备故障的原因。

（2）拟定设备故障的排除方案。

（3）排除故障。

（4）请求验收处理过故障的设备。

（5）详细记录设备故障的处理情况。

4. 维修工作完毕，主修人员应在《维修记录单》中填写相关内容，此单由使用部门主管人员验收签字后交回设备管理部。

5. 设备管理部在记录簿中登记维修完工时间，及时将维修内容登入设备卡片，审核维修中记载的用料数量，计算出用料金额并填入单内。

6. 将处理完毕的《维修记录单》依次贴在登记簿的扉页上。

7. 设备的紧急维修应由使用部门的主管用电话通知设备管理部，由值班人员先派人维修。之后，使用部门应补交《维修申请单》，值班人员补写各项记录，其他程序同上。

8. 维修部门在接单后两日内不能修复的，由值班主管负责在登记簿上注明原因并采取特别措施尽快修复。

（续）

<table>
<tr><td colspan="6" align="center">第5章　附则</td></tr>
</table>

第11条　本制度由设备管理部负责制定、解释和修改。

第12条　本制度经总经理办公会议审批后，自颁布之日起执行。

修订记录	修订标记	修订处数	修订日期	修订执行人	审批签字

三、设备润滑管理制度

制度名称	设备润滑管理制度		受控状态	
			编　号	
执行部门		监督部门	编修部门	

第1章　总则

第1条　目的。

为规范工厂的设备润滑工作，确保生产设备的正常使用和生产正常、有序进行，特制定本制度。

第2条　适用范围。

本制度适用于工厂所有设备的润滑管理事项。

第3条　职责分工。

1. 设备维护主管负责制订设备润滑的相关规范及计划。

2. 设备润滑管理员负责监督实施。

3. 设备操作人员负责设备的日常润滑。

第2章　设备润滑的准备工作

第4条　设备润滑规范。

设备维护主管应根据设备的特点及运行要求制定设备的润滑规范并编制成文，经主管领导审批后下发。

第5条　岗前培训。

设备操作人员上岗前应经过设备维护主管关于设备润滑的培训。

第6条　"五定"润滑图表。

1. 设备维护主管应将设备按照一定标准分类，根据其类别和特点制定相应的设备"五定"润滑图表，并将其张贴于设备管理看板上。

2 设备润滑的"五定"图表包括以下五方面内容。

（1）定点：规定润滑部位、名称及加油点数。

（2）定质：规定每个加油点的润滑油（脂）的种类及名称。

（续）

（3）定时：规定润滑时加、换油的时间。

（4）定量：规定设备润滑时每次加、换油的数量。

（5）定人：规定每台设备润滑的负责人。

第7条　清理设备。

设备润滑管理员在所有设备交付使用前都应协同相关人员清理设备，保证设备润滑管道、油口、滤油网干净、无杂物。

第3章　设备润滑用具管理

第8条　润滑工具领取。

1. 设备润滑管理员负责统一领取设备润滑用具，将其登记造册后发放到设备操作人员手中。

2. 设备操作人员应按照规定的量领取设备润滑油或润滑脂，避免浪费。

第9条　润滑工具保管。

设备的润滑工具由设备操作人员妥善保管、使用，遇有报废或遗失时需要及时通知设备润滑管理员并重新领取。

第10条　润滑工具报废和遗失。

设备润滑管理员需要记录润滑工具的发放原因。若因个人原因造成润滑工具报废或遗失，且润滑用具在使用周期之内时，设备润滑管理员应通知财务部从责任人员的工资中扣除需要赔偿的金额。

第11条　润滑油检测。

设备润滑管理员应定期检测润滑油或润滑脂的种类，以防止变质的润滑油（脂）渗入到设备中。

第4章　设备润滑的执行

第12条　润滑系统检查。

设备操作人员在设备启动前需要检查设备润滑系统，具体检查内容如下。

1. 根据油位指示计检查油箱容量，确保润滑油的液面保持在上限记号附近的下方。

2. 根据油温计检查油箱的油温，确保油温符合设备的使用要求。

3. 通过压力表检查压力是否正常。

第13条　润滑记录。

在设备运行过程中，设备操作人员需要认真执行设备润滑规范并做好润滑记录。

第14条　设备巡检。

1. 设备维护管理专员需要巡检设备的润滑规定执行情况，发现问题后应及时处理。

2. 设备操作人员需要监测设备的整体润滑情况，发现润滑异常时应立即停止设备并上报情况。

第15条　润滑工具清洁。

设备操作人员对设备进行润滑时需要注意抽桶、油具、加油点与润滑油（脂）的清洁，防止因润滑用具不洁导致油路堵塞。

第5章　润滑油（脂）的更换

第16条　润滑技术学习。

设备维护主管与专员应积极学习新的润滑技术，做好润滑新技术和油品的更新换代工作。

（续）

第17条　润滑油品质检测。

设备保养人员需要定期检测设备中润滑油的品质，防止润滑油受到外界灰尘、水分、温度等因素的影响而产生变质。经检测后，若油品不符合设备使用要求，应及时更换润滑油（脂）的种类。

第18条　注意事项。

1. 设备润滑油（脂）的更换需要列入设备维护保养计划中，在通过试验、确保安全后方可进行更换。

2. 更换润滑油（脂）前必须清理设备的润滑管道，确保润滑管道干净、畅通。

第6章　设备润滑安全

第19条　行走安全。

设备保养人员在日常巡检设备时应注意安全，只许在规定的通道上行走，不得跨越传动装置和运输带。设备停车前，不得用手及其他物品检查油箱。

第20条　电路安全。

设备清洗换油前，应由电工将电路切断，并在开发处挂上"禁止合闸"的标牌。

第21条　操作安全。

设备保养人员在检查设备润滑系统供油情况时，必须由设备操作人员启动设备，不得擅自启动。

第22条　现场环境安全。

设备操作人员应注意油桶及油车的运输安全并保持现场卫生，加完润滑油后应及时清理地面上的油污，防止起火。

第7章　附则

第23条　本制度由设备管理部负责制定、解释和修改。

第24条　本制度经总经理办公会议审批后，自颁布之日起执行。

修订记录	修订标记	修订处数	修订日期	修订执行人	审批签字

四、设备润滑实施方案

方案名称	设备润滑实施方案	编　号	
		受控状态	

一、目的

为加强设备润滑管理工作，保证设备完好并充分发挥设备效能，减少设备事故和故障，保证工厂正常生产，特制定本方案。

二、设备润滑作用和原理

1. 设备润滑的作用

设备润滑的主要作用是最大化降低摩擦的危害，其作用一般可归结为控制摩擦、减少磨损、降温冷却、可防止摩擦面锈蚀、冲洗、密封、减振等。

（续）

2. 设备润滑的原理

（1）将具有润滑性能的物质施入机器中作相对运动的零件的接触表面上，以减少接触表面的摩擦，降低磨损的技术被称为设备润滑。

（2）施入机器零件摩擦表面上润滑剂能够牢牢地吸附在摩擦表面上，并形成一种润滑油膜，这种油膜与零件的摩擦表面结合得很强，因而两个摩擦表面能够被润滑剂有效地隔开。

（3）经过以上两个步骤，零件间接触表面的摩擦就变为润滑剂本身的分子间的摩擦，从而起到降低摩擦、磨损的作用。

三、设备润滑职责

1. 设备管理部门

（1）负责本厂设备润滑管理的组织和检查工作，组织制定设备润滑管理制度。

（2）负责各车间设备润滑计划的审核工作。

2. 各生产车间

（1）负责本车间设备润滑的日常管理工作。

（2）负责提出本车间的设备润滑计划。

3. 采购部门

负责实施指定润滑油的采购工作。

四、制定设备润滑"五定"图

1. 责任部门

设备管理部润滑负责人负责逐台制定"五定"润滑图表，并将使用及维护规程发送到各相关岗位。

2. "五定"内容

（1）定点：规定润滑部位、名称及加油点数。

（2）定质：规定每个加油点润滑油（脂）牌号。

（3）定时：规定加、换油时间。

（4）定量：规定每次加、换油数量。

（5）定人：规定每个加、换油点的负责人。

五、日常设备润滑执行要点

1. 润滑系统检查

设备操作人员在设备启动前应检查设备润滑系统，具体检查内容包括以下三项。

（1）根据油位指示计检查油箱容量，确保润滑油的液面保持在上限符号附近。

（2）根据油温计检查油箱的油温，确保油温符号设备的使用要求。

（3）通过压力表检查内部压力是否正常。

2. 操作规范

（1）在设备的运行过程中，设备操作人员要认真执行工厂润滑规定，并做好润滑记录。

（2）设备操作人员对设备进行润滑时需要注意油桶、油具、加油点与润滑剂的清洁。

（3）润滑专业人员要定期检查和不定期抽查润滑"五定"图表执行情况，发现问题应及时处理。

（续）

3. 润滑油脂的管理

（1）润滑油脂的分析化验。

设备运转过程中，由于受到设备本身及外界灰尘、水分、温度等因素的影响，使润滑油（脂）变质，为保证润滑油的质量，需定期进行过滤分析和化验工作，对不同设备规定不同的取样化验时间。

（2）润滑油（脂）的更换。

① 经化验后的油品不符合使用要求时，要及时更换润滑油（脂）。

② 油品的更新换代要列入工厂的年度设备工作计划中，经过试验、保证安全后方可实施，油品更新前必须对油具、油箱、管路进行清洗。

六、设备润滑常见故障

设备操作人员和设备润滑管理人员应熟知造成以下设备润滑故障的原因，并选择相应方法进行处理。

1. 机械运转不灵

（1）具体表现：运动迟滞、速度不匀，不能平稳地工作，产生振动和噪声且动力消耗过大。

（2）主要原因如下。

① 摩擦部分设计或安装不当。摩擦部分的间隙过小，造成摩擦力过大；反之，间隙过大，会造成冲击和润滑状态不良，从而使摩擦增大、运动不稳定；此外，对摩擦部分供应的润滑剂不足也会使设备运转状态恶化。

② 材料选用不当。摩擦部分的材料及其组合不当或润滑剂选择不当会造成机件运动不稳定，易引起咬粘或胶合等损伤。

③ 有异物混入。当尘土或沙子等磨料性固体异物从外部侵入时，因其嵌入摩擦部分而使运动受阻，引起设备显著磨损。

2. 不正常的振动和噪声

（1）具体表现：设备在运转时产生不正常振动和噪声，导致设备性能降低和环境恶化，在最严重的情况下会造成设备损坏。

（2）主要原因：可能由于缺乏润滑或异物嵌入所致。

3. 温度过高

（1）具体表现：设备箱体外部温度超过正常值，有润滑油烧焦的气味或冒烟。

（2）主要原因如下。

① 摩擦部位阻力太大，强行继续运转而加剧发热。

② 摩擦阻力太大，除可能是因为设备运转恶化外，还可能是因为润滑油黏度太大，充油量过多，因轴或齿轮等转动体的激烈搅拌以致发热。

③ 摩擦润滑部位的散热条件不良、周围气温高或通风不良，导致摩擦热量不能随时散出。

④ 由于运转时发热，设备发生热变形和热膨胀，使摩擦部分的配合精度失常，从而加剧了发热。

4. 设备不能运转

（1）具体表现：设备运转中突然停止或不能再启动。

（续）

（2）主要原因分析如下。

① 摩擦部分发生缺损，以致发生咬抱。

② 摩擦部分有土、砂或尘埃等异物和来自其他部分的碎屑进入，以致卡死。

③ 随着温度升高，摩擦部分的状态显著恶化，或发生咬粘等问题。

七、设备润滑故障处理

对于不同设备部件的润滑故障，处理方法各有不同，具体处理方法如下表所示。

设备润滑故障处理表

设备部件	损伤名称	损伤现象	处理方法
滑动轴承	单边接触	负荷偏移，单边磨损严重，一侧温度升高，单边油膜破坏	提高加工精度，改善散热条件，保持均匀、适当的油膜厚度
	烧结	局部粘结下来，大片形成不规则的凹陷，有时边缘有烧损	改用黏度适当、润滑性能良好的足量润滑油，改善加工精度
	微动磨损	呈波纹状磨痕，同时有波纹样腐蚀色	抑制振动，调整间隙，选用最合适润滑油，防止产生爬行
滚动轴承	剥落	轴承内部表面剥落并出现严重凹凸	改用负荷能量大的轴承，改用高黏度油，增强黏膜
	疲坑（裂痕）	轴承内部发生小坑	改用高黏度油，增强油膜，注意不能混入杂质
	咬抱	主要是擦伤中央有烧结，滚体侧面带旋轮线样伤痕	检查润滑系统，加强密封，并检查有无异常负荷

编制人员		审核人员		审批人员	
编制时间		审核时间		审批时间	

第六节　设备备件管理

一、设备备件管理流程

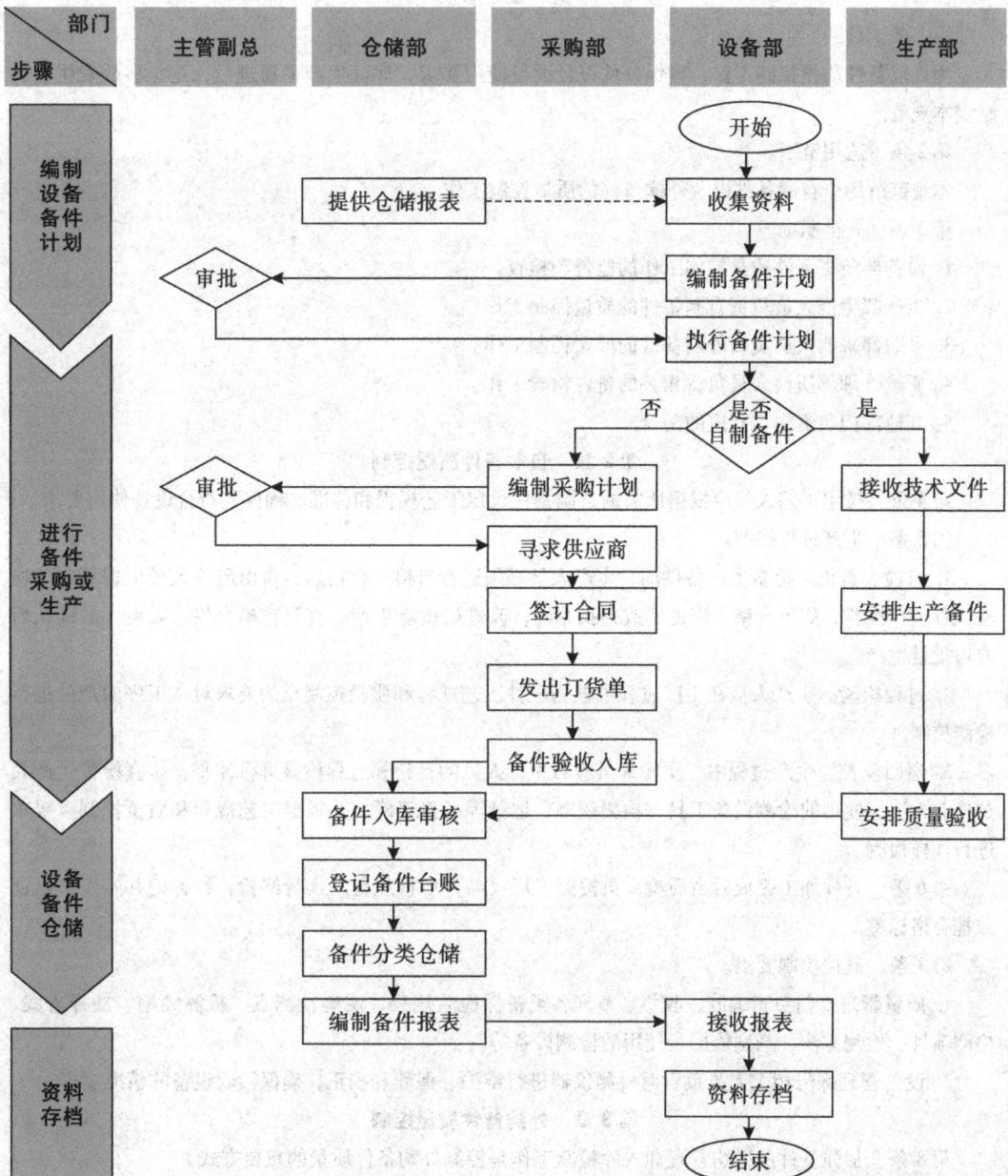

部门 步骤	主管副总	仓储部	采购部	设备部	生产部

```
编制                                    开始
设备
备件          提供仓储报表 -------→      收集资料
计划
                          审批  ←──    编制备件计划
                                        执行备件计划
                          否      是否        是
                                 自制备件
进行          审批  ←──  编制采购计划              接收技术文件
备件
采购或                    寻求供应商              安排生产备件
生产
                          签订合同
                          发出订货单
                          备件验收入库
          备件入库审核  ←────────────  安排质量验收
设备
备件          登记备件台账
仓储
          备件分类仓储
          编制备件报表  ────────→    接收报表
资料
存档                                  资料存档
                                        结束
```

二、设备备件质量控制规范

制度名称	设备备件质量控制规范		受控状态	
			编　号	
执行部门		监督部门	编修部门	

第1章　总则

第1条　目的。

为规范备件质量控制工作，确保备件符合设备使用要求，保证生产平稳进行，避免事故发生，特制定本规范。

第2条　适用范围。

本规范适用于自制备件以及外购备件的质量控制工作。

第3条　人员职责。

1. 设备部负责备件质量控制工作的监督和检查。

2. 生产部生产人员负责自制备件的质量控制工作。

3. 采购部采购人员负责外购备件的质量控制工作。

4. 质量管理部质检人员负责相关的备件检验工作。

5. 其他部门负责提供相应的配合。

第2章　自制备件质量控制

第4条　技术工艺人员应根据所需的自制备件设定工艺规程和标准，确保其符合设备使用要求。

第5条　生产过程控制。

1. 自检、首检。批量生产备件前，生产人员必须进行自检，合格后，再由质检人员根据相应的检验规程进行检验；如不合格，应返工或查找原因，改进后重新生产，直至首检合格、质检人员确认后方可批量生产。

2. 过程检验。生产人员在生产过程中根据配件工艺规程和质量控制点的要求对本工序的产品进行检测控制。

3. 巡回监控。生产过程中，质检人员应对生产人员的自检和过程检验进行监督，认真检查生产人员作业方法、使用的检测设备工具和检测频率、记录等是否正确，并根据工艺规程和质量控制点要求进行抽样检测。

第6条　备件加工完成后由质检专员按照工厂《备件质检规程》实行终检，打标记并签发合格证或挂合格标签。

第7条　其他控制要点。

1. 质量管理部门负责编制、收集、整理各类备件检验规程，明确检测点、检测频率、抽样方案、检测项目、检测方法、判别依据、使用的检测设备等。

2. 设备管理部门相关人员负责对检测仪器进行维护、保养和校正，确保检验设备的精准度。

第3章　外购备件质量控制

第8条　加强备件的采购管理和入库检验工作是控制外购备件质量的重要方式。

（续）

第9条　对于非标设备和按图加工制作的备件，采购人员在签订合同或协议的时候，必须明确质量保证的约定，以防止出现质量方面的问题和损失。

第10条　外购备件验收要求如下。

1. 外购备件到货后，必须由质检人员根据备件验收标准进行质量检验。

2. 验收合格的必须由验收员填写《备件合格证》后随备件同时入库，不合格的备件决不允许入库。凡属不合格的备件入库的，必须追究责任，能返修的返修，该退货的退货，应索赔的索赔。

第11条　本工厂无论是自制或外购的备件，在使用前必须经过确认，通过一段时间的实践和观察后，将具备成熟使用条件的备件图纸存档。

第4章　附则

第12条　本规范由设备管理部门负责起草和修订。

第13条　本规范经总经理审批后实施。

修订记录	修订标记	修订处数	修订日期	修订执行人	审批签字

三、备件质量保证方案

方案名称	备件质量保证方案	编　号	
		受控状态	

一、目的

为规范备件质量控制工作，确保备件符合设备使用要求，保证生产平稳进行，避免事故发生，特制定本方案。

二、建立备件质量保证小组

备件质量保证管理小组是质量管理组织的重要组成部分，相关人员及其职责如下表所示。

备件质量保证小组人员职责表

人员	职责
主管副总	负责备件质量保证的领导工作
设备部经理	负责备件质量保证的日常领导和管理工作
质量检验负责人	负责自己业务范围内备件的质量检查、验收和管理工作
车间质量管理人员	负责本车间备件的质量检查、管理及信息反馈工作

（续）

三、确定备件质量保证目标

本厂备件质量保证目标是使备件质量合格率达到100%。

四、备件质量保证实施依据

1. 备件管理系统目标。

2. 备件质量管理标准。

3. 备件经济合同条款。

4. 设备机械等方面技术知识。

五、备件质量保证实施方法

本厂备件质量保证工作主要采用全面质量管理（Total Quality Management，缩写为TQM）方法，重点环节的实施要点和说明如下。

1. 技术准备。在采购备件前，准备好相关技术资料、数据和图纸等，以便在采购中发现并及时解决问题，做到预先处理质量问题。

2. 订购。

（1）备件采购人员在签订合同前要选好供应商。

（2）备件采购人员在签订合同时要填写好备件的质量要求。

（3）备件采购人员在履行合同时要对备件进行质量跟踪，将存在的质量问题消灭在萌芽之中。

3. 运输。备件运输负责人要按备件质量特性要求和合同规定的运输方式进行运输。

4. 验收。备件验收人员要按照备件经济合同、图纸及相关技术资料进行验收，把好质量关。

5. 入库。备件经过验收合格后，要按照质量特性和技术要求入库保管。

6. 使用和信息反馈。

（1）备件在安装前要严格进行质量检查，只有合格品方能投入使用。

（2）备件使用过程中，备件管理人员要进行质量跟踪服务，做好备件质量的信息反馈工作。

编制人员		审核人员		审批人员	
编制时间		审核时间		审批时间	

四、设备备件报废办法

制度名称	设备备件报废办法		受控状态	
			编　　号	
执行部门		监督部门		编修部门	

第1章　总则

第1条　目的。

为了规范设备备件的报废流程，加强设备备件管理，确保设备安全生产，降低备件库存成本，特制定本办法。

（续）

第 2 条 适用范围。

本办法适用于工厂报废设备备件的管理。

第 3 条 职责划分。

备件的报废应由仓储部相关人员提出申请，经生产部经理、设备部经理、生产总监审核、审批后由设备部报废主管负责报废的具体事宜。

第 2 章 备件报废方式

第 4 条 对数量较多、价值较高的报废备件，以招标拍卖或市场竞价方式公开处置，产生的收入上交财务部。

第 5 条 对于价值较低的报废备件，由设备部报废主管负责联系工厂指定的废品收购商，并会同行政部共同定价。

第 6 条 过磅时应有行政部相关人员在场，报废主管与收购商确认数量或重量后双方办理销货手续。

第 7 条 出售报废备件一律现款交易，收款后应及时上交财务部入账。

第 3 章 备件报废程序

第 8 条 备件报废范围。

1. 国家规定报废且不能重复利用的备件。

2. 能耗高且效率低、技术状况落后的备件。

3. 腐蚀严重、超过有效期且不能修复再生的备件。

4. 不符合国家标准和设计图纸要求且不能重复利用的备件。

第 9 条 备件报废申请。

1. 仓储部相关人员应定期检查库存备件的状态，对于符合报废标准的备件，由仓储部相关人员填写《备件报废申请单》，其格式如下表所示。

备件报废申请单

编号：_____ 日期：____年__月__日

品名	规格型号	所用设备	数量	单价	金额
合计	—	—		—	
报废原因					
建议处理方式					

（续）

预计收回金额	
仓储部经理意见	签字：　　　　　　　　　　　　　　　　日期：＿＿＿年＿月＿日
生产部经理意见	签字：　　　　　　　　　　　　　　　　日期：＿＿＿年＿月＿日
设备部经理意见	签字：　　　　　　　　　　　　　　　　日期：＿＿＿年＿月＿日
生产总监意见	签字：　　　　　　　　　　　　　　　　日期：＿＿＿年＿月＿日

2. 对于不符合备件报废条件但已不能再利用的备件，应由设备部相关人员进行技术鉴定并出具鉴定报告，经设备部经理和生产总监审核、审批后进入备件报废程序。

第10条　备件报废的审核、审批。

1. 备件报废总额在＿＿＿元以下的申请，由仓储部经理和生产部经理审核，设备部经理最终审批。

2. 备件报废总额在＿＿＿元以上的申请，由仓储部经理、生产部经理和设备部经理审核、生产总监最终审批。

第11条　《备件报废申请表》经审核、审批后，由设备部报废主管凭该表到仓储提取备件。

第12条　审批完的《备件报废申请单》分别交仓储部、设备部和财务部留存。仓储部相关人员在办理完报废备件出库手续后，应在备件台账和卡片上盖作废章，以示注销。财务部根据报废单进行资产报废财务处理。

第13条　设备部报废主管负责将报废备件集中放置在规定场所，报废备件应保持完整，未经设备部经理同意，个人不得擅自处理或拆卸零部件。

第14条　设备部报废主管定期将报废备件统一回收处理，收入应上交财务部。

第4章　附则

第15条　本办法由设备部负责编制和解释。

第16条　本办法自颁布之日起执行。

修订记录	修订标记	修订处数	修订日期	修订执行人	审批签字

外协质量控制精细化管理

第八章

第一节　外协厂商的选择

一、外协厂商的选择流程

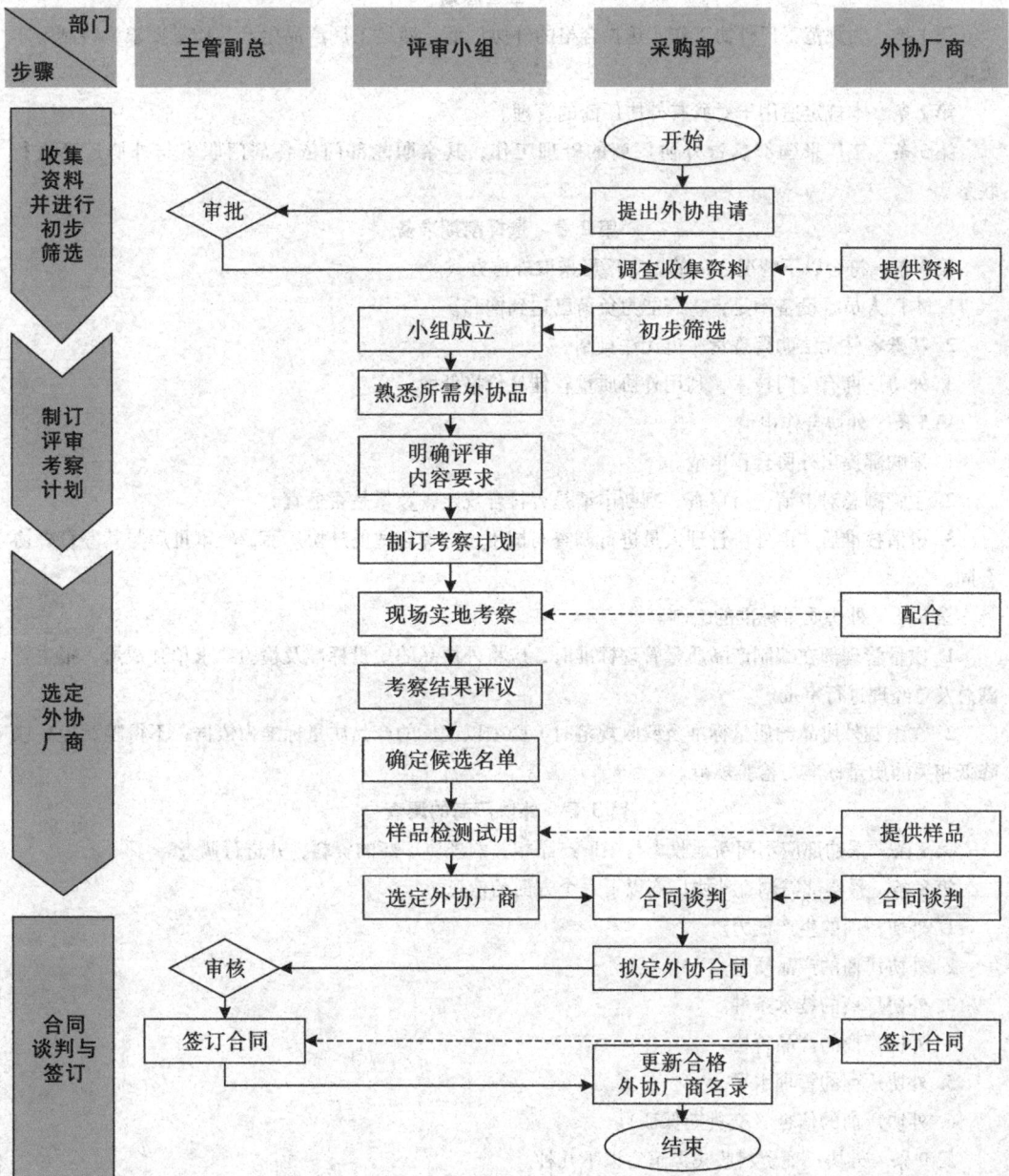

步骤＼部门	主管副总	评审小组	采购部	外协厂商
收集资料并进行初步筛选	审批		开始 → 提出外协申请 → 调查收集资料 → 初步筛选	提供资料
制订评审考察计划		小组成立 → 熟悉所需外协品 → 明确评审内容要求 → 制订考察计划		
选定外协厂商		现场实地考察 → 考察结果评议 → 确定候选名单 → 样品检测试用 → 选定外协厂商	合同谈判	配合 / 提供样品 / 合同谈判
合同谈判与签订	审核 → 签订合同		拟定外协合同 / 更新合格外协厂商名录 → 结束	签订合同

二、外协厂商选择规定

制度名称	外协厂商选择规定		受控状态	
			编　　号	
执行部门		监督部门	编修部门	

第1章　总则

第1条　为规范工厂外协工作，选择合格的外协厂商，满足工厂产品生产与质量要求，特制定本规定。

第2条　本规定适用于对所有外协厂商的管理。

第3条　工厂采购部负责外协厂商的管理工作，其余职能部门依各部门职责与外协厂商进行联系。

第2章　选择前期准备

第4条　符合以下情况之一的，工厂可采取外协方式。

1. 本厂人员、设备不足，生产能力负荷已达到饱和。

2. 特殊零件无法购得现货，也无法自制。

3. 外协厂商有专门技术，利用外协质量较佳且价格低廉。

第5条　外协合作申请。

1. 采购部提出外协合作申请。

2. 主管副总对申请进行审查，判断申请是否符合规定，数量是否适宜。

3. 申请核准后，由外协管理人员进行调查与试用，选择合适的外协厂商，经审批后与其签订外协合同。

第6条　外协质量标准的编制。

1. 质量管理部在编制产品质量管理标准时，应将外协品的质量标准及检验要求单独成册，报主管副总及总经理进行审批。

2. 在编制外协品的质量标准及验收规范时，必须以工厂的产品质量标准为依据，不得随意提高或降低相关的质量标准与检验规范。

第3章　外协厂商的调查

第7条　采购部应不间断地收集与工厂产品相关的外协厂商的资料，并进行调查。

第8条　采购部需调查外协厂商以下六个方面的信息。

1. 外协厂商的生产能力。

2. 外协厂商的产品质量。

3. 外协厂商的技术条件。

4. 外协厂商的产品价格。

5. 外协厂商的管理水平。

6. 外协厂商的信誉（交货期保证）。

第9条　外协厂商资料收集渠道有以下几种。

（续）

1. 工厂现有资料。

2. 公开招标方式。

3. 业内人员介绍。

4. 专业刊物。

5. 工会或采购专业顾问公司。

6. 参加产品展示会。

7. 其他渠道。

第10条 采购部应将所调查的外协厂商的情况单独制成表格并分类、编号存储，作为工厂的后备外协厂商。

第11条 外协厂商的相关信息发生变化时，采购部相关人员应及时更新《外协厂商调查表》中的内容。

第4章 外协厂商的评审

第12条 组建评审组。

采购部组织质量管理部、生产部、工艺技术部等相关人员组成评审小组，对外协厂商进行初评审，选择合适的外协厂商。

第13条 制订评审计划。

评审小组根据收集的资料和工厂所需外协的产品的类型、特性、设计情况、制造难度和所需数量等因素，制订小组评审计划，其内容包括评审内容、对样品的评审、人员分工、责任及工作安排等。

第14条 对外协厂商的评审包括以下六个方面内容。

1. 能力：外协厂商的生产能力、配送能力、技术水平等。

2. 质量：外协厂商提供外协品质量的控制、产品质量的稳定性等

3. 价格：外协价格的稳定、采购的相对价格、付款条件等。

4. 时间：外协厂商所提供外协品的加工周期、交货周期、交货时间、紧急外协品的交货时间等。

5. 服务：外协厂商所提供的售后服务，外协品跟踪服务等。

6. 其他：供应商的抗风险能力、人员的稳定性、安全方面的措施等。

第15条 评审小组根据考察计划到外协厂商工厂进行实地考察，对考察结果进行评议，对每个厂商提出评定意见。

第16条 通过初审的外协厂商需按照工厂指定的技术与服务在规定期限内提供外协样品进行试用，由评审小组进行评审。《外协厂商调查表》的格式如下表所示。

外协厂商调查表

外协厂商编号		外协厂商名称	
调查时间		第几次调查	

（续）

调查项目		得分	评分说明	调查者	备注
价格评价	原料价格				
	加工费用				
	估价方法				
	付款方式				
技术评价	技术水准				
	资料管理				
	设备状况				
	工艺流程				
	作业标准				
质量评价	品管组织体系				
	质量规范标准				
	检验方法记录				
	纠正预防措施				
生产评价	生产计划体系				
	交期控制能力				
	进度控制能力				
	异常排除能力				
服务评价					
信誉评价					
综合评价					

第17条　评审小组对样品的试用情况进行评议，选择最佳的外协厂商。

第18条　采购部负责与通过样品评审的外协厂商就外协合同条款展开谈判，谈妥的各项条款应报主管副总与总经理进行审批，审批通过后，由主管副总与其签订《外协合同》。

（续）

第19条　《外协合同》中除包括双方商定的条款外，还应包括《技术资料保密协议》与《外协品质量保证协议》。

第20条　采购部应统一编制与工厂签订《外协合同》且在合同期限内的外协厂商名单。

第21条　工厂应建立合格外协厂商名录并定期复审，确保工厂的产品质量。

第5章　附则

第22条　本规定由采购部负责制定、解释和修改。

第23条　本规定经总经理审批通过后，自发布之日起执行。

修订记录	修订标记	修订处数	修订日期	修订执行人	审批签字

三、外协厂商质量保证协议

文书名称	外协厂商质量保证协议	编　号	
		受控状态	

甲方：＿＿＿＿＿＿＿＿＿工厂

乙方：＿＿＿＿＿＿＿＿＿工厂

为明确本工厂（甲方）对外协厂商的质量要求以及外协厂商（乙方）的产品不合格时的处理和索赔依据，双方在友好协商、平等自愿的基础上，签订本协议。

第1条　乙方加工事项以甲方所交付的外包加工单为凭。

第2条　乙方须按照外包加工单所列的各项规定，如加工说明、数量、交货日期等切实履行，准时交货。

第3条　乙方所交的加工品应保证为合格品，不得有短缺、不合规格及瑕疵，且需经甲方验收。

第4条　乙方必须遵守外协加工单所规定的交货期，或甲方外协管理员电话或书面通知调整的交货期。

第5条　若有延误的情况以及因规格不合、质量不良致验收不合格而遭退货时，乙方应依下列办法计算违约金并付予甲方，但因天灾或人力不可抗拒的事故，经甲方认为属实的，则不在此限。

1. 逾期5日内，每逾期1天，按未交部分总价处以＿＿元违约金。

2. 继续逾期5天以上至10天者，每逾期1天按未交部分总价处以＿＿元违约金。

3. 继续逾期10天以上至20天者，每逾期1天按未交部分总价处以＿＿元违约金。

4. 继续逾期20天以上，按违约论，不论未交部分数量，违约金以价款的1倍计算。

第6条　具体质量要求。

1. 乙方为甲方提供的产品，其性能必须符合甲方的《材料技术标准》或《外协品内控标准》。

（续）

2. 乙方每次送货时，必须提供物资的合格证或自检报告等证明物资合格的资料。

3. 乙方的产品包装必须满足甲方要求，包装上必须注明生产日期、生产批号、有效期、重量等。

4. 当甲方客户需要到乙方进行验证时，乙方应给予安排并配合验证工作。

5. 乙方必须保证及时供货能力。

第7条　因乙方送交的加工品不良而导致甲方生产线停工，其工时损失由乙方承担；如果甲方发生非常严重不良后果，甲方有权取消外包加工单。

第8条　发生不合格的处理。

1. 经甲方验证不符合《材料技术标准》的原材料或不符合《外协内控标准》的外协品，乙方必须进行退货，并由乙方负担运输费及试验费。

2. 乙方物品不合格时，应及时按甲方提供的信息进行整改，并在15天内提交给甲方整改措施报告，经甲方确认后才能再次送货。

第9条　乙方每月接受甲方质量管理检查一次，考核内容包括质量交货期、价格等，每年总考核一次，根据考核结果划分等级，并运用到下一年度合作事宜中。

甲方（签章）：_____　　　乙方（签章）：_____

地址：_____　　　　　　　地址：_____

电话：_____　　　　　　　电话：_____

编制人员		审核人员		审批人员	
编制时间		审核时间		审批时间	

第二节　外协制程控制

一、外协制程质量控制流程

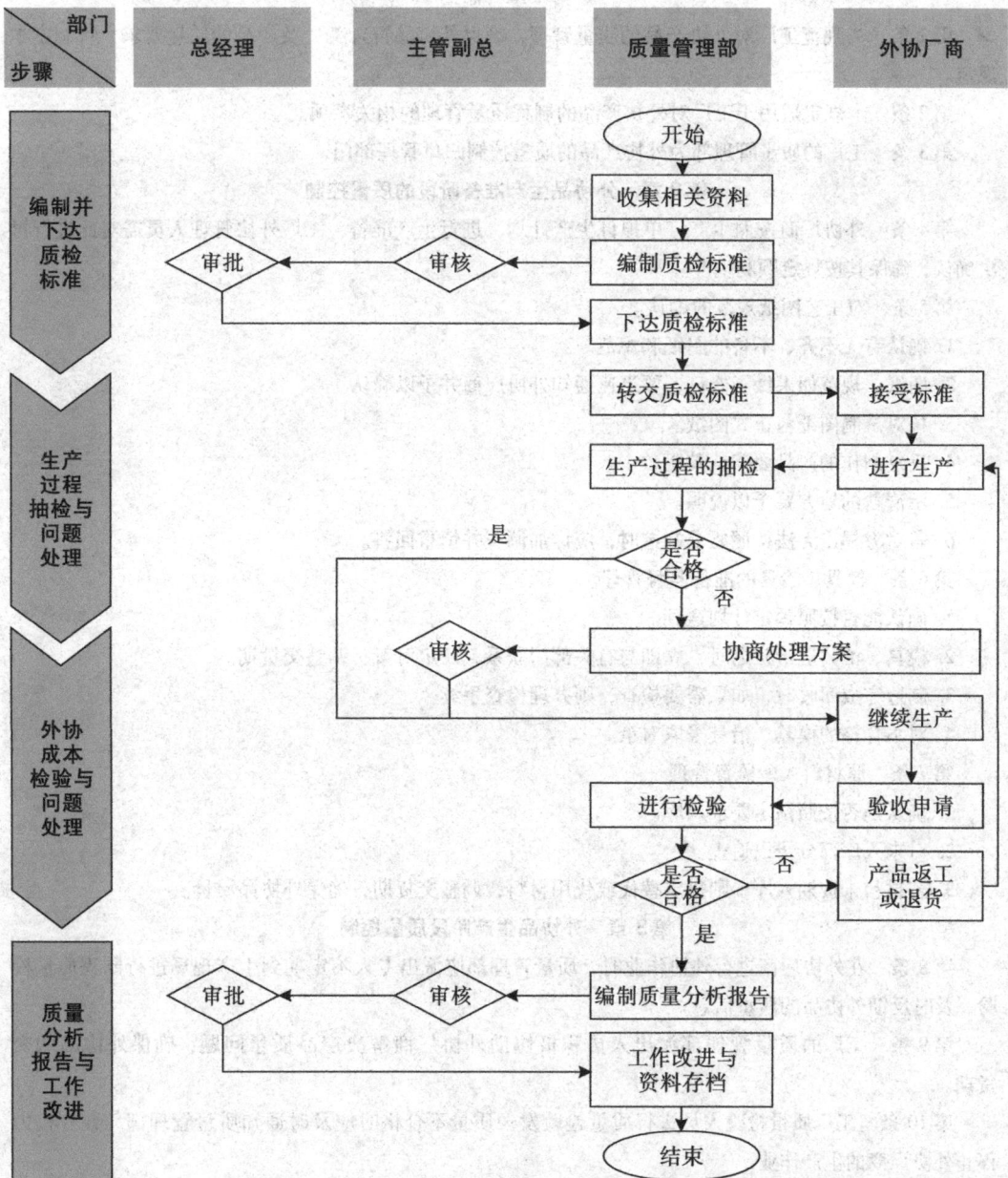

部门 步骤	总经理	主管副总	质量管理部	外协厂商
编制并下达质检标准			开始 → 收集相关资料 → 编制质检标准 → 下达质检标准 → 转交质检标准	接受标准
生产过程抽检与问题处理			生产过程的抽检 → 是否合格	进行生产
外协成本检验与问题处理			协商处理方案 → 审核	继续生产 → 验收申请
质量分析报告与工作改进	审批	审核	进行检验 → 是否合格 → 编制质量分析报告 → 工作改进与资料存档 → 结束	产品返工或退货

编制并下达质检标准：收集相关资料 → 编制质检标准 → 审核 → 审批 → 下达质检标准 → 转交质检标准 → 接受标准

生产过程抽检与问题处理：进行生产 → 生产过程的抽检 → 是否合格（是/否）→ 协商处理方案 → 审核 → 继续生产

外协成本检验与问题处理：验收申请 → 进行检验 → 是否合格（否→产品返工或退货；是→）

质量分析报告与工作改进：编制质量分析报告 → 审核 → 审批 → 工作改进与资料存档 → 结束

二、外协制程质量控制规定

制度名称	外协制程质量控制规定		受控状态	
			编　号	
执行部门		监督部门	编修部门	

第1章　总则

第1条　为规范工厂对外协产品的质量管理，确保外协品符合工厂及产品的质量要求，特制定本规定。

第2条　本规定适用于工厂对外协产品的制程质量管理的相关事项。

第3条　工厂的质量管理部为外协产品的质量控制归口管理部门。

第2章　外协品生产准备阶段的质量控制

第4条　外协厂商按照生产订单拟订生产计划，进行生产准备，工厂外协管理人员需对此进行再次确认，确保其按规定顺利生产。

第5条　对工艺图纸规范的确认。

1. 确认有无不齐、不备的图纸和规范。

2. 图纸、规范如果做了修订，要迅速通知外协厂商并予以确认。

3. 核对试制图纸与正式图纸。

4. 反复制作的产品要确认其版数。

5. 不清楚的地方要予以说明。

6. 若对方提出无法按照要求制造时，应详加调查并慎重回答。

第6条　模具、治具的准备监督管理。

1. 确认能否按照预定计划送到。

2. 模具、治具送给延迟时，立即与有关部门联系，决定对策，调整交货期。

3. 制造完成回收时，如果需要检查，则办理检查手续。

4. 对不合格的模具、治具采取对策。

第7条　原材料入库监督管理。

1. 确认是否按照预定要求入库。

2. 对未入库部分予以追查。

3. 若材料未按期入库，则指定替代或代用材料，调整交货期，确保外协品质量。

第3章　外协品生产阶段质量控制

第8条　在外协厂商进行外协作业时，质量管理部应派出专人不定期到生产现场进行制程质量检验，及时反馈外协品的质量信息。

第9条　工厂的质量管理部派出人员积极协助外协厂商解决产品质量问题，确保外协品的交货期。

第10条　工厂质量检验人员进行质量检验发现质量不合格时应及时通知质量管理部，并有权力停止外协厂商的生产作业。

（续）

第 11 条　外协厂商因产品质量问题停产后，重新进行生产时必须经过工厂质量管理部的验收及同意方可继续进行生产。

第 12 条　派驻外协厂商处进行质量检查的人员应详细记录外协厂商的制程质量状况，将其作为评价外协厂商质量管理的依据。

第 4 章　交货检验阶段质量控制

第 13 条　外协厂商生产完后将产品送到工厂，仓储部人员应及时通知质量管理部人员进行验收，验收合格后方可办理入库手续。

第 14 条　对外协品的质量验收包括以下四项内容。

1. 外协品外观。

2. 外协品结构。

3. 尺寸检验，包括安装尺寸和连接尺寸。

4. 易于检验的性能。

第 15 条　质量管理人员应严格按照验收规范和验收方法对外协品进行检验并填写《外协品质量验收单》。

第 16 条　外协品的质量验收员对验收状况应如实记录，严把质量关，做到"可收可不收的坚决不收"、重大质量问题及时上报。

第 17 条　负责外协品质量检验的人员定期编制《外协品质量报告》，将其作为评估外协商生产质量的依据。

第 18 条　对于外协品的质量问题，质量管理部应持续跟踪，协助外协厂商解决质量缺陷，并编制报告，上报主管副总及总经理。

第 5 章　附则

第 19 条　本规定由质量管理部负责制定、解释和修改。

第 20 条　本规定自颁布之日起执行。

修订记录	修订标记	修订处数	修订日期	修订执行人	审批签字

第三节　外协厂商考核

一、外协厂商考核流程

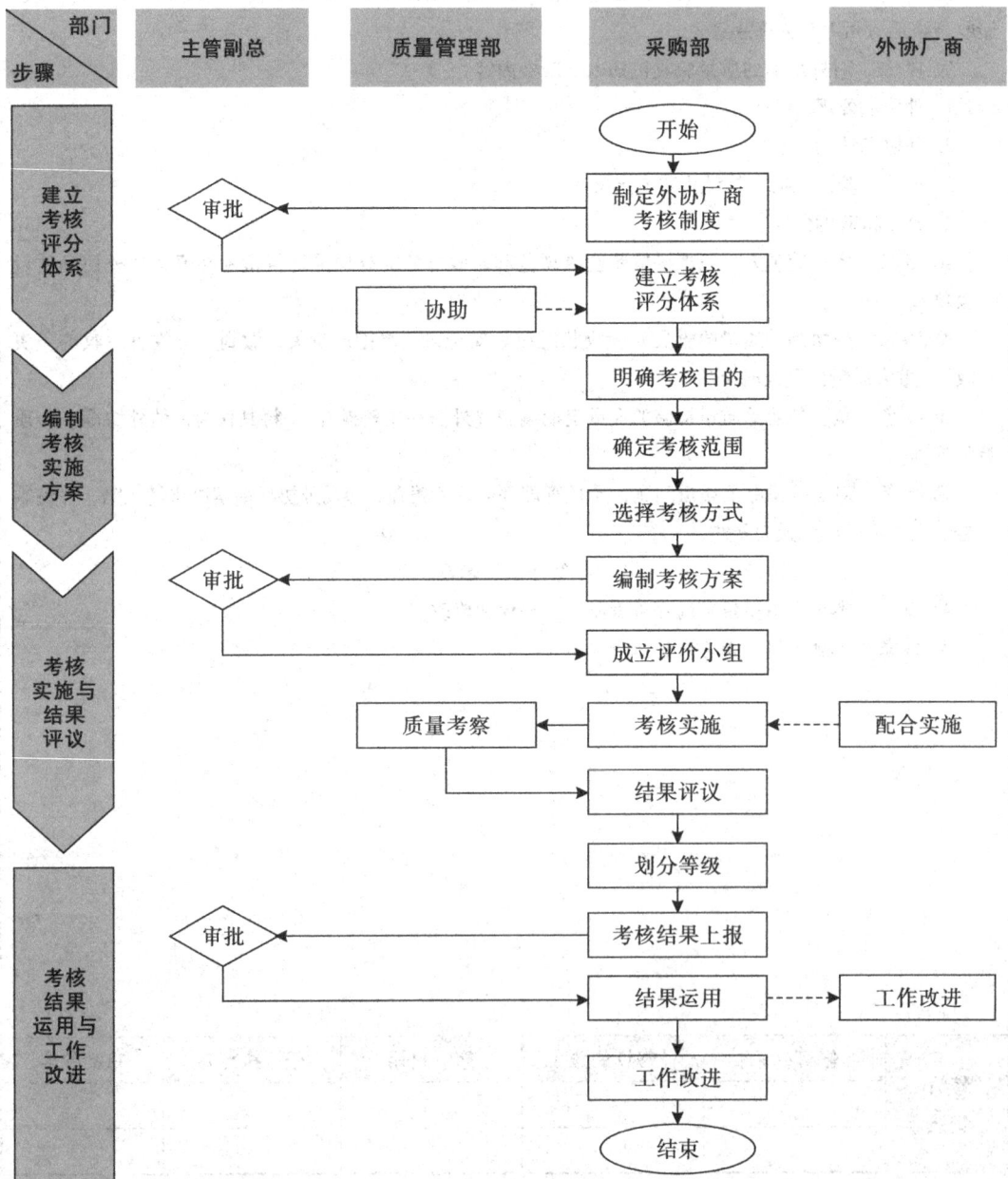

部门 步骤	主管副总	质量管理部	采购部	外协厂商

建立考核评分体系

开始

制定外协厂商考核制度 → 审批

建立考核评分体系 ← 协助

编制考核实施方案

明确考核目的

确定考核范围

选择考核方式

编制考核方案 → 审批

考核实施与结果评议

成立评价小组

考核实施 ← 配合实施

质量考察 ← 考核实施

结果评议

划分等级

考核结果运用与工作改进

考核结果上报 → 审批

结果运用 → 工作改进

工作改进

结束

二、外协厂商考核制度

制度名称	外协厂商考核制度		受控状态	
			编　号	
执行部门		监督部门	编修部门	

第1章 总则

第1条 目的。

1. 掌握外协厂商的经营概况，确保其供应的产品质量符合本厂要求。

2. 了解外协厂商的能力和潜力，提供选择外协厂商的依据。

3. 协助外协厂商提升产品质量、提高交货能力。

第2条 适用范围。

1. 对现有的外协厂商实施考核及等级评定，依等级升降，作为外协定制及付款的依据。

2. 依工厂对外协厂商的要求，对提出申请的厂商进行等级鉴定。

3. 对试用厂商实施考核，当试用期结束时，若其考核评分达到70分以上，才可正式成为工厂外协厂商，并应为其划分等级。

4. 外协厂商交货验收不良率过高或在本厂生产装配造成重大问题，经通知也无有效改进时，则对其予以重新考核、评定等级。

第2章 职责划分

第3条 对外协厂商的考核工作由工厂采购部负责，采购部应建立各家外协厂商的档案并积极收集相关职能部门关于外协品的报告，将其附于各家外协的档案后，作为考核依据。

第4条 考核及等级评价小组。

评价小组由质量管理部、生产部、工艺技术部、采购部等相关人员共同组成，考核结果需经总经理或主管副总审核。

第3章 考核实施

第5条 对试用期满后的外协厂商每年进行一次考核，内容包括质量、交货期、价格、管理及其他等项目考核，并依考核结果划分等级以及进行升降级处理。

第6条 对外协加工量大、原材料价值贵重的供应商每季度考核一次。

第7条 外协厂商的考核指标。

1. 外协品的质量平均合格率，即用每批外协品的质量合格率除以外协品的送货次数。

2. 外协品的交货逾期率，即用交货的逾期次数除以送交的总批次。

3. 外协品价格，将外协品价格与工厂调查、了解的可类比的产品价格进行比较。

4. 其他事项，如外协厂商与工厂的配合度，外协厂商管理水平或质量水平的提升等。

第8条 工厂对外协厂商采用打分的办法进行考核，考核内容共分为四大项，总分为100分。

1. 外协品的质量平均合格率。外协质量考核打分如下表所示。

（续）

外协质量考核表

质量平均合格率	95%～100%	85%～94%	70%～84%	69%以下
得分	40分	30分	10分	5分

2. 外协品的交货逾期率。外协交货期考核打分如下表所示。

外协交货期考核表

交货逾期率	5%以下	6%～15%	16%～25%	26%以上
得分	40分	30分	10分	5分
备注	若发生一次严重逾期且导致工厂损失巨大的事件，则此项得分为零			

3. 外协品价格。外协品价格考核打分标准如下表所示。

外协品价格考核表

与可比价格相比	低	类似	高
得分	10分	8分	3分

4. 其他事项的考核分数为10分。每发生一件拒不执行工厂规定事件扣2分，发生3件以上该项得分为零。

第4章　考核结果运用

第9条　考核结果等级划分。

1. 90～100分为1级外协厂商。

2. 80～89分为2级外协厂商。

3. 70～79分为3级外协厂商。

4. 70分以下为不合格外协厂商。

第10条　得分低于70分的外协厂商，工厂将对其重新进行评审并减少合作次数甚至取消合作资格。

第11条　对于等级高的外协厂商，工厂将与其签订长期的外协合同，并在价格上给予适度上调，保证价格处于市场价格的中上水平。

第12条　对于1级的外协厂商，工厂将在管理、技术等方面给予其全面支持，协助其发展，力争实现双赢。

第13条　采购部应根据外协厂商的考核结果及时更新工厂的外协厂商排名单，并将各外协厂商的考核得分记入其档案。

（续）

	第5章　附则

第14条　本制度由采购部负责制定、解释和修改。

第15条　本制度自颁布之日起执行。

修订记录	修订标记	修订处数	修订日期	修订执行人	审批签字

三、外协厂商绩效提升办法

制度名称	外协厂商绩效提升办法		受控状态	
			编　号	
执行部门		监督部门		编修部门	

第1章　总则

第1条　目的。

为了激励外协厂商在产品质量、交货期、价格等方面不断改善，提高工厂的产品质量与竞争力，特制定本办法。

第2条　适用范围。

本办法适用于工厂现有的外协厂商的绩效考核与激励管理工作。

第3条　职责划分。

采购部负责制定外协厂商的绩效提升办法，质量管理部、生产部等其他职能部门予以配合。绩效激励办法需经总经理审批。

第2章　考核办法及实施

第4条　考核时间。

考核采取季度考核与年度考核相结合的方式。季度考核平均分占75%，年度考核分数占25%。

第5条　考核评级表。

考核评级表的具体内容如下表所示。

外协厂商考核评级表

外协厂商基本情况	名称		提供产品		
	规模		法人代表		
	厂址				
	联系人	职务		电话	传真

（续）

外协厂商基本情况	主要生产设备					
	主要检测工具					

评审指标		优	良	中	较差	差	得分
		5	4	3	2	1	
质量	产品质量						
交货期	交货及时性						
价格	与可比价格相比有优势						
协调性	配合状况						
总分							

第6条　考核实施。

1. 每个季度的质量考核分数由质量检验专员评出，交货期、价格、协调性的考核分数由采购部门评出，最后经采购部加总后，作为该外协厂商本季度的评分。

2. 年度考核应配合年度总结进行，由采购部总结本年度与外协厂商的合作情况，对外协厂商进行评分。

第3章　考核结果运用

第7条　考核等级划分。

1. 16～20分为A级外协厂商。

2. 12～15分为B级外协厂商。

3. 8～11分为C级外协厂商。

4. 8分以下为D级外协厂商。

第8条　奖励方式。

参加评价考核且成绩为B级及以上的外协厂商可获得下列奖励。

1. 参加本厂举办的各种质量、技术培训训练与研究活动。

2. 优先获得交易机会。

3. 对价格合理化及提案改善制度、质量管理制度、生产技术改善制度推行的成果有进一步改善者，工厂将予以另行奖励。

4. 择优给予额度内的现金付款或缩短票期的奖励。

第9条　处罚方式。

1. 凡属外协厂商责任的质量不良及交货延期所造成的损失，由外协厂商负责赔偿。

（续）

2. 季度考核成绩连续两个季度评定为 C 级及以下者，应接受减量交易、各项稽查、改善辅导等措施。

3. 考核成绩连续两个季度评定为 D 级又未在本厂要求期限内改善者，取消其合作资格。

第 4 章　附则

第 10 条　本办法由采购部负责制定、解释和修改。

第 11 条　本办法自颁布之日起执行。

修订 记录	修订标记	修订处数	修订日期	修订执行人	审批签字

质量检验控制
精细化管理

第九章

第一节 质量控制三检制

一、质量检验流程

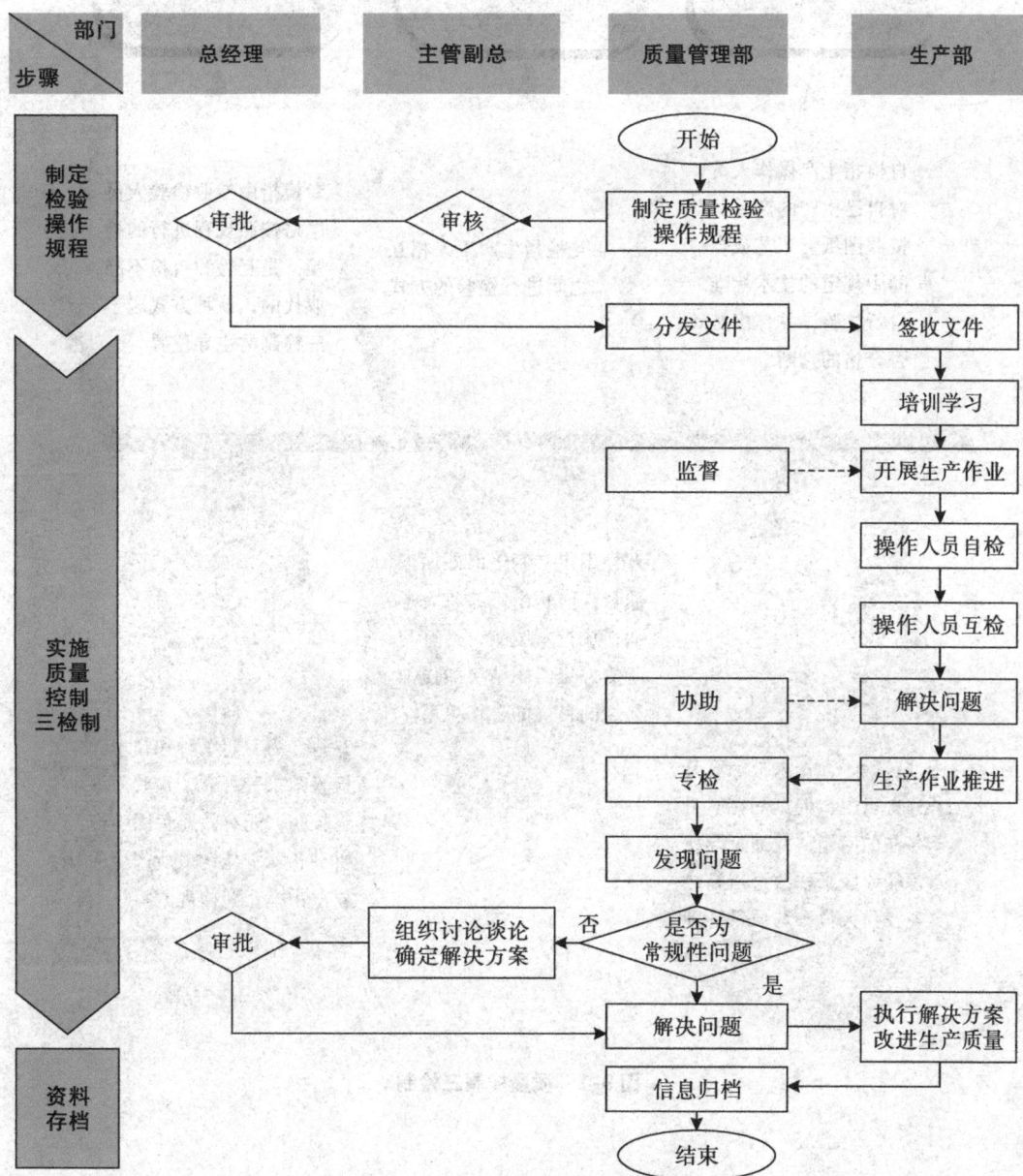

部门 步骤	总经理	主管副总	质量管理部	生产部
制定检验操作规程			开始 → 制定质量检验操作规程 → 审核 → 审批	
			分发文件 →	签收文件
实施质量控制三检制				培训学习
			监督 ┄┄→	开展生产作业
				操作人员自检
				操作人员互检
			协助 ┄┄→	解决问题
			专检 ←	生产作业推进
			发现问题	
		审批 ← 组织讨论谈论确定解决方案 ← 否	是否为常规性问题	
			解决问题 → 是	执行解决方案改进生产质量
资料存档			信息归档 ←	
			结束	

219

二、质量控制三检制

质量控制三检制，是指由生产人员自检、生产人员之间互检和专职检验人员的专检三种方式相结合而成的一种检验制度，其具体内容如图9-1所示。

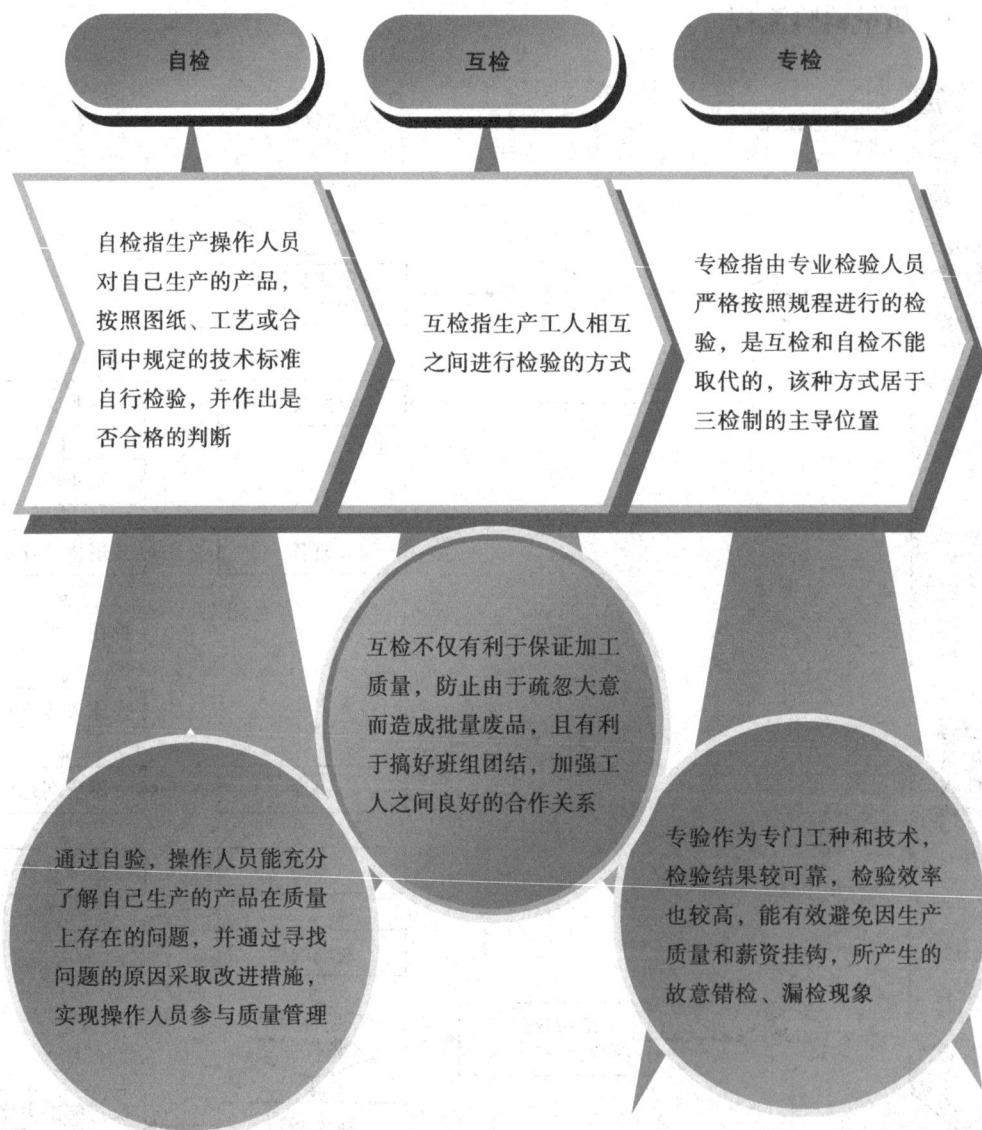

自检

互检

专检

自检指生产操作人员对自己生产的产品，按照图纸、工艺或合同中规定的技术标准自行检验，并作出是否合格的判断

互检指生产工人相互之间进行检验的方式

专检指由专业检验人员严格按照规程进行的检验，是互检和自检不能取代的，该种方式居于三检制的主导位置

通过自验，操作人员能充分了解自己生产的产品在质量上存在的问题，并通过寻找问题的原因采取改进措施，实现操作人员参与质量管理

互检不仅有利于保证加工质量，防止由于疏忽大意而造成批量废品，且有利于搞好班组团结，加强工人之间良好的合作关系

专验作为专门工种和技术，检验结果较可靠，检验效率也较高，能有效避免因生产质量和薪资挂钩，所产生的故意错检、漏检现象

图9-1　质量控制三检制

三、质量控制三检制实施方案

方案名称	《质量控制三检制实施方案》	编　号	
		受控状态	

一、目的

为消除质量隐患，减少质量事故，提高生产人员和专业检验人员的责任心，确保产品质量，提高工厂的经济效益，特制定本方案。

二、职责分工

1. 作业人员：生产人员及质量检验专员负责质量控制三检制的具体实施工作。

2. 管理人员：质量管理部和车间质量管理人员负责质量控制三检制实施工作的监督和指导。

三、自检要点

1. 自检含义：生产人员对自己加工的产品，根据工序品质控制的技术标准进行检验。

2. 自检目标：通过自检，生产人员可及时了解自己加工产品的问题及工序所处的品质状态，并及时采取改进措施。

3. 自检内容。

（1）首件自检（换刀、设备修理）、中间自检（按生产频次规定执行）、定量自检（按班组实测实行）。

（2）自分，如将不良品区分、隔离、待处理。

（3）自记，如填写三检卡、检查各种票证并签字。

四、互检要点

1. 互检含义：生产人员之间进行互相检验的一种方式。

2. 互检目的：互检是对自检的补充和监督，同时也有利于生产人员之间协调关系和交流技术。

3. 互检内容。

（1）下道工序对上道工序流转过来的产品进行抽检。

（2）同一机床、同一工序轮班交接时进行相互检验。

（3）小组质量员或班组长对本小组工人加工出来的产品进行抽检等。

五、专检要点

1. 专检含义：由专业检验人员进行的检验。

2. 专检目标。

（1）专检人员熟悉产品技术要求和工艺知识，经验丰富，检验技能纯熟，检验效率和可靠性高。

（2）专检人员受职责约束，与受检对象品质无直接利害关系，以此保证检验的客观公正性。

3. 专检内容：由《工厂产品质量检验规程》规定。

六、质量控制三检制实施控制

1. 前期准备。

（1）对质量管理人员应经常开展质量意识教育。

（2）车间内部通过开展 QC 小组活动，分析、研究生产过程中的质量问题，将质量事故消灭在萌芽状态。

（续）

2. 过程控制。

（1）自检必须贯彻于整个生产过程中，切忌成批量检查，因为一旦发生事故就会造成大量损失。

（2）对于自检、互检中发生的质量问题要及时处理，并且在处理后要进行一次全面自检方可请示专检验收。

（3）专检人员应按照工厂的工艺要求进行产品检验，如实记录检验结果，不得故意错检或者漏检。

3. 结果处理。

（1）在产品交接验收时，如发现质量问题要立即更改，不得拖延，以免造成复检和损失。

（2）对于重复出现的质量问题，质量检验专员应给予重视、分析原因，力求杜绝此类事故的再次发生。

（3）质量管理人员应依照工厂质量管理规定，对造成质量事故损失的人员追究相应的责任。

七、质量控制三检制实施情况监督

1. 确立监督机构职权。工厂负责人应该保证质量控制三检制实施情况监督检查小组具备独立的监督职权，不受生产等其他部门的制约，有权直接向上级主管部门反映质量控制三检实施情况。

2. 建立监督检查文件。监督检查小组应建立并执行各种保证检查工作质量的文件，包括表单工具、制度规范等。

3. 落实监督检查工作。监督检查小组要明确成员的工作内容、责任范围，并通过定期会议总结质量控制三检制实施情况，提出改进意见，确保质量控制三检制的落实。

编制人员		审核人员		审批人员	
编制时间		审核时间		审批时间	

四、检验误差防范规定

制度名称	检验误差防范规定		受控状态	
			编　　号	
执行部门		监督部门	编修部门	

第1章　总则

第1条　目的。

为了提高检验工作品质，防止漏检、错检事件发生，有效采用误差纠正措施，特制定本规定。

第2条　适用范围。

本规定适用于质量检验过程的误差防范工作。

第3条　职责。

生产人员、质量检验专员均应依照此规定实施检验工作。

（续）

第2章　标准误差防范

第4条　标准误差定义。

标准误差是指由于品质标准不明确而引起的检验误差。

第5条　产生标准误差的原因。

标准误差产生的原因如下表所示。

常见标准误差原因表

原因	原因说明
标准不统一	图纸、工艺和技术文件规定不统一
图面不清	图面上有模糊不清的文字或图形，使质检员容易产生错误理解或疏忽
标准不完善	标准不够明确、使用检验手法不当、规定手段不完备、现场使用的图纸破损等

第6条　标准误差的预防措施。

为有效预防标准误差，质检人员应正确识别误差来源并采取相应措施，常见预防措施如下表所示。

标准误差防范措施表

措施	具体说明
进行品质特征重要性分级	要求设计人员对品质特性的重要性分级，并在图纸、工艺和检验文件加以标示，或编制专门的关于品质特性的重要性分级表
制订检验计划	检验计划是防止发生标准误差的有效措施
开展首件复核检验	通过首件复核，避免因图纸、工艺修改等工作不到位而导致新产品首次上线投产时产生误差
更新、校对图纸	及时更换生产现场已油污、破损、过时的图纸，并注意在绘图、扫描和校对时，防止图画文字和图形不清等问题的产生

第3章　环境误差防范

第7条　环境误差定义。

环境误差是指由于检验环境引起的检查误差。

第8条　产生环境误差的原因。

产生环境误差的原因通常包括检验场地的设置、照明和秩序等。

第9条　环境误差的预防措施。

为有效预防和消除环境误差，质检人员应采取的防范措施如下表所示。

（续）

环境误差防范措施表

措施	具体说明
设置适当的检验场地	为防止由于检验场地设置不当造成检验误差，检验场地应符合以下要求： 1. 必须有满足检验工作正常进行的足够大的场地面积和空间 2. 必须有良好的自然采光和足够的照明措施 3. 场地的温度、湿度和振动要求应符合测试条件的要求 4. 尽可能避免危害人身健康的噪音、气味和其他外来干扰，以防止质检员过度疲劳或精力分散造成检验失误
建立宜人又宜物的秩序	1. 检验场地的总体布置要满足被检物件生产流程要求，检验工具要摆放整齐、便于取用、不妨碍检测工作 2. 存放待检品和已检品的零件箱、框放置的位置和高度要合适，以利于质检员拿放，不致发生零件磕碰和划伤 3. 被检物件应存放整齐，按指定位置摆放并进行隔离和标识 4. 满足视觉要求 5. 检验台应保持整洁，不允许放置无用的杂物 6. 检验后的零件应分类标记

第4章 测量误差防范

第 10 条 测量误差的定义。

测量误差是指由于使用测量工具所引起的误差。

第 11 条 产生测量误差的原因分析。

测量误差产生的常见原因如下表所示。

常见测量误差原因表

原因	原因说明
标准器具的误差	常见用作比较测量的标准器具有量块、标准线纹尺等，由于标准器具本身所存在的不可避免的误差将直接反映到测量结果中，因而会造成测量误差
测量器皿的误差	测量器皿指千分尺、游标卡尺、百分表等量规量程及其他光学仪器，其误差主要表现在以下几个方面： 1. 设计原理误差 2. 制造装配误差 3. 调整使用方法不正确（如未调零、放大比例不准确等） 4. 测量器皿磨损所产生的测量误差

（续）

原因	原因说明
测量方法误差	由于采用的测量方法不一样，测量时产生的误差也不一样，测量方法的误差还包括测量基准面的选择、安装定位方法和瞄准方式不正确等引起的误差
测量环境条件误差	在测量过程中，温度、振动、测力和灰尘对测量误差都有影响，其中温度对测量误差的影响最大

第12条　测量误差的预防措施。

为有效预防和消除测量误差，质检人员应采取的防范措施如下表所示。

测量误差防范措施表

措施	具体说明
防范使用测量器具误差	减少标准器具产生的测量误差的防范措施如下： 1. 在使用量块作为标准器具时要按等级使用，注意加修正值，并要正确组合量块，即选择量块的块数尽量少，一般不超过4块 2. 使用标准件和校对件作标准器具时，要确保标准件材料变形小且耐磨，标准件形状和尺寸应同被测件一致，定期检定标准件
防范选择测量器具误差	质检员除了正确调整、使用测量器具外，还应按照国家标准选择合适的器具
防范测量方法误差	1. 合理选择测量基准 2. 合理选择被测零件的定位方法 3. 合理选择测量点位置 4. 合理确定测量的次数 5. 防止产生读数误差
防范温度环境条件误差	为减少测力引起的误差，在测量时注意限定测力的大小并使之稳定，测量过程中要正确操作，防止测头对被测件表面产生冲击造成大的误差，合理选择测头形状和尺寸，以减少压限量

第5章　质检员误差防范

第13条　质检员误差的含义。

质检员误差是指在检验过程中由于质检员的人为失误所造成的误差。

第14条　质检员误差的原因分析。

质检员误差产生的原因如下表所示。

（续）

常见质检员误差原因表

原因	原因说明
粗心大意	造成质检员粗心大意误差的原因主要有如下两种： 1. 责任心不强 2. 在任务紧、时间急的情况下，如果质检员检验敏感性不强，就容易产生检验误差
程序性误差	因生产不均衡，在制程、工序检验点或完工检验点混乱地堆着待检产品和检验过的产品，由于标识不清发生混淆
技术误差	技术误差是指由于质检员缺乏技能而造成的误差，而造成技能低下的原因主要如下： 1. 缺乏技术知识，如看不懂剖视图 2. 检验技术不熟练 3. 检验员有生理缺陷，如视力异常等
明知故犯误差	1. 质检工作管理有漏洞 2. 因技术文件不统一造成工序间扯皮，质检员随波逐流 3. 有人故意弄虚作假，质检员不能正面抵制 4. 质检员怕得罪人，不敢坚持

第15条　质检员误差的预防措施。

为有效预防质检员误差，可采用的防范措施如下表所示。

质检员误差防范措施表

措施	具体说明
防范粗心大意	1. 采用确保不出错的检验方法，如采用复核检验、重复检验、设计连锁检验程序 2. 将检验内容简化，重点列出检验员的检验事项 3. 建立标准样品，采用比较法 4. 采用自动化检验装置，借助机械检验
防止程序性误差	通过明确鉴定标志和严格调运手续而使之减少，一般采用分区堆放、涂色堆放或标志堆放的措施

（续）

措施	具体说明
防止技术误差	1. 选择符合检验岗位要求的人员来做检验员 2. 通过开展岗位培训提高人员检验技术水平 3. 总结、推广优秀检验员的工作检验以及技巧
提高管理水平	1. 建立完善的品质保证体系，明确人员职责和权限 2. 管理者应以身作则，起到良好的带头示范作用 3. 进行符合检验和定期检验，并追究检验工作中明知故犯人员的责任

第6章　附则

第16条　本规定由质量管理部负责起草和修订。

第17条　本规定经工厂总经理审批后实施。

修订记录	修订标记	修订处数	修订日期	修订执行人	审批签字

第二节　抽样检验

一、抽样检验管理流程

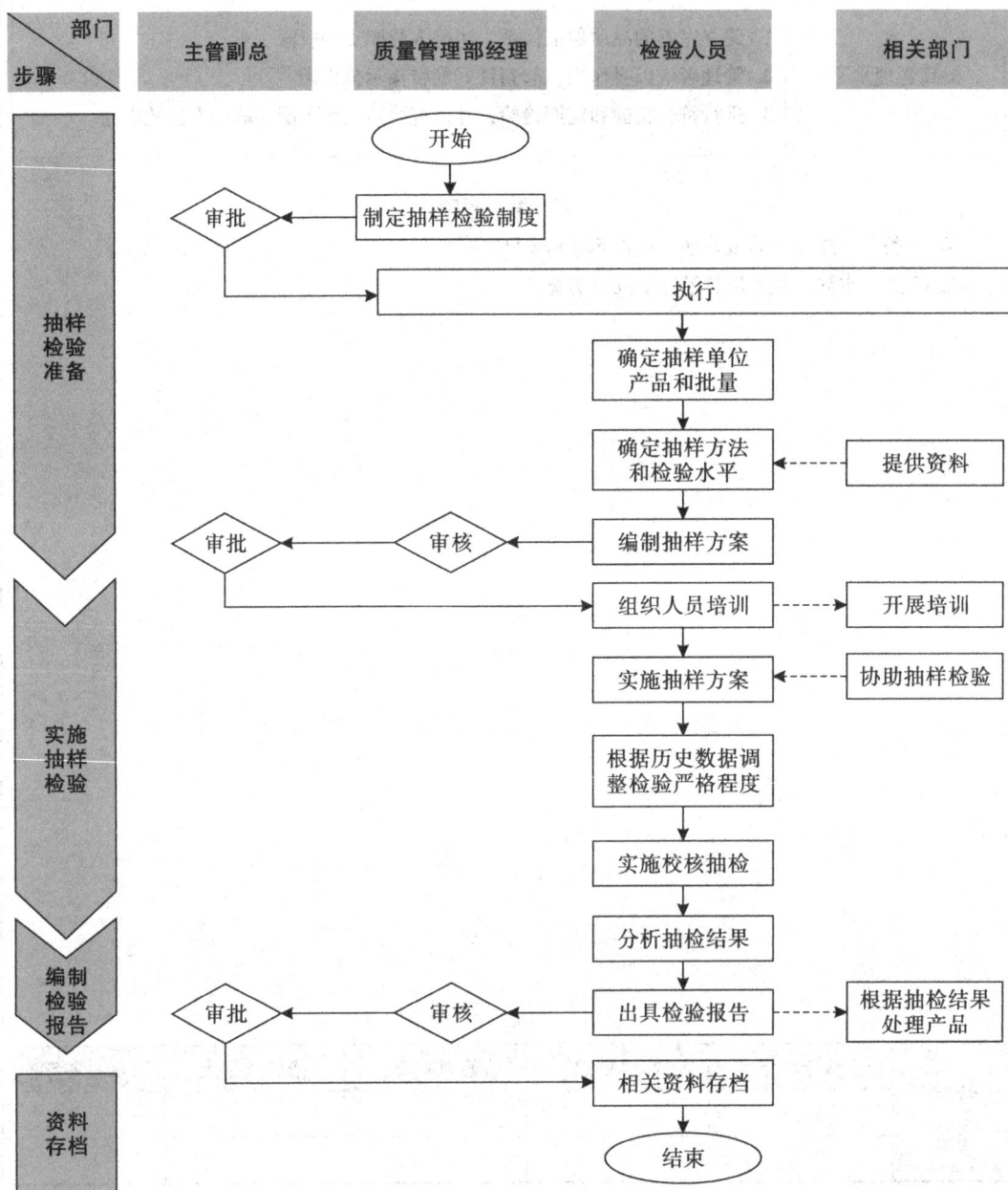

部门 步骤	主管副总	质量管理部经理	检验人员	相关部门

抽样检验准备

开始

制定抽样检验制度 → 审批

执行

确定抽样单位产品和批量

确定抽样方法和检验水平 ← 提供资料

编制抽样方案 → 审核 → 审批

组织人员培训 ⇢ 开展培训

实施抽样方案 ← 协助抽样检验

实施抽样检验

根据历史数据调整检验严格程度

实施校核抽检

分析抽检结果

编制检验报告

出具检验报告 → 审核 → 审批

出具检验报告 ⇢ 根据抽检结果处理产品

相关资料存档

结束

资料存档

二、来料抽样检验方案

方案名称	来料抽样检验方案	编 号	
		受控状态	

一、目的

为加强对来料的质量抽检，确保进料质量符合标准，特制定本方案。

二、抽检准备

1. 检验策划。质量管理部检验人员编写《来料抽检指导书》，对每类物料的抽检方式和检验水平设定等要做出指导。

2. 来料通知。在接到来料通知时，检验人员首先必须检查《来料检验通知单》上的料号、品名、规格是否与实物相符，若不符合可直接拒收。

3. 用具准备。检验人员依据《来料检验通知单》的料号，调出料号的规格档案以及该物料的检验规程，准备必要的检测设备，做好用具准备工作。

三、检验项目

来料抽检工作主要包括下表所示的六项内容。

来料抽检项目说明

项目	说明
外观检验	以目视的方法检验物料外观有无锈蚀、发霉、变色、擦伤、裂纹和污染等问题
尺寸检验	用卡尺、千分尺和塞规等量具检验，检验物料质量是否在公差范围之内
外形检验	物料因各种原因有变形的现象，一般通过目视检验，轻微的变形则需要用模具检验
结构检验	检验结构是否完整以及结构间的组合是否符合标准，通常可用拉力或扭力器检验
特性检验	对物料物理的、化学的、机械的和电气的特征，要按检验规程对产品进行检验，对测量结果进行数据处理，判断其是否合格
凭证检验	检查物料名称、规格、型号、供货数量、交付日期、产品合格证或其他质量合格证明，核对主要技术、质量指标及确认供货方检验的印章和标记

四、抽检程序

1. 规定个体物料的质量标准：明确区分个体合格或不合格，划分来料不合格品的类型。

2. 确定检验水平。检验水平是抽样前事先选定的特性，它将样本大小与批量联合起来，检验人员可通过过去记录的技术资料、质量资料以及生产使用要求确定检验水平。

3. 确定抽样类型。工厂来料检验常用抽样类型有一次抽样和两次抽样，检验人员应根据生产需要来确定抽样类型。

（续）

4. 实施抽样检验。

（1）质量检验人员在标识的待检区域按照检验规程进行来料抽样。

（2）质量检验人员对来料样品进行检验，并填写《来料检验报告单》，经检验主管审核后，交质量管理部经理审批。

（3）质量检验人员将审批的检验报告单作为来料处理的依据，根据工厂来料抽检结果处理方法进行处置。

五、抽检结果处理

1. 检验合格。

（1）经质量检验专员验证和质量管理人员的审批，检验结果高于检验合格的标准时，即将该批来料判定为允收。

（2）检验专员应在《来料检验报告单》上签名，盖上"检验合格"印章并通知仓储部收货。

2. 检验不合格。

（1）若检验结果低于检验合格的标准时，则将该送检批次判为拒收。

（2）检验专员应在《来料检验报告》上签名，盖上"检验不合格"印章并将相关部门会签后的报告交仓储部、采购部办理退货事宜。

编制人员		审核人员		审批人员	
编制时间		审核时间		审批时间	

三、成品抽样检验方案

方案名称	成品抽样检验方案	编　号	
		受控状态	

一、目的

为使成品质量检验工作有序进行，保证不合格的成品不入库、不出厂，确保客户利益和工厂自身信誉，特制定本方案。

二、职责

1. 质量管理部成品检验专员负责抽样检验工作。

2. 生产部负责待检成品的准备工作。

3. 仓储部相关人员负责成品的仓储管理。

三、需进行成品抽检的依据

需要进行成品抽样检验的状况包括以下三种。

1. 必须进行破坏性检验，否则所有产品都将受影响。

2. 当全数检验的成本超出不合格品成本很多时。

（续）

3. 因时间、人力、设备限制，无法进行全数检验。

四、成品抽样检验的准备

1. 明确引用标准。以国家发布的统计抽样标准为执行标准。

2. 明确批的组成。本工厂要求检验批只能由在基本相同时段和一致的条件下生产的产品组成，即产品要符合一致性原则。

3. 明确抽样方法。抽样检验人员应根据抽样对象特征选择适当的抽样方法，按照抽取样本的次数可分为一次抽样和二次抽样、多次抽样、序贯抽样四种方法，本厂以一次抽样和二次抽样为主。

4. 明确抽样方式。

抽样检验人员应根据抽样对象特征选择适当的抽样方式，抽样方式主要有以下七种。

（1）单纯随机抽样。

（2）系统抽样：按照一定的时间、数量间隔抽样。

（3）分层抽样：先分层后抽样。

（4）曲折抽样：具有规律性的随机抽样。

（5）区域抽样。

（6）分段抽样。

（7）反复抽样。

五、成品抽样检验实施

1. 确定检验水平。

本工厂抽样检验水平分为四类，检验人员应根据要求确定检验水平，各检验水平的适用条件如下表所示。

检验水平选择的条件说明表

检验水平	适用条件
检验水平 I	（1）即使降低判断的准确性，对客户使用该产品也无明显影响 （2）单位产品的价格较低 （3）产品生产过程较稳定，随机因素影响较小 （4）各个检验批内的质量比较均衡 （5）产品批不合格时，带来的危险性较小
检验水平 II	（1）买方在产品的使用上无特殊要求 （2）单位产品价格中等 （3）产品质量在生产过程中受随机因素影响，但不是很大 （4）各个检验批之间的质量水平有一定波动 （5）产品批不合格时有危险性，但不是很大

（续）

检验水平	适用条件
检验水平Ⅲ	（1）买方在产品的使用上有特殊要求 （2）单位产品价格较高 （3）产品质量在生产过程中容易受到随机因素的影响 （4）各个检验批之间的质量有较大的波动或差别 （5）产品批不合格时，平均处理费用远超过检验费用 （6）对于质量状况把握不大的新产品
特殊检验水平	（1）检验费用非常高 （2）贵重产品的破坏性检验 （3）宁愿增加对批质量误判的危险性，也要尽可能减少样本

2. 确定样本数。

抽样检验样本数 n 与检验水平相关，具体根据各次检验情况而定。

3. 一次抽样检验实施方法。

（1）操作原理：从批中随机抽取一次样本，根据此次抽取样本的检验结果决定该检验批合格或不合格。

（2）操作程序：以 N 代表批量，n 代表样本数，Ac 代表允许通过的不合品数，$Re = Ac + 1$，d 代表样本中不合格的数，操作程序如下图所示。

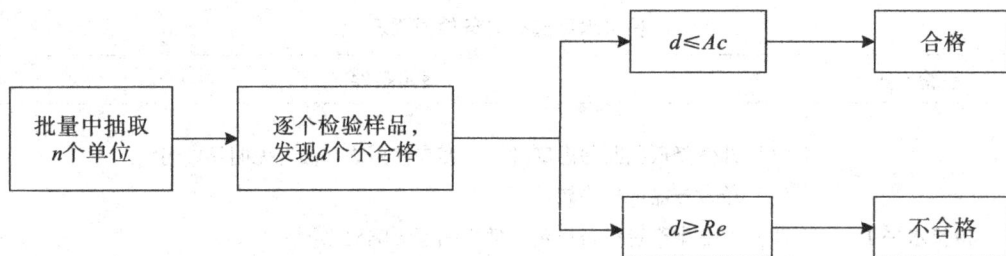

一次抽样检验操作程序

4. 二次抽样检验实施方法。

（1）操作原理：根据第一次样本的检验结果，决定合格或不合格，再抽取一次样本，并根据两次样本的结果对照检验标准，以决定该检验批是否合格。

（2）操作程序：以 N 代表批量，Ac_1 代表第一次样本的允许通过数，Ac_2 代表二次样本的允许通过数，n_1 代表第一次样本量，n_2 代表第二次样本量，d_1 代表第一次样本的不合格数，d_2 代表第二次样本的不合格数，操作程序如下图所示。

（续）

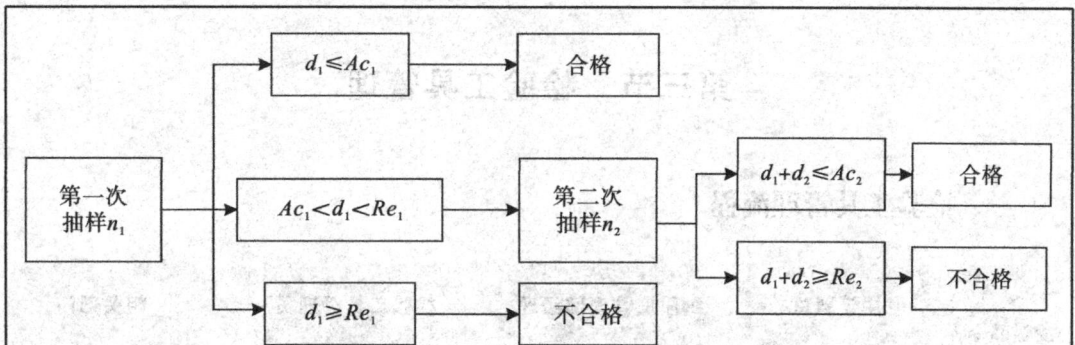

注：$Re_2 = Ac_2 + 1$

图 8-3 二次抽样检验操作程序

5. 判定规则：在抽样检验中，根据抽样方案规定的样本量，从批中随机抽取样本，对样本逐个进行检验，并将检验中发现的不合格品数或累计不合格品数与方案规定的判定数组进行对比，进而对检验批作出判定。

六、成品抽样检验结果处理

1. 合格批的处理

（1）检验合格的批，样本中发现的不合格品应更换或返工修理。

（2）合格批整批接收，应入库或进入下一道工序。

2. 不合格批的处理

（1）进行返工。

（2）全部更换不合格品或修复不合格品。

（3）检验人员对产品进行全检，挑出不合格品。

（4）报废处理。

编制人员		审核人员		审批人员	
编制时间		审核时间		审批时间	

第三节　检验工具管理

一、检验工具管理流程

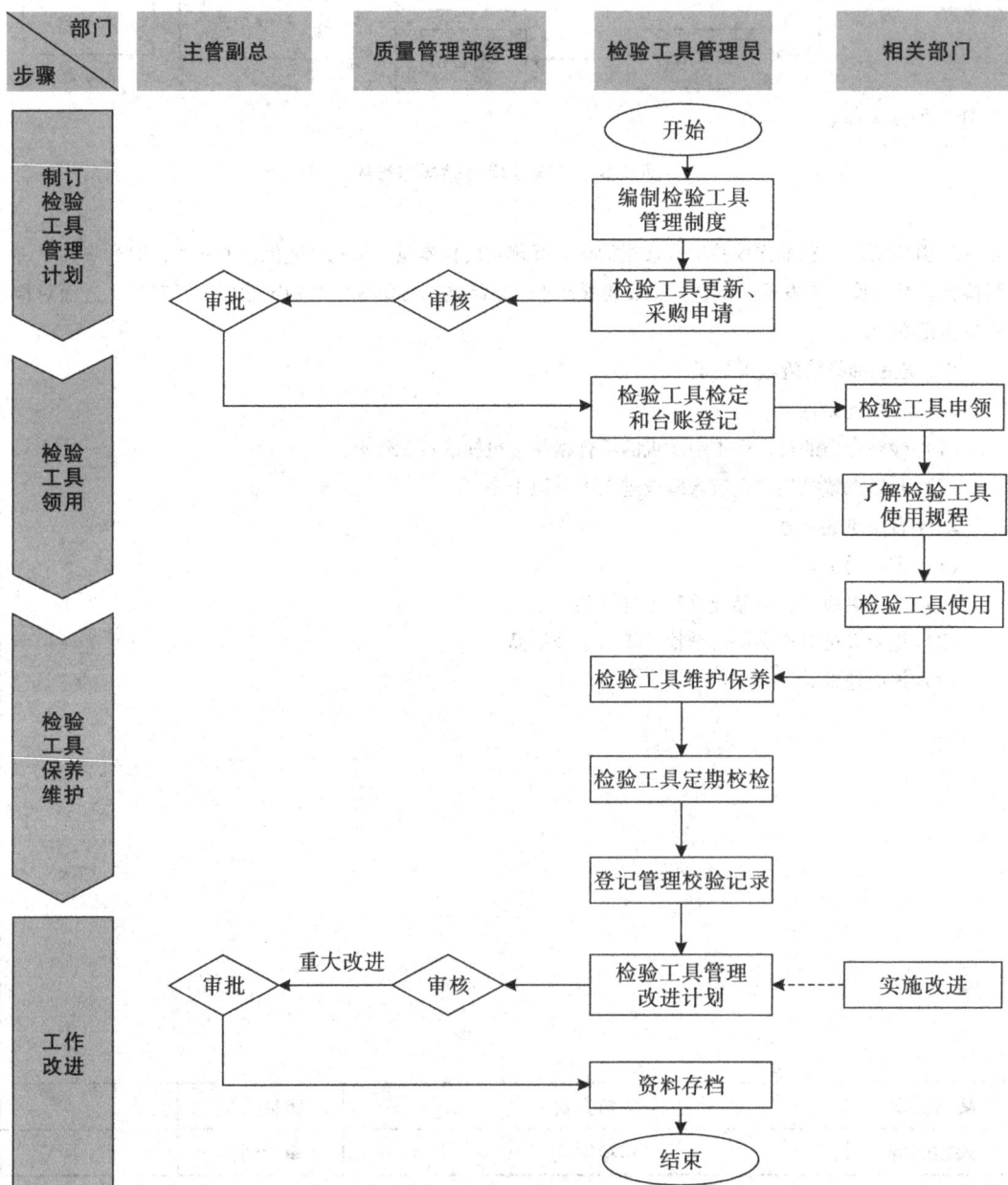

部门 步骤	主管副总	质量管理部经理	检验工具管理员	相关部门

制订检验工具管理计划

开始

编制检验工具管理制度

审批 ← 审核 ← 检验工具更新、采购申请

检验工具领用

检验工具检定和台账登记 → 检验工具申领

了解检验工具使用规程

检验工具使用

检验工具保养维护

检验工具维护保养

检验工具定期校检

登记管理校验记录

工作改进

审批 ← 重大改进 ← 审核 ← 检验工具管理改进计划 ⇠ 实施改进

资料存档

结束

二、检验工具管理制度

制度名称	检验工具管理制度		受控状态	
			编　号	
执行部门		监督部门	编修部门	

第1章　总则

第1条　为加强对工厂检验工具的管理，提高产品质量，节约能源，降低消耗，提高经济效益，保证产品安全，特制定本制度。

第2条　本制度适用于对工厂生产中所有应用于产品质量工作的检验工具的管理。

第2章　检验工具的配备与检定

第3条　各类检验器具的申购统一由检验工具管理人员负责。检验工具管理人员应根据生产经营的实际需要，在每年年底编制下一年度的添置计划。

第4条　各部门需要购买检验工具时，需填写《检验工具申购表》并报质量管理部，由检验工具管理人员核准后报主管领导审查批准，然后由采购部统一进行购买。《检验工具申购表》的具体格式如下表所示。

检验工具申购表

编号：_____　　　　　　　　　　　　　　　日期：____年__月__日

名称	数量	规格	等级	精度要求	使用日期	备注

请购事由	
申购人		部门主管	
检验工具主管		质量管理部经理	

第5条　各部门必须认真落实周检制度，执行检验工具的周检计划，新购置或发生故障经大修后的检验工具都必须经检验合格后方可使用。

第6条　所有在用（包括新购）的检验工具都必须按国家检定规程或质量管理部的检定方法进行检定。未经检定或超过检定周期的（检定周期的计算从最后一次检定合格的日期开始），一律不准使用。

第7条　检验工具的检定内容包括四个方面，具体内容如下表所示。

（续）

检验工具检定内容说明表

检定内容	具体说明
入库检定	凡外购或自制的检验工具，均需按技术指标由相关检定部门进行检定，检定验收合格后方可入库或发放使用
周期检定	每季度初由检验工具主管编制工厂本季度的检验工具周期检定计划。各生产车间及检验人员应统一按周期检定计划的规定，按时将相关检验工具送检，保证周期检定受检率为100%
抽查检定	为掌握在用检验工具在周期检定期限内的合格情况，正确确定检测周期，必须对在用检验工具进行抽检。抽检量为应检总数的10%，保证合格率在95%以上，抽检合格率低于90%时应缩短周检周期
修后检定	凡经修理的检验工具，都必须对其主要指标进行检定，检定合格后方可投入使用

第8条　对各种检验工具都必须在《检验工具记录册》上进行记录，对检定结果需作如下处理。

1. 对各类经检定合格的检验工具均应出具合格证书，并标贴合格证。

2. 对于因暂无国家统一规定检定规程而按自行制定的检定方法检定的检验工具，或某些指标暂无条件检定以及在使用中无严格量值要求的检验工具，经检验工具管理主管认可后可出具检定证书，标贴准用证。

3. 对只有部分指标合格的检验工具发检定结果通知书时，应注明准许使用的范围并标贴限用证。

4. 对指标超差且影响使用或长期停用、积压的检验工具应标贴停用证。

第9条　检定为合格的检验工具由检验工具管理人员编号、立账、填卡，然后发给使用部门使用。

第10条　检定为不合格或备附件不全的检验工具，由检验工具管理人员出具证明，由采购部办理退货、调换或索赔。

第3章　检验工具与资料管理

第11条　检验工具原则上由使用人员进行保管与日常维护，但质量检测设备及精密监测仪器不在此列。各种检验工具均应有说明书、图纸、检定证书等资料。

第12条　相关人员应设置检验工具管理卡、账册，且账、卡、物要保持一致。

第13条　各种工具的网络图、技术文件、资料、刊物等由检验工具管理人员统一保管，按规定需移交给工厂档案室的，由管理人员办理移交手续，借用时必须办理借用手续。

第14条　各生产车间配置的各种检验工具（进口检验工具除外）的使用说明书、图纸、资料等由各生产车间指定人员负责保管和借用。对于按规定应交工厂档案室的，应办理移交手续，使用人员借用时必须办理借用手续，用后及时归还。

第15条　进口检验工具的说明书及图纸资料、运单、装箱单、发票等统一由检验工具管理人员归档保存，按规定移交工厂档案室的，由档案室保存，各检验人员与生产车间相关人员在使用时，可申请借阅复印件（或译制作）。

（续）

第16条 对于连同大批设备一起进口的检验工具，其合同、运单及装箱单中有关检验工具部分的复印件应由检验工具管理人员归档、保存。

第4章 检验工具的使用、维护和保养

第17条 使用检验工具前，必须先了解其性能和使用规定，按使用说明书的要求正确使用，严禁违章操作。

第18条 检验工具原则上不得外借，特殊情况须经领导批准。

第19条 检验工具在使用过程中发生故障时应停止使用，并送相关部门进行修理，严禁检验工具带故障工作。不准在工作岗位上使用无检定合格、超过检定周期或检定不合格的检验工具。由于使用超过检定周期或经检定不合格的检验工具而造成的事故，由使用者负直接责任。

第20条 精密仪器及各种检验工具应有专人管理，并定期进行维护和保养。

第21条 各种检验工具必须保持清洁，注意防尘、防潮、防撞并存放在安全位置。检验工具严禁与其他工具、杂物混合堆放。

第22条 非专业修理人员不得自行拆修检验工具，违者须对所造成的后果负责。

第23条 对于领用、借用的检验工具，若因违反操作规程或其他非正常原因造成严重损坏，使用者必须填写《工具损坏报告》，说明情况，所在部门领导要签署意见，相关责任人要根据损坏情况赔偿经济损失。若因非正常使用造成贵重精密检验工具损坏，除责任人要进行经济赔偿外，工厂还要视情节轻重给予其相应处分。

第24条 领用、借用的检验工具丢失，责任人应填写《工具丢失报告单》，按检验工具的原值及实际使用年限的折旧计算赔偿价格。

第5章 检验工具的流转、降级和报废

第25条 各生产车间的一般检验工具的调配、借用、流转，由各车间负责人指定专人负责。为了避免重复购置，充分发挥现有检验工具的作用，对贵重、短缺的检验工具，检验工具管理人员有权在工厂范围内进行调配。

第26条 外借检验工具必须经检验工具主管同意，外借贵重和进口检验工具需经工厂领导批准。

第27条 检验工具在使用一定年限后，技术指标经修理达不到原有水平的，可申请降级使用或报废处理。

1. 凡申请降级使用或报废处理处理的检验工具，需由检验工具管理人员提出意见，经质量管理部经理审查批准后方可执行。报废贵重检验工具需经总经理批准。

2. 经批准报废的检验工具，统一由检验工具管理人员处理。

3. 对于降级的检验工具，检验工具管理人员应在其显眼位置处标识降级使用的明显标识。

4. 检验工具的报废以检定不合格证书和《报废通知单》为准。

5. 不属于规定资产的检验工具的报废，以检定不合格证书为凭证，由使用单位填写报废申请，经检验工具主管批准后方可执行。

6. 属于固定资产的检验工具的报废，以检定不合格证书为凭证，由使用单位填写报废申请，按照工厂《固定资产管理规定》的相关规定履行报废手续。

(续)

7. 检验工具的报废由检验工具专员汇总，并出具《报废通知单》，通知单一式两份，一份给使用单位作为检验工具的更新凭证，一份留质量管理部备查。

8. 报废的检验工具绝不允许回流使用。

第6章 信息、数据管理

第28条 检验工具的原始数据包括各种检定的原始记录和使用部门的检验记录。检验工具管理人员在检定、测试检验工具时所记录的数据应齐全、清楚、整齐，如有更改之处必须进行说明并签字、盖章。

第29条 各种检验工具检定的原始数据由检验工具管理人员归档保存，应移交档案室的，移交工厂档案室保存。使用部门的检验数据必须真实、准确，并由使用单位保存。

第30条 检验工具的周检、月检受检率和合格率由检验工具管理人员按月进行汇总、统计，并编制报表进行存档管理。

第31条 委托外部检定的各类检验工具的检定合格证书由检验工具管理员负责保存，并监督其使用。

第7章 附则

第32条 本制度由质量管理部负责制定、修改和解释。

第33条 本制度经总经理审批通过后，自颁布之日起实施。

	修订标记	修订处数	修订日期	修订执行人	审批签字
修订记录					

三、检验工具使用规定

制度名称	检验工具使用规定		受控状态	
			编　号	
执行部门		监督部门	编修部门	

第1章 总则

第1条 目的。

为了规范化管理质量检验工具，使其精度、准确度满足测量的要求，特制定本规定。

第2条 适用范围。

本规定主要对工厂质量检测人员在使用检测仪器的方法和要点做出要求。

第3条 相关责任。

本规定由质量检测人员实施，由质量管理部监督、检查。

（续）

第4条　相关释义。

检验工具是指能直接或间接测量出被测对象量值的装置、仪器仪表、量具和用于统一量值的标准工具，如质量检验过程使用的卡尺、天平、仪器、仪表及各种设备的控制指示仪表等。

第2章　检验工具的申领

第5条　检验工具的领用。

各部门如需增添计划外检验工具，应提出书面申请，经部门主管领导审批，按批号登卡，记账后发放。

第6条　检验工具的台账。

检测管理员应按照检验工具类别建立《检验工具发放台账》，登记检验工具的管理编号、名称、规格型号、制造厂、出场编号、鉴定日期等内容。

第7条　检验工具的归还。

1. 凡调离本部门或更换工种的职工，检验工具必须按原编号交回，不得私自转让或无故不交，否则按赔偿制度处理。

2. 交回检验工具的同时还应注销登记卡，并立即安排检修入库。

第3章　检验工具使用要求

第8条　选择适当的检测环境。

检验工具的环境应符合检测工作需要，以确保测量数据的准确性。

第9条　选择与检测内容相符的工具。

不同规格、型号的测量仪器，其测量的方法、测量的范围、精度等都是不同的，所以必须选择正确规格、型号的测量仪器。

第10条　规范使用检查工具。

本工厂检测仪器是结构精密的仪器，要注意防止其从高处掉下，勿使其受到挤压、震动和冲撞。

第11条　保持检验工具清洁。

检验工具使用完后，应将其擦洗干净，按规范做必要的技术保养，有包装盒的应放入包装盒内，做到防潮、防锈、防腐。

第12条　按工具使用规范操作。

使用检验工具时要严格按照说明书或操作规程操作，防止因调整不当而使其标准失效。

第13条　应及时校正检验工具。

发现检验工具偏离校准状态时，应立即停止使用并重新检定，并应对检测数据进行评估。

第14条　检验工具保管。

对领用至生产现场而短时期内又用不上的检验工具，应及时归还检测室或按照规定对其进行定期保养，如通电、上防锈油等，保证检验工具的性能。

第4章　检验工具的定期检定

第15条　检测室负责制定针对检验工具的《周期检定计划表》，进行周期检定，由检测室统一送技术监督部门或技术监督部门授权的机构检定。

第16条　在用检验工具经检定不合格或超检定周期的一律停止使用，相关人员应提出处理意见并及时上报工艺技术部备案，否则，造成的一切后果由责任人承担。

（续）

第17条　检查工具如在周期内发生故障或因其他原因不能使用，应由所在部门查明原因并报工厂工艺技术部，经检修合格后方可使用。

第18条　检测室负责对检验工具的检定状态进行标识，标识内容包括合格、准用、停用和禁用。

第19条　对停用、封存和报废的检验工具应做好隔离和标识工作。

第5章　检验工具的保养、维修

第20条　各部门的检验工具应由固定人员保管，建立账卡，保持账、卡、物、号相符。

第21条　由部门和个人保管的检验工具，要经常检查、加油、防锈，保持检验工具整洁、完好。

第22条　检验工具的操作人员必须熟悉其性能、结构原理，按规程操作。

第23条　在使用检测器具的过程中，如发现异常，严禁私自拆卸、乱调，因此造成的损坏，视情节严重程度追究其责任。

第6章　检验工具的报废

第24条　对经修理无法作降级使用或无修复价值的检验工具，经两名以上专业检定员检定，并经上级领导批准后，从相应台账中注销，并把报废决定及其理由通知各使用部门负责人。

第25条　构成固定资产的检验工具，由使用部门到资产管理部门办理固定资产报废手续。

第26条　属于强检的检验工具的报废须向有关法定检定机构备案。

第7章　附则

第27条　本规定由质量管理部负责起草和修订。

第28条　本规定经总经理审批后实施。

修订记录	修订标记	修订处数	修订日期	修订执行人	审批签字

四、检验工具校正方案

方案名称	检验工具校正方案	编　号	
		受控状态	

一、目的

为确保检验工具的精准，防止因检验器具的误差而产生不合格品，延长检验工具的使用寿命，特制定本方案。

二、适用范围

本方案适用于检验工具的校正工作。

三、校正时间

检验工具的校正分为定期校正和临时校正两种，具体说明如下。

1. 定期校正：质量管理部依据校正周期，排定日程进行校正。

（续）

2. 临时校正：使用人员在使用时或质量管理部在巡回检验时发现检验仪器、量规不精准，应立即校正。

四、校正环境

检验工具校正应确保常温、常压环境，工具静置2小时以后进行。

五、硬度计的校正

1. 硬度计的结构。硬度计的主要结构包括指示表、测砧、底板和施力钮。

2. 硬度计校正步骤如下图所示。

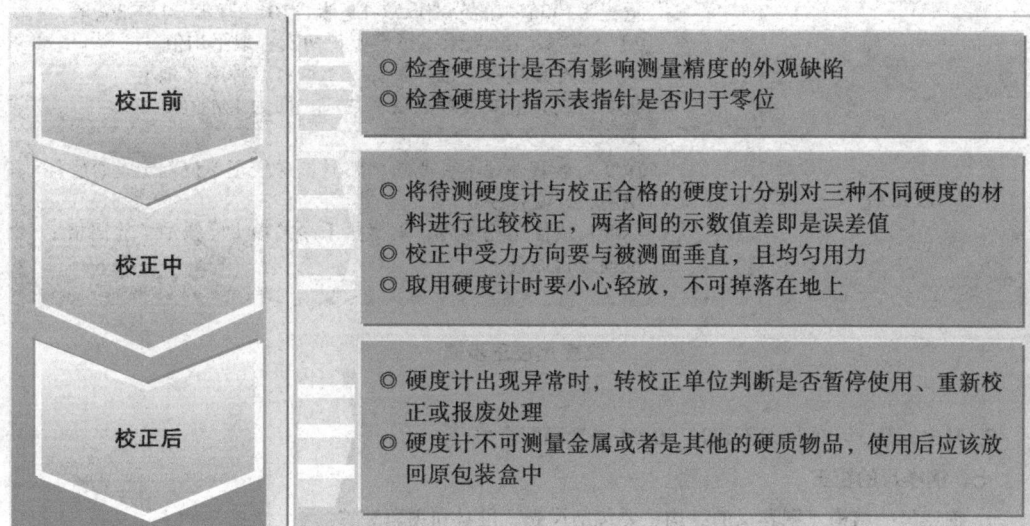

校正前	◎ 检查硬度计是否有影响测量精度的外观缺陷 ◎ 检查硬度计指示表指针是否归于零位
校正中	◎ 将待测硬度计与校正合格的硬度计分别对三种不同硬度的材料进行比较校正，两者间的示数值差即是误差值 ◎ 校正中受力方向要与被测面垂直，且均匀用力 ◎ 取用硬度计时要小心轻放，不可掉落在地上
校正后	◎ 硬度计出现异常时，转校正单位判断是否暂停使用、重新校正或报废处理 ◎ 硬度计不可测量金属或者是其他的硬质物品，使用后应该放回原包装盒中

硬度计校正步骤

3. 判定标准。示值不超过下表所列的标准时，即可视为合格。

硬度计校正判定标准表

卡尺类型	外径及内径允许误差
带游标	±0.04 毫米
带表	±0.02 毫米
带电子显示器	±0.02 毫米

六、深度尺的校正

1. 深度尺的结构。深度尺主要结构包括尺身、尺框、游标和固定螺钉。

2. 深度尺校正步骤如下图所示。

（续）

校正前	◎ 检查深度尺是否有碰伤、锈蚀、带磁或其他缺陷
	◎ 检查深度尺的刻度线及数值是否清晰可见
	◎ 检查是否有影响测量精度的外观缺陷
	◎ 尺框在尺身上移动应平稳，无卡住的现象
	◎ 检查锁紧装置的作用是否有效
校正中	◎ 选择标准量块（符合外校合格的标准）对深度尺进行校正
	◎ 量程为200毫米的分别取51.1毫米、121.5毫米、191.8毫米，量程为300毫米的分别取51.1毫米、101.2毫米、151.3毫米、201.5毫米、250毫米，每点校正两次，取平均值
	◎ 取用标准量块时应带好手套，不可将其掉落在地上
	◎ 将测量读数值减去标准量块数值，即为误差值
校正后	◎ 深度尺遇有外观不良或须调整时，送校正单位判定是否暂停使用，并安排校正
	◎ 标准量块使用完毕后，须擦拭干净并喷上防锈油，放回指定位置进行保存

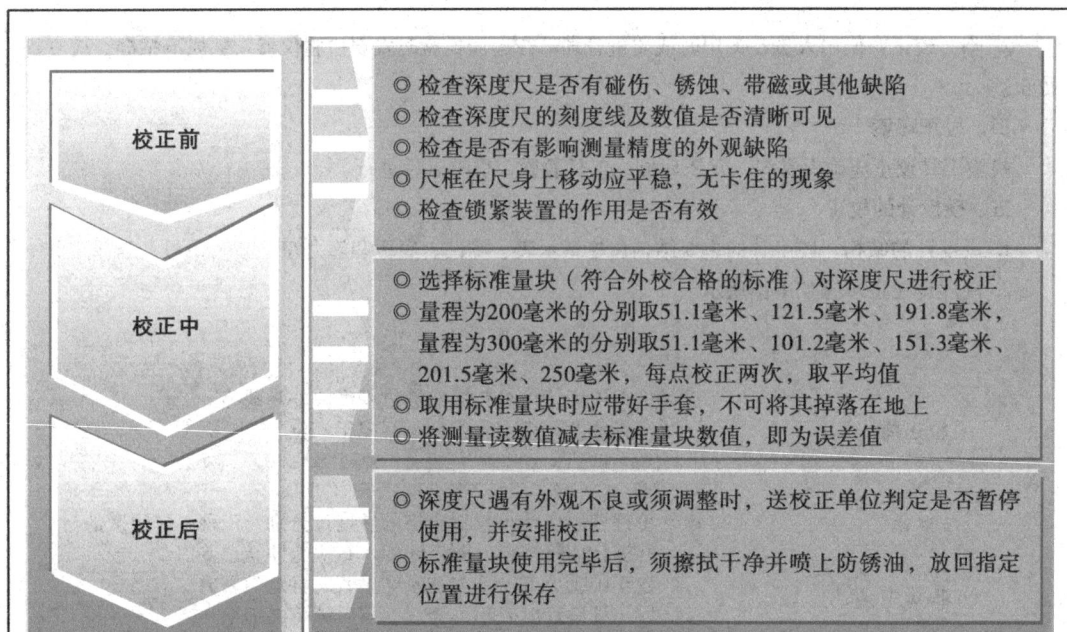

深度尺校正步骤

3. 判定标准。示值误差不超过 ±0.04 毫米即为合格。

七、钢卷尺的校正

1. 钢卷尺的结构。钢卷尺的结构主要包括尺壳、尺身和锁紧装置。

2. 钢卷尺校正步骤如下图所示。

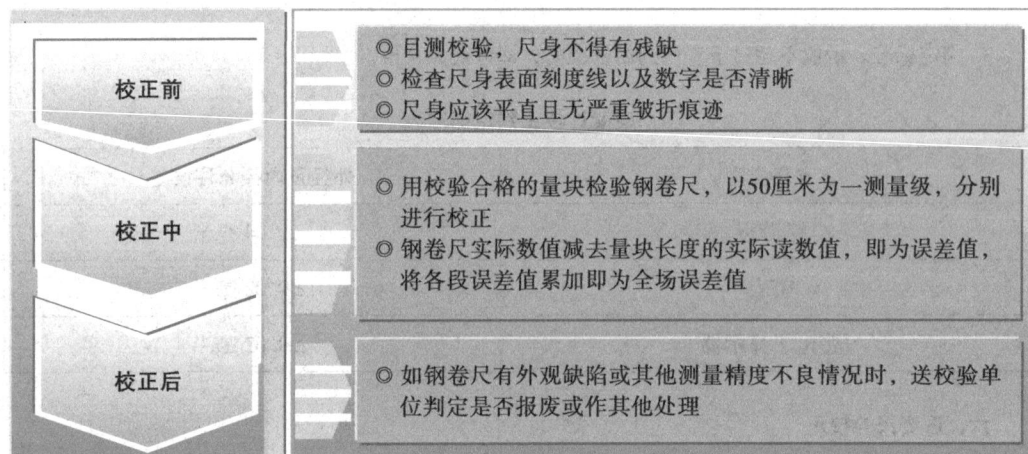

校正前	◎ 目测校验，尺身不得有残缺
	◎ 检查尺身表面刻度线以及数字是否清晰
	◎ 尺身应该平直且无严重皱折痕迹
校正中	◎ 用校验合格的量块检验钢卷尺，以50厘米为一测量级，分别进行校正
	◎ 钢卷尺实际数值减去量块长度的实际读数值，即为误差值，将各段误差值累加即为全场误差值
校正后	◎ 如钢卷尺有外观缺陷或其他测量精度不良情况时，送校验单位判定是否报废或作其他处理

钢卷尺校正步骤

（续）

3. 判定标准。如果钢卷尺的每段误差值未超过 ±1 毫米，全场累计误差未超过 ±3 毫米，即为合格。

八、高度尺的校正

1. 高度尺的结构。高度尺的结构主要包括尺身、微动装置、紧固螺钉、尺框、游标、底座和画线量爪。

2. 高度尺校正步骤如下图所示。

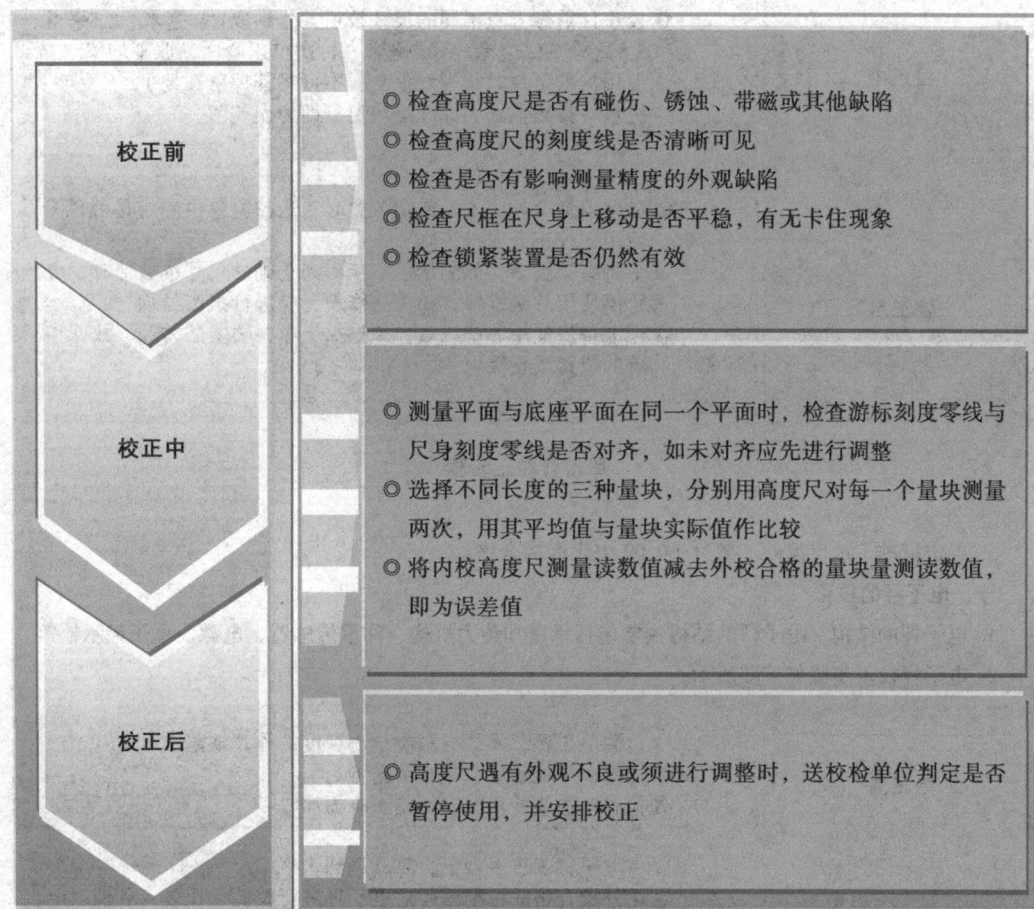

校正前	◎ 检查高度尺是否有碰伤、锈蚀、带磁或其他缺陷
	◎ 检查高度尺的刻度线是否清晰可见
	◎ 检查是否有影响测量精度的外观缺陷
	◎ 检查尺框在尺身上移动是否平稳，有无卡住现象
	◎ 检查锁紧装置是否仍然有效
校正中	◎ 测量平面与底座平面在同一个平面时，检查游标刻度零线与尺身刻度零线是否对齐，如未对齐应先进行调整
	◎ 选择不同长度的三种量块，分别用高度尺对每一个量块测量两次，用其平均值与量块实际值作比较
	◎ 将内校高度尺测量读数值减去外校合格的量块量测读数值，即为误差值
校正后	◎ 高度尺遇有外观不良或须进行调整时，送校检单位判定是否暂停使用，并安排校正

高度尺校正步骤

3. 判定标准。示值误差不超过 ±0.04 毫米即为合格。

九、厚度计的校正

1. 厚度计的结构。厚度计的结构主要包括测砧、指示表、按键、测杆和支架。

2. 厚度计校正步骤如下图所示。

（续）

校正前	◎ 检查厚度计是否有损坏 ◎ 测砧量测端面是否有明显磨损或损坏，表面是否有其他杂物 ◎ 按键下压时是否顺畅，指针运转是否平稳、灵活 ◎ 指示表旋转时不可过松或过紧
校正中	◎ 选择适当的标准量块，对厚度器进行校正 ◎ 校正件需做五点不同的尺寸校正，分别取1.25毫米、2.5毫米、5.5毫米、7.5毫米、10.0毫米，每次校正两次，取平均值 ◎ 取用标准量块时须带好手套，不可将其掉落在地上 ◎ 将量块读数值减去标准量块值，即为误差值
校正后	◎ 厚度器遇有外观不良或须调整时，送校验单位判定是否暂停使用、校正或安排维修 ◎ 量脚磨损过多，如测量值不能得到正确的尺寸读数值时，应暂停使用并送维修；如无法修理，应进行报废处理 ◎ 标准量块使用完毕以后，须擦拭干净并喷上防锈油，放回指定的位置进行保管

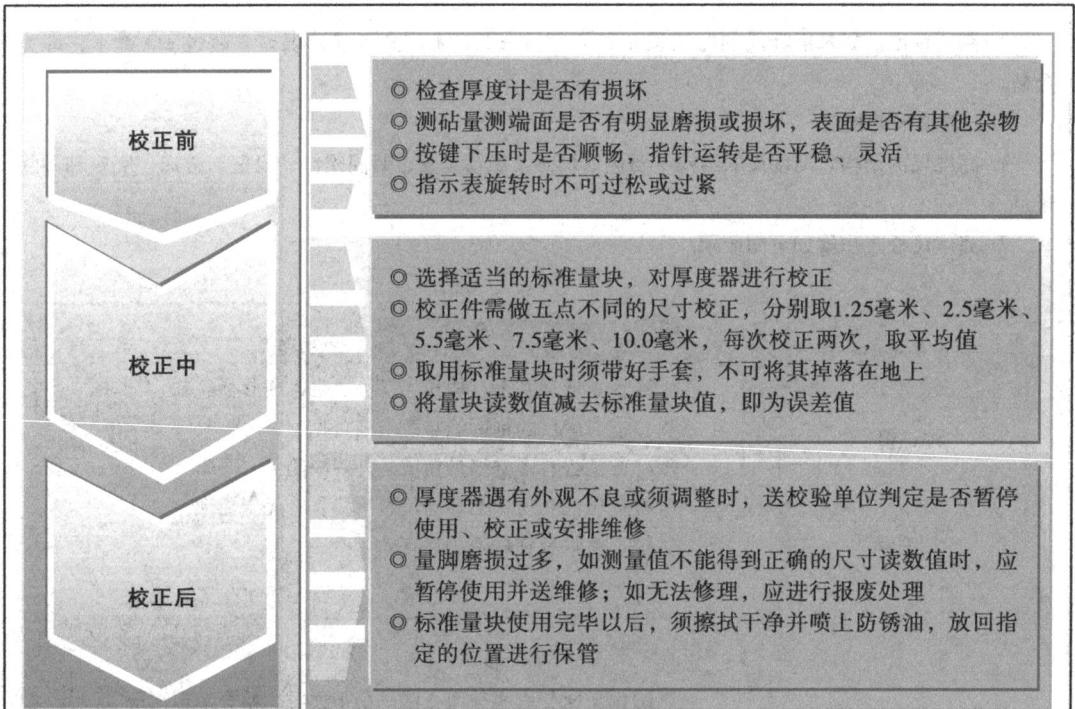

厚度计校正步骤

3. 判定标准。示值误差不超过 ±0.02 毫米即为合格。

十、电子秤的校正

1. 电子秤的结构。电子秤的结构主要包括承重和传力机构、称重传感器、电源、电子显示器等。

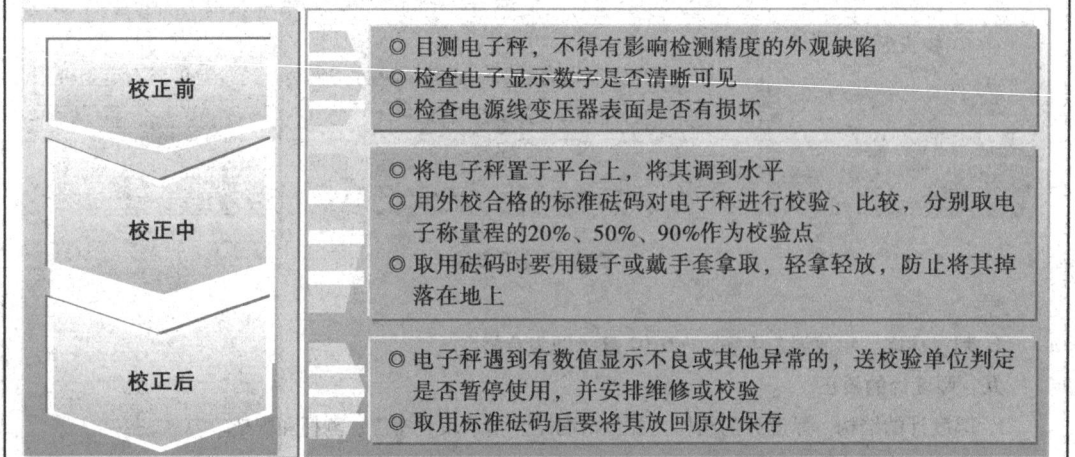

2. 电子秤校正步骤如下图所示。

校正前	◎ 目测电子秤，不得有影响检测精度的外观缺陷 ◎ 检查电子显示数字是否清晰可见 ◎ 检查电源线变压器表面是否有损坏
校正中	◎ 将电子秤置于平台上，将其调到水平 ◎ 用外校合格的标准砝码对电子秤进行校验、比较，分别取电子称量程的20%、50%、90%作为校验点 ◎ 取用砝码时要用镊子或戴手套拿取，轻拿轻放，防止将其掉落在地上
校正后	◎ 电子秤遇到有数值显示不良或其他异常的，送校验单位判定是否暂停使用，并安排维修或校验 ◎ 取用标准砝码后要将其放回原处保存

电子秤校正步骤

（续）

3. 判定标准。显示值与砝码实际重量误差不超过下表所示数据时，即为合格。电子秤的校正标准如下表所示。

电子秤校正标准

量程	量程≤300 克	量程≤5 千克	量程≤50 千克
允许误差	±0.02 克	±2 克	±40 克

十一、校正记录保存

1. 各检验工具校验合格后应贴上校验标贴。

2. 校验不合格的检验工具，根据实际情况判定为暂停使用或降级使用，严重差错情况下作报废处理。

3. 检测管理人员需将校验结果登记在《检验工具校验记录表》上。

十二、检验工具的换新

检验工具经专门技术人员检定后，必须淘汰旧的、更换新的以及因检验工作实际的需要必须新购或增置的，由质量管理部门依本厂规定申购。

编制人员		审核人员		审批人员	
编制时间		审核时间		审批时间	

品管圈活动控制
精细化管理

第十章

第一节 品管圈组建

一、品管圈组建流程

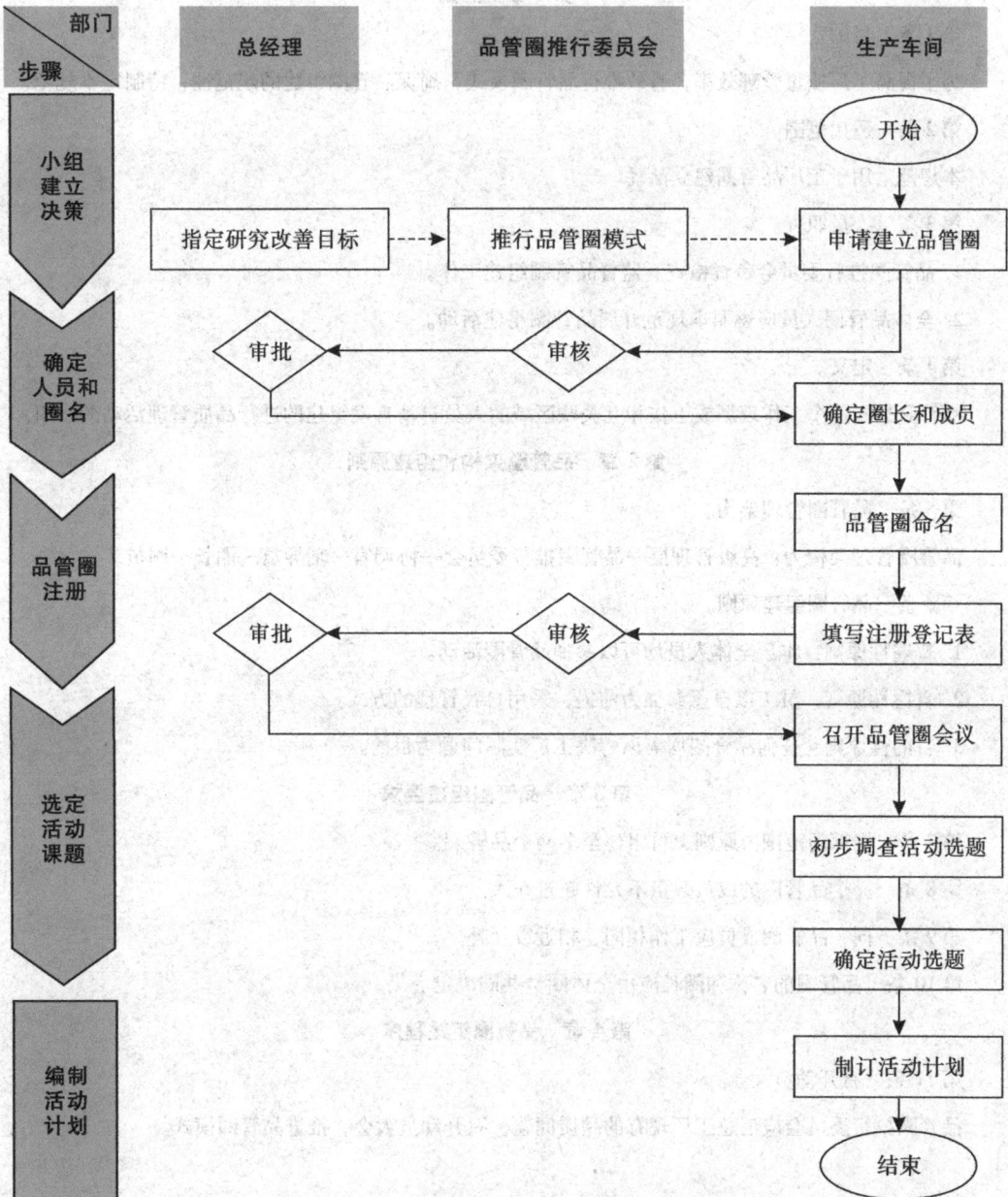

部门 / 步骤	总经理	品管圈推行委员会	生产车间
小组建立决策	指定研究改善目标	推行品管圈模式	开始 → 申请建立品管圈
确定人员和圈名	审批	审核	确定圈长和成员
品管圈注册	审批	审核	品管圈命名 → 填写注册登记表
选定活动课题			召开品管圈会议 → 初步调查活动选题 → 确定活动选题
编制活动计划			制订活动计划 → 结束

二、品管圈组建规范

制度名称	品管圈组建规范		受控状态	
			编　号	
执行部门		监督部门	编修部门	

第1章　总则

第1条　目的。

为了提高工厂质量管理效率，有效推行品管圈模式，确保品管圈组建的规范性，特制定本规范。

第2条　适用范围。

本规范适用于工厂品管圈建立活动。

第3条　人员职责。

1. 品管圈推行委员会负责检查、监督品管圈组建工作。

2. 全体品管圈人员应遵照本规范开展品管圈组建活动。

第4条　定义。

品管圈是同一个工作现场或工作相互关联区域的人员自动自发组建的进行品质管理活动的小组。

第2章　品管圈架构和组建原则

第5条　品管圈管理架构。

品管圈管理架构为：高级管理层—品管圈推行委员会—协调官—辅导员—圈长—圈员。

第6条　品管圈组建原则。

1. 普遍性原则：本厂全体人员均可以参加品管圈活动。

2. 自愿性原则：员工以自愿参加为前提，采用自我管理的方式。

3. 目的性原则：任何品管圈均需以解决工厂实际问题为目的。

第3章　品管圈组建要求

第7条　同部门范围内原则上可组建至多两个品管圈。

第8条　一个品管圈的成员数量不允许超过6人。

第9条　同一品管圈成员应工作相同、相近或互补。

第10条　品管圈的名称和圈长应由全体圈员共同决定。

第4章　品管圈组建程序

第11条　召开动员大会。

品管圈推行委员会应汇总工厂现有的品质问题，召开动员大会，推进品管圈模式。

（续）

第12条　组建品管圈。

1. 生产或工作现场为同一小组的全体或部分成员组成品管圈。

2. 每一品管圈的人员以3~5人为宜。

3. 由圈员选举具有一定领导能力和专业技术水平的人员为圈长。

第13条　品管圈命名和登记。

1. 品管圈第一次会议时，应通过头脑风暴等方式确立品管圈的名称。

2. 品管圈圈员、圈长以及名称确定后，应依照规定向品管圈推行委员会进行注册。

第5章　品管圈人员管理

第14条　每位品管圈成员可同时参加两个品管圈活动。

第15条　品管圈成立后，圈长应定期或不定期召开品管圈会议，圈员须按时参加，不得无故缺席。

第16条　各圈成员因工作关系，需要参加或退出该圈时，圈长应向品管圈推行委员会办理更正手续。

第6章　附则

第17条　本规范由质量管理部门负责起草和修订。

第18条　本规范经工厂总经理审批后实施。

修订记录	修订标记	修订处数	修订日期	修订执行人	审批签字

第二节　品管圈活动

一、品管圈活动流程

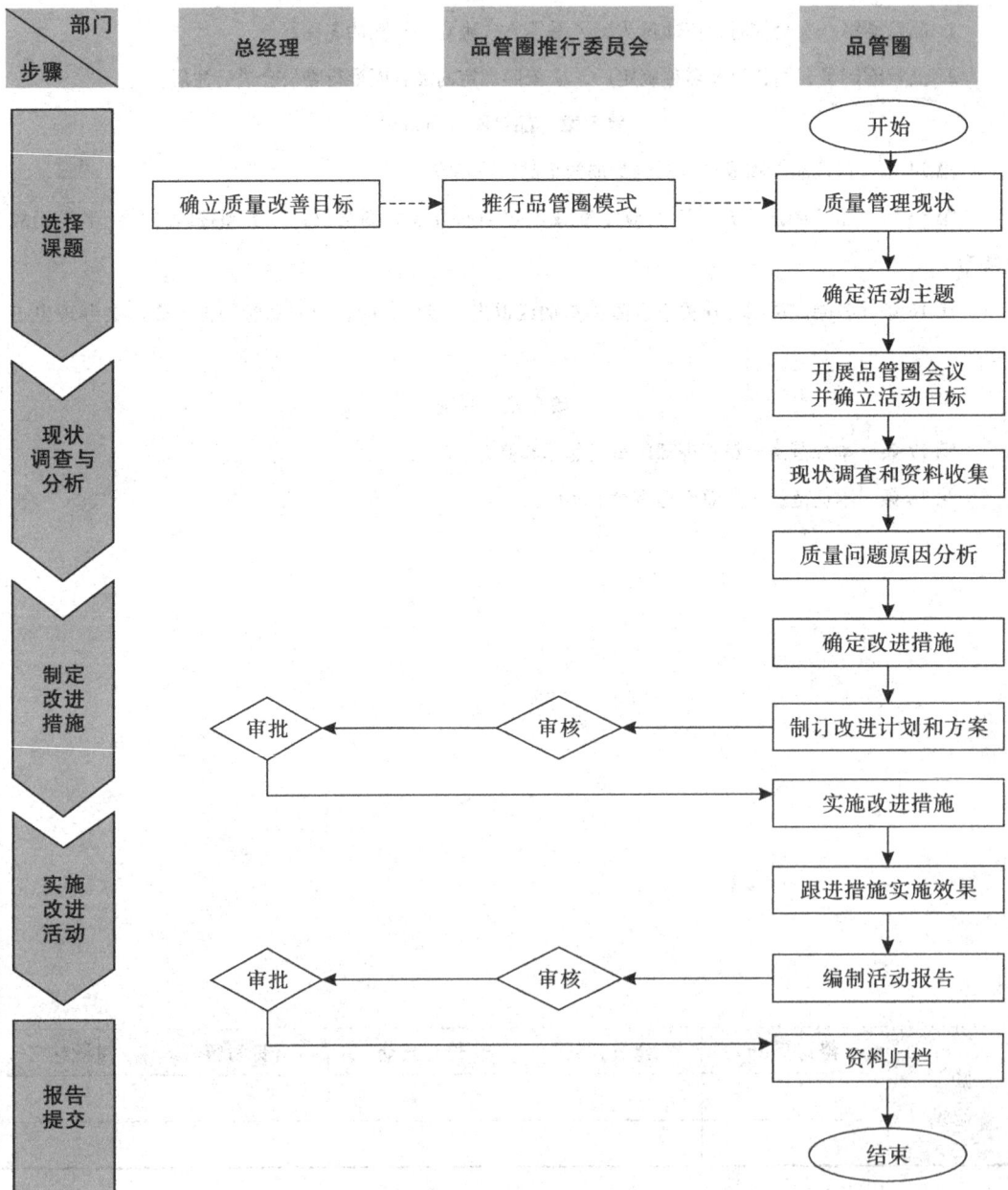

部门 步骤	总经理	品管圈推行委员会	品管圈
			开始
选择课题	确立质量改善目标	推行品管圈模式	质量管理现状
			确定活动主题
现状调查与分析			开展品管圈会议并确立活动目标
			现状调查和资料收集
			质量问题原因分析
制定改进措施			确定改进措施
	审批	审核	制订改进计划和方案
实施改进活动			实施改进措施
			跟进措施实施效果
	审批	审核	编制活动报告
报告提交			资料归档
			结束

二、品管圈活动规范

制度名称	品管圈活动规范		受控状态	
			编 号	
执行部门		监督部门	编修部门	

第1章 总则

第1条 目的。

为了激发全体员工潜能，改善工作绩效，达成全员品管目标，特制定本规范。

第2条 适用范围。

本厂所有品管圈活动均适用本规范。

第3条 权责部门。

1. 各品管圈全体成员负责具体工作执行。

2. 品管圈推行委员会负责监督、检查工作。

第2章 确定活动选题与分析现状

第4条 选定主题。

品管圈成员应注意观察现场环境和生产过程，善于从多角度提出问题，活动选题可从以下五个方面入手。

1. 效率问题。

2. 成本问题。

3. 品质问题。

4. 服务问题。

5. 浪费问题。

第5条 调查现状。

现状调查包括数据收集与分析两方面。

1. 数据收集的相关要求。

（1）收集的数据要有客观性。

（2）收集的数据要有可比性。

（3）应收集最近时间的数据，真实反映现状。

2. 数据分析方法。

常用数据分析方法包括直方图法、控制图法、散布图法、因果图法、分层法等。

第3章 设定活动目标与制定措施

第6条 目标设定

目标设定应根据所发现的问题确定，一般以降低产品品质不良率为目标。

第7条 原因分析。

原因分析可采用集体讨论、共同投票等方式开展，应确定问题主因，并请专人做好记录工作。

第8条 对策制定。

1. 对策前期讨论。

对策制定前期不必考虑提出的对策是否可行，应鼓励组员积极发表意见，再进行可行性分析和筛选，可利用《对策分析记录表》辅助开展工作，《对策分析记录表》的格式如下表所示。

（续）

对策分析记录表

不良项目	要因再分析	改善对策	提案人	优先度			对策选取	实施日期	负责人
				A	B	C			
备注	A——能力可及，B——部分能力可及，C——其他部门职责范围								

2. 对策讨论结果。

对策制定结果应包含以下六方面内容。

（1）做什么（What），即项目主题及目标值。

（2）谁来做（Who），即圈员应分工明确、各有所司。

（3）何处进行（Where），即进行的场所及配合部门。

（4）何时（When），即订出各阶段的做法及预定进度。

（5）如何做（How to do），即对具体执行加以规划和设计。

（6）成本、收益如何（How much），即对成本和收益进行预算。

第4章　实施措施及效果检查

第9条　对策实施

对策制定完毕后，小组成员就应严格按照改进计划加以实施。

第10条　效果检查。

每条对策实施完毕后要再次收集数据，与设定目标比较，以检查对策是否被彻底实施并达到了要求。

第11条　巩固实施。

1. 品管圈圈长把通过实施已被证明是有效的对策初步纳入有关标准，报品管圈推行委员会门认可。

2. 品管圈推行委员会应派人员到现场确认，是否按新的方法操作和执行了新的标准。

3. 品管圈圈长应在取得效果后的指定时期内要做好记录，进行统计，用数据说明成果的巩固状况。

第5章　附则

第12条　本规范由质量管理部负责起草和修订。

第13条　本规范由工厂总经理审批后实施。

修订记录	修订标记	修订处数	修订日期	修订执行人	审批签字

第三节　品管圈评审

一、品管圈活动效果评审流程

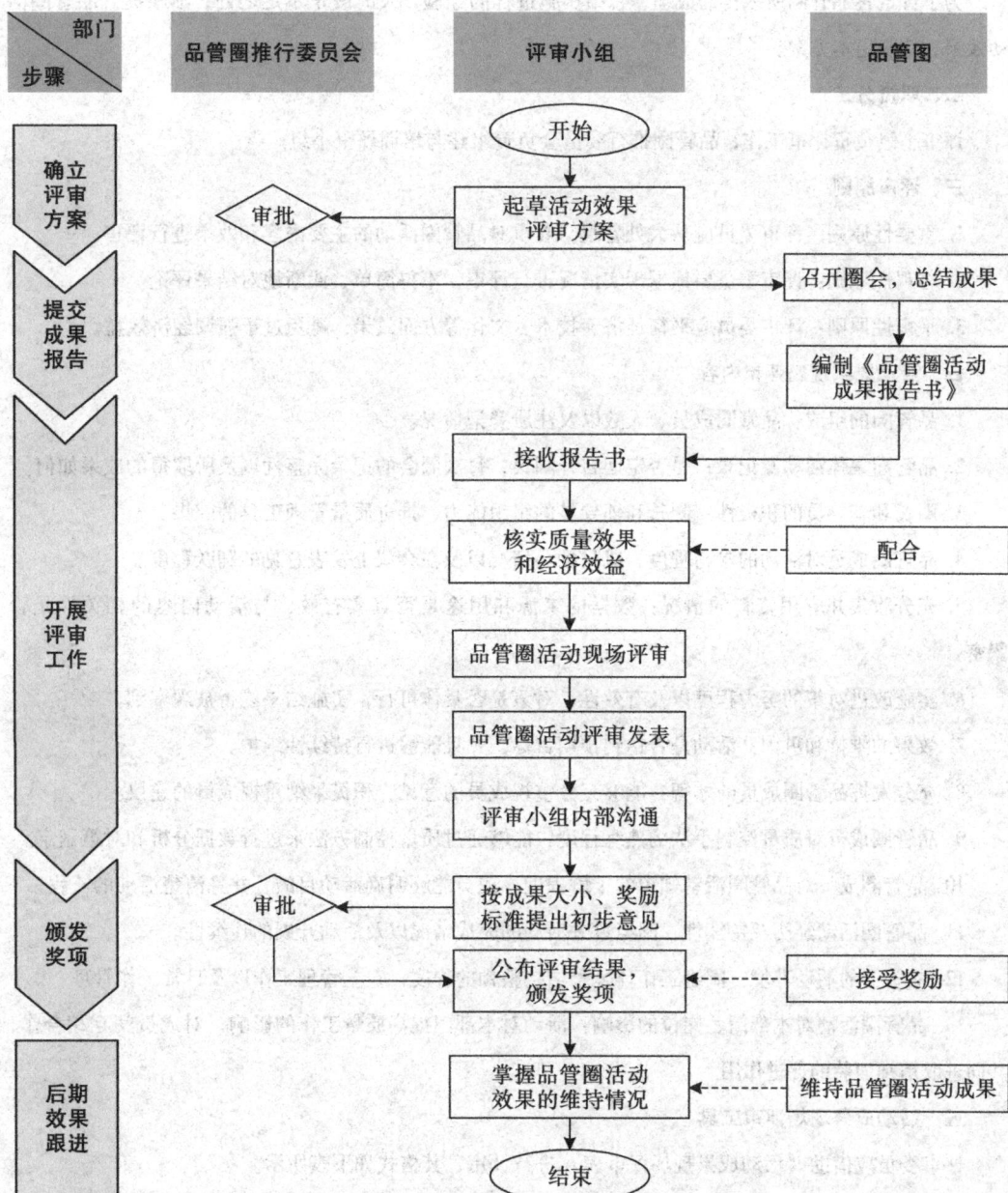

部门 步骤	品管圈推行委员会	评审小组	品管图

开始

确立评审方案：

起草活动效果评审方案 → 审批

提交成果报告：

召开圈会，总结成果

编制《品管圈活动成果报告书》

接收报告书

开展评审工作：

核实质量效果和经济效益 ← 配合

品管圈活动现场评审

品管圈活动评审发表

评审小组内部沟通

按成果大小、奖励标准提出初步意见 → 审批

颁发奖项：

公布评审结果，颁发奖项 ← 接受奖励

后期效果跟进：

掌握品管圈活动效果的维持情况 ← 维持品管圈活动成果

结束

二、品管圈活动效果评审方案

方案名称	品管圈活动效果评审方案	编　　号	
		受控状态	

一、目的

为了肯定各品管圈所取得的成绩，总结实施过程的经验，及时改正不足之处，不断提升品管圈活动效果，特制定本方案。

二、职责分工

评审小组负责评审工作，品管圈推行委员会负责组建与培训评审小组。

三、评审原则

1. 重要性原则：评审委员应从大处着眼，着重对品管活动的主要内容和效果进行评审。

2. 客观性原则：评审委员要依据现实情况进行评审，不得简单、武断地对结果评论。

3. 平衡性原则：评审委员应平衡经济、技术、文化等方面效果，避免过于强调经济效益。

四、活动成果现场评审内容

1. 品管圈的组成：品管圈成员、人数以及注册登记情况。

2. 品管圈集体活动及记录：是否定期召开圈会，每次圈会的记录完整性以及所取得的成果如何。

3. 圈长和辅导员的积极性：圈长和辅导员的组织能力，推进质量管理工具的效果。

4. 品管圈成员对活动的参与程度：成员到会情况以及在会议上发表意见的踊跃程度。

5. 充分收集并应用资料的情况：数据的来源和用途是否真实有效，与活动内容的相关性是否紧密。

6. 实施改进对策的努力程度以及有效性：对策是否具体可行，实施结果能否被观察到。

7. 效果的维持和巩固：活动是否达到预期目标，并且能够进行持续性维护。

8. 充分发挥品管圈成员的才智：能够充分重视成员的意见，积极采纳重视成员的建议。

9. 品管圈成员对质量控制手法的熟练程度：能够通过质量控制方法来进行数据分析和对策制定。

10. 品管圈成员对品管圈活动知识的了解程度：成员能够明确活动目的，并且清楚活动的流程。

11. 品管圈活动经历及持续性：圈组过去活动的完成情况以及活动开展的连续性。

12. 品管圈的活动环境：圈组工作环境整洁、整顿的程度，安全管理工作以及日常工作管理。

13. 品管圈活动对本部门、岗位的影响：活动对本部门提高质量工作的影响，对成员间互相合作、共同进取精神面貌的促进作用。

五、活动成果现场评审工具

评审委员应借助《活动成果现场评审表》进行评审，其格式如下表所示。

（续）

活动成果现场评审表

品管圈名称		类别	
课题名称		发表日期	

评审内容及记录				
序号	评审项目	评分标准	得分	备注
1	品管圈的组成	2～5分		
2	品管圈集体活动及活动记录	5～12分		
3	品管圈成员接受 TQM 培训情况	3～6分		
4	品管圈成员对于活动的参与程度	3～6分		
5	充分收集并应用资料和数据的情况	4～8分		
6	实施改进对策的努力程度及有效性	5～12分		
7	实施效果的维持和巩固情况	4～10分		
8	充分发挥品管圈成员才智和创造性的程度	3～7分		
9	品管圈成员对于质量控制方法的应用情况	3～6分		
10	品管圈成员对于品管圈活动知识的了解程度	3～6分		
11	品管圈活动经历以及继续性	3～7分		
12	品管圈的活动环境	2～5分		
13	品管圈活动成果对于本部门、岗位的影响及贡献	5～10分		
总分				
评　价				
评审人员				

六、活动成果评审发表内容

1. 选题

（1）选题理由。选题理由是否与工厂质量改善目标相一致，是否与本部门或岗位质量改进工作有密切关系。

（2）现状调查及分析情况：是否充分掌握现状信息，并通过分析明确问题主要原因。

（3）目标设定的理由及适当性。

① 目标的设定要与问题的症结所在相适应。

（续）

② 目标的设置应参考历史数据及现行条件等因素。

2. 原因分析

（1）把握原因的因果关系：因果关系逻辑清晰，依据充足客观，能针对问题的主要原因进行分析。

（2）分析问题的深度和广度。对问题的分析要全面、透彻。

（3）把握影响主要原因的程度。

① 用何种方式把握影响问题的主要原因和程度。

② 对问题的解决有论证过程。

（4）恰当运用分析技术和方法。适当运用分析工具，正确掌握工具的使用方法，不牵强附会。

3. 对策与实施

（1）正确制定对策。对策应在分析原因并找出主要原因的过程中产生。

（2）对策实施的程度。大部分对策应由全体成员共同做出，内部应对对策实施情况进行互相检查。

4. 效果

（1）效果确认和改善目标达成的程度。效果取得后应和原状进行比较，确认其有效性。

（2）改善前后有形效果和无形效果的比较。

① 有形效果应采用数据表示。

② 无形效果应进行客观评价。

③ 考察品管圈团体合作精神。

（3）效果的维持和改进。

① 改善后效果能维持、巩固在较好的水平。

② 改善方法、措施能够在一定范围内推广。

③ 改善后的质量水平可以达到预期的目标。

5. 成果发表

（1）发表内容通俗易懂，以图表数字为主，注重交流效果，不宜采用过于专业的词句。

（2）发表内容层次分明，逻辑性强。整个活动应按照 PDCA 规范进行，每个活动的步骤都要交代清楚，前后连贯。

（3）代表人员仪表端庄，举止得体。

① 发表时从容大方，不紧张，不做作。

② 能对现场的提问进行清晰、有效解答。

6. 成果特色

（1）主题贴合实际。主题力求实务、具体、明确。

（2）具有启发意义。活动过程能激发全体人员思考，能够起到一定示范作用。

七、活动成果发表评审工具

活动成果评审工具主要是《品管圈活动成果发表评审表》，其格式如下表所示。

（续）

品管圈活动成果发表评审表

品管圈名称			类别	
课题名称			发表日期	

评审内容及记录

序号	项目	内容	评分标准	得分	备注
1	选题	（1）选题理由 （2）现状调查及分析的深入程度 （3）目标设定的理由及适应程度	8～15分		
2	原因分析	（1）把握问题的因果关系 （2）分析问题的深度和广度 （3）把握影响主要原因的程度 （4）适当地运用分析技术、方法	12～20分		
3	对策与实施	（1）正确制定对策 （2）实施对策的程度 （3）适当地运用分析技术、方法	12～20分		
4	实施效果	（1）效果确认和改善目标达成的程度 （2）改善前后有形和无形效果的比较 （3）所取得效果的维持情况如何	2～20分		
5	成果发表	（1）发表内容通俗易懂，以图表数字为主、文字为辅，清晰简明 （2）发表的内容逻辑清晰、依据充足 （3）代表人员仪表端正、口齿清晰、态度良好，能够正确表达意思	8～15分		
6	成果特色	（1）主题贴合实际 （2）具有启发性意义	6～10分		

八、评审结果的运用

由评审委员会根据评审得分，按照一定比例设立名次，对获得名次的品管圈颁发相应的奖金和奖品。具体奖项设置和颁发办法由评审委员会及相关部门共同协商确立。

编制人员		审核人员		审批人员	
编制时间		审核时间		审批时间	

质量改善控制
精细化管理

第十一章

第一节　零缺陷管理

一、零缺陷管理实施流程

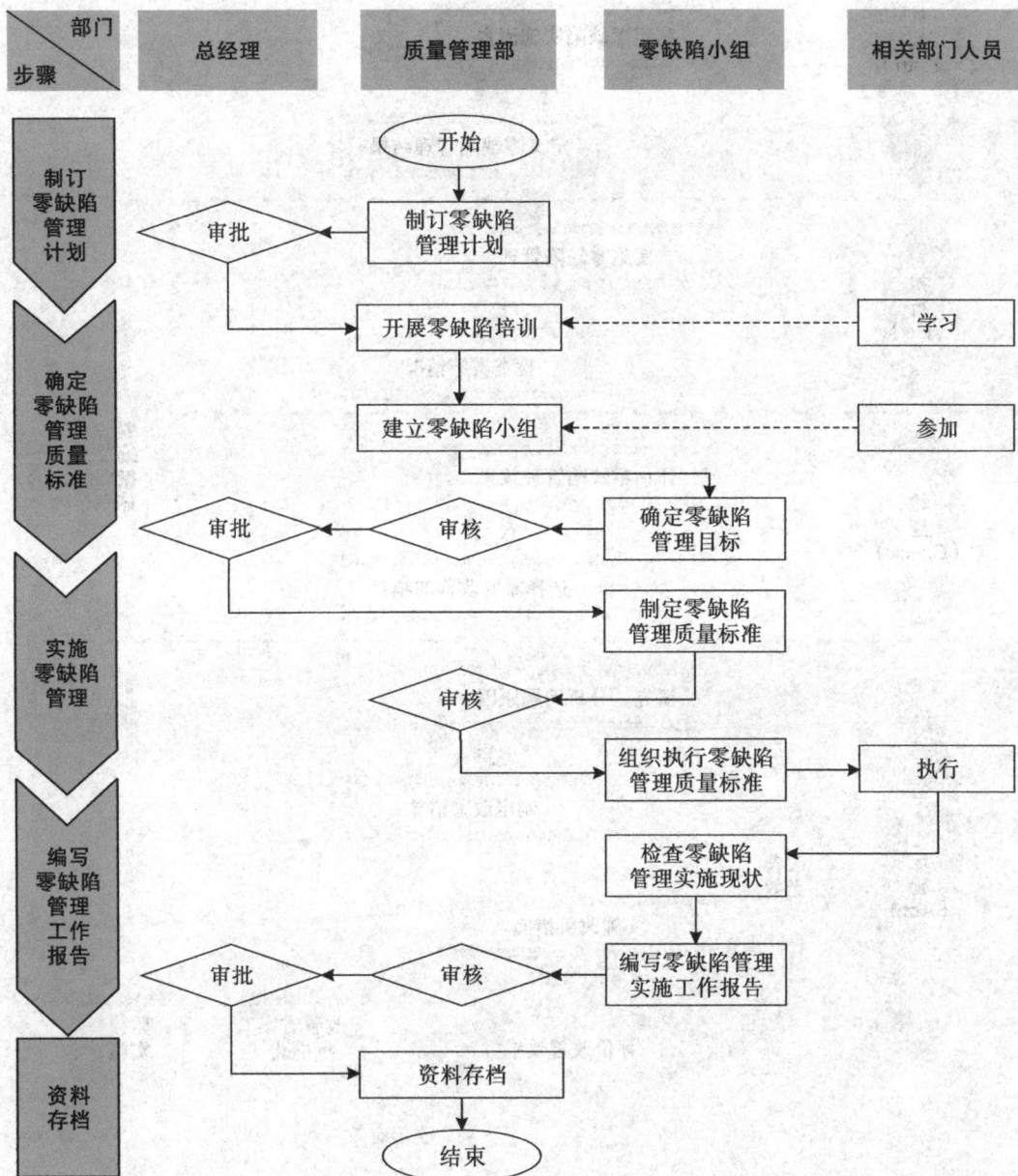

步骤 \ 部门	总经理	质量管理部	零缺陷小组	相关部门人员

```
                              ┌─────────┐
                              │   开始   │
                              └────┬────┘
                                   │
制订          ◇─────┐     ┌────────┴────────┐
零缺陷        │审批 │◄────│  制订零缺陷      │
管理          └─────┘     │  管理计划        │
计划            │         └─────────────────┘
                │
                │         ┌─────────────────┐         ┌────────┐
                └────────►│  开展零缺陷培训   │◄┄┄┄┄┄┄│  学习   │
                          └────────┬────────┘         └────────┘
确定                               │
零缺陷                    ┌─────────────────┐         ┌────────┐
管理                      │  建立零缺陷小组   │◄┄┄┄┄┄┄│  参加   │
质量                      └────────┬────────┘         └────────┘
标准                               │
          ◇─────┐   ◇─────┐  ┌─────────────────┐
          │审批 │◄──│审核 │◄─│  确定零缺陷      │
          └─────┘   └─────┘  │  管理目标        │
             │               └─────────────────┘
             │
             │               ┌─────────────────┐
实施         └──────────────►│  制定零缺陷      │
零缺陷                        │  管理质量标准    │
管理             ◇─────┐      └────────┬────────┘
                 │审核 │◄──────────────┘
                 └─────┘
                    │         ┌─────────────────┐         ┌────────┐
                    └────────►│  组织执行零缺陷   │────────►│  执行   │
                              │  管理质量标准    │         └───┬────┘
                              └─────────────────┘             │
编写                          ┌─────────────────┐             │
零缺陷                        │  检查零缺陷      │◄────────────┘
管理                          │  管理实施现状    │
工作                          └────────┬────────┘
报告                          ┌─────────────────┐
          ◇─────┐   ◇─────┐  │  编写零缺陷管理   │
          │审批 │◄──│审核 │◄─│  实施工作报告    │
          └─────┘   └─────┘  └─────────────────┘
             │
资料         │               ┌─────────────────┐
存档         └──────────────►│   资料存档        │
                             └────────┬────────┘
                                      │
                                 ┌────┴────┐
                                 │   结束   │
                                 └─────────┘
```

二、零缺陷管理改进循环

零缺陷管理可通过 PDCA 循环来进行不断改进、完善，具体循环步骤如图 11-1 所示。

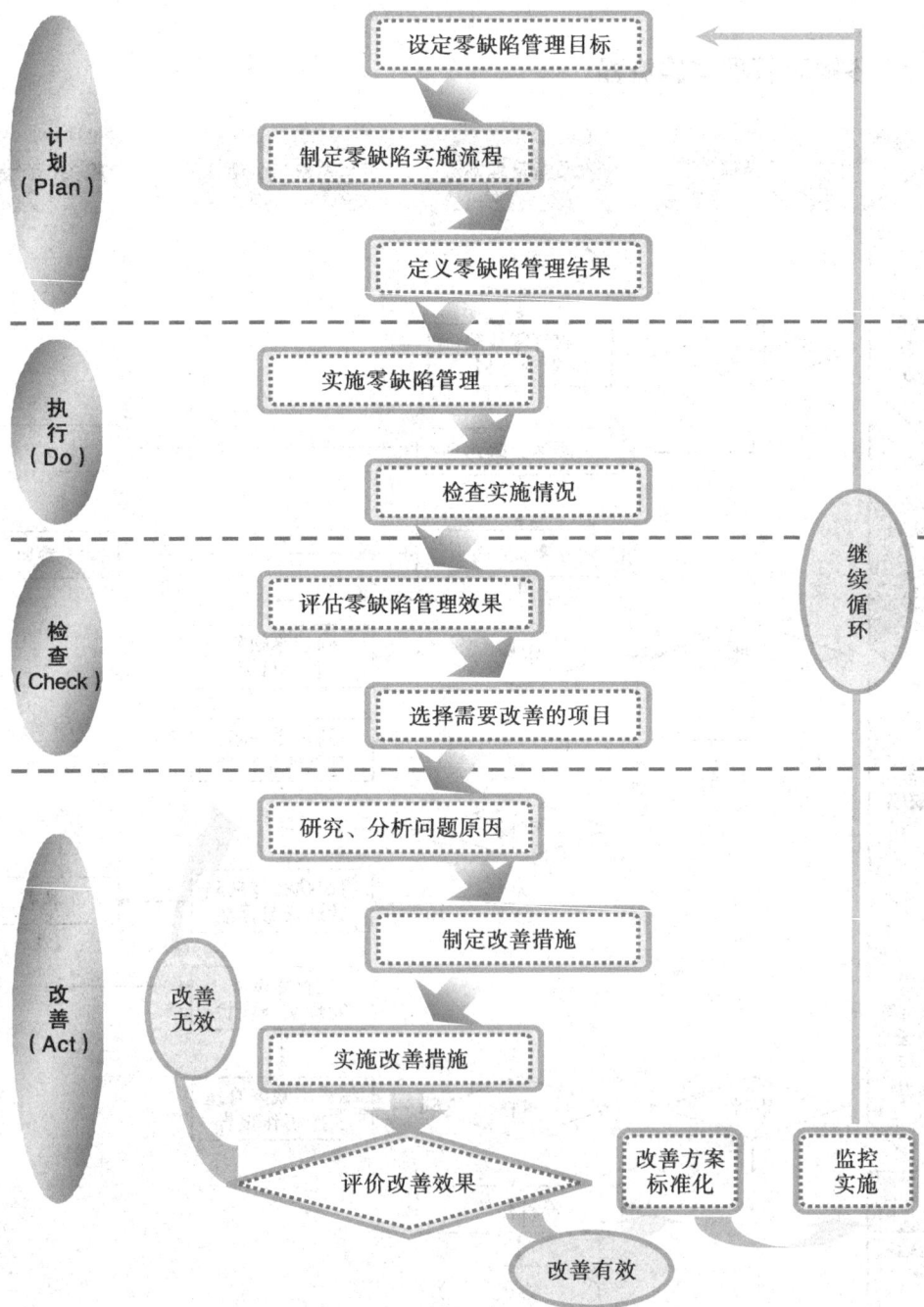

图 11-1　零缺陷管理改进循环示意图

三、零缺陷管理操作方案

方案名称	零缺陷管理操作方案	编　号	
		受控状态	

一、目的

为提高工厂生产质量，规范零缺陷管理工作，充分发挥员工主观能动性，向着高质量标准奋斗，特制定本方案。

二、适用范围

本方案适用于本厂零缺陷管理的相关工作事项。

三、职责

1. 总经理负责零缺陷管理过程中决策的审批。

2. 生产部负责零缺陷管理的组织和落实工作。

3. 质量管理部负责零缺陷管理工作中的产品检验，并开具相应的检验报告。

4. 生产作业人员具体执行零缺陷管理操作标准。

四、零缺陷管理目标

1. 所有环节都不向下一环节传送有缺陷的决策、信息、物资、技术或零部件。

2. 每个环节、每个层面都建立管理制度与规范，按照管理程序实施管理，消除漏洞。

3. 每个环节、每个层面都必须具备对产品或工作差错的事先预防与事中修正措施。

4. 以人的管理为管理中心，完善激励机制与约束机制，充分发挥每个员工的主观能动性。

5. 工厂管理系统应实现动态平衡，保证管理系统对工厂的发展有最佳的适应性和最优的应变性。

五、组建零缺陷管理机制

生产部负责组建零缺陷管理小组，小组成员包括生产部人员、工艺技术部人员与质量管理部人员，由该小组负责零缺陷管理的实施与改进工作。

六、零缺陷管理实施准备

1. 达成共识。零缺陷管理小组应保证工厂全部员工对零缺陷管理达成共识，积极参与零缺陷管理，具体应做到以下三点：

（1）领导重视，坚持零缺陷管理的推进与实施；

（2）管理人员了解质量改善程序，认识到质量管理的重要性，并鼓励员工加强质量管理；

（3）员工对质量要求严格，追求零缺陷。

2. 宣传推广。零缺陷管理小组可通过以下方式进行宣传推广：

（1）厂报宣传；

（2）张贴标语；

（3）厂内广播；

（4）开设质量管理相关培训课程。

（续）

七、制定零缺陷管理质量标准

工厂全体员工达成共识后，经总经理批准，由零缺陷管理小组负责制定零缺陷管理质量标准。

1. 质量标准编制要求。

（1）指向性：直接面对要阐述的对象，避免出现与标准无关的词语和内容。

（2）执行方法描述完整：完整显示原因和结果以及指导作业人员进行具体操作的方法和得到的结果。

（3）描述准确：避免出现抽象的形容性描述，应具体说明操作的执行标准，避免理解出现差异。

（4）运用数字：尽量使用图表与数据，使使用人员都以相同方式解释标准。

2. 质量标准内容。

（1）制定履历，包括制定时的指定日期、修订时的修订原因、修订内容、修订日期等。

（2）制定目的。

（3）适用范围，即使用该标准的部门、场所、时间。

（4）标准正文，即任务的具体实施方法。

（5）附表附图，即附加说明的表格或图形。

八、检验质量标准实施结果

零缺陷管理小组定期监测并检验生产季度和产品质量，评定质量标准的实际效果。

1. 检验方式

（1）审核方式：通过对生产记录、质量记录等文件的审核进行评价。

（2）考试方式：通过抽取若干人员进行考试，考查其对质量标准的理解程度、运用质量标准及处理质量问题的能力等。

（3）现场采访方式：通过对现场作业人员的交谈、观察，评价其对质量标准的认识与运用情况。

2. 检验期限。每年至少进行一次对质量标准实施情况的评价。

九、采取纠正措施

1. 零缺陷管理小组在检验过程中发现问题后，应清查所有本类事物，并分析造成的原因。

2. 针对问题组织相关人员进行讨论，寻求纠正措施，并制定改进方案。

3. 组织实施纠正与改进方案，并由零缺陷管理小组对其执行进度和效果进行追踪验证。

十、修订标准

根据追踪，验证改进方案可行后，零缺陷管理小组根据实际情况检查质量标准是否有必要进行修订，若需要，则应按规定对质量标准进行修订，并由总经理审核批准后生效。

编制人员		审核人员		审批人员	
编制时间		审核时间		审批时间	

第二节　质量改善提案

一、质量改善提案流程

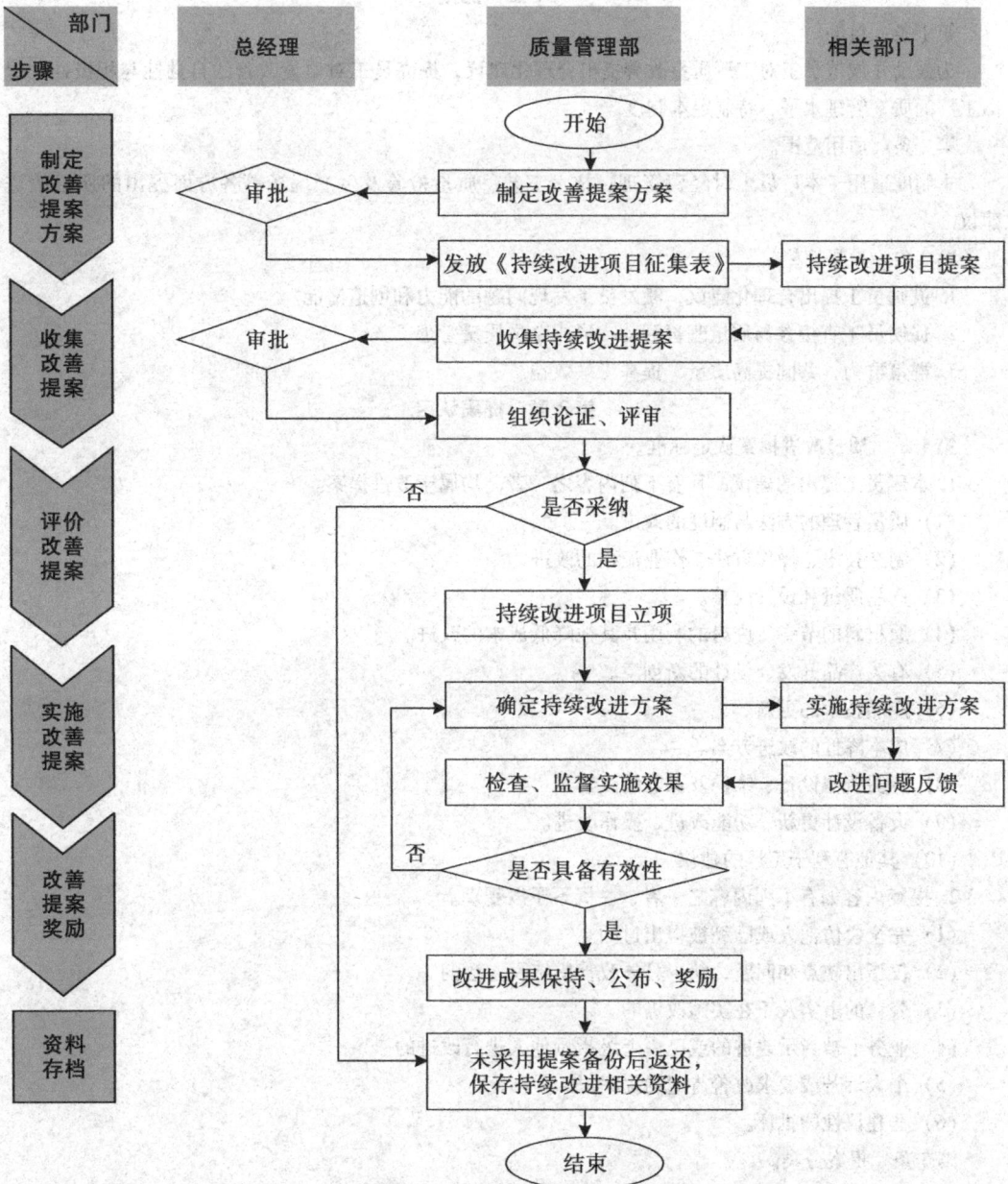

部门 步骤	总经理	质量管理部	相关部门

制定改善提案方案

开始

制定改善提案方案 → 审批

发放《持续改进项目征集表》 → 持续改进项目提案

收集改善提案

审批 ← 收集持续改进提案 ← 持续改进项目提案

组织论证、评审

评价改善提案

是否采纳　否／是

持续改进项目立项

实施改善提案

确定持续改进方案 → 实施持续改进方案

检查、监督实施效果 ← 改进问题反馈

是否具备有效性　否／是

改善提案奖励

改进成果保持、公布、奖励

资料存档

未采用提案备份后返还，保存持续改进相关资料

结束

二、质量改善提案制度

制度名称	质量改善提案制度		受控状态	
			编　号	
执行部门		监督部门	编修部门	

第1章　总则

第1条　目的。

为鼓励并规范员工对工厂质量改善提出合理化建议，提高员工对质量改善的自觉性与积极性，提高工厂的质量管理水平，特制定本制度。

第2条　适用范围。

本制度适用于本厂员工对经营管理、技术工艺、质量检验及生产现场等各方面提出的质量改进建议。

第3条　效果期望。

1. 鼓励员工提出合理化建议，激发员工发现问题的能力和创造潜能。

2. 促使员工直接参与质量改善活动，形成全员质量管理。

3. 群策群力，共同提高质量，提高工厂效益。

第2章　提案认定

第4条　质量改进提案认定标准。

1. 本厂员工提出的建议，凡有下列内容之一者，均属于改进提案。

（1）质量管理的方法与制度的改进。

（2）制造技术、操作方法、作业流程的改进。

（3）产品质量和设计改善。

（4）原材料的节省，废料的利用及其他降低成本的改进。

（5）有关产品开发、设计的新创意。

（6）产品技术的更新。

（7）成本降低的改进方案。

（8）有关机器设备、维护及保养的改善。

（9）设备设计更新、功能改进、操作改进。

（10）其他有利于工厂的建议。

2. 提案内容如有下列内容之一者，一概不予以受理。

（1）完全模仿他人或已经被提出过的。

（2）仅指出缺点和问题，缺少具体改善措施及方法的。

（3）公认的事实及正在实施改进的。

（4）业务上被指示改进的或已由上级指示他人进行改进的。

（5）个人诉苦或要求改善待遇的提案。

（6）非建议性的批评。

第5条　提案分类。

提案依其性质分为技术类提案与管理类提案。

（续）

1. 技术类提案。

（1）有关产品开发、设计的新创意。

（2）产品的技术更新。

（3）生产工艺流程改进。

（4）机器设备技术改进。

（5）其他涉及专业技术问题的改进。

2. 管理类提案。

（1）管理方法、制度新创意。

（2）原有制度的完善。

（3）质量管理的建议。

（4）降低成本的改进方案。

（5）其他涉及管理方法、制度的改进。

第3章 提案推行

第6条 提案推行组织。

改进提案推行委员会是负责本厂质量改进提案工作的常设机构，下设审查小组与改进小组。

1. 改进提案推行委员会。设主任委员一名，任期为一年，由工厂最高管理者直接任命，其职责如下：

（1）制定和修订提案工作制度、方针及工作计划；

（2）提案推行方案的核准；

（3）改进提案实施经费的核准；

（4）改进提案评审、奖励的核准。

2. 审查小组。由各责任部门经理（全部或部分）担任，其职责如下：

（1）改进提案的复审、评分及等级审议；

（2）改进提案制度修订研讨；

（3）提案旅行成果的检查、确认。

3. 改进小组。由质量管理部门、技术部门和生产部门人员担任，人数通常为 3～5 人，其具体职责如下：

（1）工厂改进提案活动的宣传；

（2）改进提案相关教育培练；

（3）改进提案的受理、登记、初评、送审；

（4）改进提案评比的资料收集、初评；

（5）改进提案实施的追踪、查核、指导、报告；

（6）其他日常工作。

第7条 提案的提报。

提案人针对质量方面存在的不足进行现状分析，经过研究后拟定出提案内容，编制《质量改进提案书》，提出相关提案。

1. 提案书内容。

（1）提案类别。

（续）

（2）提案时间。

（3）提案名称。

（4）提案者所属部门。

（5）提案者（可以是个人、数人或团队）。

（6）现行方法（描述现状）。

（7）改进方案。

（8）预期效果。

2. 提案书编制要求。

（1）现行方法应详细描述现状，必要时配以图表、样品或文字说明。

（2）改进方案应具体、可行，必要时配以图表、样品或文字说明。

（3）预期效果应尽量明确。

（4）现行方法、改进方案、预期效果如表格不够填写，可另附纸说明。

3. 提案书提交方式。

（1）面交改进小组。

（2）投入本厂"改进提案信箱"。

第8条 提案的受理与审核。

1. 初审。

（1）改进小组负责对提案人提交的提案进行编号、登记。

（2）初审由改进小组进行，根据内容结合实际做出判断，结果分为可行、保留、不可行，相关说明如下表所示。

提案初审结果说明表

提案初审结果	相关说明	处理措施
可行	实施后可取得明显的效果，可以立即实施	转审核小组复审，复审合格者，交由相关部门负责实施
保留	提案较合理，但因各种原因，不能立即实施	改进小组将提案备份存档，回复提案人
不可行	提案内容可行性不强或因其他原因不予实施	

2. 复审。

（1）复审工作由审查小组负责，必要时应与提案人联络，了解提案内容。责任部门评审并裁定提案为采用、保留或不采用。

（2）采用的提案由提案内容所涉及的部门负责实施，提案工程大或涉及面广时，应上交审查委员会裁决。

（3）不采用或保留提案应退回改进小组，由改进小组进行备份存档并回复提案人。

3. 周期。

改进提案推行委员会必须对任何一个提案给予公正的评定，评定时间不得超过____天。

（续）

第9条　改进提案实施与跟踪。

1. 提案内容所涉及的责任部门负责改进提案的实施工作。

2. 改进小组应全力支持、配合提案的实施，并监督、检查实施工作。

3. 提案人应尽力协助提案实施过程的指导、修正和其他工作。

4. 推行委员对提案的实施与追踪负直接责任。

第4章　奖励措施

第10条　提案奖。

质量管理部负责对积极提供质量改进提案的员工（团队）给予奖励，具体奖励标准如下表所示。

质量改进提案奖励标准表

提案审核结果	奖励标准
不采用者	累积＿＿＿份，奖励＿＿＿元
保留者	凡提案被审为保留者，累积＿＿＿份，奖励＿＿＿元
采用者	1. 采用当月即发奖金＿＿＿元 2. 被采用的提案经年度评审，获优秀提案奖者，奖励如下 （1）第1名奖励＿＿＿元；（2）第2名奖励＿＿＿元；（3）第3名奖励＿＿＿元 3. 经年度评审，每年可为工厂增加的经济效益逾＿＿＿万元人民币者，可提取 　　增长利润的1%作为奖励基金

第11条　优秀个人提案奖。

年度提案总数前三名者，为优秀提案个人，奖励如下：

（1）第一名，奖励＿＿＿元；

（2）第二名，奖励＿＿＿元；

（3）第三名，奖励＿＿＿元。

第12条　优秀提案单位奖。

年度提案评比前三名单位，为优秀提案单位，奖励如下：

（1）第一名，奖励＿＿＿元；

（2）第二名，奖励＿＿＿元；

（3）第三名，奖励＿＿＿元。

第5章　附则

第13条　本制度由质量管理部负责制定、修订和解释。

第14条　本制度经总经理审批通过后，自颁布之日起执行。

修订记录	修订标记	修订处数	修订日期	修订执行人	审批签字

第三节　六西格玛改善

一、六西格玛推行流程

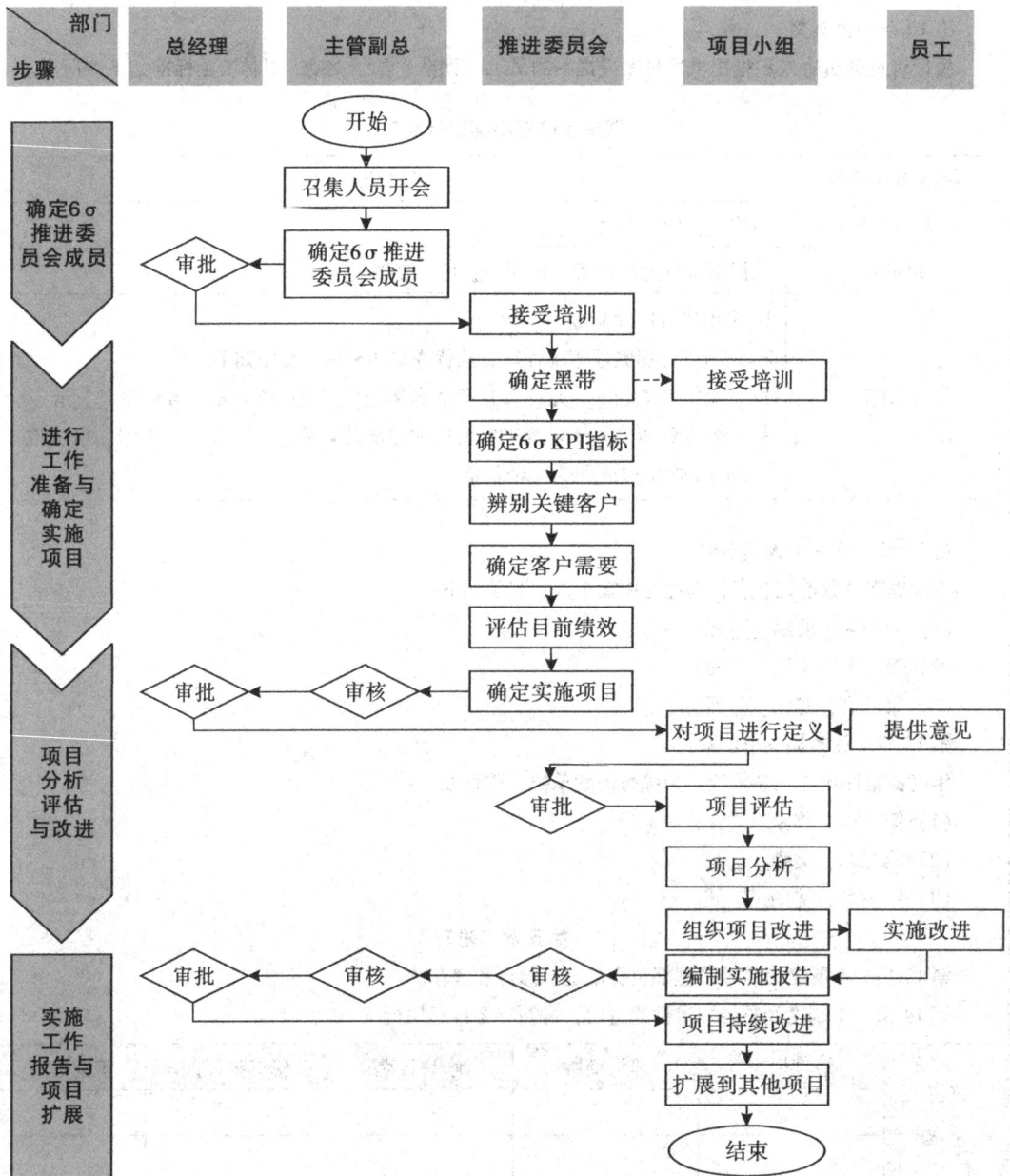

步骤 \ 部门	总经理	主管副总	推进委员会	项目小组	员工

确定6σ推进委员会成员

开始 → 召集人员开会 → 确定6σ推进委员会成员 → 审批

接受培训

进行工作准备与确定实施项目

确定黑带 ⟶ 接受培训

确定6σKPI指标

辨别关键客户

确定客户需要

评估目前绩效

确定实施项目 → 审核 → 审批

项目分析评估与改进

对项目进行定义 ← 提供意见

审批 → 项目评估

项目分析

组织项目改进 → 实施改进

编制实施报告 ← 审核 ← 审核 ← 审批

实施工作报告与项目扩展

项目持续改进 → 审批

扩展到其他项目

结束

二、六西格玛实施流程

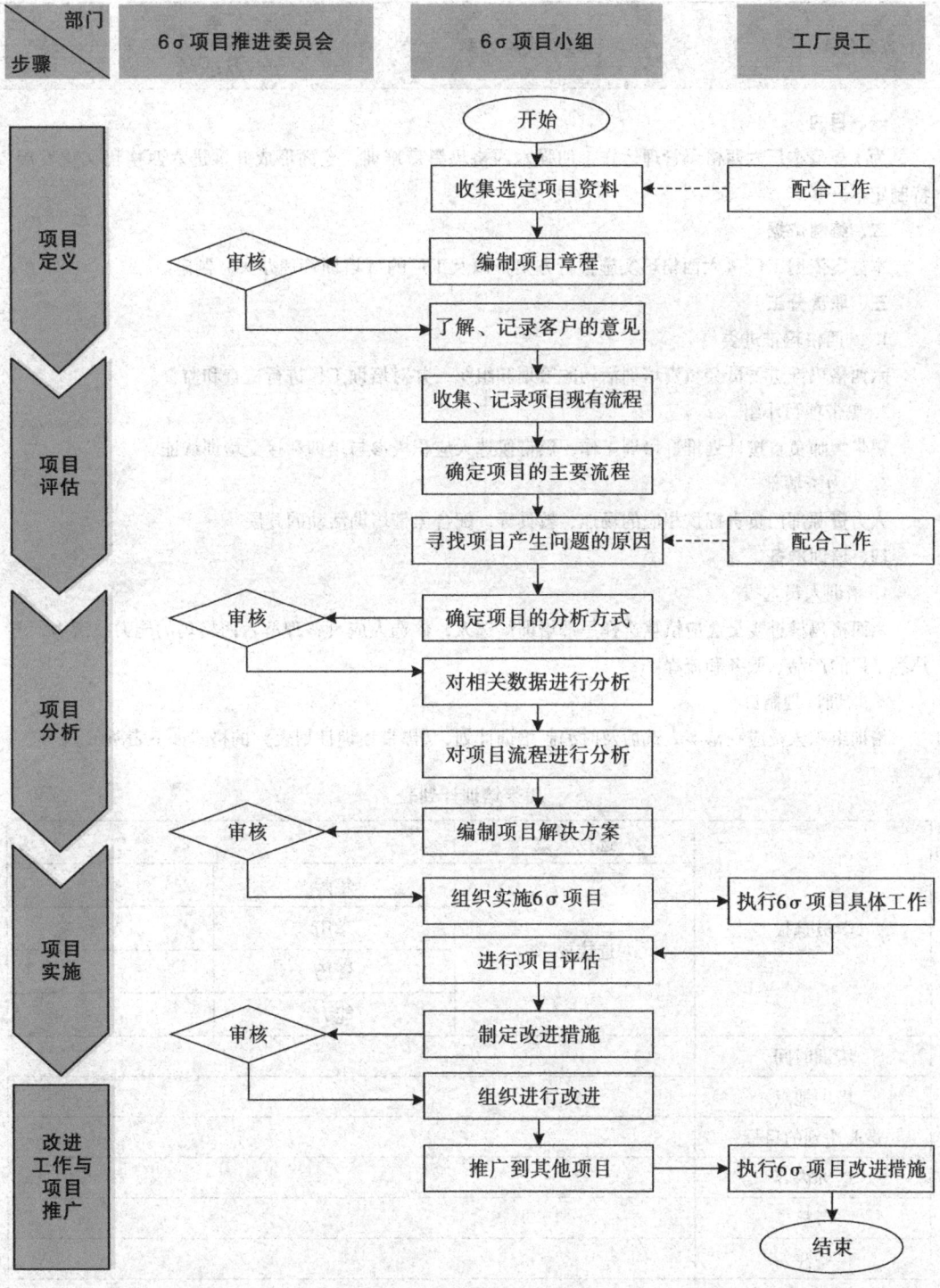

部门 步骤	6σ项目推进委员会	6σ项目小组	工厂员工

```
                              开始

项目          收集选定项目资料  ◄------ 配合工作
定义
              审核 ◄── 编制项目章程

                    了解、记录客户的意见

项目          收集、记录项目现有流程
评估
              确定项目的主要流程

              寻找项目产生问题的原因 ◄------ 配合工作

              审核 ◄── 确定项目的分析方式

项目          对相关数据进行分析
分析
              对项目流程进行分析

              审核 ◄── 编制项目解决方案

              组织实施6σ项目 ──► 执行6σ项目具体工作

项目          进行项目评估 ◄──
实施
              审核 ◄── 制定改进措施

              组织进行改进

改进
工作与        推广到其他项目 ──► 执行6σ项目改进措施
项目
推广                              结束
```

三、黑带培训实施方案

方案名称	黑带培训实施方案	编　　号	
		受控状态	

一、目的

为了规范本厂六西格玛管理运作，加强六西格玛黑带培训，全面形成并推进六西格玛文化发展，特制定本方案。

二、编制依据

本方案依据工厂《六西格玛实施推行方案》以及工厂的《培训管理办法》制定。

三、职责分工

1. 六西格玛推进委员会

六西格玛推进委员会负责培训活动的策划和组织，并对培训工作进行检查和监督。

2. 黑带项目小组

黑带大师负责按计划推进培训工作，黑带候选人应积极参与培训和接受培训认证。

3. 人力资源部

人力资源部门负责提供相应的场地、教具等，配合黑带培训活动的开展。

四、培训准备

1. 培训人员选拔

六西格玛推进委员会应慎重选择黑带训练候选人，候选人应具备理解六西格玛的能力或潜力，并熟悉工厂的产品、服务和流程。

2. 培训计划制订

培训组织人员应在落实人选后及时编制培训计划，《黑带培训计划表》的格式如下表所示。

黑带培训计划表

学员选拔	选拔人数		
	选拔要求	年龄	
		学历	
		资历	
		能力	
培训时间			
培训地点			
要求达到的目标			
培训内容			
考核			
备注			

（续）

五、培训实施

1. 培训内容安排

本工厂黑带培训的时间为 4 个月，分为四阶段。其中，每个阶段有一周时间为课堂授课，其余三周为岗位实践，具体培训内容如下表所示。

黑带培训内容安排

阶段	主要培训内容
第 1 阶段	1. 六西格玛统计学原理及六西格玛的项目管理 2. DMAIC 方法论 3. 流程图的绘制方法和相关软件介绍 4. 了解客户需求和抓住业务机遇
第 2 阶段	1. 数据收集的方法 2. 绘测系统分析 3. 流程分析和作图分析方法 4. 统计过程控制和几种重要的概率分布
第 3 阶段	1. 中心极限定理 2. 参数估计、置信区间、假设检验、方差分析 3. 多变量分析 4. 列联表分析 5. 相关分析和回归分析
第 4 阶段	1. 六西格玛改进与控制概论 2. 过程改进图表技术 3. 正交试验设计、复杂情况的正交设计、均匀设计 4. Minitab 软件中的几种试验设计技术
备注	各阶段第一周为课堂授课，其余三周为岗位实践

2. 培训人员管理

（1）黑带候选人员要完成相应的培训课程，有特殊情况的应提前向六西格玛推进委员会请假。

（2）遵守上课纪律和秩序，不得大声喧哗，将手机调至振动状态，保持上课秩序。

（3）要尊重培训老师的劳动成果，积极配合培训老师，与其主动沟通，对六西格玛和统计技术难点与培训老师共同探讨。

（续）

六、培训认证

1. 认证要求

培训结束后，由培训师对培训人员做出评估并组织学员参加黑带认证培训考试。

黑带认证的具体要求如下：

（1）学员获得六西格玛黑带培训资格；

（2）能按时完成六西格玛黑带培训课程，完成两个六西格玛黑带项目报告；

（3）积极参与本厂的六西格玛管理和文化变革，并取得相应的财务收益。

2. 认证证书

学员符合六西格玛黑带认证要求且经六西格玛专家考核评审和相关委员会批准后，向黑带候选人颁发黑带证书。

编制人员		审核人员		审批人员	
编制时间		审核时间		审批时间	

四、绿带培训实施方案

方案名称	绿带培训实施方案	编　号	
		受控状态	

一、目的

为了有效保障工厂六西格玛管理方法的实施，提供合格的六西格玛管理人员，培养可有效支持黑带工作的绿带，特制定本方案。

二、适用范围

本方案适用于工厂六西格玛管理的绿带培训工作。

三、职责

1. 人力资源部负责制订计划并组织实施绿带培训。

2. 六西格玛管理黑带人员负责具体实施培训课程，并执行培训后的考核评价工作。

3. 相关部门负责协助人力资源部进行培训需求分析、培训实施及培训后考核工作。

四、培训目标

1. 为六西格玛管理工作提供合格的绿带。

2. 通过培训，使绿带候选人达到如下四项要求：

（1）透彻理解六西格玛管理的理念；

（2）熟悉 DMAIC 模型的全过程；

（续）

（3）掌握基本的流程改进工具；

（4）熟悉六西格玛团队工作技巧。

五、培训对象

1. 由黑带提名的绿带候选人。

2. 希望获得绿带实际技巧的基层管理者或员工。

六、培训时间

1. 绿带培训课程时间为____年__月__日至__月__日。

2. 培训考核时间为____年__月__日至__月__日。

七、培训方式

绿带培训课程以理论课、小组讨论、案例分析、现场技术应用指导相结合的方式进行。

八、培训内容

1. "界定"培训。

（1）六西格玛管理理念。

（2）六西格玛管理项目的选择、界定。

（3）统计基础知识。

（4）界定阶段的软件应用。

2. "测量"培训。

（1）流程图的绘制。

（2）因果关系分析及因果图的绘制。

（3）数据收集与描述方法。

（4）测量系统分析。

（5）过程能力分析。

（6）测量阶段的软件应用。

3. "分析"培训。

（1）探索性数据分析。

（2）假设检验方法。

（3）绝对数据分析、多变量分析、单变量分析。

（4）非参数统计方法。

（5）回归分析。

（6）分析阶段的软件应用。

4. "改进"培训。

（1）质量问题的改进方法。

（续）

（2）过程改进阶段的图标工具与技术。

（3）试验设计的运用。

（4）改进阶段的软件应用。

5. "控制"培训。

（1）评价过程基线及改进方向、目标的重要工具。

（2）常规控制图的绘制。

（3）监测过程的控制运行办法。

（4）防止缺陷产生、减少损失的方法。

（5）在特定情况下控制图的使用。

（6）控制阶段的软件应用。

九、培训考核

1. 培训课程结束后，人力资源组织考核活动，检验培训效果。

2. 考试分为笔试与操作测试两部分，具体考试内容由黑带制定。

3. 考核合格者授予其绿带资格，并有资格参与六西格玛管理小组活动。

编制人员		审核人员		审批人员	
编制时间		审核时间		审批时间	

五、六西格玛实施推行方案

方案名称	六西格玛实施推行方案	编　号	
		受控状态	

一、背景

1. 工厂生产现状（略）

2. 推行六西格玛的必要性分析（略）

二、六西格玛管理实施目的

1. 实施六西格玛管理的长远目的

（1）以选定的项目为突破口，带动工厂产品质量的整体改善，降低工厂的资源成本，提升工厂流程的效率，提高客户满意度。

（2）协助工厂克服目前存在缺陷的品质体系，建立起一套科学、高效的工艺设计体系和品质保证体系。

（续）

（3）培养一批掌握先进品质理念、工具、方法的骨干人员，提高工厂解决问题的能力。

（4）促使工厂逐步形成六西格玛文化，加强各部门之间的沟通，提升工厂的整体竞争力。

2. 六西格玛实施的现实目的

（1）节约生产成本，增加利润。

（2）提高生产效率与产品质量。

（3）留住客户，提高市场占有率。

（4）减少生产失误，缩短生产周期。

（5）改善工厂文化。

三、六西格玛推行的组织管理

为顺利推行六西格玛管理、组织六西格玛管理活动，工厂成立六西格玛管理委员会。六西格玛管理委员会是工厂实施六西格玛管理的最高领导机构。

1. 六西格玛管理委员会成员及构成

（1）项目总负责人，由工厂质量主管副总×××担任。

（2）执行主任（即黑带），由×××、××担任。

（3）执行委员（即绿带），由×××、×××、××、×××担任。

2. 职责

（1）六西格玛管理委员会的职责。

① 设立六西格玛管理初始阶段的各种职位。

② 确定具体的改进项目及改进次序，分配资源。

③ 定期评估各项目的进展情况，并对其进行指导。

④ 当各项目小组遇到困难或障碍时，帮助他们解决问题等。

（2）项目总负责人的职责。

① 为项目设定目标、方向和范围。

② 协调项目所需资源。

③ 处理各项目小组之间的重叠和纠纷，加强项目小组之间的沟通等。

四、制订六西格玛的实施计划

1. 推行时间

六西格玛管理模式的推行预计将从____年__月__日开始，一直持续到____年__月__日结束，预计工厂完全实现准时化生产的时间为____年。

2. 推行步骤与时间安排

六西格玛管理推行的具体步骤及时间安排如下表所示。

（续）

六西格玛管理实施计划表

六西格玛实施	具体内容	具体时间	负责人
开始阶段	1. 组建六西格玛管理委员会	___年__月__日 ～ ___年__月__日	___
	2. 对中高层人员进行培训，让其理解、确认工厂实行六西格玛管理的必要性	___年__月__日 ～ ___年__月__日	___
	3. 选定黑带人员，进行培训，使其达到黑带要求	___年__月__日 ～ ___年__月__日	___
	4. 相关人员的定义技术和管理工具使用培训	___年__月__日 ～ ___年__月__日	___
准备实施阶段	1. 确定六西格玛管理所要达到的目标指标	___年__月__日 ～ ___年__月__日	___
	2. 确定六西格玛管理考核的关键绩效指标	___年__月__日 ～ ___年__月__日	___
	3. 辨别工厂的关键客户	___年__月__日 ～ ___年__月__日	___
	4. 辨别工厂业务的核心流程	___年__月__日 ～ ___年__月__日	___
	5. 收集资料，确认工厂主要客户的需求	___年__月__日 ～ ___年__月__日	___
	6. 评估工厂目前的绩效	___年__月__日 ～ ___年__月__日	___
	7. 选择、确定进行六西格玛管理的项目	___年__月__日 ～ ___年__月__日	___
	8. 项目小组分清选定项目的问题、目标和流程	___年__月__日 ～ ___年__月__日	___
	9. 项目实施小组辨别选定项目存在的主要问题，并寻找产生问题的根本原因	___年__月__日 ～ ___年__月__日	___
	10. 通过分析，确定选定项目存在问题和业务流程的类型	___年__月__日 ～ ___年__月__日	___
	11. 寻找创造性的改进方案并实施	___年__月__日 ～ ___年__月__日	___
总结改进阶段	1. 方案实施过程中不断评估，发现问题并及时改进	___年__月__日 ～ ___年__月__日	___
	2. 将六西格玛管理逐步推广到其他项目	___年__月__日 ～ ___年__月__日	___
	3. 进行流程再造与系统的重新组合	___年__月__日 ～ ___年__月__日	___
	4. 不断对六西格玛管理进行改进、优化	___年__月__日 ～ ___年__月__日	___

（续）

五、确定黑带与绿带人员

1. 说明

（1）黑带。黑带是六西格玛变革的中坚力量，对黑带的认证由外部咨询公司配合工厂完成。黑带由内部选拔，全职实施六西格玛管理，在接受培训取得认证之后授予黑带称号，担任项目小组执行主任，领导项目小组实施流程变革，同时负责培训绿带。

（2）绿带。绿带的工作是兼职的，其经过培训后，负责一些难度较小的项目小组或成为其他项目小组的成员。

2. 操作要点

（1）黑带的候选人应具备大学数学和定量分析方面的基础知识，具有较为丰富的工作经验。

（2）黑带必须完成____小时的理论培训，由培训者一对一地进行项目训练和指导。

（3）经过培训的黑带必须熟练地操作计算机，至少掌握一种统计软件。

（4）绿带培训要结合六西格玛具体项目进行____天左右的课堂专业学习，包括项目管理、质量管理工具、质量控制工具、解决问题的方法和信息数据分析等。

（5）由黑带负责确定绿带培训内容，并在培训之中、之后给予其协助和监督。

六、辨别工厂的核心流程

1. 工厂的核心流程

（1）工厂吸引并维系客户的流程。

（2）订货管理流程。

（3）物流流程。

（4）客户服务流程。

（5）开发新产品或新服务流程。

2. 辨别工厂的核心流程的操作要点

（1）必须以能够直接增加客户价值的活动为中心。

（2）要站在战略的角度看待问题。

（3）辨别过程中，六西格玛管理委员会应从不同的部门中选取，有助于从不同的角度看待问题。

（4）工厂的核心流程根据现实需要可以改变。

七、把握客户需求及说明

1. 确定工厂主要客户操作要点

（1）区分客户的产品需求与服务需求。

（2）建立一个较大的收集客户信息与市场信息的体系。

（3）一视同仁地对待客户的产品与服务需求。

（4）编写清晰、可评估的需求说明。

（5）了解客户新的需求后，不可在短时期内要求员工满足客户的这种新需求。

（6）持续不断地跟踪、评估工厂针对客户需求的绩效。

2. 编写客户需求说明操作要点

（1）调查工厂产品与服务的具体情况，了解客户需求。

（2）对客户进行细分，划分其类别。

（3）复查客户的所有关于服务或产品的建议或意见。

（4）设定一个有效的绩效标准进行需求说明。

（5）经过详细的评估、修改后，确定终稿。

八、评价工厂绩效

1. 操作要点

（1）选择评估对象。

（2）选择可进行操作计算的评估量。

（3）确定各种资料的来源。

（4）准备收集资料和抽取样本的计划。

2. 评估注意事项

（1）根据现有资源，确定评估活动的先后次序。

（2）所制定的评估目标必须可以获得大量信息，并且容易达到。

（3）必须持续地改进评估措施。

（4）选择对工厂有意义的评估活动和评估量。

九、选定六西格玛推行的项目

1. 选定项目的定义

（1）编写项目章程，内容包括选定项目的问题、目标、基本数据、小组成员、小组指导方针、初步的项目蓝图等，章程可修改。

（2）收集客户意见，必须保持客观的态度。

（3）记录选定项目的现有流程。

2. 组织对选定项目的评估

（1）对选定项目的问题和流程进行评估，确定问题的焦点和范围。

（2）确定关键数据，缩小问题的范围。

（3）分析产生问题的根本原因。

3. 对选定项目的分析

（1）对收集的数据进行分析，分辨问题的模式及发展趋势等。

（2）对流程进行分析，辨别与工厂核心价值不一致的、不相关的及可能引起问题的流程。

4. 组织对选定项目六西格玛推行的实施

（1）拟出、选择有创造性的实施方案。

（2）对实施方案进行定期评估，制定改进措施。

（3）重新设计和构建流程。

十、六西格玛管理推行中的关键绩效指标

在推行六西格玛管理过程中应设立四大基本指标，具体如下表所示。

（续）

	六西格玛管理推行中的关键绩效指标说明		
考核维度	考核指标	目标值	
财务方面	利润率	实行六西格玛管理后，工厂利润率比目前提高____%	
	市场份额	实行六西格玛管理后，工厂的市场份额比目前提高____%	
客户方面	客户投诉率	实行六西格玛管理后，工厂客户投诉率比目前下降____%	
	交货准时率	实行六西格玛管理后，工厂准时交货率比目前提高____%	
工厂内部方面	生产效率	实行六西格玛管理后，工厂的生产效率比目前提高____%	
	质检通过率	实行六西格玛管理后，工厂的质检通过率比目前提高____%	
工厂人员的培训方面		实行六西格玛管理后，工厂的黑带达到相关总人数____%，绿带要达到相关总人数的____%	

编制人员		审核人员		审批人员	
编制时间		审核时间		审批时间	

六、六西格玛现场改善活动

文书名称	六西格玛现场改善活动	编　号	
		受控状态	

一、背景

××钢铁公司的核心业务之一是生产高速线材，201×年以前生产的产品质量达到了较高的质量标准，产量逐年上升，市场前景良好。然而，自201×年以来，高速线材品种钢的订货量增长缓慢，用户对产品质量异议量有所增加。为此，该公司决定采用六西格玛管理改善现状，提高高速线材产品质量，提升用户满意度。

二、组建六西格玛项目小组

公司总经理委任公司副总经理为六西格玛项目的总负责人，由其负责项目的计划、领导和控制工作，并从公司内部选拔3名黑带和9名绿带人员，由外部咨询公司为项目组成员提供六西格玛管理知识的相关培训。

三、制定 DMAIC 方法

项目组小组按照六西格玛管理的五步循环改进法开展质量改进工作。

1. 定义顾客需求（Define）

六西格玛质量改善项目的项目目标是：降低中间轧废率，提高正品率和成材率，快速向用户交付产品，提升用户满意度；目标值为：正品率由目前的低于93%提高到96%以上。

（续）

2. 评估当前绩效（Measure）

公司首先通过抽样调查收集了201×年高速线材轧钢废钢支数的数据，并针对工艺废钢和设备废钢进行了分类统计。经过抽样得到样本总数为416 680件，其中正品数为401 721件，正品率为92.48%，每百万次产品缺陷次数为35 930次，合格率为96.41%，σ绩效值为3.30σ。

由样本数据可知，高速线材一级合格率的σ绩效值为3.30σ，属于中间层次的σ绩效值，说明在高速线材提高成材率上还有上升的空间，用户满意度可以进一步提高。同时，项目组成员在分析样本中轧废钢出现原因时发现，设备因素造成的废钢是次要的，占25%，主要的是工艺因素废钢，占75%，因此该公司应用六西格玛管理决定：通过降低工艺因素的中间轧废率提高一级正品率和成材率，目标值为正品率由目前的低于93%提高到高于96%（合格率提升到高于99.45%的水平）。

3. 原因分析（Analyze）

六西格玛项目小组针对工艺因素导致轧废率较高的情况进行了分析，认为原因主要有以下几点。

（1）操作人员经常变动，操作水平参差不齐，而且工作态度不认真、责任心不强，这是造成堆钢的根本原因。

（2）操作人员导卫安装方法不当，造成导卫磨损严重或搭铁，又不能及时发现和处理，这是造成堆钢的又一问题。

（3）操作人员在设置辊缝时操作不正确，其后果是：辊缝大，轧件尺寸大，进口导卫损坏，堆钢；辊缝小，轧件尺寸偏小，下一机架进口导卫不能有效夹持倒坯堆钢。

（4）轧件变形量增大，变形阻抗力随之增大，造成辊环局部温度快速增高而爆裂堆钢。

（5）辊环的安装不正确、错辊或者在轧制过程中卸压也是导致堆钢的原因。冷却水中的夹杂物堵塞冷却水管，致使冷却强度降低导致辊环爆裂而堆钢。

（6）在设备上也有一些问题，比如立式活套机构故障等。侧活套进入口导轮的调整、油气润滑以及活套扫描仪不正常也会导致堆钢。

4. 改进措施（Improve）

针对上述问题，六西格玛项目组成员通过讨论后，决定采取如下改善措施。

（1）实行竞争上岗制度，对岗位实施合并和优化组合，组成工作上的互补。

（2）严格实行经济责任制考核，将责任分解、落实到岗位和个人。

（3）推行和全面实施标准化作业，制定和完善工艺调整办法。

（4）在全线岗位推行生产过程控制，落实公司工序控制点的检查，加强轧线各机架间变形量的控制，防止轧件变形阻力过大而堆钢。

（5）推进全面设备点检制度的落实。正确安装辊环、导位及冷却水管，并在停机时着重检查。

（6）推出长期性培训计划，提升各工种作业能力。要求电气人员对立式活套等设备进行检查，确保其工作状态完好。

（续）

5. 控制措施（Control）	

5. 控制措施（Control）

（1）成立以车间主任为组长的培训小组，制订详细的培训计划，提高轧钢人员的技术水平。

（2）车间技术人员加大对工作岗位的工艺纪律检查力度，保证对生产过程的有效控制。

（3）落实上线的备品备件的装配到位，导位、水管、辊环质量符合轧线的要求，完善统计台账。

（4）辊缝设置纳入综合管理，对生产数据整理、归档，以方便查找、记录。

（5）加强控制和抽检，保证活套工作正常。

（6）对安装全线进行生产过程控制，保证轧件走向顺畅。

四、项目实施结果

确定六西格玛改善方案后，公司严格按照既定方案实施改善措施，在201×年年底再次进行产品质量抽样检验，共抽样106 046件，正品数为105 770件，正品率为96.33%，每百万次产品缺陷次数为2 555次，合格率为99.74%，σ绩效值为4.30σ。由于方案的成功实施，高速线材轧钢的正品率由92.48%上升到96.33%，工艺废钢比率由75%下降到61%，绩效明显，达到了最初设定的项目目标。

通过六西格玛持续改善项目的实施，高速线材产品质量得到进一步提高，生产成本降低，增强产品市场竞争力的同时增加了顾客满意度，高速线材产品的订货量持续增长，经过计算经济效益，该项目为公司创造效益近2 000万元。

编制人员		审核人员		审批人员	
编制时间		审核时间		审批时间	

第四节　全面质量管理

一、全面质量管理导入流程

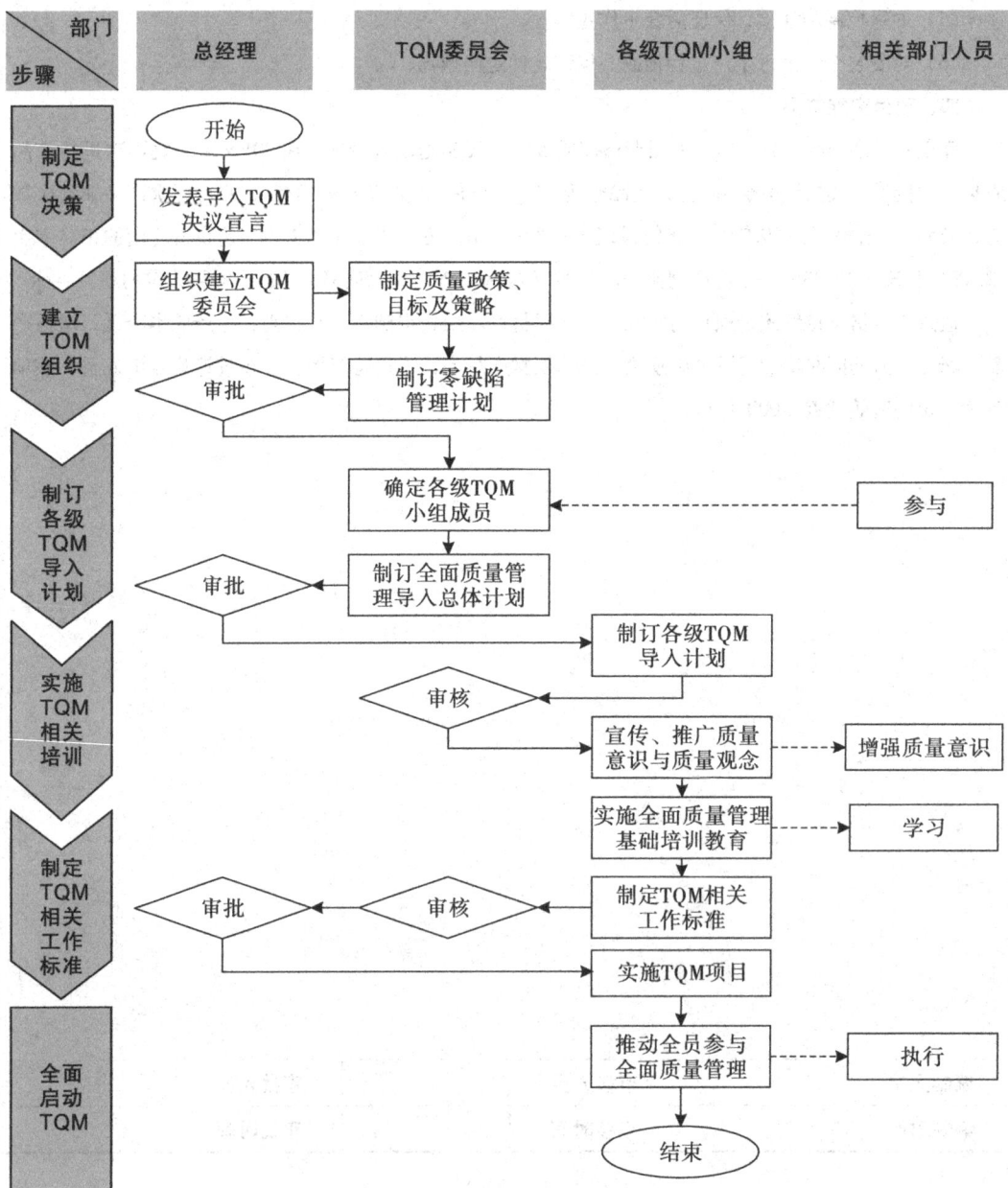

步骤　　部门	总经理	TQM委员会	各级TQM小组	相关部门人员
制定TQM决策	开始 → 发表导入TQM决议宣言			
建立TQM组织	组织建立TQM委员会 → 审批	制定质量政策、目标及策略 → 制订零缺陷管理计划		
制订各级TQM导入计划	审批	确定各级TQM小组成员 → 制订全面质量管理导入总体计划		参与
实施TQM相关培训		审核	制订各级TQM导入计划 → 宣传、推广质量意识与质量观念	增强质量意识
制定TQM相关工作标准	审批 ← 审核		实施全面质量管理基础培训教育 → 制定TQM相关工作标准 → 实施TQM项目	学习
全面启动TQM			推动全员参与全面质量管理 → 结束	执行

二、全面质量管理实施流程

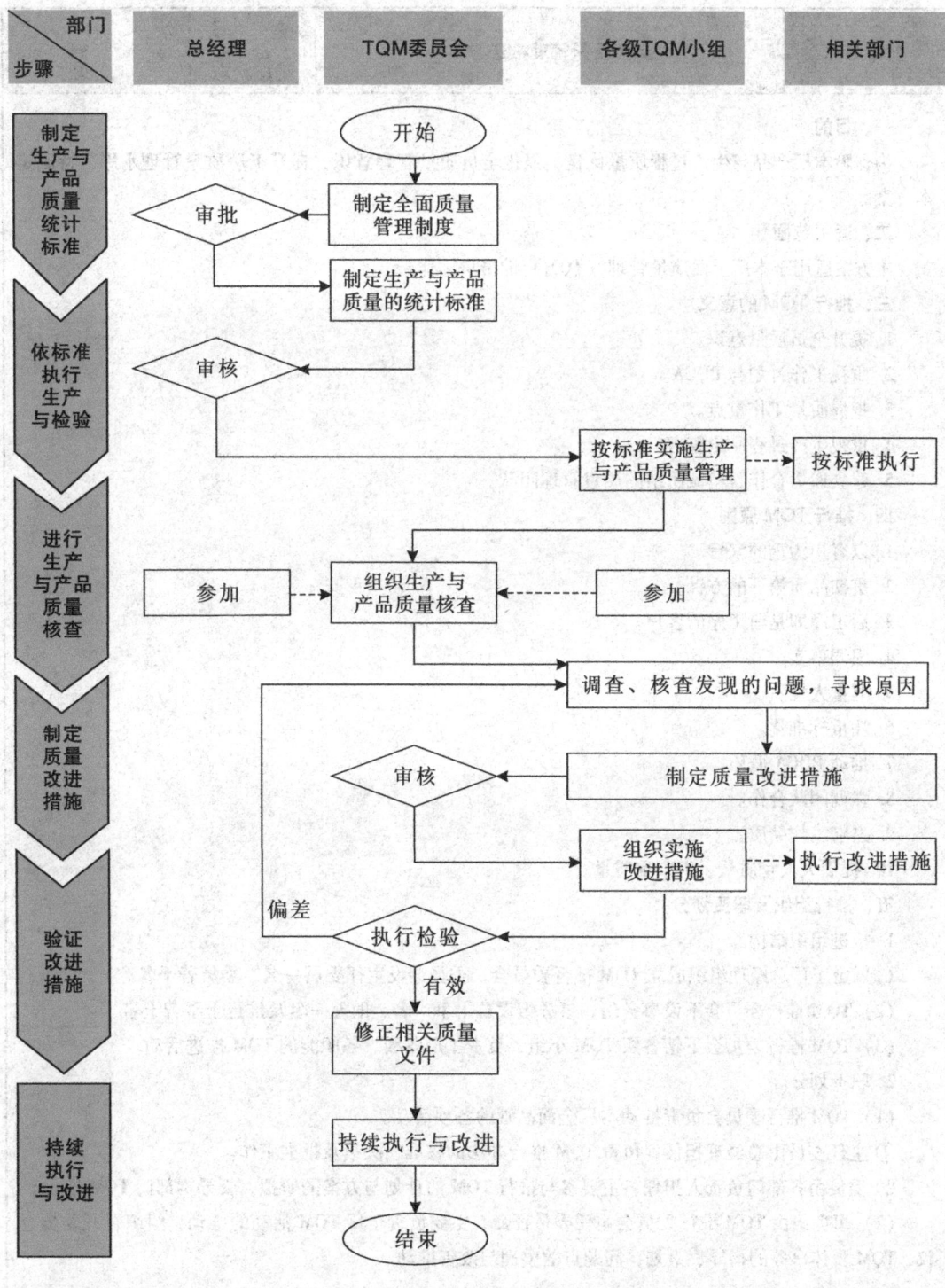

部门 / 步骤	总经理	TQM委员会	各级TQM小组	相关部门
制定生产与产品质量统计标准	审批	开始 → 制定全面质量管理制度 → 制定生产与产品质量的统计标准		
依标准执行生产与检验	审核		按标准实施生产与产品质量管理	按标准执行
进行生产与产品质量核查	参加	组织生产与产品质量核查	参加	
制定质量改进措施		调查、核查发现的问题，寻找原因 → 审核	制定质量改进措施	
验证改进措施		执行检验（偏差/有效）	组织实施改进措施	执行改进措施
持续执行与改进		修正相关质量文件 → 持续执行与改进 → 结束		

三、全面质量管理推进方案

方案名称	全面质量管理推进方案	编　　号	
		受控状态	

一、目的

为保障本厂产品与生产过程质量优良，强化全员质量管理意识，提升工厂质量管理水平，特制定本方案。

二、适用范围

本方案适用于本厂全面质量管理（TQM）的推进工作。

三、推行 TQM 的意义

1. 提升全员质量意识。

2. 重视工作计划与 PDCA。

3. 把握质量工作重点。

4. 重视生产过程质量管理。

5. 建立通力合作、精诚团结的质量管理团队。

四、推行 TQM 原则

1. 以客户为重的宗旨。

2. 贯彻品质第一的方针。

3. 后工序即是前工序的客户。

4. 强调事实。

5. 尊重人性。

6. 注重标准化。

7. 推动 PDCA 循环。

8. 强调团队合作。

9. 追求工作品质。

10. 提倡人人管质量、事事重质量。

五、推行组织及职责划分

1. 推进组织结构。

（1）由工厂总经理组织成立 TQM 推行委员会，委员会设主任委员一名、委员若干名。

（2）TQM 推行委员会下设事务组，事务组设总干事一名、助理一名及推行干事若干名。

（3）TQM 推行委员会下辖各级 TQM 小组，负责工厂各级、各职能的 TQM 推进活动。

2. 职责划分。

（1）TQM 推行委员会负责推动本厂全面品管的各项活动。

① 主任委员由总经理担任，负责 TQM 推行办法的核准、决策及批准工作。

② 委员由各部门负责人担任，主要参与推行 TQM 的计划与方案的研拟，督导本部门 TQM 推行。

（2）事务组由 TQM 推行委员会主任委员任命，主要负责全厂 TQM 活动的推动，组织召开委员会议，TQM 具体事务的指导、策划，问题点的整理与改善推动。

（续）

（3）各级 TQM 小组主要负责各级推动工作的落实，质量意识、观念的宣传与推广。

六、全面质量管理推进实施计划

全面质量管理的推进步骤及日程、负责人安排如下表所示。

TQM 推进计划表

TQM 推进阶段	推进程序	具体时间	负责人
准备及导入阶段	1. 总经理进行 TQM 导入决议宣言	___年__月__日~__月__日	___
	2. 成立 TQM 委员会与 TQM 事务局	___年__月__日~__月__日	___
	3. 确定 TQM 推进的方针和目标	___年__月__日~__月__日	___
	4. 建立 TQM 各级推进小组	___年__月__日~__月__日	___
	5. 制订 TQM 推进计划	___年__月__日~__月__日	___
	6. 进行 TQM 的宣传与培训	___年__月__日~__月__日	___
实施阶段	1. 制定 TQM 相关执行标准	___年__月__日~__月__日	___
	2. 正式启动 TQM 项目	___年__月__日~__月__日	___
	3. 各级 TQM 小组按计划开展推进工作，动员全员参与质量管理	___年__月__日~__月__日	___
	4. 组织质量检验工作	___年__月__日~__月__日	___
	5. 核查不符合 TQM 相关标准的项目	___年__月__日~__月__日	___
	6. 纠正不合格项目	___年__月__日~__月__日	___
	7. 全面推行 TQM	___年__月__日~__月__日	___
改进阶段	1. 组织领导层进行 TQM 核查	___年__月__日~__月__日	___
	2. TQM 的持续改进	___年__月__日~__月__日	___

七、奖励措施

1. 本厂将对在全面质量管理推进工作中表现良好的员工给予奖励。

2. 全面质量管理推进过程中的质量检验结果将与绩效工资、职务晋升挂钩，具体应依据人力资源部《员工绩效考核制度》执行。

编制人员		审核人员		审批人员	
编制时间		审核时间		审批时间	

质量成本控制
精细化管理

第十二章

第一节 质量成本数据收集

一、质量成本数据收集流程

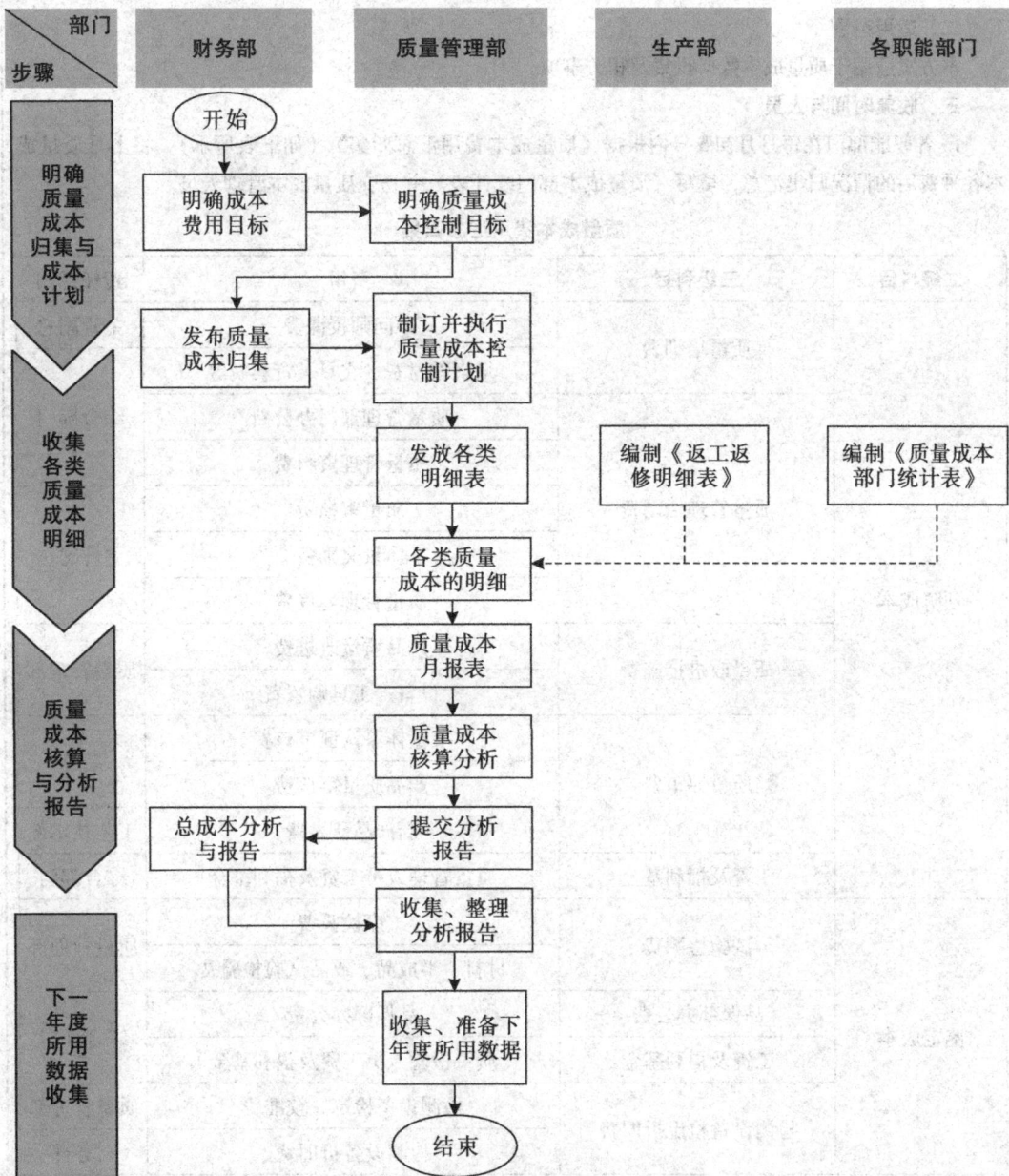

部门 步骤	财务部	质量管理部	生产部	各职能部门

明确质量成本归集与成本计划

开始 → 明确成本费用目标 → 明确质量成本控制目标

发布质量成本归集 → 制订并执行质量成本控制计划

收集各类质量成本明细

发放各类明细表　　编制《返工返修明细表》　　编制《质量成本部门统计表》

各类质量成本的明细

质量成本月报表

质量成本核算与分析报告

质量成本核算分析

总成本分析与报告 ← 提交分析报告

收集、整理分析报告

下一年度所用数据收集

收集、准备下年度所用数据

结束

二、质量成本数据收集方案

方案名称	质量成本数据收集方案	编　　号	
		受控状态	

一、目的

为了对质量成本进行科学的核算与分析，改善质量成本控制，减少不必要的损失，特制定本方案。

二、适用范围

本方案适用于质量成本数据收集及相关事项。

三、收集时间与人员

1. 各职能部门在每月月初5日内根据《质量成本费用汇总归集》（如下表所示），将上月质量成本各种费用的情况归集汇总，填写《质量成本部门统计表》并送交质量成本管理人员。

质量成本费用汇总归集

二级科目	三级科目	费用	责任部门
预防成本	质量培训费	顾问师授课费	主管副总
		培训教材费、文具、资料费等	综合部门
	质量管理活动费	质量管理部门办公费	
		质量管理资料费	
		质量审核费	主管副总
		质量奖励费	
		质量管理咨询费	
	质量改进措施费	产品质量改进费	质量管理部
		设备、工具购置费	
	质量评审费	质量体系认证审核费	副总
		产品质量审核费	
		新产品研发费	工艺技术部
	工资及福利基金	质量管理人员工资及福利基金	综合部门
鉴定成本	试验检测费	工序检验费	质量管理部
		材料、半成品、成品试验检验费	
	品保部办公费	品保部办公费	综合部门
	工资及福利基金	质量检验人员工资及福利基金	
	检测设备检定折旧费	检测设备检定、校准费	质量管理部
		检测设备折旧费	财务部

（续）

二级科目	三级科目	费用	责任部门
内部损失成本	报废损失费	报废损失费	生产部
	返工费	返工工时费	
		返工材料费	
	停机损失费	停机损失费	
	质量事故处理费	质量事故处理费	质量管理部
外部损失成本	索赔费	索赔赔偿费	销售部门
		诉讼费	副总
	退货损失费	退货损失费	销售部门
		调货损失费	

2. 质量管理部在每月月初第三个工作日内将上月的《报废明细表》送交质量成本管理人员。

3. 生产部在每月月初第三个工作日内将上月的《返工明细表》送交质量成本管理人员。

四、明确年度质量成本计划与目标

年度质量成本计划与目标如下表所示。

年度质量成本计划

单位：元

二级科目	三级科目	目标值			
		总成本	细分说明		
预防成本	质量培训费				
	质量管理活动费				
	质量改进措施费				
	质量评审费				
	工资及福利基金				
	小计				
鉴定成本	试验检测费				
	品保部办公费				
	工资及福利基金				
	检测设备检定折旧费				
	小计				

(续)

二级科目	三级科目	目标值			
		总成本	细分说明		
内部故障成本	报废损失费				
	返工费				
	停机损失费				
	质量事故处理费				
	小计				
外部故障成本	索赔费				
	退货损失费				
	小计				
质量成本合计					
控制目标					
质量成本指标		目标值			
预防成本率					
鉴定成本率					
内部损失成本率					
外部损失成本率					
质量成本率					
产品销售收入质量成本率					
利润质量成本率					

编制人：_____   审核人：_____   核准人：_____

五、数据收集内容与工具

1. 收集职能部门质量成本情况，《职能部门质量成本统计表》格式如下表所示。

职能部门质量成本统计表

编号：_____   部门：_____   日期：___年__月__日

序号	日期	摘要	所属科目		金额（元）	备注
			二级科目	三级科目		
合计						

编制人：_____   审核人：_____   核准人：_____

（续）

2. 质量管理部登记的报废明细如下表所示。

报废明细表

编号：_____   部门：_____   日期：____年__月__日

序号	日期	产品编号	产品名称、规格、型号	计量单位	产品批号	报废内容	报废工时	报废数量	备注

编制人：_____   审核人：_____   核准人：_____

3. 生产部返工明细如下表所示。

返工明细表

编号：_____   部门：_____   日期：____年__月__日

序号	日期	产品编号	产品名称、规格、型号	计量单位	产品批号	返工内容	返工工时	返工数量	备注

编制人：_____   审核人：_____   核准人：_____

4. 各类质量成本的明细。

（1）预防成本的统计明细如下表所示。

预防成本统计明细表

编号：_____   日期：____年__月__日   金额单位：元

日期	摘要	培训费	评审费	管理活动费	改进措施费	工资及附加费	其他	小计	备注

编制人：_____   审核人：_____   核准人：_____

（续）

（2）鉴定成本的统计明细如下表所示。

鉴定成本统计明细表

编号：_____　　　日期：___年__月__日　　　　金额单位：元

日期	摘要	办公费	试验检验费	工资及附加费	检测设备检定折旧费	其他	小计	备注

编制人：_____　　　审核人：_____　　　核准人：_____

（3）内部质量成本的统计明细如下表所示。

内部质量成本统计明细表

编号：_____　　　日期：___年__月__日　　　　金额单位：元

日期	名称规格	废品损失费					返工费					停机损失费				事故处理费	其他	合计	备注
		材料	工时	直接工资	制造费	小计	材料	工时	工资	制造费	小计	工时	工资	制造费	小计				

编制人：_____　　　审核人：_____　　　核准人：_____

（4）外部质量成本的统计明细如下表所示。

外部质量成本统计明细表

编号：_____　　　日期：___年__月__日　　　　金额单位：元

日期	摘要	保修费			索赔费			退货损失费	其他	合计
		差旅费	料费	小计	运输费	产品	小计			

编制人：_____　　　审核人：_____　　　核准人：_____

（续）

5. 质量成本月报表如下表所示。

质量成本月报表

编号：_____ 日期：____年__月__日 金额单位：元

科目		目标值	实际值	增减（%）
二级	三级			
预防成本	质量培训费			
	质量管理活动费			
	质量改进措施费			
	质量评审费			
	工资及福利基金			
	小计			
鉴定成本	试验检测费			
	品保部办公费			
	工资及福利基金			
	检测设备检定折旧费			
	小计			
内部故障成本	报废损失费			
	返工费			
	停机损失费			
	质量事故处理费			
	小计			
外部故障成本	索赔费			
	退货损失费			
	小计			
质量成本合计				
质量成本指标	预防成本率			
	鉴定成本率			
	内部损失成本率			
	外部损失成本率			
	质量成本率			
	产品销售收入质量成本率			
	利润质量成本率			

编制人：_____ 审核人：_____ 核准人：_____

编制人员		审核人员		审批人员	
编制时间		审核时间		审批时间	

第二节　质量成本分析

一、质量成本分析流程

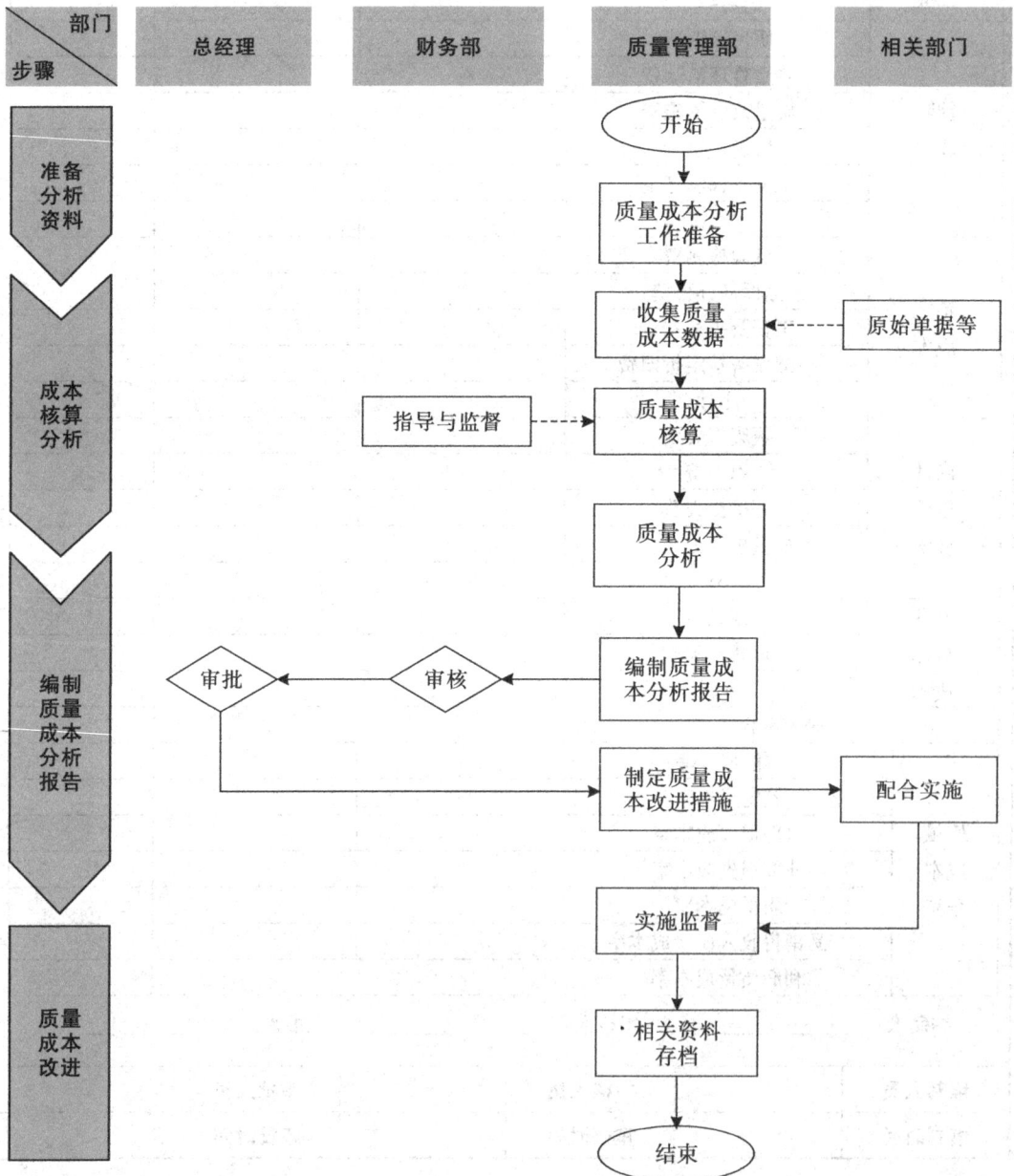

部门 步骤	总经理	财务部	质量管理部	相关部门

准备分析资料 → 开始 → 质量成本分析工作准备

成本核算分析 → 收集质量成本数据 ← 原始单据等

指导与监督 → 质量成本核算

质量成本分析

编制质量成本分析报告 → 审核 → 审批

制定质量成本改进措施 → 配合实施

质量成本改进 → 实施监督

·相关资料存档

结束

二、质量成本核算办法

制度名称		质量成本核算办法		受控状态	
				编　号	
执行部门		监督部门		编修部门	

第1章　总则

第1条　目的。

为有效反映质量管理活动及其结果，揭示工厂在生产技术、质量管理方面存在的问题，特制定本办法。

第2条　范围。

本办法适用于工厂内部质量成本的核算，即核算为达到满意的质量水平而支付的费用以及达不到满意的质量水平所造成的损失。

第2章　质量成本的构成

第3条　质量成本科目设置。

质量成本科目设置是质量成本核算的前提，质量成本科目应该根据工厂实际情况和国家规定要求进行删减或重新组合、设立。

第4条　质量成本三个级别科目说明。

质量成本的三级科目内容说明如下表所示。

质量成本三个级别科目说明

科目			具体说明
一级科目			质量成本
二级科目	预防成本（为避免质量缺陷发生而采取相应的预防措施所耗费的成本之和）	质量管理人员人工费用	包括质量人员工资福利、社会保障费用、劳动保险费用
		质量宣传费	为保证产品质量、提高工厂声誉进行对外宣传而发生的费用
		质量评审费	为保证质量体系顺利运行而发生的费用
		质量信誉费	工厂邀请相关人员参观本厂所发生费用
		质量培训费	为培训标准化作业能力、提高质量安全意识而发生的费用
		质量奖励费	用于改进和保证产品质量而实施各种奖励的支出，包括各种质量奖项
		质量改进费	实施质量改进活动的费用
		供应商质量保证费用	要求供应商（主要指材料供应商）证实其产品质量保证的费用

（续）

科目			具体说明
一级科目			质量成本
二级科目	鉴定成本（为判断质量作业系统所达到的质量水平而发生的成本）	检验人员人工费用	从事质量试验、检验工作人员的工资、福利、社会保障费用、劳动保险费用等
		检验部门办公费	质量检验部门为开展日常试验、检验工作发生的办公费用
		试验、检验费用	工厂对外购原材料、零部件的复验以及工序检验，按规定质量要求进行试验所支付的费用
		检测设备维修、校验和折旧等费用	工厂用于质量试验、测量、检验的设备和仪器等的维修和校验费用、折旧费用以及低值器具的购置费用
	内部故障成本（发生在生产过程中，如废品、返工和修理）	内部返修损失	在产品交验前所发现的质量问题需返修造成的损失
		内部返工损失	在产品交验前所发现的质量问题需返工造成的损失
		内部停工损失	在产品交验前所发现的质量问题需停工造成的损失
		质量故障分析处理费用	处理工厂内部质量故障所发生的费用
		材料降级损失	发现某些材料质量达不到规定质量等级要求，但又不影响其基本功能而决定降级处理所造成的经济损失
		返工成本	发生不合品格时，返工需追加的费用
	外部故障成本（因产品缺陷引发外部成本，通常发生于客户接触过程）	外部返修损失	产品交验后因质量问题需返修造成的损失
		外部返工损失	产品交验后所发现的质量问题需返工造成的损失
		外部停工损失	产品交验后所发现的质量问题需停产造成的损失
		保修费用	在保修期间和保修范围内提供维修服务所发生的费用
		索赔费用	质量没有达到合同规定的要求，对客户提出的申诉进行处理、赔偿等发生的费用
		质量罚金	上级主管部门对不符合质量标准之处做出的质量罚金
三级科目			二级科目下再建立三级细目

（续）

第3章　质量成本核算程序

第5条　确定核算方法。

质量成本核算方法应以会计核算为主，统计核算和业务核算为辅，具体方法如下表所示。

质量成本核算方法说明

核算方法	方法说明	特点
会计核算方法	以货币为统一量度，采用设置账户、复式记账、填制凭证、登记账簿、成本计算和分析、编制会计报表等一系列专门方法，对质量管理全过程进行连续、系统、全面和综合的记录和反映	严格以审核无误的凭证为依据，质量成本资料必须准确、完整
统计核算方法	采用货币、实物量、工时等多种计量单位，运用一系列统计指标和统计图表，运用统计方法取得资料，并通过对统计数据分组、整理获得各种信息	以揭示质量经济性的基本规律为目的，不注重质量成本数据的完整性及准确性
会计与统计相结合的核算方法	根据质量成本数据来源不同，采取灵活的处理方法，采用货币、实物量、工时等多种计量单位，采取统计调查、会计记账等方法收集数据	方式灵活机动，资料力求完整

第6条　质量管理部建立质量成本相关科目统计核算体系，具体如下。

1. 预防成本率 $= \dfrac{预防成本}{质量总成本} \times 100\%$

2. 鉴定成本率 $= \dfrac{鉴定成本}{质量总成本} \times 100\%$

3. 内部损失成本率 $= \dfrac{内部损失成本}{质量总成本} \times 100\%$

4. 外部损失成本率 $= \dfrac{外部损失成本}{质量总成本} \times 100\%$

5. 质量成本率 $= \dfrac{质量总成本}{工程总成本} \times 100\%$

6. 产值收入质量成本率 $= \dfrac{质量成本}{工程产值收入总额} \times 100\%$

7. 利润质量成本率 $= \dfrac{质量总成本}{总利润} \times 100\%$

第7条　质量成本负责人员依据质量成本三级科目设置表和质量成本核算总分类账与明细分类账，建立质量成本核算账簿。

（续）

第8条　工厂应根据不同的核算要求，设计不同格式原始凭证，以便及时登记、收集与质量成本相关的数据，包括各种台账、表格、卡片、报表等。

第9条　工厂应配置准确的计量监测器具，并对其进行维护、检测，保持其良好的工作状态，确保建立一整套完善的计量、计价制度，完整收集成本数据。

第10条　考虑工厂的实际情况和市场行情，制定不同的计价标准。

第11条　财务会计核算期间，质量成本负责人员运用原始凭证返修单、返工单、停工单、材料降级处理报告单统计核算返修损失（内外部）、返工损失（内外部）、停工损失（内外部）、材料降级损失等质量成本三级科目，并记录在与质量成本核算账簿相关的账户上。

第12条　财务会计核算期末，质量成本负责人员依据财务会计明细科目调整表，运用相关财务会计明细分类账记录，运用质量成本会计核算账簿，建立相关质量成本明细分类账记录。

第4章　附则

第13条　本办法由质量管理部负责制定和解释。

第14条　本办法经总经理审批通过后，自发布之日起开始实施。

修订记录	修订标记	修订处数	修订日期	修订执行人	审批签字

三、质量成本分析规定

制度名称	质量成本分析规定		受控状态	
			编　号	
执行部门		监督部门	编修部门	

第1章　总则

第1条　目的。

为了进行质量成本分析，找出影响质量的主要缺陷和质量管理中的薄弱环节，为降低生产成本、调整质量成本构成、寻求最佳质量水平提供依据，特制定本规定。

第2条　范围。

本规定适用于工厂内部根据质量成本核算的结果，按不同的基数比例指标或其他方法进行分析，为质量成本报告提供依据。

第2章　质量成本分析方法和内容

第3条　质量成本分析的方法。

质量成本分析可采用定型和定量相结合的方法，定量分析方法如下表所示。

（续）

质量成本分析方法说明表

质量成本分析方法	方法说明
指标分析法	主要计算增减值和增减率两大数值，计算方法为： $$增减率 = \frac{基期质量成本额 - 计划期质量成本额}{基期质量成本额} \times 100\%$$
质量成本趋势分析	目的在于掌握质量成本在一定时期内的变化趋势，分为短期趋势分析和长期趋势分析，可采用表格法和作图法
排列图分析	排列图分析是质量管理的一种基本方法，根据不同的分析目的，对质量缺陷进行分析，然后按数值大小排列，找出主要问题，或进行深入追踪分析，直到找出真正问题

第4条 质量成本分析内容。

质量成本分析的内容如下表所示。

质量成本分析的内容

分析内容	说明
质量成本总额分析	1. 通过核算本期的质量成本总额，与上期质量成本总额或计划目标值进行比较，分析其变化情况，找出变化原因和变化趋势，掌握产品质量整体情况 2. 本期的质量成本总额，即预防成本 + 鉴定成本 + 内部故障成本 + 外部故障成本
质量成本结构分析	1. 核算预防成本、鉴定成本、内部故障成本、外部故障成本分别占运行质量成本的比率 2. 分析质量成本的项目构成是否合理，寻求比较合理的质量成本水平
质量成本与工厂经济指标的比较分析	计算各项质量成本与工厂整体经济指标（如相对于工厂的销售收入、产值等）的比率，分析和评价质量管理水平
故障成本分析	1. 预防成本、鉴定成本和外部质量保证成本的计划性较强，故障成本发生偶然因素较多，故进行故障成本分析 2. 查找产品质量缺陷和管理工作中的薄弱环节，可从部门、产品种类、外部故障等角度进行分析

第3章 故障成本分析

第5条 部门故障成本分析。

按部门进行故障成本分析可以直接了解各部门的质量管理工作状况，其分析方法如下。

1. 采用部门故障成本汇总金额时间序列图，其样式如下图所示。

（续）

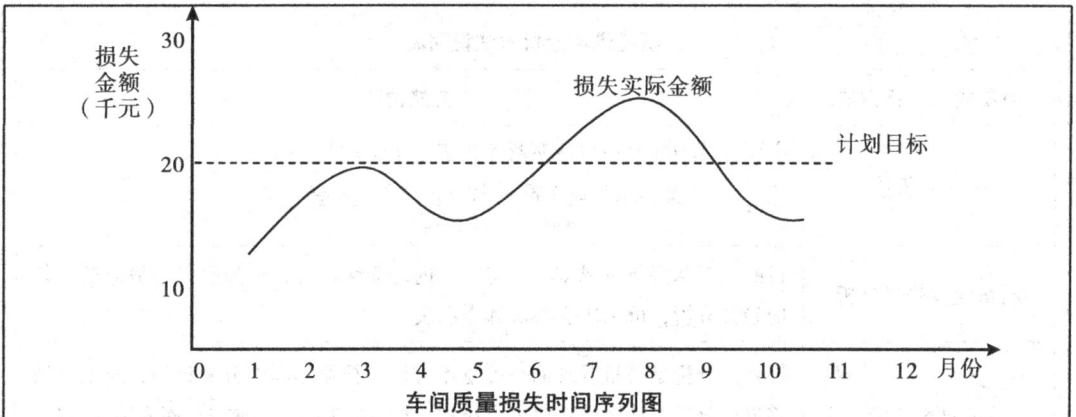

车间质量损失时间序列图

2. 部门故障成本累计金额统计图，其样式如下图所示。

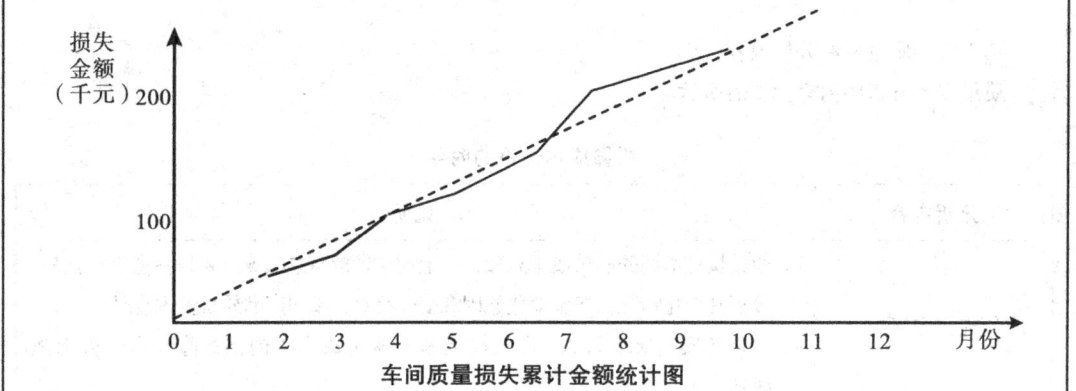

车间质量损失累计金额统计图

第6条 按产品种类进行故障成本分析。

由于设计、设备、工艺、材料的以及其他原因的影响，各类产品之间有较大的质量差异，同时考虑到各个产品的产量有差别，分析时可采用相对数，并作 ABC 分类，选择重点研究对象，经过责任分析，发现某类产品质量管理中存在的问题，绘制的图形如下图所示。

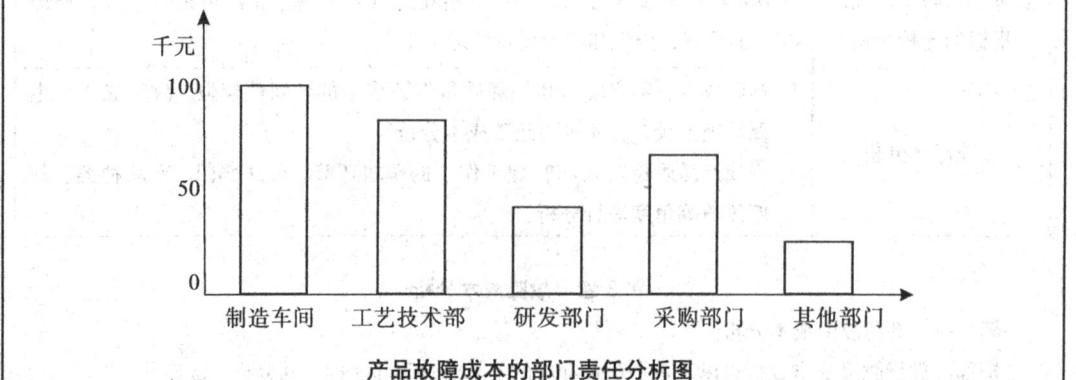

产品故障成本的部门责任分析图

（续）

第 7 条　外部故障成本分析。

外部故障分析角度及其内容如下图所示。

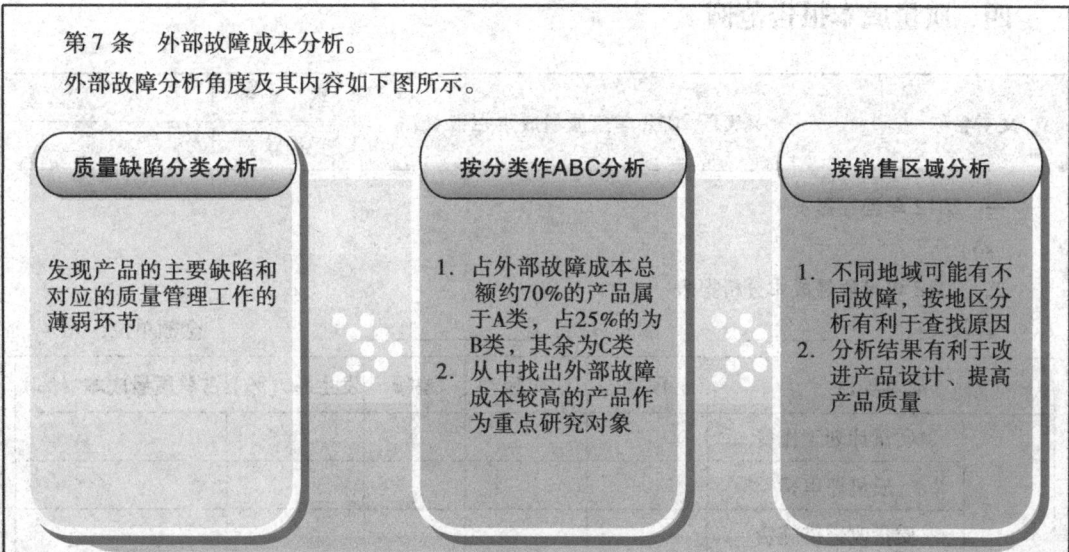

质量缺陷分类分析	按分类作ABC分析	按销售区域分析
发现产品的主要缺陷和对应的质量管理工作的薄弱环节	1. 占外部故障成本总额约70%的产品属于A类，占25%的为B类，其余为C类 2. 从中找出外部故障成本较高的产品作为重点研究对象	1. 不同地域可能有不同故障，按地区分析有利于查找原因 2. 分析结果有利于改进产品设计、提高产品质量

外部故障分析方法与内容

第 4 章　质量成本分析实施

第 8 条　质量成本分析工作程序。

1. 工厂每月进行一次质量成本分析，各车间、部门应对质量成本的各个项目发生额及其增减原因进行分析、说明。

2. 质量管理部会同财务部进行质量成本分析，编制质量成本分析报告，经财务部和质量管理部负责人签字后上报总经理审批。

第 9 条　分析结果的运用。

质量管理部根据质量成本分析报告提供的情况，按规定要求有关责任部门采取措施予以改进。

第 10 条　改进措施。

质量管理部对纠正和预防措施进行跟踪，确保其有效性，出现以下情况时应采取措施改进工作：

1. 内部故障成本和外部故障成本大幅上升或连续上升；

2. 质量成本计划无法实现；

3. 出现典型事件。

第 5 章　附则

第 11 条　本规定由质量管理部负责制定和解释。

第 12 条　本规定经总经理审批通过后，自发布之日起开始实施。

修订记录	修订标记	修订处数	修订日期	修订执行人	审批签字

四、质量成本报告范例

文书名称	××工厂2012年度质量成本报告	编　号	
		受控状态	

一、2012年回顾概况

（略）

二、2012年度质量成本分析报表

编制部门：_____　　　填写日期：_____　　　金额单位：元

成本项目		预算	实际	差额	发生率（%）	占总质量成本（%）
预防成本	质量计划工作费					
	质量评审费					
	质量改进措施费					
	质量情报费					
	工序能力研究费					
	培训费用					
	质量改进评估费					
	小计					
鉴定成本	原材料检验费					
	工序检验费					
	成品检验费					
	质量人员工资					
	设备能力维护费用					
	小计					
内部故障成本	废品损失					
	返工损失					
	降级损失					
	复检损失					
	停工损失					
	事故处理费					
	停电损失					
	小计					

（续）

成本项目		预算	实际	差额	发生率（%）	占总质量成本（%）
外部故障成本	索赔损失					
	保修费用					
	外部故障处理费					
	退货损失					
	折让损失					
	小计					
质量成本合计						
当年产值	_____元		质量成本/产值		_____元	
备注						

三、成本报告分析

（略）

四、意见与建议

（略）

编制人员		审核人员		审批人员	
编制时间		审核时间		审批时间	

第三节 质量成本控制

一、质量成本控制流程

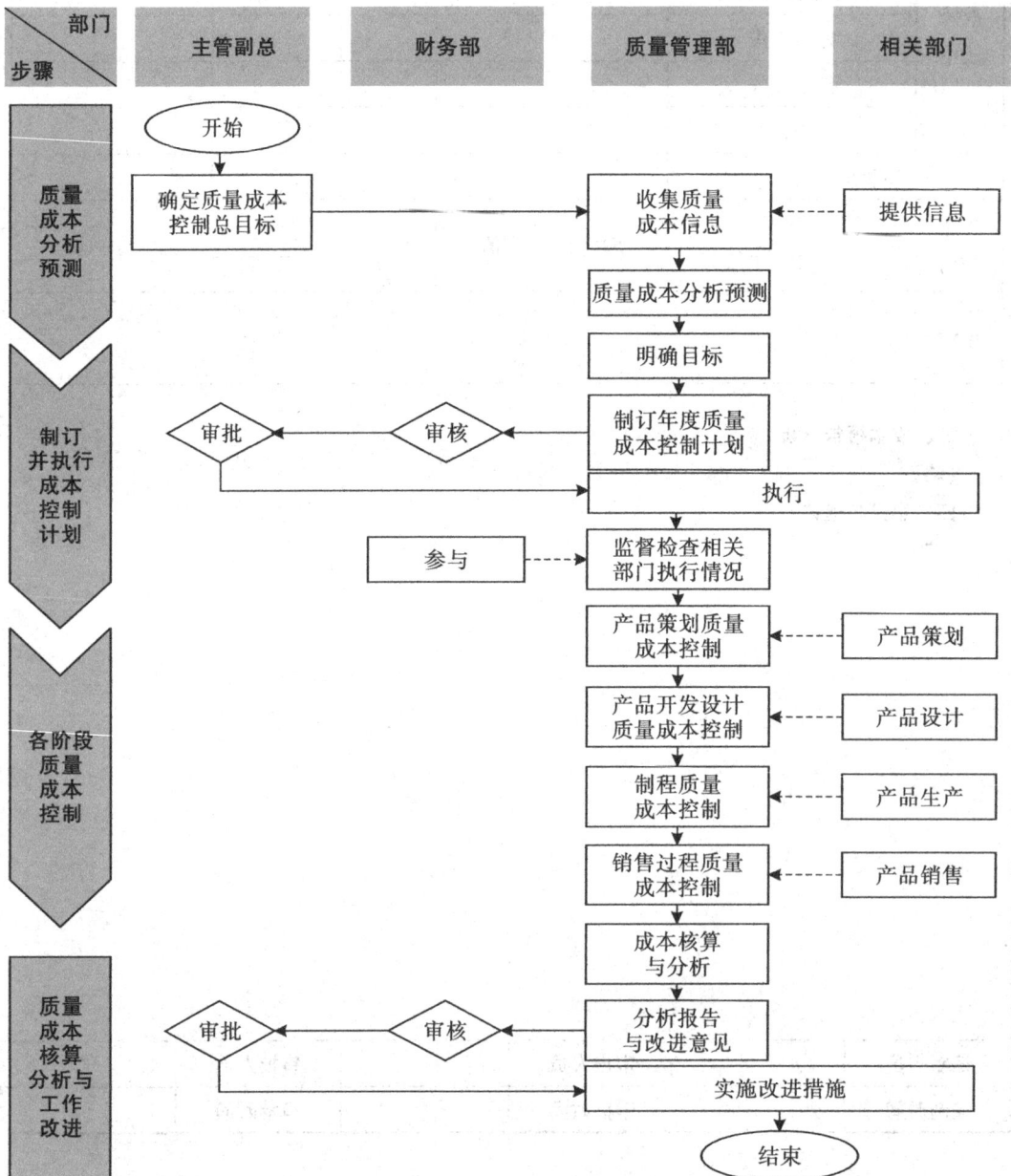

部门 步骤	主管副总	财务部	质量管理部	相关部门
质量成本分析预测	开始 → 确定质量成本控制总目标		收集质量成本信息 ← ------ 提供信息	提供信息
			质量成本分析预测	
			明确目标	
制订并执行成本控制计划	审批 ← 审核		制订年度质量成本控制计划	
			执行	
		参与 ------>	监督检查相关部门执行情况	
各阶段质量成本控制			产品策划质量成本控制 ← ------ 产品策划	产品策划
			产品开发设计质量成本控制 ← ------ 产品设计	产品设计
			制程质量成本控制 ← ------ 产品生产	产品生产
			销售过程质量成本控制 ← ------ 产品销售	产品销售
质量成本核算分析与工作改进			成本核算与分析	
	审批 ← 审核		分析报告与改进意见	
			实施改进措施	
			结束	

二、质量成本控制细则

制度名称	质量成本控制细则	受控状态	
		编 号	
执行部门	监督部门	编修部门	

第1章 总则

第1条 目的。

为保证产品在质量、成本和效益三者之间取得最佳平衡，降低产品成本，提高工厂的经济效益，结合工厂内外部实际情况，特制定本细则。

第2条 范围。

本细则适用于本厂质量成本的管理与控制工作。

第3条 职责权限。

1. 质量管理部职责如下。

(1) 每月根据要求提供本部门的有关质量成本数据，定期上报财务部。

(2) 负责对质量成本进行综合分析。

(3) 根据质量成本综合分析结果，制定相应的质量成本改进措施，送有关责任部门实施。

2. 财务部职责：每月会同质量管理部对质量成本进行分析，及时向领导和有关部门提供分析报告和有关资料。

3. 其他部门职责：每月根据要求提供本部门的质量成本数据，定期上报质量管理部。

第4条 质量成本控制方法。

1. 按责任部门实施质量成本控制。

2. 按责任分部、分项实施质量成本控制。

3. 按质量成本科目实施质量成本控制。

4. 按总质量成本计划实施质量成本控制。

5. 落实和检查质量成本报告提出的质量改进措施。

第2章 质量成本控制计划

第5条 成本预测。

1. 确定预测目标：质量管理部根据质量目标和发展规划等要求确定质量成本预测目标。

2. 准备预测资料，包括质量成本的历史数据、发展战略、质量目标、同行业的质量水平与质量成本水平和结构、可以选择的质量成本管理方案等。

3. 选择预测方法，包括经验判断法和计算分析法。

4. 实施预测：质量管理部应用预测方法进行质量成本预测，分析、确认预测结果并处理相关问题。

第6条 制订质量成本计划。

1. 工厂根据成本预测结果制订成本计划，质量成本计划应与工厂整体业务计划相协调，并成为业务计划的一部分。

（续）

2. 质量成本计划是在预测的基础上，用货币数量形式规定当生产符合质量要求的产品时所需实现的质量成本费用计划，主要包括质量成本总额及其降低率、四项质量成本的构成比例、保证实现计划的具体措施等。

3. 质量成本计划的具体内容如下表所示。

质量成本计划的内容说明

内容	内容细分
数据部分	1. 质量成本总额和质量成本构成项目的计划和目标 2. 主要产品（产品质量成本对整体效率的影响较大）的质量成本计划 3. 质量成本结构比例计划 4. 各责任部门的质量成本计划 5. 质量费用计划，可反映计划期质量费用水平
文字部分	1. 各职能部门在计划期所承担的质量成本控制责任和工作任务 2. 各职能部门质量成本控制重点 3. 开展质量成本分析，实施质量成本改进计划的工作程序说明

第7条 质量成本控制目标的确定依据。

1. 质量成本计划。

2. 质量成本分析结果。

3. 质量成本管理方案。

第8条 质量成本控制目标分类。

1. 总质量成本控制目标。

2. 各部门质量成本控制目标。

3. 各产品质量成本控制目标。

第9条 质量成本控制目标。

1. 质量管理成本总额一般不超过销售总额的2%。

2. 内部损失成本占质量成本总额的25%～40%。

3. 外部损失成本占质量成本总额的20%～40%。

4. 鉴定成本占质量成本总额的10%～30%。

5. 预防成本占质量成本总额的0.5%～5%。

第3章 各阶段质量成本控制

第10条 产品策划阶段质量成本控制。

在产品策划阶段，质量成本管理人员与财务部人员均需参与其质量管理工作，及时发现设计上的缺陷并进行修正与更正，避免不必要的损失。

第11条 产品开发设计阶段质量成本控制。

在产品开发设计阶段，除了选择最佳质量水平外，还应考虑设计阶段的成本，以最低的成本设计质量最佳的产品，设计阶段的质量成本费用构成如下表所示。

（续）

产品设计阶段的质量成本费用构成	
成本分类	细分
设计规划成本	调研费用、结构组合费用、条件审查费用等
试制试验成本	样品试制费用、实验费用、鉴定评审费用等
技术管理成本	技术文件的管理费用、情报管理费用、设计管理费用等

第 12 条　制程质量成本控制。

制程质量成本控制过程中，质量成本管理人员应协助各职能部门用经济手段生产出符合设计标准要求的产品，最大限度降低制程中的质量成本费用。

第 13 条　销售过程质量成本控制。

销售过程质量成本指在销售过程中为保证产品质量而支出的一切费用以及未达到产品质量标准而产生的一切损失，加强销售过程的质量成本控制，严格申请审批程序，有利于降低产品的总成本、提高竞争力。

第 4 章　质量成本考核

第 14 条　质量成本考核指标。

1. 按质量成本科目分类，确定归口管理部门考核指标。

2. 按责任部门分类，确定责任部门考核指标。

3. 按责任分部、分项、分类，确定考核指标。

4. 按量值分类，确定发生额和相关指标的考核指标。

第 15 条　实施质量成本考核。

1. 对归口管理部门实施考核。

2. 对责任部门实施考核。

3. 对责任分部、分项，按实现过程实施考核。

4. 对质量改进措施实施效果进行考核。

第 16 条　考核结果的反馈和处理。

责任部门、归口管理部门确认考核结果，质量管理部记录考核结果并上报给人力资源部，人力资源部按相关条例实施奖励或处罚。

第 5 章　附则

第 17 条　本细则由质量管理部负责制定和解释。

第 18 条　本细则经总经理审批通过后，自颁布之日起执行。

修订记录	修订标记	修订处数	修订日期	修订执行人	审批签字

三、质量预防成本控制方案

方案名称	质量预防成本控制方案	编　　号	
		受控状态	

一、目的

为加强对质量预防成本的控制和管理工作，合理减少预防成本，保证产品质量，特制定本方案。

二、适用范围

本方案适用于工厂质量预防成本的管理与控制工作。

三、预防成本的控制原则

预防成本的控制原则如下表所示。

预防成本控制原则

原则	相关说明
质量第一原则	控制产品的质量成本是以保证产品质量为前提，应把质量放在第一位，在满足顾客对产品质量要求的前提下，降低产品质量成本、提高效益
全面控制原则	全员控制和全过程控制相结合，全体员工都要有质量成本控制意识，在质量成本形成的全过程中都要有质量成本控制意识
相对控制原则	预防成本的投入有助于降低内部和外部损失成本，工厂应根据生产过程的实际情况和质量损失的发生状况对预防成本实施适度控制

四、预防成本的控制目标

质量预防成本的控制目标为：预防成本占质量成本总额的 0.5% ~ 5% 。

五、预防成本的定义及构成

1. 预防成本的定义

质量预防成本是指为保证产品质量的稳定和提高，控制工序质量，减少故障损失而采取措施所发生的各项费用。

2. 预防成本的构成

预防成本作为产品质量成本的组成部分，其具体构成如下图所示。

（续）

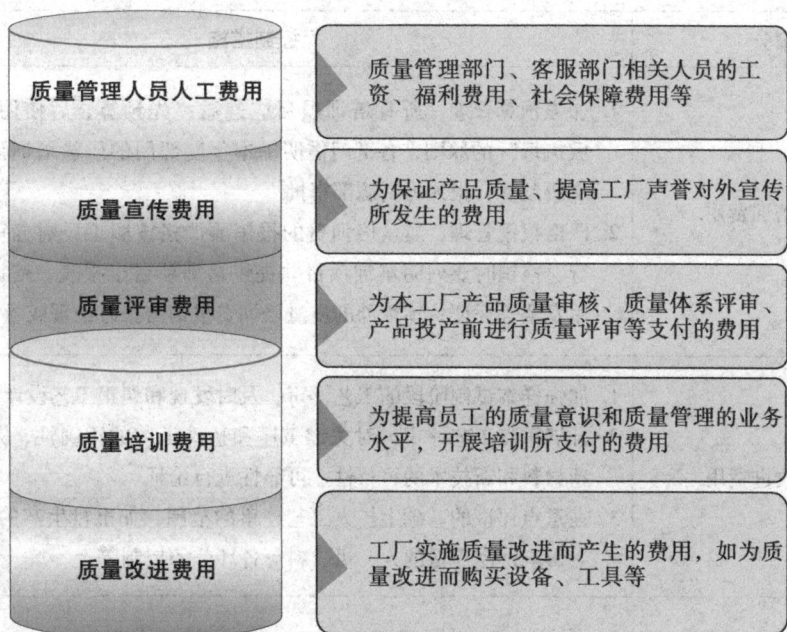

预防成本的构成

六、预防成本的控制措施

根据预防成本构成，确定不同组成部分的成本控制措施，确保达成控制目标，具体的控制措施如下表所示。

预防成本的控制措施

细分	控制措施
质量管理人员及人工费用	提高员工工作能力，合理分工，提高工作效率，减少部门冗余人员
质量宣传费用	合理设计工厂宣传活动，开发低成本、成效大的宣传方式
质量评审费用	1. 制定评审咨询费预算 2. 在广泛询价的基础上选择性价比高的第三方评审机构 3. 充分做好评审准备工作，争取一次性通过评审，避免发生二次评审费用 4. 对审核中提出的缺陷在限期内有效整改，及时向评审机构申报，避免发生多次评审费用

（续）

细分	控制措施
质量培训费用	1. 加强预算管理，所有培训项目应遵循"先预算、后使用，先审批、后执行"的原则，各部门需明确本年度部门的质量培训计划并进行费用预算，报人力资源部审批 2. 严格报销管理，质量培训费的报销要严格按照工厂财务审批流程执行，报销时要列明培训项目并提供培训项目申请表、培训合同、费用发票等凭证；预算外的质量培训费报销需报总经理或董事长审批
质量改进费用	1. 加强样本试制阶段的工艺评审，及时发现和纠正工艺设计缺陷 2. 开展重点工艺评审，对关键工序和特殊工艺的正确性、完整性以及新材料和新技术的可行性、可靠性进行论证 3. 在重点评审的基础上扩大工艺评审的范围，如批量生产的工序能力，对影响产品质量的人、机、料等各环节的控制等

编制人员		审核人员		审批人员	
编制时间		审核时间		审批时间	

四、质量鉴定成本控制方案

方案名称	质量鉴定成本控制方案	编　号	
		受控状态	

一、目的

为了加强对质量鉴定成本的控制和管理工作，合理减少鉴定成本，根据本工厂的实际情况及产品质量要求，特制定本方案。

二、适用范围

本方案适用于工厂质量鉴定成本的管理与控制工作。

三、相关定义

质量鉴定成本是指为检验和评定产品质量而发生的各种费用。

四、鉴定成本控制原则

1. 质量第一原则。

2. 全面控制原则。

3. 相对控制原则。

（续）

五、鉴定成本的控制目标

质量鉴定成本的控制目标为：鉴定成本占质量成本总额的 10% ~30% 。

六、鉴定成本的构成

鉴定成本作为产品质量成本的组成部分，其具体构成如下表所示。

鉴定成本的构成

细分	成本说明
检验人员人工费用	工厂从事质量试验、检验人员的工资和福利费用以及社会保障费用等
试验检验费用	工厂对外购原材料、零部件、构件的复验以及按规定的质量要求进行试验所支付的费用以及外请规划人员对在建工程的测量、定位验收所支付的费用
检验设备购置、维修、校验和折旧等费用	工厂用于质量试验、测量、检验的设备和仪器等的购置、维修和校验费用、折旧费用以及低值器具的购置费用

七、鉴定成本的控制措施

根据鉴定成本构成，确定不同组成部分的成本控制措施，确保达成控制目标，具体的控制措施如下图所示。

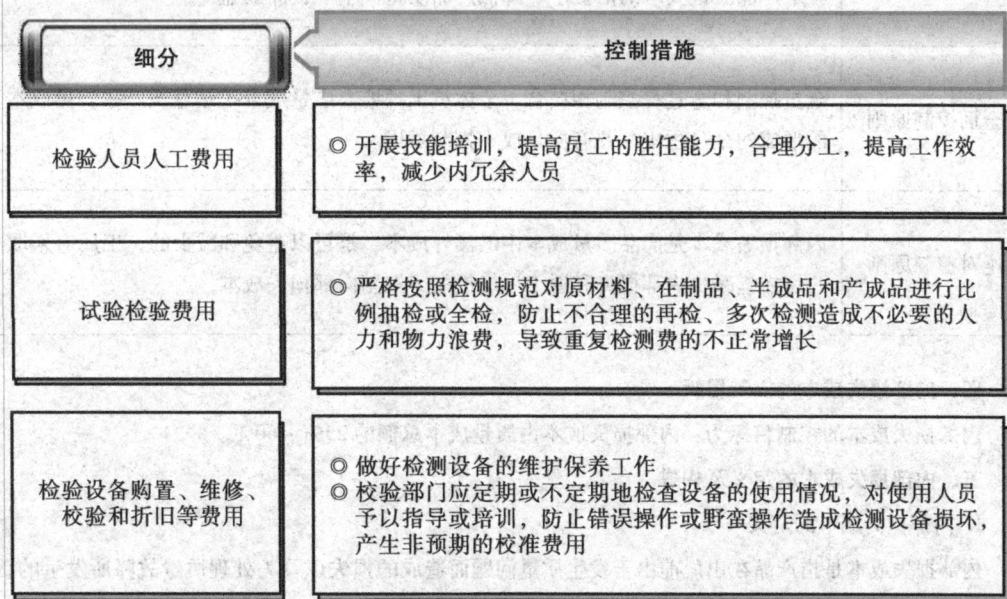

细分	控制措施
检验人员人工费用	◎ 开展技能培训，提高员工的胜任能力，合理分工，提高工作效率，减少内冗余人员
试验检验费用	◎ 严格按照检测规范对原材料、在制品、半成品和产成品进行比例抽检或全检，防止不合理的再检、多次检测造成不必要的人力和物力浪费，导致重复检测费的不正常增长
检验设备购置、维修、校验和折旧等费用	◎ 做好检测设备的维护保养工作 ◎ 校验部门应定期或不定期地检查设备的使用情况，对使用人员予以指导或培训，防止错误操作或野蛮操作造成检测设备损坏，产生非预期的校准费用

鉴定成本的控制措施

编制人员		审核人员		审批人员	
编制时间		审核时间		审批时间	

五、内部损失成本控制方案

方案名称	内部损失成本控制方案	编　　号	
		受控状态	

一、目的

为加强产品内部损失成本的控制和管理工作，有效降低内部损失成本和产品质量成本，结合工厂的实际情况，特制定本方案。

二、适用范围

本方案适用于工厂内部损失成本的管理与控制工作。

三、内部损失成本控制原则

内部损失成本的控制原则如下表所示。

原则	相关说明
质量第一原则	控制产品的质量成本是以保证产品质量为前提，应把质量放在第一位，在满足顾客对产品质量要求的前提下，降低产品质量成本、提高效益
全面控制原则	全员控制和全过程控制相结合，全体员工都要有质量成本控制意识。在质量成本的形成的全过程中都要有质量成本控制意识
绝对控制原则	内部损失成本是产品质量成本中的额外成本，是可以避免和减少的，工厂应采取一切措施减少内部损失和返工返修损失，控制内部损失成本

四、内部损失成本的控制目标

内部损失成本的控制目标为：内部损失成本占质量成本总额的25%～40%。

五、内部损失成本的定义及构成

1. 内部损失成本的定义

内部损失成本是指产品在出厂前由于发生质量问题而造成的损失以及为处理质量故障所发生的费用之和。

2. 内部损失成本的构成

内部损失成本作为产品质量成本的组成部分，其具体构成如下图所示。

（续）

成本细分	具体说明
废品损失费	◎ 因产成品、半成品、在制品达不到质量要求且无法修复或在经济上不值得修复造成报废所损失的费用以及外购元器件、零部件、原材料在采购、运输、仓储、筛选等过程中因质量问题所损失的费用
返工返修费	◎ 为修复不合格产品并使之达到质量要求所支付的费用，包括返工、返修所消耗的人工费及使用的原材料费、燃料动力费等
停工损失费	◎ 在生产过程中因质量问题造成停工所损失的费用，具体包括生产车间或车间内某个班组停工期间损失的净产值以及在停工期内发生的各项费用，如停工期内支付的生产工人的工资和列支的福利费、所耗燃料和劳务费以及负担的其他制造费用
降级损失费	◎ 因产品未满足优质品标准而降级所造成的相关费用
质量事故处理费	◎ 对已发生的质量事故进行分析处理所发生的各种费用

内部损失成本的构成

六、内部损失成本的控制措施

根据内部损失成本构成，确定不同组成部分的成本控制措施，确保达成控制目标，各部分的控制措施如下所述。

1. 废品损失费的控制措施

（1）加强开工前的检验、检查工作。

（2）加强人员培训工作，保证人员具备操作资格和质量意识。

（3）加强过程的测量统计与改进。

（4）对产品设备自备用品库，对可以维修且有维修价值的产品进行单独管理，以备后续使用。

（5）严格制定报废流程及报废审批制度，防范和监督因不合格的报废行为而产生的废品损失费。

2. 返工维修费的控制措施

（1）产品试制完成、量产前组织对产品流程进行全方位探查和审视，从产品设计环节以及操作人员、机器设备和工艺装备、原材料、作业指导书、生产环境等多个生产环节进行不良原因分析，尽量使产品的所有缺陷在大批量生产之前暴露出来，降低量产之后大量产品发生返工、返修的可能性。

（续）

（2）生产部和质量管理部要严格执行自检和检验规范，发现问题后应及时处理。

（3）改善产品防护措施和产品存储环境，降低此类可改善差错导致损失的可能性。

（4）生产部应对通常情况下维持在一定、可接受范围内的人为差错、材料品质问题、设备出错导致的产品异常及时进行记录和整理，以便于及早发现大规模品质问题，降低出现大批量返工返修的可能性。

3. 停工损失费的控制措施

（1）做好火灾预防工作。

（2）在厂区内铺设通畅的排水管道，可以缓解小范围水灾事故，减少停工损失费。

（3）对生产过程中必须使用的通用型原材料、燃料、辅助材料、水等物资设置安全库存并定期检查，有效缓解突发缺料状况，在短期内不影响生产。

（4）对生产线的机器设备进行定期的维护保养，与设备供应商的售后服务人员保持通畅联系，针对如何检查和排除设备故障，对生产线设备操作人员或相关技术人员进行培训，减少因设备故障导致停工的可能性，缩短停工时间。

（5）控制来料质量，准备换线方案，确保生产线持续运行，避免生产线停工带来的损失。

（6）当发生停工时，相关责任单位负责人应立即向上级主管报告，配合相关部门和人员调查工作，分析停工原因，争取尽快恢复生产，减少损失。

4. 降级损失费的控制措施

（1）生产部应重点关注对加工有严格时间要求的产品，一旦发现品质异常，生产部应立即组织相关人员或相关部门对不良产品进行及时、妥善的处理，防止由于拖延时间过长而导致产品性态改变，超出可返工、可返修、可改善、可重新达到较高质量等级的期限。

（2）质量管理部主要针对在生产环节发生的大批量的、非偶发原因的产品降级进行记录和追踪，分析产生高额降级损失的原因，并监督相关部门进行改善，防止同类型降级损失费再次发生。

（3）在品质异常产品进入销售环节之前或销售过程中，维修部门应平衡节约维修费用和提高产品维修效果的关系，以提高产品品质等级为主，结合节约维修成本的观念进行维修作业，达到减免降级损失费的目的。

5. 质量事故处理费的控制措施

（1）研发部门和生产部门是发生设计、生产类质量事故的主要责任部门，应主动配合事故处理人员分析、调查事故发生的原因，并提出相应的改善对策，同时对事故的处理结论进行追踪和存档，将重大事故作为培训案例通报整个部门，达到避免同类质量事故再发、减少质量事故处理费的目的。

（2）质量管理部负责与原材料供应商进行及时沟通，要求其做出快速、有效的处理和改善措施，以降低工厂的质量事故处理费。

（3）质量管理部应与采购部一起对供应商进行评价和更换，监督供应商来料品质，以避免同类质量事故再次发生，控制质量事故处理费。

（4）质量管理部应设置事故处理责任制和关键业绩指标，对事故处理的时间进度、反馈、结案率等做出严格要求，减少质量事故持续的时间和为相关单位带来的处理成本。

编制人员		审核人员		审批人员	
编制时间		审核时间		审批时间	

六、外部损失成本控制方案

方案名称	外部损失成本控制方案	编　　号	
		受控状态	

一、目的

为加强产品外部损失成本的管理和控制工作，减少外部损失成本，满足顾客需求，不断提高顾客满意度，特制定本方案。

二、适用范围

本方案适用于工厂外部损失成本的管理与控制工作。

三、相关定义

外部损失成本是指产品在顾客使用过程中发现质量缺陷而发生的一切费用和损失的总和。

四、外部损失成本的控制目标

外部损失成本的控制目标为：外部损失成本占质量成本总额的 20% ~ 40% 。

五、外部损失成本的构成

外部损失成本作为产品质量成本的组成部分，其具体构成如下图所示。

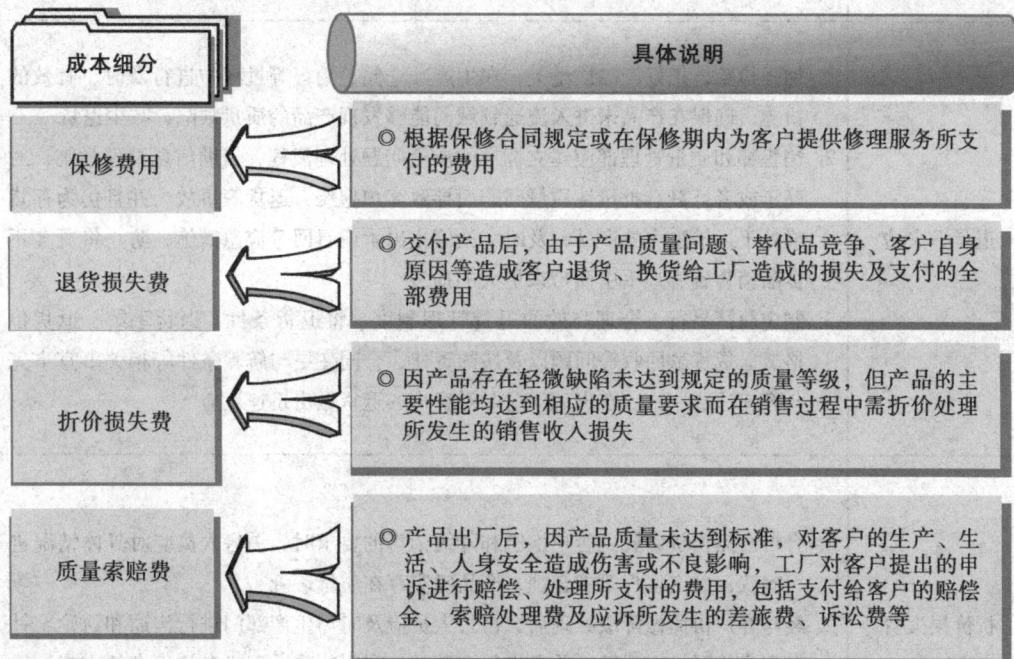

成本细分	具体说明
保修费用	◎ 根据保修合同规定或在保修期内为客户提供修理服务所支付的费用
退货损失费	◎ 交付产品后，由于产品质量问题、替代品竞争、客户自身原因等造成客户退货、换货给工厂造成的损失及支付的全部费用
折价损失费	◎ 因产品存在轻微缺陷未达到规定的质量等级，但产品的主要性能均达到相应的质量要求而在销售过程中需折价处理所发生的销售收入损失
质量索赔费	◎ 产品出厂后，因产品质量未达到标准，对客户的生产、生活、人身安全造成伤害或不良影响，工厂对客户提出的申诉进行赔偿、处理所支付的费用，包括支付给客户的赔偿金、索赔处理费及应诉所发生的差旅费、诉讼费等

外部损失成本的构成

六、外部损失成本的控制措施

根据外部损失成本构成，确定不同组成部分的成本控制措施，确保达成控制目标，具体的控制措施如下表所示。

（续）

<table>
<tr><th colspan="2">外部损失成本的控制措施</th></tr>
<tr><th>成本细分</th><th>控制措施</th></tr>
<tr>
<td>保修费用</td>
<td>
1. 产品售后服务部门需要事先制定保修服务的工作标准、制度和规定，使保修服务工作的开展有章可循，既要让客户满意，又要避免非约定保修产生的额外费用
2. 产品售后服务部门应对保修工作人员进行培训，使之具有从事售后服务的业务素质和技术水平，既防止发生不合理的二次维修费，又防止因服务不到位而引起客户不满，甚至造成退货、换货、诉讼和索赔等情况
3. 产品售后服务部门应主动为客户提供技术咨询和日常维修、保养知识；实现销售后，要及时为客户做好产品的防护性维修，提高客户对产品和服务的满意度，减少不必要的保修工作和费用
4. 合理布置保修服务网点，既满足客户对服务时间的要求，又减少保修费用的支出
</td>
</tr>
<tr>
<td>退货损失费</td>
<td>
1. 加强检验，把好产品质量关，在生产、仓储、销售等过程中进行及时、有效的检验，确保在产品未进入流通领域前能够发现产品的质量缺陷，减少退货
2. 销售部和质量管理部应建立标准的质量问题处理流程，借助信息管理系统，对确定或者怀疑有批量性质量问题而导致客户抱怨、退货等事故，并且仍为存货或处于运输途中的产品，及时实施停止出货或召回等应急措施，防止将更多不良品销售到客户手中而带来更大的损失
3. 制定简捷易行、合理高效的退货管理制度，将退货条件、退货手续、退货价格、退货货款回收等问题以及违约责任、合同变更与解除条件等相关事宜事先与客户达成一致，在出现问题时对客户的退货做出迅速反应
</td>
</tr>
<tr>
<td>折价损失费</td>
<td>
1. 合格产品出货后收到客户抱怨和降级销售的要求时，销售人员应对具体情况进行确认，确定客户要求合理、产品确实存在质量瑕疵
2. 经与客户协商做降级处理后，销售人员应及时与生产部门进行沟通和讨论，针对客户的要求对后续工单做出生产调整，利用特殊处理或专门生产的方式，确保后续产品能够符合客户要求，避免再次发生降级以及降级损失费
</td>
</tr>
</table>

（续）

成本细分	控制措施
质量索赔费	1. 制定供应商产品质量索赔办法，加强对供应商产品质量的有效控制，转移原材料质量索赔费用，维护工厂的经济利益 2. 对出现不按标准、技术协议、产品图纸生产加工导致出现原材料质量问题的供应商，应按规定追溯索赔办法，对其实施质量索赔 3. 对于与客户存在争议的质量问题及客户索赔案，工厂应通过法律途径合理、合法地维护正当利益和声誉，不能采取无视客户抱怨或拒绝与相关方进行合作调查的消极态度来面对

编制人员		审核人员		审批人员	
编制时间		审核时间		审批时间	

质量管理体系
精细化管理

第十三章

第一节 质量管理体系建立

一、质量管理体系建立流程

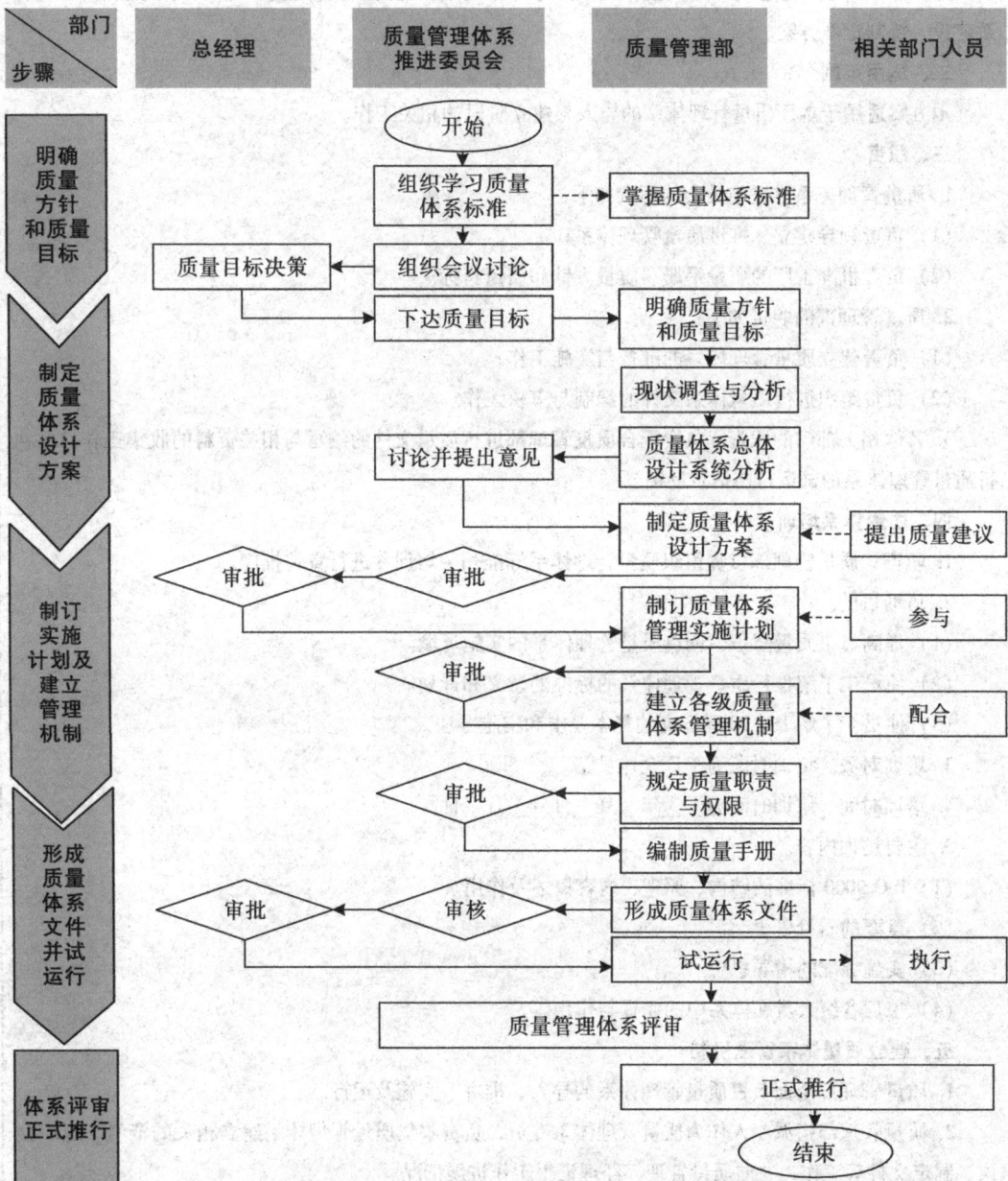

部门步骤	总经理	质量管理体系推进委员会	质量管理部	相关部门人员

明确质量方针和质量目标

开始 → 组织学习质量体系标准 ┄┄► 掌握质量体系标准

质量目标决策 ◄ 组织会议讨论

下达质量目标 → 明确质量方针和质量目标

制定质量体系设计方案

现状调查与分析

讨论并提出意见 ◄ 质量体系总体设计系统分析

制定质量体系设计方案 ┄┄► 提出质量建议

制订实施计划及建立管理机制

审批 ◄ 审批 ◄ 制订质量体系管理实施计划 ◄┄┄ 参与

审批 → 建立各级质量体系管理机制 ◄┄┄ 配合

审批 → 规定质量职责与权限

编制质量手册

形成质量体系文件并试运行

审批 ◄ 审核 ◄ 形成质量体系文件

试运行 ┄┄► 执行

质量管理体系评审

体系评审正式推行

正式推行

结束

二、质量管理体系导入方案

方案名称	质量管理体系导入方案	编　号	
		受控状态	

一、目的

为保障本厂生产过程与产品质量，理顺内部运作关系，提高质量管理水平，顺利开展质量管理体系建设，特制定本方案。

二、适用范围

本方案适用于本厂质量管理体系的导入与建立阶段的相关工作。

三、职责

1. 质量管理体系推进委员会的职责如下：

（1）负责领导建立、推进质量管理体系；

（2）负责批准工厂的质量手册、质量方针和质量目标。

2. 质量管理部的职责如下：

（1）负责建立质量管理体系的准备与实施工作；

（2）负责组织进行质量体系文件的编制与审核工作。

3. 其他相关部门的职责：负责配合质量管理部进行质量文件的编写与相关资料的收集工作，并执行质量管理体系的试运行与信息反馈。

四、质量体系培训

1. 职责。质量管理部负责组织质量管理体系标准相关培训并进行宣传推广。

2. 培训目的。

（1）提高员工质量意识，创造质量管理体系的实施环境。

（2）使员工了解推行质量管理体系的标准的意义和计划。

（3）使员工了解 ISO 9000 标准的基本要求和实施办法。

3. 培训对象。培训对象为工厂全体员工。

4. 培训时间。培训时间为____年__月__日～__月__日。

5. 主要培训内容。

（1）ISO 9000 标准的结构、原理、内容概述及作用。

（2）重要的质量概念。

（3）实施标准的指导思想。

（4）工厂各级人员在体系中的职责与作用等。

五、建立质量体系管理机制

1. 质量管理部全面负责质量管理体系的导入、推进、实施及运行。

2. 质量管理部指派专人作为质量管理体系专员，负责收集质量管理体系建立相关的资料、组织会议、制定文件等工作，并向质量管理部经理汇报工作进展情况。

（续）

六、质量目标与质量方针的确定
1. 质量管理体系专员负责组织召开讨论会议，明确本厂质量目标与质量方针。 2. 讨论会参与人员包括高层领导、各相关部门负责人及员工代表、客户代表。 3. 会议应明确本厂质量目标与质量方针，目标与方针由总经理审批通过后生效。 **七、质量体系总体设计与文件编制** 1. 分析设计步骤。由质量管理体系专员负责组建质量管理体系诊断小组，对质量管理体系进行总体设计。小组成员包括各部门负责人及生产作业人员。 　　具体步骤包括以下四步： 　　（1）质量管理体系专员组织收集资料，将各部门各工序相关质量文件及记录进行汇总与整理； 　　（2）分析现阶段质量管理水平与质量管理体系标准的差距，分析现行质量文件的管理目标与本厂质量目标、质量方针的符合程度； 　　（3）规划质量体系类型； 　　（4）编制质量体系文件清单。质量管理体系文件清单应包含下列内容： 　　① 一级文件，即质量手册（包括程序文件）； 　　② 二级文件，包括管理标准、工作标准、技术标准、部门记录文件、表格及其他质量文件。 2. 分析依据。 　　（1）ISO 9000 标准。 　　（2）质量目标与质量方针。 　　（3）客户合同。 　　（4）社会或行业有关法规等。 **八、试运行** 1. 职责。 　　（1）质量管理体系文件完成后，由质量管理部选择试点进行试运行。 　　（2）试运行过程中，质量管理体系专员应随时监督执行效果，对发现的问题进行纠正。 2. 试运行注意事项。 　　（1）补充、完善工作标准，边运行边完善。 　　（2）修正有问题的体系文件，在运行过程中发现问题时应提出改进措施。 　　（3）详细记录运行过程，为质量管理体系的推进与改进提供证据。 **九、全面导入质量管理体系** 　　试运行结束后，由质量管理部组织对质量管理体系执行效果进行评价，并编制试运行报告，交总经理审核，经总经理批准后，全面导入质量管理体系。

编制人员		审核人员		审批人员	
编制时间		审核时间		审批时间	

第二节　质量管理体系审核

一、质量管理体系内审流程

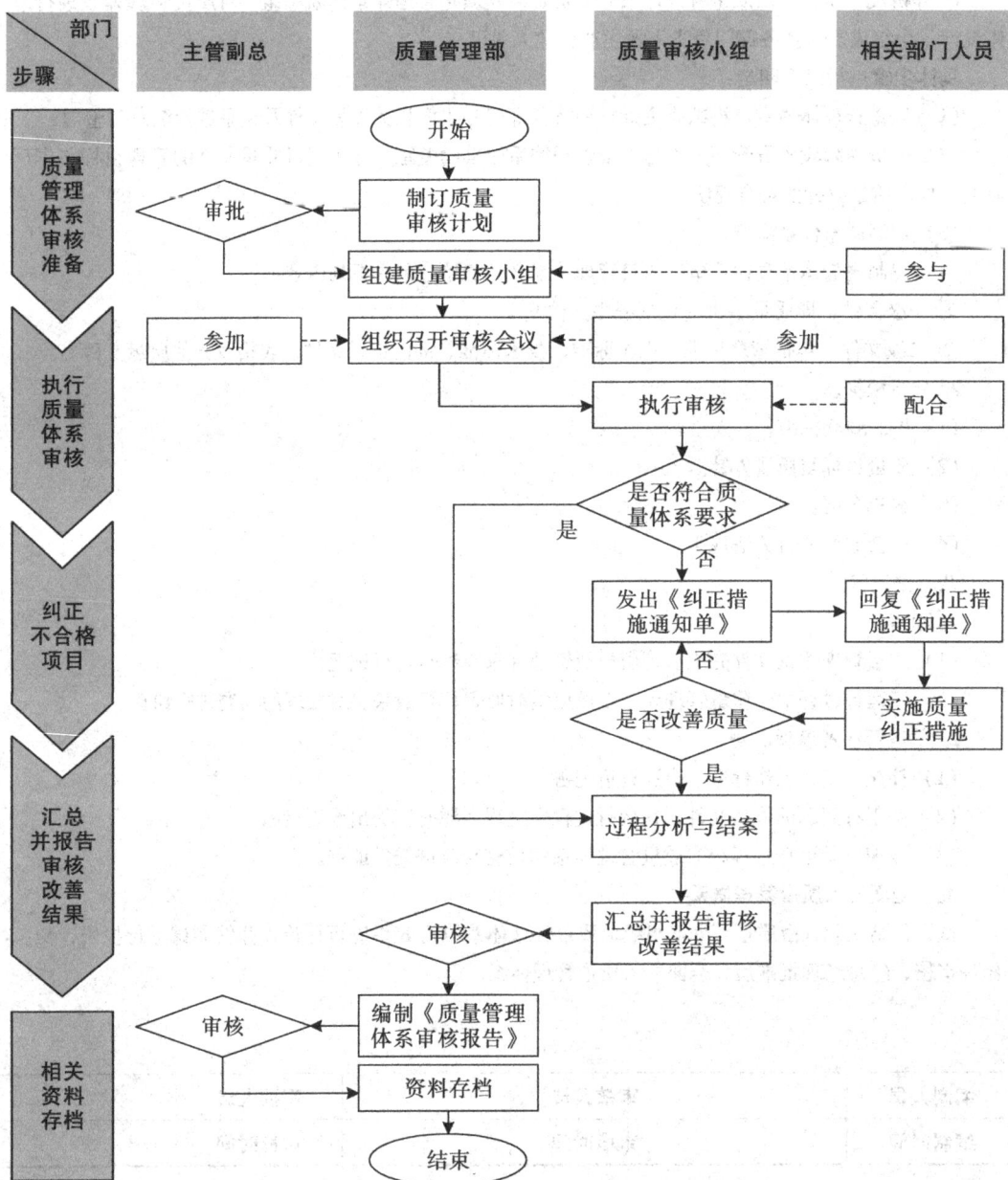

步骤 部门	主管副总	质量管理部	质量审核小组	相关部门人员

质量管理体系审核准备
- 开始
- 制订质量审核计划
- 审批
- 组建质量审核小组 ← 参与
- 参加 → 组织召开审核会议 ← 参加

执行质量体系审核
- 执行审核 ← 配合
- 是否符合质量体系要求（是／否）

纠正不合格项目
- 发出《纠正措施通知单》→ 回复《纠正措施通知单》
- 实施质量纠正措施
- 是否改善质量（是／否）

汇总并报告审核改善结果
- 过程分析与结案
- 汇总并报告审核改善结果
- 审核

相关资料存档
- 审核 → 编制《质量管理体系审核报告》
- 资料存档
- 结束

二、质量管理体系审核制度

制度名称	质量管理体系审核制度		受控状态	
			编　号	
执行部门		监督部门	编修部门	

第1章　总则

第1条　目的。

为了准确而规范地验证质量管理体系是否符合标准要求，有效地实施、保持和改进质量管理体系，特制定本制度。

第2条　适用范围。

本制度适用于工厂质量管理体系内部审核的各相关工作事项。

第2章　职责划分

第3条　质量管理体系推进委员会职责。

1. 批准年度审核计划和审核实施计划。

2. 质量管理体系内部审核报告的审核工作。

第4条　质量管理部职责。

1. 负责质量管理体系内部审核工作的计划与组织。

2. 筹建质量管理体系内审小组，并领导小组实施内审工作。

第5条　内审小组职责。

1. 实施质量管理体系内审活动，针对不合格项提出纠正措施并编制内审报告。

2. 负责对审核后的纠正措施进行跟踪验证。

第3章　审核策划

第6条　审核频率。

工厂每年至少进行一次质量管理体系内审，并应覆盖工厂质量管理体系的所有标准。出现以下情况时，应由质量管理部经理及时组织内部审核与改进。

1. 组织机构、管理体系发生重大变化时。

2. 出现重大质量环境事故，或客户对某一环节连续投诉时。

3. 法律、法规及其他外部要求变更时。

4. 在接受第三方审核之前。

5. 质量管理体系认证证书到期换证前。

第7条　内审人员规定。

1. 质量管理部应在工厂总经理授权的情况下，组织质量管理体系的审核工作。

2. 质量管理部负责建立内审小组，配备专职审核人员，负责内部审核工作。

3. 内审小组成员资格要求如下表所示。

（续）

内审人员资格要求说明表

小组成员	资格说明
审核组长	1. 经过培训且考试合格的内部质量体系审核员 2. 与被审核部门无直接责任关系，但对被审核部门的业务有一定了解 3. 比审核员要有较多的审核经验 4. 应有组织、管理整个审核工作的能力
审核员	1. 经过培训且考试合格的质量体系内审员 2. 与被审核部门无直接责任关系，但对被审核部门的业务有一定了解 3. 在工作中能协调配合、团结合作

第8条 年度审核方案的制定。

1. 内审小组应在规定时间完成年度审核方案的拟定，由质量管理部审核确认后，将方案交质量管理体系推进委员会批准实施。

2. 审核方案应保证内部审核的实施有计划地进行，且便于管理、监督和控制。

3. 审核方案应至少包含以下七项内容：审核目的、审核范围、审核依据、审核实施方法、审核对象、审核工作日程安排以及审核组成员。

第9条 审核检查表的制作。

内审小组成员在了解受审核对象的具体情况后应编写《内审检查表》，详细列出审核项目、依据、方法，确保无遗漏，保证审核能顺利进行。

第10条 质量文件的审核。

1. 内审小组应通过文件审查检验质量管理体系文件是否满足审核目的、范围和审核准备的要求。

2. 文件审核应重点检查质量管理体系文件与认证准则的符合性和充分性，若质量体系文件不符合或不够充分，应在实施审核前完成修改工作。

3. 重点审核文件包括质量手册、程序文件、质量计划等。

第4章 审核实施

第11条 首次会议。

1. 质量管理部负责组织召开内部审核首次会议，完成下列五项任务：

（1）在内审小组和受审核对象之间建立正式的联系，向受审部门介绍审核小组成员；

（2）重申审核的范围和目的，简要介绍实施审核所采取的方法和程序；

（3）确认审核活动所需要的资源和设备已齐全；

（4）确认后续活动和会议的日期和时间；

（5）澄清审核计划中不明确的内容。

2. 首次会议应由质量管理部经理主持，主要参会人员包括高层领导、质量管理部人员、内审组成员、各部门负责人及各车间主任。

（续）

3. 质量管理部负责会议记录并保存。

第12条　现场审核。

1. 现场审核办法。审核员通过观察、提问、查阅和验证等方式，按照内审检查表，收集所审核内容的证据，观察现状并予以记录，审核证据是否具有客观性。

2. 现场审核内容。

（1）方针是否传达和理解。

（2）具有重大环境影响的因素是否被遗漏。

（3）各层管理者、重点岗位是否明确自己的职责和权限。

（4）质量、环境管理体系在实际工作中是否被正确实施。

（5）目标、指标、环境管理方案是否按计划实施或完成，实现目标的过程控制是否有效。

（6）重点岗位员工是否经过了必要的培训，并具备必要的技能和意识。

（7）有关岗位是否有相关的有效文件。

（8）与重大环境因素有关的活动是否受到控制。

（9）紧急状态的程序是否经过试验（如有可能）。

（10）运行过程中发现的问题是否被及时纠正并采取了措施预防再次发生。

（11）所有记录是否完整、有效和符合要求。

（12）信息交流是否畅通。

3. 审核结果。在所有的工作都被审核之后，审核组应评审所有的观察结果，按审核所依据的标准或相关文件中的条款来确定不合格项并提出报告。所有的审核观察结果与报告内容都应形成文件并有证据支持。

第13条　不合格报告。

现场审核后，审核组长召开审核组会议，综合分析检查结果。依据标准、体系文件及有关法律法规要求，必要时还要依据与客户签订的合同要求，确认不合格项，并将《不合格报告》发给相关部门负责人。

第14条　跟踪验证。

相关部门收到《不合格报告》后，部门经理应立即组织人员分析原因、制定纠正措施，纠正措施经审核员确认后实施。审核小组负责对实施结果进行跟踪验证，并报告验证结果。

第15条　末次会议。

1. 末次会议由质量管理部组织召开并保留会议记录，参加人员包括领导层、内审组成员及各部门领导，由审核组长主持会议。

2. 会议内容包括以下四方面：

（1）重申审核目的；

（2）宣读不合格报告；

（3）做出审核评价和结论；

（4）提出完成纠正措施的要求及日期。

（续）

第5章　审核报告

第16条 审核报告的控制。

审核组长在审核工作完成后的____天内，完成《内部质量审核报告》的编写，经过质量管理推进委员会审核批准后由质量管理部发放至各部门，并作为管理评审的输入之一。

第17条 审核报告的内容。

1. 审核目的。

2. 审核范围，包括受审过程、职能部门识别、审核的时间期限等。

3. 审核组成员。

4. 审核准则。

5. 审核发现。

6. 审核结论。

7. 审核计划。

8. 审核过程概述。

9. 在审核目的中规定的改进方案。

10. 经审批的审核后跟进措施。

11. 审核报告的分发名单。

第6章　审核后的跟进措施

第18条 纠正。

各部门在收到不合格报告后的____天内分析、研究产生不合格现象的原因并制定出相应的纠正措施，明确完成日期，组织相关人员实施。

第19条 验证。

审核小组应对纠正措施完成情况进行验证，验证的内容主要包括下列四点：

1. 计划是否按规定的日期完成；

2. 计划中的各项措施是否都已完成；

3. 完成后的效果如何；

4. 实施情况是否有记录可查等。

第20条 结果评审。

审核小组根据各部门的纠正措施情况填写跟踪结果并提交管理评审，验证有效的纠正措施，若纠正措施达不到预期的目标和效果，应重新研究并制定出新的纠正措施，按《纠正和预防措施控制程序》执行。

第7章　附则

第21条 本制度由质量管理部负责制定、修订和补充。

第22条 本制度经总经理审批通过后实施。

修订记录	修订标记	修订处数	修订日期	修订执行人	审批签字

第三节　质量管理体系运行

一、质量管理体系运行流程

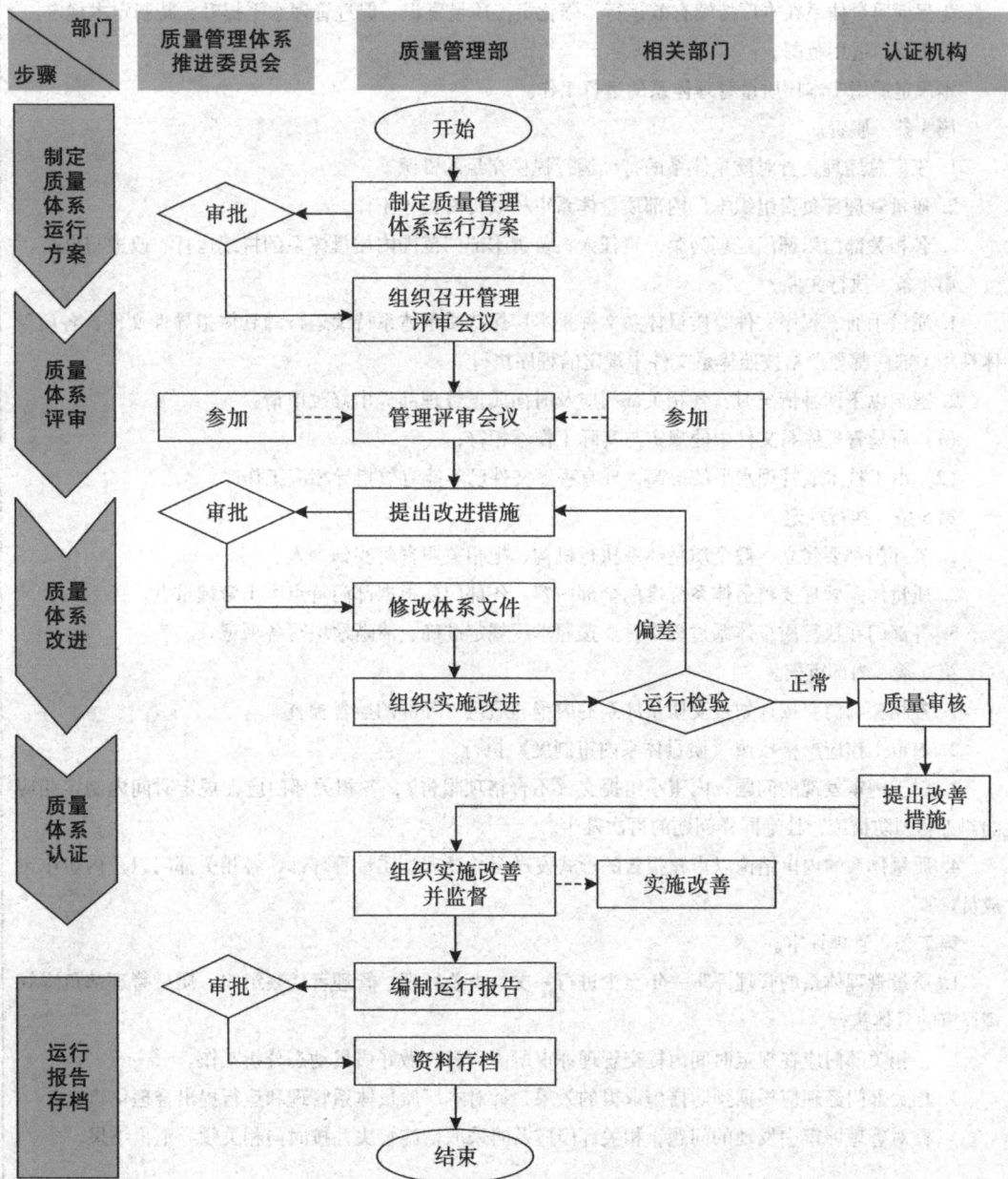

部门 步骤	质量管理体系推进委员会	质量管理部	相关部门	认证机构

- 制定质量体系运行方案
- 质量体系评审
- 质量体系改进
- 质量体系认证
- 运行报告存档

```
                              开始
                               ↓
        审批  ←——————   制定质量管理体系运行方案
          |
          └——————→      组织召开管理评审会议
                               ↓
   参加  ---→           管理评审会议        ←---  参加
                               ↓
        审批  ←——————   提出改进措施   ←————————┐
          |                                      |
          └——————→      修改体系文件             |
                               ↓                 |
                        组织实施改进 ——→ 运行检验 ——偏差——┘
                                        正常↓
                                          质量审核
                                             ↓
                                          提出改善措施
                                             ↓
                        组织实施改善并监督  ---→  实施改善
                               ↓
        审批  ←——————   编制运行报告
          |
          └——————→      资料存档
                               ↓
                              结束
```

二、质量管理体系运行规定

制度名称	质量管理体系运行规定		受控状态	
			编　号	
执行部门		监督部门	编修部门	

第1条　目的。

为保证质量体系在本厂持续有效运行，强化员工质量意识，促进管理水平提升，特制定本规定。

第2条　适用范围。

本规定适用于本厂质量管理体系的运行工作。

第3条　职责。

1. 工厂总经理负责对质量体系的持续运行提供充足的资源。

2. 质量管理部负责组织本厂内部质量体系审核及日常检查工作。

3. 各相关部门以部门经理为第一责任人，负责本部门范围内质量体系的持续运行、改进与提高。

第4条　执行文件。

1. 质量手册、程序文件等质量体系文件是本厂保持质量体系持续运行的具体指导性文件，各质量体系相关部门都要严格按照体系文件中规定的程序执行。

2. 遇到以下两种情况时，各相关部门应及时向质量管理部提出修改申请：

（1）质量管理体系文件中的规定与实际工作不相符；

（2）由于技术或管理水平的提高，现有程序文件已不能有效指导相应工作时。

第5条　执行规定。

1. 各部门都要建立、健全质量体系执行机构，把相关职责落实到个人。

2. 质量体系管理要覆盖体系标准的全部内容，各部门要根据部门特点突出管理重点。

3. 各部门在执行质量体系过程中，要按照本厂规定准确、清晰地填写各项记录。

第6条　内部审核。

1. 各相关部门要按计划接受质量体系的内审和质量管理部的监督检查。

2. 内审工作应严格按照《质量体系内审制度》执行。

3. 对于内审发现的问题，内审小组提交《不合格项报告》，各相关部门应在规定时间内制定相应的纠正和预防措施，杜绝同样问题的再次发生。

4. 质量体系的内审结论以审核报告的形式发送至总经理、质量管理部、各相关部门以及内审小组成员。

第7条　管理评审。

1. 质量管理体系的管理评审一年至少进行一次，由总经理、管理者代表组织、质量管理部负责管理评审的具体执行。

2. 各相关部门应在规定时间内提交管理评审所需资料，做好质量动态分析工作。

3. 相关部门经理应根据预防措施取得的效果，针对本厂质量体系管理和运行提出合理化建议。

4. 针对管理评审中发现的问题，相关部门应及时采取措施解决并按时向相关领导汇报结果。

（续）

第8条 奖惩。

每年年终，工厂将根据各部门本年度对质量管理体系的态度、执行效果、改善建议采纳数目等，实施奖励或惩罚。

第9条 本规定由质量管理部负责制定、修改和解释。

第10条 本规定自颁布之日起执行。

修订记录	修订标记	修订处数	修订日期	修订执行人	审批签字

三、质量管理体系改进方案

方案名称	质量管理体系改进方案	编 号	
		受控状态	

一、目的

为使工厂质量管理体系保持适宜性、充分性和有效性，确保质量体系满足实现工厂质量方针和目标的要求，特制定本方案。

二、范围

本方案适用于针对本厂质量管理体系运行状况进行的评价与改进活动。

三、职责

1. 质量体系推进委员会负责质量管理体系改进工作的领导工作，主持质量管理评审活动。

2. 质量管理部的职责如下。

（1）负责报告质量管理体系运行情况，提出改进建议，组织编写相应的管理评审报告。

（2）负责质量管理体系改进计划的制订、资料的收集，并负责对质量管理体系的纠正、改进措施进行跟踪和验证。

3. 质量体系相关部门负责准备、提供与本部门工作有关的资料，负责实施质量管理体系改进方案并反馈改进效果。

四、质量管理体系改进方法

通过进行质量管理评审活动，对质量管理体系的运行情况及实现质量目标的符合性进行评价，提出质量管理体系改进措施并实施。

五、质量管理体系改进时机

1. 工厂每年至少进行一次管理评审活动，以改进质量管理体系，可在内审活动结束后结合其结果进行。

2. 当出现下列情况之一时，应增加管理评审频次，以满足质量管理体系改进的需求。

（续）

（1）工厂组织机构、产品范围、资源配置发生重大变化时。

（2）发生重大质量事故或用户有关于质量的严重投诉或投诉连续发生时。

（3）当法律、法规、标准及其他要求有变化时。

（4）市场需求发生重大变化时。

（5）即将进行第二、三方审核或法律、法规规定的审核时。

（6）质量审核中发现严重不合格时。

（7）其他情况需要时。

六、质量管理体系改进实施步骤

1. 质量管理评审计划。

质量管理部于每次管理评审前一个月编制管理评审计划，报总经理审核批准，计划主要包括以下内容：

（1）评审时间；

（2）评审目的；

（3）评审范围及评审重点；

（4）参加评审部门（人员）；

（5）评审依据；

（6）评审内容。

2. 评审准备。

（1）预定评审前10天，质量管理部以书面形式向总经理汇报现阶段质量管理体系运行情况并提交本次质量管理评审计划，由总经理批准。

（2）质量管理部负责收集、整理评审资料，指导各部门准备参加评审会议的讨论提纲等必要的文件。

（3）质量管理部向参加评审的人员发放《管理评审通知单》、本次评审计划和有关资料。

3. 评审输入。

评审输入应包括与以下有关的工厂现阶段业绩和改进机会：

（1）质量体系审核的结果；

（2）顾客反馈；

（3）过程质量业绩和产品的符合性；

（4）预防和纠正措施的状况；

（5）以往管理评审的跟踪措施；

（6）可能影响质量管理体系的变更；

（7）改进的建议。

4. 评审会议。

（1）工厂总经理主持评审会议，各部门经理和有关人员对评审输入做出评价，对于存在或潜在的质量问题提出纠正、预防或改进措施，并确定改进负责人和实施时间。

（2）质量管理部对所涉及的评审内容作出结论，包括进一步调查、验证等。

（续）

5. 评审输出。

管理评审的输出应包括以下三方面：

（1）质量管理体系及其过程有效性的改进，包括对质量方针、质量目标、组织结构、过程控制等方面的改进措施；

（2）与顾客要求有关的产品改进，包括产品实现的质量、产品的质量特性、新产品及时投放市场的能力等方面的改进；

（3）资源需求的措施以及针对内外部环境的变化而制定的自身资源的改善措施。

6. 评审报告。

会议结束后，质量管理部应根据管理评审输出的要求进行总结，编写《管理评审报告》并上报总经理审批。经批准后的《管理评审报告》由质量管理部发放至各相关部门，并监督其执行。

评审报告的内容主要包括以下六个方面：

（1）质量体系运行的总体情况；

（2）实施质量体系审核和纠正预防措施的情况；

（3）工厂的经营状况；

（4）客户意见以及处理情况的汇总分析；

（5）工厂质量管理体系具体的改进需求与措施以及这些措施实施和验证的标准；

（6）管理评审的结论等。

7. 改进跟踪验证。

（1）各相关部门根据修订后的质量管理体系文件执行改进措施，并向质量管理部反馈执行效果。

（2）质量管理部监督质量管理体系改进措施的执行情况，并验证改进效果。

8. 质量管理体系文件修订。

（1）对无法达到质量改进目标的措施，由相关部门人员讨论并重新制定改进措施，在实际操作过程中按照改进前进行操作。

（2）对于可达到质量改进目标的措施，由质量管理部根据改进措施修改相应的质量管理体系文件并交总经理审批通过后，下达给各相关部门执行。

七、质量管理体系改进注意事项

1. 如果评审结果引起文件更改，应按《质量文件控制程序》执行。

2. 管理评审产生的相关质量记录应由质量管理部按《质量记录的控制程序》保管，包括管理评审计划、评审前各部门准备的评审资料、评审会议记录及管理评审报告等。

编制人员		审核人员		审批人员	
编制时间		审核时间		审批时间	

第四节　质量管理体系文件控制

一、质量手册编制规范

制度名称	质量手册编制规范		受控状态	
			编　号	
执行部门		监督部门	编修部门	

第1章　总则

第1条　目的。

为了规范本厂质量手册的编制工作，更准确地传达与展示本厂的质量方针与质量目标，提高质量管理水平，特制定本规范。

第2条　适用范围。

本规范适用于质量管理体系质量手册的编制工作。

第3条　职责。

1. 总经理负责质量手册的相关决策与审批。

2. 质量体系推进委员会负责指导质量手册的编写及审核工作。

3. 质量管理部负责质量手册的编制、下发、实施监督以及改进。

第2章　质量手册编制要求

第4条　编制目的。

1. 传达工厂质量方针、程序和要求，描述和实施有效的质量体系。

2. 提供质量改进的控制方法，促进质量保证活动。

3. 提供审核质量体系的文件依据。

4. 当情况改变时，保证质量体系及其要求的连续性。

5. 根据质量体系要求及其实施方法培训相关人员。

6. 对外展示质量体系，如证明符合选定的质量保证标准的要求。

第5条　编制质量手册的基本要求。

1. 质量手册的标题、范围应明确地规定所适用的质量体系要素。

2. 质量手册的目次应列出手册中各章节的标题及查询方法。各章、各节、页码、图表、示意、图解及表格等的编号及分类系统应清楚、合理。

3. 质量手册应给出工厂和手册的基本信息。

4. 质量手册应清楚阐述本厂的质量方针和目标，明确本厂对质量的承诺。

5. 质量手册中应明确描述质量工作如何为所有员工熟悉和理解，如何在所有层次上得到贯彻和保持。

6. 质量手册中必须明确质量管理的组织结构、各岗位职责和权限，明确本厂内部的机构设置，阐述与质量管理相关各职能部门的职责、权限及其隶属关系。

（续）

第6条　质量手册的内容。

1. 标题、范围和适用领域。

2. 目次。

3. 工厂及手册本身的介绍。

4. 本厂的质量方针和目标。

5. 组织结构、职责和权限的说明。

6. 质量体系要素和引用的形成文件的质量体系程序的描述。

7. 相关定义（如需要）。

8. 质量手册使用指南及支持性资料的附录。

9. 现行版本或有效标识、发布日期或有效期及修改内容的标识。

10. 质量手册如何修订和保持的简单说明，如质量手册内容的评审者、评审周期、被授权更改及批准的人员等。

11. 标识质量手册和控制期分发的文件是否含有保密信息，是仅供本厂内部使用还是也可以对外。

12. 负责质量手册内容的人员的批准证据。

第3章　质量手册编制管理程序

第7条　建立编制小组。

质量管理部负责组建质量手册编制小组，小组成员数量应为3～5人，成员分专职和兼职两种，由质量管理部经理负责领导小组工作。

第8条　提出编制计划。

质量手册编制小组应根据本厂选定的质量体系标准，提出相应的质量手册编制计划并确定适用的质量体系要素。

第9条　收集相关资料。

质量手册编制小组可使用调查或面谈的方法，收集现行质量体系的相关资料，并且从各相关部门收集质量管理的相关原始文件、参考资料。

第10条　编制质量手册草案。

1. 质量手册编制小组首先应设计待编手册的结构和格式。

2. 根据预期的结构和格式将现有文件进行整理和分类。

3. 通过分析、整理，对现有质量文件加以改善，并编制质量手册草案。

第11条　正式确定质量手册。

质量手册草案编制完成后，质量手册编制小组应将其上报给质量管理部经理审核签字，最终由总经理签字审批后正式定稿。

第4章　附则

第12条　本规范由质量管理部负责制定和修改。

第13条　本规范自颁布之日起执行。

修订记录	修订标记	修订处数	修订日期	修订执行人	审批签字

二、程序文件编制规范

制度名称	程序文件编制规范		受控状态	
			编　　号	
执行部门		监督部门	编修部门	

第1章　总则

第1条　目的。

为了明确质量管理体系程序文件的编制要求及操作程序，特制定本规范。

第2条　适用范围。

本规范适用于本厂质量管理体系程序文件的全面控制管理。

第3条　职责划分。

1. 质量管理部门在质量体系推进委员会的领导下，负责按质量管理体系规划程序文件内容，并全面负责程序文件的编制及审核工作。

2. 相关各部门负责本部门程序文件的编制、修改与完善，并负责程序文件的日常管理。

3. 工厂总经理负责审批程序文件。

第4条　定义。

程序文件是质量手册的支持性文件，描述了为实施质量体系目标和要求所涉及到的某项系统性的有关过程和活动，是质量管理体系的重要组成部分。

第2章　程序文件编制原则

第5条　针对性原则。

质量管理体系的程序文件应针对本厂生产活动或产品的特点制定，具有逻辑上相对独立的内容。

第6条　可操作性原则。

程序文件应详细规定程序实施的目的、范围、各部门职权以及实施的步骤、方法和要求，使生产活动和产品的质量标准具有可操作性。

第7条　可比性与可检查性原则。

程序文件中应体现对生产活动和产品质量管理的控制标准，实现质量管理体系持续改进。

第3章　程序文件编制管理

第8条　配备编写人员。

质量管理部负责组织各相关部门人员参与程序文件的编写，编写人员应具备以下条件。

1. 编写人员应是本部门中能胜任工作的代表。

2. 编写人员应熟悉所编写程序的质量活动内容和要求。

3. 编写人员应具备一定的文字能力。

第9条　确定内容要求及格式。

质量管理体系程序文件的内容及格式可参照下表。

（续）

程序文件格式与内容说明

工厂名称		文件编号	
		版本号	
文件名称		页码	

一、目的

（为何开展此项活动）

二、适用范围

（此项活动涉及哪些方面）

三、定义

（与此活动相关的文件和涉及到的名词、术语等）

四、职责

（明确由哪些人员实施此活动以及他们的职责、接口和相互关系）

五、流程图

（列出活动中各环节的输入和输出关系）

六、作业程序

（明确各工作环节中各项活动由谁做、什么时间做、什么地点做、做什么、怎么做、如何控制以及达到什么要求、需要形成记录和报告的内容、出现例外情况下的处理措施等）

七、相关文件

（与本程序文件实施相关联的文件）

八、记录表单

（明确执行此程序文件时所应采用的记录表格的形式和报告，写明表格的名称并予以编号，规定其保存期限）

第 10 条　确定程序文件目录。

质量管理部组织各相关部门人员开展讨论，并按照 ISO 9000 标准与本厂质量管理体系要求提出程序文件目录。

第 11 条　进行程序文件编写。

质量管理部应总体协调各部门的程序文件编写进度，并在编写过程中进行监督，保证其内容符合质量管理体系要求。

第 12 条　审查初稿。

各相关部门应按照时间安排完成程序文件的编写，并交质量管理部进行初稿审查，审查重点包括以下四个方面。

1. 文件化管理三级（即手册、程序、作业指导书）展开是否充分地在程序文件中体现。

2. 对涉及到各个部门的质量活动，是否规定了各部门之间的接口。

3. 程序文件是否充分地规定了所应实施的质量活动。

（续）

4. 程序文件是否规定了实施质量活动过程的顺序、内容和方法。

第13条　试运行。

经过质量管理部审查后，各相关部门应组织部门人员按照程序文件规定内容进行试运行，验证文件的质量控制效果，并对出现的问题及时进行修正。

第14条　定稿。

程序文件经试运行验证后，质量管理部统一将各部门程序文件按编号整理，交送总经理进行审批，经批准后执行。

第4章　程序文件标准要求

第15条　有效控制能力要求。

1. 程序文件应对质量体系要素要求的所有影响质量的活动进行恰当而连续的控制，应能具备一旦发现异常即可做出反应和加以纠正的能力。

2. 文件应便于使用者熟悉每项要求的固定方法，增强满足标准要求的系统性。

第16条　内容、形式要求。

1. 程序应简练、明了、有效，并规定所采用的方法和合格的判定准则，按相同的结构、格式编排每个程序。

2. 程序文件应阐明影响质量的管理人员、执行人员、验证和评审人员的职责、权限及相互关系，说明实施各种不同质量活动的方式、将采用的文件和将采用的控制方式。

3. 程序文件用词要规范、表达要严谨、概念要明确。

4. 程序文件一般不涉及纯技术性的细节，这些细节通常在作业指导书中规定。

第5章　附则

第17条　本规范由质量管理部负责制定，由总经理审批确认。

第18条　本规范自颁布之日起实施。

修订记录	修订标记	修订处数	修订日期	修订执行人	审批签字

三、作业指导书编制规范

制度名称	作业指导书编制规范		受控状态	
			编　号	
执行部门		监督部门	编修部门	

第1章　总则

第1条　目的。

为了规范生产作业操作标准，提高生产效率，配合质量管理体系的建立与改进，特制定本规范。

（续）

第2条　适用范围。

本规范适用于质量管理体系作业指导书的编制工作。

第3条　定义。

本规范所指作业指导书是质量体系程序文件的支持性文件，是指导、保证过程质量的最基础的文件，它能为开展纯技术性质量活动提供指导。

第4条　职责分工。

1. 各职能部门负责本部门作业指导书的设计、编制及执行。

2. 各部门经理负责本部门作业指导书的审批与保管，并监督下属按照作业指导书实施操作。

3. 质量管理部负责作业指导书的审核与监督执行。

第2章　作业指导书的设计

第5条　作业指导书的编制目的。

1. 为管理层提供必要的质量信息。

2. 为作业人员提供规范的作业质量标准。

3. 用于员工质量培训活动。

第6条　作业指导书的设计原则。

1. "质量最高"原则。作业指导书所规范的作业标准应保障生产或产品的质量为最高水平。

2. "最科学、最有效"原则。作业指导书中规定的应是最科学、最有效的工作方式。

3. "5W1H"原则。作业指导书的设计应满足"5W1H"原则，即在作业指导书中明确回答下列问题。

（1）Where，即在哪里使用此作业指导书。

（2）When，即此作业指导书在什么时间内有效。

（3）Who，即什么样的人使用该作业指导书。

（4）What，即此项作业的名称及内容是什么。

（5）Why，即此项作业的目的是什么。

（6）How，即如何按步骤完成作业。

第7条　作业指导书数量规划。

1. 不一定每一个工位、每一项工作都需要成文的作业指导书。

2. 作业指导书的具体数量由各部门员工根据实际工作需求确定。

3. 培训充分、有效时，作业指导书可适量减少。

第8条　作业指导书格式设计标准。

1. 作业指导书格式以满足培训要求为目的，不拘一格。

2. 简单明了、可获唯一理解。

3. 美观、实用。

（续）

第3章 作业指导书的编写

第9条 作业指导书的主要内容。

1. 作业目的：明确完成此项工作应达成目标或结果以及完成此作业要达到的技术指标等。

2. 作业前准备和确认事项：设备的状态确认，作业图纸和工作指令的确认，各种基准的确认和作业前应准备的工具、作业台等。

3. 作业流程：描述完成该项作业标准化的作业顺序及步骤，并规定每一步骤的具体操作要求和操作内容等。

4. 作业注意事项：指出完成作业步骤应注意的问题以及由于不按规定操作而可能引起的不良现象。

5. 其他注意事项及特殊事项。

6. 作业工作图。

第10条 作业指导书编写步骤。

1. 质量管理部首先应明确作业指导书的编写目的并收集相关资料，进行编写准备工作。

2. 质量管理部组织各部门召开会议，根据质量管理体系要求并结合工作实际提出作业指导书的目录。

3. 各部门根据作业指导书目录制订具体编写计划，确定编写人员名单。

4. 各部门编写人员实施编写工作，确保作业指导书的有效、实用。

5. 编写人员完成作业指导书的编写后，将其交部门经理审批。

6. 各部门经理将审批后的作业指导书交送质量管理部进行备份、保存。

第11条 作业指导书编写注意事项。

1. 作业指导书应按规定的程序批准后执行，并由部门经理负责保管与执行。

2. 未经批准的作业指导书不能生效。

3. 作业指导书是受控文件，经批准后只能在规定的场合使用。

4. 严禁执行作废的作业指导书。

5. 作业指导书的更改和更新都应按规定通过审批后生效。

第4章 附则

第12条 本规范由质量管理部负责制定和修改。

第13条 本规范经总经理审批后，自颁布之日起执行。

修订记录	修订标记	修订处数	修订日期	修订执行人	审批签字

四、质量记录管理实施细则

制度名称	质量记录管理实施细则		受控状态	
			编　号	
执行部门		监督部门	编修部门	

第1章　总则

第1条　目的。

为对质量管理体系所要求的记录进行有效控制，以提供产品、过程和体系符合要求及本厂质量管理体系有效运行的证据，特制定本细则。

第2条　适用范围。

本细则适用于本厂与质量体系相关的所有质量记录工作。

第3条　定义。

质量记录是指为证明满足质量要求的程度或为质量体系的要素运行的有效性提供客观证据的文件。

第4条　职责。

1. 质量管理部负责组织程序文件、作业指导书、内部技术管理文件产生的质量记录样本的编制、审批、修订及日常检查工作，负责质量记录的保存、维护、借阅和日常管理工作。

2. 各部门负责本部门的质量记录，并按规定认真、准确、及时、完整地填写和保管归档。

第2章　质量记录编制要求

第5条　质量记录文件类别。

质量记录文件可分为产品质量记录和质量体系运行记录两大类，具体如下表所示。

质量记录文件分类表

类别	记录文件举例
产品质量记录	产品规范、主要设备的图纸、原材料构成说明书、原材料实验报告、产品制造各阶段的检验和实验报告、产品允许偏差和获得认可的详细记录、不合格材料及其处理的记录、委托安装和保修期内服务的记录、产品质量投诉和采取纠正措施的记录等
质量体系运行记录	质量审核报告和管理评审记录、对供方及其定额的认可记录、过程控制和纠正措施记录、试验设备和仪器的标识记录、人员资格和培训方面的记录

（续）

第6条 质量记录的格式。

1. 质量记录的编制应按照质量体系文件管理相关制度执行，各部门按工作需要对本部门质量记录的格式进行设计，经部门经理审批后，交质量管理部备案。

2. 质量记录各相关部门可根据工作需要提出记录格式设计更改，并按照质量体系文件管理制度有关规定进行。

3. 质量记录的格式要满足程序文件的要求，实用性强，可操作，易于识别和修改。

4. 质量记录的存储形式可以是书面文字，也可以采用磁盘及其他电子媒介为载体。

第7条 质量记录的编号。

1. 本厂所有质量记录都应由各归口管理部门根据《质量体系文件管理制度》对其进行编号，序号标记在记录的右上角。

2. 常用编号应包括记录代号、记录分类号、版本号、顺序号。

第8条 质量记录的内容要求。

1. 填写要求。

（1）记录填写要准确、及时、字迹清晰，不得随意涂改。如确需修改，不能采取涂抹的方式，而应采用单杠划去原填充内容，在其上方写上更改后的内容，并在修改处签上更改人的姓名及日期。

（2）记录填写内容应完整，如因某种原因不能填写某项目，应说明理由并将该项用单杠划去，各相关栏目负责人签名不允许空白。

2. 修改要求。

（1）由于程序文件或内部技术管理规范的更改导致质量记录样本更改，更改过程按质量文件管理相关规定执行。

（2）单独修改质量记录样本时，各部门应将修改的样本上交质量管理部，经质量管理部审核、总经理批准后，方可修改样本模板，并在下次发行质量记录样本手册时更新相应质量记录样本。

第3章 质量记录的日常管理

第9条 质量记录空白表管理。

1. 各部门负责人对本部门使用的各种质量记录空白表格进行设计，并交质量管理部审批。

2. 质量管理部对表格进行审批、编号和备份。

3. 质量管理部收集各部门提交的记录清单和空白记录表格，汇总成册并发各部门。

第10条 质量记录的保管。

1. 各部门的质量记录保管人员应将所有记录分类，依日期顺序整理并按规定的保存期限妥善保存。

2. 质量管理部编制《记录清单》（附备案的原始记录样本），将工厂内所有与质量管理体系运行有关的记录汇总，包括名称、编号、保存期等内容，交总经理审批后保存。

3. 各部门应将本部门使用的记录清单作为部门工作手册的附录，并汇总本部门的记录原始样本。

4. 质量管理部每个月要检查一次各部门记录的使用、管理情况。

第11条 质量记录的保护。

质量记录应存放于通风、干燥、安全的地方，以防止在存放期内因环境因素而受损或遗失。

対于超过保存期或因其他特殊原因而需要销毁的记录，由质量管理部相关人员填写《文件销毁申请单》，经质量管理部经理审批后，由专人负责销毁。

第13条 记录的查阅、借阅。

1. 对质量记录的查阅和借阅都必须征得质量管理部门的同意，并做好登记工作。

2. 查阅或借阅的质量记录不得更改、遗失或损坏。

第4章 附则

第14条 本细则由质量管理部负责制定和修改。

第15条 本细则自颁布之日起执行。

修订记录	修订标记	修订处数	修订日期	修订执行人	审批签字

《工厂质量控制精细化管理手册（第2版）》
编读互动信息卡

亲爱的读者：

感谢您购买本书。只要您以下三种方式之一成为普华公司的会员，即可免费获得普华每月新书信息快递，在线订购图书或向我们邮购图书时可获得免付图书邮寄费的优惠：①详细填写本卡并以传真（复印有效）或邮寄返回给我们；②登录普华公司官网注册成为普华会员；③关注微博：@普华文化（新浪微博）。会员单笔订购金额满300元，可免费获赠普华当月新书一本。

哪些因素促使您购买本书（可多选）

○本书摆放在书店显著位置　　　○封面推荐　　　　　　○书名

○作者及出版社　　　　　　　　○封面设计及版式　　　○媒体书评

○前言　　　　　　　　　　　　○内容　　　　　　　　○价格

○其他（　　　　　　　　　　　　　　　　　　　　　　　　　　　　　）

您最近三个月购买的其他经济管理类图书有

1.《　　　　　　　　》　　　　2.《　　　　　　　　》

3.《　　　　　　　　》　　　　4.《　　　　　　　　》

您还希望我们提供的服务有

1. 作者讲座或培训　　　　　　　2. 附赠光盘

3. 新书信息　　　　　　　　　　4. 其他（　　　　　　　　　　　　　　）

请附阁下资料，便于我们向您提供图书信息

姓　　名　　　　　　联系电话　　　　　　　　职　　务

电子邮箱　　　　　　工作单位

地　　址

地　　址：北京市丰台区成寿寺路11号邮电出版大厦1108室

　　　　　北京普华文化发展有限公司（100164）

传　　真：010－81055644

读者热线：010－81055656

编辑邮箱：chenhong@puhuabook.cn

投稿邮箱：puhua111@126.com，或请登录普华官网"作者投稿专区"。

投稿热线：010－81055633

购书电话：010－81055656

媒体及活动联系电话：010－81055656　　　　　　　　邮件地址：hanjuan@puhuabook.cn

普华官网：http://www.puhuabook.com.cn

博　　客：http://blog.sina.com.cn/u/1812635437

新浪微博：@普华文化（关注微博，免费订阅普华每月新书信息速递）